Homers Ilias psychologisch erzählt

Andreas Marneros

Homers Ilias psychologisch erzählt

Der Seele erste Worte

Springer

Andreas Marneros
Bonn, Deutschland

ISBN 978-3-658-11201-1 ISBN 978-3-658-11202-8 (eBook)
DOI 10.1007/978-3-658-11202-8

Die Deutsche Nationalbibliothek verzeichnet diese Publikation in der Deutschen Nationalbibliografie; detaillierte bibliografische Daten sind im Internet über http://dnb.d-nb.de abrufbar.

Einbandabbildung: © John Flaxman
Zeichnungen: John Flaxman

Gedruckt auf säurefreiem und chlorfrei gebleichtem Papier.

Springer ist Teil von Springer Nature
Die eingetragene Gesellschaft ist Springer Fachmedien Wiesbaden GmbH

Andreas Marneros

Homers Ilias psychologisch erzählt

Der Seele erste Worte

Springer

Andreas Marneros
Bonn, Deutschland

ISBN 978-3-658-11201-1 ISBN 978-3-658-11202-8 (eBook)
DOI 10.1007/978-3-658-11202-8

Die Deutsche Nationalbibliothek verzeichnet diese Publikation in der Deutschen Nationalbibliografie; detaillierte bibliografische Daten sind im Internet über http://dnb.d-nb.de abrufbar.

Einbandabbildung: © John Flaxman
Zeichnungen: John Flaxman

Gedruckt auf säurefreiem und chlorfrei gebleichtem Papier.

Springer ist Teil von Springer Nature
Die eingetragene Gesellschaft ist Springer Fachmedien Wiesbaden GmbH

Gewidmet
meinem Freund Peter Fiedler,
dem Persönlichkeitsführer,
zum Siebzigsten.

Anstatt eines Mottos

Mit Homers Werk wird die Geburt des abendländischen Menschen eingeleitet. Stimmen aus alten, nicht so alten und jüngeren Zeiten zeugen davon. Aus alten Zeiten belehrt uns Aristoteles, der Lehrer des Abendlandes, wie Hellmut Flashar ihn bezeichnet:

> „Homer war für das Edle der vorzüglichste Dichter – denn er hat als einziger nicht nur gut gedichtet, sondern auch dramatische Nachahmungen hervorgebracht. Er hat in der Sprache und der Gedankenführung alle anderen übertroffen.“[1]

Und aus nicht so alten Zeiten kommt die nachdenklich-philosophierende Stimme des Fürsten der deutschen Dichter, Johann Wolfgang von Goethe, die uns fast sehnsüchtig macht:

> „Wäre Homer unsere Bibel geblieben! Welch eine ganz andere Gestalt würde die Menschheit dadurch gewonnen haben!“[2]

Aus der jüngeren Zeit schließlich wird uns die Geburtsurkunde des Abendlandes genauso enthusiastisch wie zu früheren Zeiten präsentiert, etwa von Thassilo von Scheffer, einem ausgezeichneten Kenner der Geburtsumstände des Abendlandes – mehr oder weniger zufällig ausgewählt aus der großen Menge der Enthusiasten:

> „Die Geburt des abendländischen Menschen in Homers Werk:
>
> Damals begann er das ganz bewußt zu tun, denn wir merken deutlich in dieser Epoche die Freude an der Ausbildung des erwachsenen Intellekts und der maßgebenden Rolle, die er bei der Bändigung des Lebens spielen kann. Was sich später zu so prachtvoller Schärfe klaren Denkens und Formulierens steigern und dann schließlich in zu weit geführte Dialektik und Sophisterei und in die kalte Freude an der Alleinherrschaft des Verstandes umschlagen sollte, das kann man feinfühlig schon hier im Keim spüren und damit einen Schlüssel für europäisches Denken überhaupt gewinnen. Ja, das ganze Han-

---

[1] Aristoteles (4. Jahrhundert v. Chr.), Poetik (4,25).

[2] Johann Wolfgang von Goethe an Karl August Böttiger (1794).

deln, Empfinden, Fühlen dieser hellenischen Menschen ist so vollständig neu gegenüber alle dem, was wir sonst zu dieser Zeit in Geschichte und Überlieferung der östlichen, bis dahin kulturell entscheidenden Völker finden: es ist der abendländische Mensch in seiner ganzen Eigenart, seiner Aktivität und geistigen Einstellung, der uns bei Homer zum ersten Mal deutlich entgegentritt ...“[3]

[3] Thassilo von Scheffer: Die Kultur der Griechen. Die Welt Homers. Die Geburt des abendländischen Menschen (1955).

Danksagung

Mein herzlicher Dank gilt Anke Rohde und Valenka Dorsch für die begleitende Beratung sowie ihr engagiertes und konstruktives Lektorat dieses Buches. Bei Wolfgang Krebs und Bernd Heptner bedanke ich mich ebenso herzlich für die Durchsicht des Manuskriptes und vielfältige Anregungen.

Danksagung

Mein herzlicher Dank gilt Anke Rohde und Valenka Dorsch für die begleitende Beratung sowie ihr engagiertes und konstruktives Lektorat dieses Buches. Bei Wolfgang Krebs und Bernd Heptner bedanke ich mich ebenso herzlich für die Durchsicht des Manuskriptes und vielfältige Anregungen.

Inhaltsverzeichnis

1
Geflügelte Vorworte

Zusammenfassung

Ich, Homer, der erste Dichter und Erzähler des Abendlandes, habe mit meiner Ilias die abendländische Zivilisationsbühne eröffnet. So begann das Abendland seine ersten Worte zu sprechen. Von Anfang an waren sie auch Worte der Seele. Das ist der Grund, warum ich die Entscheidung getroffen habe – dreitausend Jahre nachdem ich sie zum ersten Mal vortrug –, meine Ilias neu zu erzählen, psychologisch zu erzählen. Keine komplizierten Entstehungstheorien des psychischen oder sonstwie schwer verständliches theoretisches Vokabular werden uns dabei den Weg erschweren.

Ich werde meine Ilias von damals zum Zwecke der psychologischen Erzählung an manchen Stellen ergänzen, an anderen verkürzen und an wieder anderen leicht modifizieren. Ich möchte euch nicht nur auf der Seele erste Worte aufmerksam machen, sondern auch auf die Seelenkunde der Poesie und die Poesie der Seelenkunde in meinem, dem homerischen Werk insgesamt.

Dabei werden wir von der Seele begleitet, die für uns geflügelte Worte mit immerwährender Gültigkeit singen wird.

Ich hoffe sehr, dass Ihr meine neuartige Erzählung als poetische Seelenexpedition durch poetische Seelenlandschaften genießen werdet.

Des Abendlandes erstes Wort

Des Abendlandes erstes Wort heißt Zorn[1]. Ich, Homer, habe das Abendland in meiner Ilias – im ersten Gedicht, im ersten Epos des Abendlandes – vor fast dreitausend Jahren seine ersten Worte sprechen lassen. Es sind Worte des Zornes, Worte des Affektes. Affektworte also, Affekttaten begleitend, eingeleitet und begründet durch Affekte, die der Tiefe einer kochenden, einer verletzten oder anderswie gezeichneten Seele entspringen. Die ganze Welt der Ilias ist eine „thymotische" Welt[2], das heißt eine Welt von Emotionen und Gefühlen – eine Welt der Seele also.

Die ersten Worte des Abendlandes sind damit auch der Seele erste Worte.

Ich weiß, ich weiß! Über die „homerische Psychologie" ist viel geschrieben und viel gesagt worden. In Büchern und wissenschaftlichen Artikeln, in

[1] Eine Anlehnung an die schöne Bezeichnung „Europas erstes Wort" im Buch des Philosophen Peter Sloterdijk „Zorn und Zeit" .
[2] Ebenfalls eine Bezeichnung des gerade genannten Philosophen aus dem zitierten Buch.

A. Marneros, *Homers Ilias psychologisch erzählt*, DOI 10.1007/978-3-658-11202-8_1

Vorträgen und Seminaren wurde sie – beziehungsweise das, was der eine oder andere darunter versteht – dargestellt, analysiert, bewertet. Zum ersten Psychologen des Abendlandes wurde ich erklärt, manchmal auch verklärt.

Aber ich, Homer, der Dichter und Erzähler, habe bis jetzt nie psychologisch erzählt, weder meine Ilias noch meine Odyssee. Und das hat auch niemand anderes getan, soweit ich weiß.

Psychologisch erzählen – das tue ich nun, von der Seele sekundiert, mit dieser Erzählung.

Ich tue das, fast dreitausend Jahre nachdem ich, der blinde Dichter, meine Lyra, die fünfsaitige Leier, spielend, zum ersten Mal die Ereignisse um Troja und deren Protagonisten besungen habe. Dieses Mal aber eben anders: psychologisch erzählend.

Bücher und Artikel zur „homerischen Psychologie" werde ich bewusst nicht referieren, obwohl ich sie zur Kenntnis genommen habe. Ich werde meine Ilias – wie auch meine Odyssee – einfach neu erzählen. Psychologisch erzählen. Und die Seele wird mich dabei, auf der Lyra spielend, begleiten.

Nein, keine Sorge! Ich werde Euch nicht mit der unendlich langen Reihe von Abhandlungen zu Themen wie „Das Menschenbild bei Homer", „Die Seele bei Homer", „Die homerische Psychologie" und ähnlich mehr oder weniger schwer verdaulicher Kost langweilen. Ich lasse Philosophen, Philologen und andere „-logen" darüber schreiben und streiten, was sie seit Jahrhunderten schon tun. Ich tue es nicht.

Die Ilias anders erzählt – Die Ilias anders gehört

Ich werde also erzählen, bloß erzählen, wenn auch psychologisch!

Ich werde Euch allen meine Ilias so erzählen, verkürzend und erweiternd zugleich, dass Ihr und alle anderen Interessierten der Seele erste Worte verstehen und in die Geschehnisse einordnen könnt. Nicht nur die Fachleute, sondern Ihr alle, auch die nicht psychologisch Geschulten.

Ich werde bloß erzählen und Euch dabei aufmerksam machen auf das, was vermutlich in meiner Ilias die Aufmerksamkeit der Fachleute fürs Psychische erweckt – erwecken kann, erwecken könnte! Nicht mehr! Euch aufmerksam darauf machen, wie die modernen Menschen in ihrer Persönlichkeit, in Erleben, Denken und Verhalten ihren iliadischen Vorfahren ähnlich sind.

Mit dem Wort „Zorn" beginne ich also meine Ilias. Zornige Worte, zornige Taten bekundend. Meine ganze Ilias ist das Hohe- und Klagelied des Narzissmus, der Affekte, der Kränkung, der Suche nach Genugtuung. Sie ist voll von Worten und Taten des Egoismus, des Hasses, der Rache, des Grolls, der Unbarmherzigkeit, der Eitelkeit, der List, der Intrige, der Menschenabwertung und der Inhumanität. Aber auch voll von Worten und Taten des Altruismus, der Barmherzigkeit, der Gatten-, Kinder- und Elternliebe, der Solidarität, der Dankbarkeit, des Respekts vor anderen Menschen – auch Respekt vor den Feinden –, der Freundschaft, der Treue, der Reue, der Trauer, der Empathie, der Introspektion, des Erkenne-dich-selbst, der Menschenführung, der – ja auch das – der Humanität. Ich lasse die Humanität auf den blutgetränkten Todesfeldern von Troja feierlich ins Leben treten, unmittelbar nach einer Orgie der Inhumanität. Und damit werde ich meine Ilias schließen. Genauso wie ich vorher – im zehnten Jahr des furchtbaren Krieges – die Rationalität inmitten der Irrationalität auf dem trojanischen Schlachtfeld entstehen lasse. Mit der Geburt der Humanität beende ich auch meine Ilias.

Ich schließe also die Ilias, wie ich sie begonnen habe: Mit Worten der Seele.

Die Seele hat in meiner Ilias nicht nur das erste, sondern auch das letzte Wort.

Alles, was ich eben erwähnt habe, sind psychische Zustände, psychologisch motivierte Ausdrucksweisen, Haltungen und Handlungen. Sie sind entstanden und geformt durch Wünsche, Sehnsüchte, Intentionen, Persönlichkeitsstrukturen, Träume und Träumereien. Es wimmelt also in meiner Ilias von psychischen Abwehrmechanismen, Bewältigungsstrategien und Interaktionsmustern, von Persönlichkeits- und Verhaltenspsychologie, von Individual- und Massenpsychologie.

Ich habe in den letzten dreitausend Jahren vieles über mein Werk gehört und gelesen, den Autoren beim Schreiben ihrer Werke über die Schulter schauend. Meist sind es Formulierungen wie: „Das homerische Werk ist der Grundtext der europäischen Zivilisation".[3] Die beiden philosophischen Väter dieser Feststellung erklärten mich zum ersten Aufklärer des Abendlandes. Andere nannten mich den ersten Philosophen des Abendlandes und sagten zu meinem Werk: „Ein so abgeklärtes Kunstgebilde von nie wieder erreichter Vollendung eröffnet die Geistespforten unseres Kontinents. Glanzvoller konnte sich das Abendland nicht einführen, aber auch nicht charakteristischer für seine Eigenart."[4] Damit zitiere ich nur zwei der unzähligen Erwähnungen.

Mit dieser aktuellen psychologischen Erzählung möchte ich Euch zusätzlich aufmerksam machen, nicht nur auf der Seele erste Worte, sondern auch auf die Seelenkunde der Poesie und die Poesie der Seelenkunde in meinem Werk – zuerst in der Ilias, dann auch in der Odyssee.

[3] Das sagten die beiden Philosophen Max Horkheimer und Theodor Adorno 1944 in ihrem Werk „Dialektik der Aufklärung".

[4] Das schrieb 1921 der große deutsche Gelehrte Thassilo von Scheffer in seinem Buch „Die homerische Philosophie".

Mit den ersten Worten der Seele, die in meinem iliadischen Epos reichlich gesprochen wurden, lasse ich, der blinde Sänger, das Abendland neue Horizonte erblicken und zu noch einem Abenteuer aufbrechen. Zum Abenteuer des Erkennens, der Schilderung, der Interpretation und Erforschung des Psychischen. Dies ist, mit aller gebotenen Bescheidenheit, eine Bereicherung des Schatzes, die das erste literarische Werk des Abendlandes den Menschen anbietet. Ich werde mich bemühen, Euch zu zeigen, dass die psychischen Probleme, psychischen Phänomene, psychischen Reaktionen, psychischen Leiden, wie sie vor dreitausend Jahren bei den Menschen zum Ausdruck kamen, die gleichen sind wie heute auch. Es wird mich freuen, wenn auch Ihr die Szenen und Handlungen meiner Ilias als faszinierende Seelenlandschaften wahrnehmt und – mich bei den Seelenexpeditionen begleitend – selbst fündig werdet.

So möchte ich die Handlungen meiner Ilias aus der eben genannten Perspektive der Seelenlandschaften und der Seelenexpeditionen erzählen.

Nicht mehr so also, wie ich sie damals erzählt habe, sondern dieses Mal mit besonderer Betonung, Berücksichtigung und Erkundung des Psychischen darin. Auch und gerade aus dem Blickwinkel Eurer modernen Einstellungen, Eures aktuellen Wissens, Eurer heutigen Begriffe. Meine Unsterblichkeit ermöglicht mir nämlich, hier im Elysion – auf der höchsten Stelle des Himmels der Seligen, wo ich meine Jahrtausende verbringe – die gesammelten Erfahrungen der letzten dreitausend Jahre zu verfolgen, zu bündeln und mir zu eigen zu machen. Damit versetze ich mich in die Lage, meine Ilias so zu erzählen, wie ich das nun tun möchte.

Ich werde manche Mythen und Geschichten, die ich damals nicht oder nicht vollständig berichtet habe, weil ich sie als bekannt voraussetzen konnte, hinzufügen oder ausführlicher darstellen. Szenen, die ich auf verschiedene Gesänge meiner Ilias verteilt oder gar erst in der Odyssee erzählt habe, werde ich zusammenhängend darstellen. Damit erhaltet Ihr ein abgerundetes Bild der Geschehnisse. Werke von späteren und modernen Dichtern, von Mythographen, Seelenkundlern und sonstigen Schreibern werde ich dabei berücksichtigen und in meine Gesänge einschließen. Dafür werde ich einiges andere, das den heutigen Menschen nicht mehr so interessiert, weglassen – wie etwa Einzelheiten über die Aufstellung der Schiffe oder die Aufzählung der Toten oder wer wen wie getötet hat.

Der Seele leises Flüstern

Ich werde das Psychologische markieren und betonen und für Euch sichtbar machen. Im Dickicht Eurer modernen Ätiologien, den Entstehungstheorien des Psychischen also, werde ich mich aber weder aufhalten, noch verirren – sonst verwirre ich Euch.

An dieser Stelle eine Klarstellung: Ich meine keineswegs, dass alle Botschaften, die die Mythen uns vermitteln, den Menschen zum ersten Mal mit der Ilias verkündet wurden. Keineswegs! Viele Mythen, die die griechische Zunge erzählt hat, sind Jahrhunderte oder gar Jahrtausende älter als der Kampf um Troja. Aber zum ersten Mal wurden sie mit der Ilias in der Sprache des Abendlandes schriftlich dokumentiert, verbreitet und gesichert. In diesem Sinne also sind Formulierungen wie „so kam in die Welt“ oder „so wurde geboren“ zu verstehen, genauso wie der Seele „erste“ Worte.

Ach, apropos Seele. Beinahe hätte ich es vergessen. Seid bitte nicht irritiert, wenn Ihr während meiner Erzählung ein leises Flüstern hört. Das kommt von der Seele. Dieses geflügelte, ätherische, alles bewegende, vieles erduldende und ewige Wesen – so war unsere Vorstellung von der Seele vor dreitausend Jahren – wird mich und Euch auch während dieser Erzählung begleiten. Die Seele wird Euch – sozusagen im Vorbeischweben – mit ihren der immerwährenden Gültigkeit geflügelten Worten aufmerksam machen auf manche Aspekte der psychologisch-geprägten Erzählung, ohne sie jedoch zu unterbrechen oder den Erzählfluss zu stören.

Ach, noch etwas: Falls Ihr während dieser Erzählung den Eindruck haben solltet, dass eine Handlungs- oder Denkweise des einen oder anderen Protagonisten nicht so gut zu seiner Persönlichkeit passt, wie ich sie beschreibe – habt bitte ein wenig Geduld bis zum Nachwort. Ein Persönlichkeitsführer wird Euch dort alles erklären – ich meine, zu erklären versuchen.

Ich hoffe, dass die der immerwährenden Gültigkeit geflügelten ersten Worte der Seele zu Euch allen geflogen kommen dürfen. Und hoffentlich klar, verständlich, segelflügig und schwebend.

Nicht nur zu den Fachleuten. Sondern auch zu Euch allen, den interessierten Zuhörern.

2
Die Vorkriegszeit

Zusammenfassung

In diesem Vorspann zu meiner Ilias werde ich Euch erzählen von den Umständen, die zu dem großen Kampf um Troja geführt haben. Damals habe ich manche Dinge nur fragmentarisch und verstreut an verschiedenen Stellen meiner Ilias angedeutet, da ich alles als bestens bekannt voraussetzen konnte. Um Euch allen das zu vergegenwärtigen, was heute nicht mehr so selbstverständlich bekannt ist, will ich in diesem Vorspann einiges zur Vorgeschichte des Krieges erzählen.

Man sagt, Zeus, der Vater von Göttern und Menschen, habe sich Sorgen um die Mutter Erde gemacht. Zu viele Menschen lebten und vermehrten sich auf ihr. Wie konnte die Arme so viel Last tragen? Das war allerdings kein neues Problem, es existierte schon in früheren Jahrhunderten. Damals hatte Vater Zeus mit einer Sintflut versucht, die Erde zu retten; es war ihm aber misslungen, wie wir wissen.

Nun will er es mit einem großen Krieg noch einmal versuchen. Listenreich zettelt der Oberste Gott den blutigen Kampf zwischen Griechen und Trojanern an. Mit dem zehnten Kriegsjahr beginnt auch meine Ilias.

Die uns begleitende Seele wird dabei geflügelte Worte von immerwährender Gültigkeit singen, wie etwa über die Zwietracht, die nie alleine zu den Menschen kommt, über die List, die man auch Diplomatie nennt, über die Rache und die Gerechtigkeit. Aber auch über die Traumdeutung und das Wunschdenken, über die Selbstüberschätzung und die Selbstzerstörung, über die Ambivalenzgefühle und den Zwang. Und über manches andere.

Μήνιν άειδε θεά, Πηληϊάδεω Αχιλήος ...

Den Zorn des Peliden Achilles besinge, oh Muse, den verhängnisvollen, der unendliches Leid den Griechen zugefügt hat; den, der die Seelen von hervorragenden Helden ins Jenseits schickte und ihre Körper Hunden und Raubvögeln zum Fraß vorwarf.

Ja, meine verehrten Zuhörer, mit diesen Worten habe ich einst mein erstes Epos, meine Ilias, begonnen. Das waren die ersten Worte des literarischen Abendlandes, die sich dann in 24 Rhapsodien – „zusammengenähten Liedern" – und 15.693 Versen weiter entwickelten. Leicht erkennbar somit, dass „Zorn" das allererste Wort des Abendlandes war. Zorn und Groll des göttlichen Achilles, des Peliden, Sohn des Peleus, des Helden mit dem großen Ego, die zu unendlichem Leid führten, waren das Resultat einer Kränkung durch einen anderen gekränkten Narzissten – Agamemnon, den Atriden, Sohn des Atreus, den obersten Führer der Griechen. Was damit gemeint ist und wie es zustande kam, werde ich bald erklären. Jetzt lasst mich aber zunächst die lange

A. Marneros, *Homers Ilias psychologisch erzählt*, DOI 10.1007/978-3-658-11202-8_2

Vorgeschichte, die dazu führte, und die Geheimpläne, die dahinter standen, in aller Kürze erzählen. Ich habe es schon in den „Geflügelten Vorworten" angedeutet: Ich werde meine Ilias von damals, wo es notwendig ist, ergänzen und erweitern oder auch kürzen, um Euch ein kompaktes Bild geben zu können. Was ich damals als Andeutungen verstreut in verschiedenen Gesängen des Epos erzählte, füge ich hier in erweiterter und ergänzter Form zusammen, wo es notwendig ist, auch auf die Werke anderer Dichter und Mythographen zurückgreifend. Was für den heutigen Hörer zu viel oder uninteressant erscheint, werde ich Euch gekürzt berichten.

Bevor ich also mit meiner Ilias beginne, meine geschätzten Zuhörer, möchte ich euch deren lange Vorgeschichte in aller Kürze erzählen.

Am Anfang war die Kränkung

Vor der Kränkung der gekränkten Helden, Achilles und Agamemnon, gab es eine andere – die Kränkung von Göttern, genauer gesagt von Göttinnen; die Ur-Kränkung sozusagen. Die Geschichte ist die:

Neun Jahre waren schon blutig in Trojas größten Fluss, den Skamandros, wie die Sterblichen ihn nannten, oder Xanthos in der Sprache der Unsterblichen, geflossen und hatten seine Gewässer rot gefärbt – Griechisch-Rot oder Trojanisch-Rot spielte gar keine Rolle; es war sowieso nicht zu unterscheiden. Neun Jahre waren in Schmerz und Tränen verflossen, seitdem die Griechen gegen Troja gezogen waren. Sie hatten eine Streitmacht zusammengestellt, wie die Welt sie bis dahin nicht gesehen hatte. Eine gigantische Flotte aus tausenden von Schiffen zeigte, wozu der Mensch schon damals fähig war – die riesigen Armaden sind keineswegs Erfindungen der Neuzeit. Herolde wurden in alle Winkel der damaligen griechischen Welt entsandt – bis zum weit entfernten Zypern –, um zur Teilnahme am Panhellenischen Feldzug gegen die asiatische Großmacht Troja aufzurufen und eine Allianz der Willigen zu schmieden. Fast alle griechischen Staaten, die damals in der Bronzezeit, wie Ihr diese Zeit heute nennt, schon existierten, nahmen mit ihren sagenhaften Fürsten daran teil.

Ziel der gigantischen Kriegsexpedition war es, die vom trojanischen Prinzen Paris entführte schöne Helena, Ehefrau des Menelaos, Sohn des Atreus und König von Sparta, sowie seine vom selben Prinzen geraubten Schätze zurückzuholen. Die gewaltige Streitkraft stand unter der Führung von Agamemnon, König der damaligen Supermacht Mykene, ebenfalls Sohn des Atreus und somit Bruder von Menelaos. Die Söhne des Atreus, die Atriden, werden auch „diogenes", die „Zeus-Entstammenden" genannt, weil einer ihrer Großväter, Tantalos, von Zeus mit seiner Schwester Pluto gezeugt worden war.

Allen Übels Anfang, auch des Raubes von Helena, war wie schon gesagt eine Kränkung. Und zwar die Kränkung einer einzigen Göttin, der Eris, die folgendermaßen begann und endete: Zeus arrangierte eine Ehe zwischen einem Sterblichen und einer Unsterblichen. Der Sterbliche war Peleus, König von Phthia in Zentralgriechenland; die Unsterbliche war Thetis, eine Meeresgottheit und früher Zeus heimliche, nicht erfüllte Liebe, wie Ihr später erfahren werdet. Allerdings war Peleus nicht irgendein Sterblicher. Er war der Sohn des Äakos. Der wiederum war Sohn von Zeus und der von ihm entführten Ägina, Tochter des Flussgottes Asopos. Lasst mich an dieser Stelle deren Geschichte kurz erwähnen, so wie spätere Mythographen sie erzählten. Zeus entführte die schöne Ägina auf eine Insel in der Ägäis, die seitdem ihren Namen trägt, die Insel Ägina also. Aus dieser Verbindung wurde Äakos geboren. Der blieb auch als Erwachsener auf der damals ansonsten unbewohnten Insel, während seine Mutter in Thessalien einen König heiratete und zu ihm zog. Irgendwann jedoch fühlte sich Äakos sehr einsam auf der menschenleeren Insel. Zeus hatte Mitleid mit seinem leidenden Sohn und verwandelte alle Ameisen der Insel in Menschen. So entstand das Volk der Myrmidonen (Myrmix ist die griechische Bezeichnung für Ameise), dem wir in meiner Ilias wiederholt begegnen werden. Allerdings soll hier nicht unerwähnt bleiben, dass dies nur eine – aber die meistverbreitete – von vielen Geschichten der Abstammung der Myrmidonen ist.

Geschätzte Zuhörer, erlaubt mir eine kurze Erläuterung zu den Beinamen, die hilfreich sein könnte:

In der Ilias hören wir Beinamen wie Pelide, Atride oder Äakide. Die Endung „-ide" bedeutet „der Sohn des". Peleus war Achilles Vater, dadurch hat Achilles den Beinamen „Pelide", also „Sohn des Peleus". Agamemnon trägt den Beinamen „Atride", wie auch sein Bruder Menelaos, also „Sohn des Atreus". Beiden Beinamen, Pelide und Atride, werden wir in der Ilias wiederholt begegnen. Achilles hat manchmal auch den Beinamen „Äakide", weil sein Vater Peleus einer der Söhne des Äakos war und damit Achilles einer der Nachfahren des Äakos. Die „-ide"-Endung wie bei Äakide überträgt sich auf alle Generationen von Nachfahren. Deshalb haben Agamemnon und Menelaos manchmal ebenfalls den Beinamen „Tantalide", weil sie auch Nachfahren des Tantalos waren.

Peleus war also ein Sohn des Äakos. Manche meiner dichterischen Nachfolger wollen herausgefunden haben, dass Telamon, der Vater des sogenannten großen Ajax, den Ihr ebenfalls häufig in meiner Ilias treffen werdet, auch ein Sohn von Äakos war. Somit seien die beiden griechischen Groß-Helden enge Verwandte. Äakos war übrigens nicht nur tüchtig und klug, sondern auch der gerechteste der damals Lebenden. Das war der Grund, warum Zeus ihn nach seinem Tod zu einem der drei Richter der Unterwelt machte. Später folgte ein Teil des sehr arbeitssamen und tüchtigen Volkes der Myrmidonen Peleus nach Thessalien. Der wurde nämlich mit Exil bestraft, weil er beim Diskuswerfen einen seiner Brüder traf und tötete. Obwohl sie nur eine relativ kleine Gruppe waren, spielten die Myrmidonen während des Kampfes um Troja eine entscheidende Rolle für die Eroberung Trojas.

Zurück zu Peleus und Thetis. Neun Monate nach der Hochzeit wurden sie die Eltern von Achilles. Ihr versteht jetzt, warum ich Achilles nicht nur Pelide nenne, Sohn des Peleus also, sondern auch Äakide – weil sein Stamm der des Äakos war.

Bei der Hochzeit von Peleus und Thetis geschah etwas mit ungeahnten und historischen Folgen. Peleus nämlich, der nach dem damaligen Brauch als Bräutigam für die Einladungen zur Hochzeit zuständig war, lud alle Fürsten Griechenlands und alle Götter des Olymps sowie in ihrer Gefolgschaft auch die untergeordneten Gottheiten ein. Nur eine Göttin hatte er übersehen und nicht eingeladen: Eris, Göttin der Zwietracht und des Zankes, die Schwester des von vielen gehassten Kriegsgottes Ares. Eris war eine sehr hässliche Göttin: hinkend, von kleiner verschrumpelter Gestalt, mit abstoßendem Gesicht. Erst wenn sie es schaffte, den Neid und den Hass anderer zu erwecken, erblühte sie zu ihrer wahren Gestalt von gigantischer Größe, dann erstrahlte ihr Gesicht. Was sie einmal begonnen hatte, konnte sie nicht mehr davon lassen: Zwietracht und Zank säen!

Als Sterblicher kannte Peleus sie noch nicht; sie war bis zu diesem Zeitpunkt nur mit den Göttern beschäftigt gewesen und weilte kaum bei den Sterblichen; sie hatte reichlich zu tun, und deshalb blieb ihr kaum Zeit für die Menschen. Thetis, die Braut, bemerkte als Göttin natürlich bald das Versäumnis, aber sie war nicht traurig darüber. Wer will schon die Zwietracht und Streit säende hässliche Eris dabei haben, vor allem bei einem so feierlichen Ereignis?! Manche sagen, Eris wurde auf Anraten von Zeus nicht eingeladen. Manche sagen auch, dass Zeus damit bloß friedliche Hochzeitsfeierlichkeiten bezweckte. Die meisten aber sagen: Von wegen! Es gehörte zu seinem Geheimplan „Operation Trojanischer Krieg", den ich Euch bald erläutern werde. Wie auch immer, Eris erlebte dieses Ignoriertwerden erwartungsgemäß als eine unbeschreibliche Kränkung.

Das war die erste, die Ur-Kränkung, die zur trojanischen Tragödie führte.

Die so Gekränkte schwor nämlich Rache. Der Göttin diabolischer Plan sah folgendermaßen aus und wurde von ihr auch so umgesetzt: Nach dieser Kränkung durch einen Sterblichen kam sie auch ohne Einladung zu den Menschen. Sie schlich sich unbemerkt unter die Hochzeitsgäste und ließ einen goldenen Apfel mit der Inschrift „*Der Schönsten*" auf den Boden rollen. Das war der berühmt-berüchtigte Eris-Apfel, Euch besser bekannt unter dem Namen Zankapfel.

Das Lied von der Zwietracht und dem Zank

Und die Seele sang der immerwährenden Gültigkeit geflügelte Worte:

So wurde die zänkische Eris zur ständigen Erdenbewohnerin. Und so kamen die Zwietracht und der Zank in die Welt.

Das ist Homers epische Botschaft.

Das Lied von den Kindern von Zwietracht und Zank

Und die Seele sang auch diese der immerwährenden Gültigkeit geflügelten Worte:

Eris brachte nicht nur die Zwietracht und den Zank, sondern auch deren Kinder, die Rache, den Hass, die Feindseligkeit und wie sie alle heißen. Ein Übel kommt selten allein, sondern meist in seiner Geschwister Begleitung.

Auch das ist Homers epische Botschaft.

Es dauerte nicht lange, und drei Kandidatinnen meldeten Anspruch auf den goldenen Apfel und den Schönheitstitel an. Alle drei waren Göttinnen: die leukolenos Hera, die alabasterarmige Hera also, Oberste Göttin kraft Eheschließung mit dem Obersten Gott Zeus; glaukopis Athena, die himmelblauäugige Athena, Göttin unter anderem der Weisheit; und Kypris Aphrodite, die aus Zypern – Kypros auf Griechisch – stammende Aphrodite, Göttin der Liebe und der Schönheit. Da auch Götter nicht frei von Eitelkeit und Konkurrenzmentalität sind – gerade sie nicht –, entbrannte zwischen den drei eitlen Konkurrentinnen ein Streit, der nach und nach gefährlich eskalierte. Eine Lösung war nicht in Sicht, ganz zur Freude der rachsüchtigen Eris, die, wie schon gesagt, durch so etwas immer größer und größer wurde und gigantische Dimensionen annahm. Die Stimmung in der Hochzeitsgesellschaft kippte – Eris hatte ihr Ziel erreicht. Ihr hässliches Gesicht strahlte.

Dann kam die List

Der wolkenzusammenballende Zeus – Zeus nephelegeretes – lehnte die Bitte der drei Göttinnen, schlichtend darüber zu entscheiden, mit der schlauen Bemerkung ab, dass sie alle drei so wunderschön seien, dass es ihm unmöglich sei, einen Unterschied zwischen ihnen zu finden. Sie seien alle drei unübertrefflich schön, so dass keine schöner als die andere sein könne. So sagte er – aber er dachte nicht so; er dachte anders. Er dachte: „Jetzt ist der Zeitpunkt gekommen, um meinen Geheimplan endlich in Gang zu setzen“. Er schmiedete nämlich schon seit langem den furchtbaren Geheimplan „Operation Trojanischer Krieg“, das habe ich schon erwähnt. Grund für diesen Geheimplan sollen Zeus Sorgen um die Welt gewesen sein, folgt man späteren Mythographen und Dichtern, etwa einem meiner besten Nachfolgedichter, Euripides[1]. Zeus sei nämlich zu dem Schluss gekommen, dass sich die Menschen, nachdem Prometheus sie vor langer, langer Zeit erschaffen hatte[2], zu stark vermehrt hätten und damit eine Gefahr für Mutter Erde – die Gäa oder Ge wie andere sie nennen – geworden seien. Sie sollten durch einen langen und verlustreichen Krieg dezimiert werden, so dass die Mutter Erde aufatmen könnte. Deshalb also der erwähnte Geheimplan „Operation Trojanischer Krieg".

Der Zwist zwischen den drei um den Schönheitstitel konkurrierenden Göttinnen war Teil des Geheimplanes, was damit auch der wahre Grund war, warum Zeus die Aufgabe, als Schiedsrichter zu fungieren, ablehnte. Es war nichts anderes als eine List, die erste List von mehreren. Er sagte also das eine und dachte das andere – was viele Menschen verabscheuen, aber manche Götter nicht, vor allem wenn sie damit große Kriege anzetteln wollen.

Das Lied von der Diplomatie und der Doppelzüngigkeit

Und die Seele sang der immerwährenden Gültigkeit geflügelte Worte:

So kam die Diplomatie in die Welt. Was Götter oder auch Staatsführer „Diplomatie" nennen, wird aber von den gewöhnlichen Sterblichen und für die gewöhnlichen Sterblichen als Doppelzüngigkeit, als List, als Falschheit, als Unehrlichkeit oder irgendwie ähnlich bezeichnet.

Damit kam auch die Dichotomie der Ethik in die Welt: Was Götter und Staatsführer doppelzüngig und listig tun, diene höheren Zwecken, heißt es; damit findet es seine Legitimation. Das gleiche Tun durch den gewöhnlichen Sterblichen aber wird als unethisch, unmoralisch und verwerflich bezeichnet und hat somit keine Legitimation.

Das ist Homers epische Botschaft.

Zeus sprach zu den drei Konkurrentinnen im Rahmen seiner diplomatischen Strategie, die er keineswegs als doppelzüngig oder listig, sondern als höheren Zwecken dienlich betrachtete, auch dies: Es könnte sein, dass ein Sterblicher es anders sehe als er. Es wäre möglich, dass ein Sterblicher sich doch für nur eine der drei Schönen entscheiden könne, obwohl alle drei nach seiner obergöttlichen Meinung gleichermaßen wunderschön seien. So empfahl er, statt ihm doch einen Sterblichen zum Schiedsrichter zu bestimmen. Er empfahl einen jungen, selbst wunderschönen Hirten, der gerade „zufällig" – sagte scheinheilig der Oberste Gott – in den Tälern von Ida, dem Gebirge nahe Troja, seine Herde weidete. Scheinheilig war das „zufällig" deswegen, weil

[1] Euripides vertritt diese These in seiner Tragödie „Helena".

[2] Die Erschaffung des Menschen durch Prometheus oder durch andere Gottheiten bzw. durch die Stromatolithen oder den Urknall ist in ausführlichen und ereignistreuen Protokollen festgehalten, die man nachlesen kann in Andreas Marneros „Feuer für ausgebrannte Helden. Auf der Suche nach Orientierung. Ein Abenteuer mit Prometheus und Herakles" (2015).

auch das eine List des Zeus war, eine weitere in einer Kette von vielen; nichts war zufällig, alles war Teil des Geheimplanes.

Die drei rivalisierenden schönen Göttinnen akzeptierten Zeus Vorschlag, ohne die geringste Ahnung zu haben – weder von Zeus List, noch davon, welche katastrophalen Folgen das bevorstehende Urteil haben würde. Ausnahmsweise in dieser Sache einig, beschlossen sie einvernehmlich, sofort dorthin zu fliegen und dem jungen schönen Hirten die Entscheidung zu überlassen. Dieser übernahm die unerwartete Aufgabe gern, er fühlte sich geschmeichelt, wenn auch ohne die geringste Ahnung, in welcher Weise er vom listigen Zeus instrumentalisiert wurde. Es war für ihn nicht nur eine willkommene Abwechslung in seinem einsamen Hirtenleben, sondern auch, und vor allem, war er fasziniert von der buchstäblich übernatürlichen Schönheit der drei Göttinnen.

Zeus wusste etwas, was die drei konkurrierenden Göttinnen nicht wussten: Der schöne Schiedsrichter war nämlich kein einfacher Hirt, sondern Prinz Alexandros Paris von Troja, Euch besser bekannt mit seinem Zweitnamen Paris, Sohn von Priamos und Hekabe, des Königspaars von Troja. Ihr müsst dazu noch wissen, dass damals Prinzen und sogar Könige ihre Herden selbst geweidet und ihre Felder selbst bestellt haben.

So kam es zum legendären Urteil des Paris.

Am Anfang des Urteils standen Bestechungsversuche. Die alabasterarmige Hera bot Paris Macht, wenn er sich für sie entscheiden würde; die himmelblauäugige Athena stellte ihm Weisheit in Aussicht; und die Kypris Aphrodite versprach ihm die schönste Sterbliche zur Frau. Paris ließ sich für sein Urteil Zeit und verglich lange sowohl die Schönheit der drei Rivalinnen als auch deren Bestechungsangebote – und gab schließlich Aphrodite, der Göttin der Schönheit und der Liebe, den goldenen Apfel und den Titel der Schönsten. Zum einem, weil die Göttin der Schönheit tatsächlich die Schönste war, denn es gab doch Schönheitsunterschiede zwischen den drei Schönen. Zeus hatte vorher auch diesbezüglich planmäßig gelogen, was ebenso zum Geheimplan gehörte. Zum anderen aber, weil Aphrodites Bestechung in der Tat besonders bestechend für Paris Hirtengemüt war.

Das Lied von Bestechung und Bestechlichkeit

Und die Seele sang der immerwährenden Gültigkeit geflügelte Worte:

So kamen die Bestechung und die Bestechlichkeit in die Welt.

Das ist Homers epische Botschaft.

Allerdings lässt Homer Euch selbst entscheiden, wer das Verwerflichere tut: Der, der momentan die Macht und die Mittel besitzt und sie missbrauchend andere besticht, oder derjenige, der seiner Schwäche erliegt und sich bestechen lässt.

Dann kam das Schicksal

Die beiden Unterlegenen aber waren schwerst gekränkt, so wie jeder Narzisst gekränkt reagieren würde. Also nichts Überraschendes dabei; Götter und Göttinnen sind bekanntlich die größten Narzissten; auch diesbezüglich ist der Mensch nur ein Abklatsch des Göttlichen. Was Narzissmus und Narzissten sind, werde ich für Euch schon bald erklärend besingen, aber auch ein kompetenter Persönlichkeitsführer wird es im Nachwort meiner Ilias fachlich-sachlich erklären; übt Euch in ein wenig Geduld bis dahin.

Die Kränkung der beiden unterlegenen Göttinnen war die zweite Ur-Kränkung, die zur trojanischen Tragödie führte.

Athena und Hera platzten fast vor Neid. Diese Aphrodite habe den Preis keineswegs bekommen, weil sie schöner sei als sie beide, schäumten des Neides diabolische Worte aus ihren göttlichen Mündern, sondern durch Bestechung und Bezirzen dieses einfältigen hinterwäldlerischen Hirten.

Das Lied vom Neid

Und die Seele sang der immerwährenden Gültigkeit geflügelte Worte:

Die Göttin der Zwietracht und des Zankes brachte auch den Neid in die Welt – als Wegbereiter von Zwietracht und Zank.

Der Wunsch der neidenden Person, so zu sein wie die beneidete oder das gleiche zu schaffen oder zu erlangen wie diese – könnte konstruktiv, produktiv und kreativ sein. Aber leider ist diese konstruktive Neidwirkung ein seltenes Gut unter Menschen und Göttern.

Der Neid verweilt seitdem auf Erden, am häufigsten in seiner destruktiven Form, der Missgunst. Der beneideten Person wird der Erfolg missgönnt und Schlechtes gewünscht.

Das ist Homers epische Botschaft.

Die beiden unterlegenen Göttinnen, von Neid zerfressen, gönnten Aphrodite den Sieg nicht, aber sie konnten der Göttin nicht ernsthaft schaden. Wohl aber dem Schiedsrichter. Sie hassten Paris und sannen auf Rache. Ihre Niederlage haben sie ihm nie verziehen, bis zum Ende seines Lebens haben sie sich mit ihm nicht versöhnt – sie haben Verzeihung und Versöhnung nie gewollt, nicht einmal daran gedacht. Im Gegenteil, sie schworen Rache gegen ihn und gegen das Volk, das einen solchen Schurken hervorgebracht hatte. Dass Paris tatsächlich ein schlimmer Schurke war, kam erst später heraus, wie ich Euch noch erzählen werde, aber dass das Volk unschuldig war – wie in den meisten ähnlichen Fällen – wussten wir und die beiden Göttinnen auch von Anfang an. Dieses Wissen macht uns Menschen mitfühlend mit den unschuldig Verfolgten, Götter aber nicht. Bezeichnenderweise haben die beiden neidischen Göttinnen ihre Kollegin Nemesis, die Göttin der „gerechten Rache", nicht um

Hilfe gebeten. Nemesis nämlich konnte nur aktiv werden, wenn die Rache der Gerechtigkeit diente. Aber waren der Hass der verschmähten Göttinnen und ihre Rachegefühle gegen Paris und sein unschuldiges und unbeteiligtes Volk, das Volk von Troja, eine gerechte Sache? Nein, keineswegs.

Das Lied von der Rache und ihren Begleitern

Und die Seele sang der immerwährenden Gültigkeit geflügelte Worte:

So kam das Auseinanderdriften zwischen Rache und Gerechtigkeit in die Welt, und so wurde auch der Hass zum Vorposten der Rache. Mit ihm kam auch ein Begleiter der Rache, nämlich das Nachtragendsein, welches Kränkungen und Hass folgt.

Das ist Homers epische Botschaft.

Und so wurde die Rache, die verwerfliche, zur Hedonie der Götter, wie ich bald näher erläutern werde.

Das Schicksal nahm seinen Lauf – zunächst nur von göttlicher Seite her.

Die schönste Sterbliche, die Kypris Aphrodite, Paris theoides, Paris mit dem gottähnlichen Aussehen, versprochen hatte, wenn er sie wähle, war keine Ida-Bewohnerin oder Stadttrojanerin, sondern eine Griechin aus dem fernen, fernen Sparta – die anfangs genannte schöne Helena nämlich. Pech nur, dass sie verheiratet war, und zwar mit dem mächtigen König von Sparta, dem schon erwähnten Menelaos, Sohn des Atreus und Bruder des noch mächtigeren Königs von Mykene und Argos, Agamemnon; mit Menelaos hatte sie auch eine kleine Tochter, Hermione. Deshalb musste die fremde, verheiratete Helena entführt werden. Der Raub der schönen Helena war von Paris sorgfältig vorgeplant. Der Raub des königlichen Schatzes, der gleichzeitig mit der Entführung stattfand, war für die Spartiaten sozusagen nur ein Kollateralschaden – wenn auch ein erheblicher.

Nachdem der blitzeschleudernde und donnererzeugende Zeus, der mächtigste Gott, seine untergeordneten Götter, in diesem Fall Göttinnen, so unverschämt für seine Pläne instrumentalisiert hatte, wendete er seine Methoden auch auf die Erdenbewohner an, zunächst auf Paris, dann auf Helena – ohne Rücksicht auf Konsequenzen und die Schicksale von Unschuldigen.

Das Lied von der ausbeuterischen Beziehungsgestaltung

Und die Seele sang der immerwährenden Gültigkeit geflügelte Worte:

So kamen die ausbeuterische Beziehungsgestaltung und deren Instrumentalisierung in die Welt, mit ihrem unverrückbaren Fundament aus Rücksichtslosigkeit und Menschenverachtung.

Das ist Homers epische Botschaft.

Die beiden durch Zeus Pläne so instrumentalisierten, schönen wie tragischen Sterblichen Paris und Helena, weisen eine obwohl sehr unterschiedliche, gleichermaßen interessante Herkunftsgeschichte auf.

Der schöne, wie ein Gott aussehende Paris, der Entführer und Verführer, war – wie ich schon erwähnte – ein Sohn des Troja-Königs Priamos und seiner legitimen Ehefrau Hekabe. Das mit der „legitimen Ehefrau“ muss unbedingt erwähnt werden. Priamos hatte fünfzig Söhne, davon schätzungsweise neunzehn mit seiner legitimen Ehefrau; alle anderen zeugte er mit verschiedenen Konkubinen, die meist einträchtig miteinander und mit der legitimen Ehefrau im Palast lebten.

Nach der Geburt von Paris hatte Hekabe einen angsteinflößenden Traum gehabt: Sie trug zärtlich und voller Liebe das Neugeborene in ihren Armen, als es sich plötzlich in eine Fackel verwandelte, die alles verbrannte: den Palast, die Stadt, alle ihre Bewohner und viele, viele Menschen aus nahen und fernen Ländern, ja sogar sie selbst. Eilig wurde ein Fachmann zu Rate gezogen – manche sagen, er war Seher oder Prophet, Schamane oder Magier sagen andere, und wiederum andere sagen, ein in Traumdeutung ausgebildeter Psychoheiler sei er gewesen, auf jeden Fall ein Psycho-Mann, darüber waren sich alle einig. Wie auch immer: Er machte aus den bis dahin glücklichen Eltern tief besorgte und beunruhigte Menschen – obwohl Psychoheiler den Menschen eigentlich zum Glücklichwerden und Unbesorgtsein verhelfen sollten. Und das alles, indem er den Traum deutete.

Das Lied von der Traumdeutung

Und die Seele sang der immerwährenden Gültigkeit geflügelte Worte:

So kam die Traumdeutung in die Welt – und damit der Kerngedanke der Psychoanalyse, wie die Psychoanalytiker der Neuzeit behaupten würden; so nennt Ihr doch eine besondere Gruppe von Psychoheilern der Neuzeit.

Das ist Homers epische Botschaft.

Der Traumdeuter verkündete: „Der Traum arbeitet mit Symbolen. Wenn ich also die Symbole richtig deute – und ich tue es gewiss, weil ein Traumdeuter bekanntlich die absolute Hoheit über die Traumdeutung hat, somit ist er unfehlbar –, dann ist die Botschaft auch dieses Traumes kristallklar: Dieses Kind – damit meinte er Paris – wird das Ende von Troja sein, es ist die ultimative Katastrophe für das Reich. Es bedeutet den gewaltsamen Tod oder bitteres Exil für jeden einzelnen Trojaner; Vater und Mutter und Geschwister und das Kind inklusive. Noch dazu die Vernichtung von unzähligen Ausländern – Freunden und Feinden!“

Welche Eltern wären nicht am Boden zerstört angesichts so einer Prophezeiung aus dem Munde einer Autorität, die sich noch dazu als unfehlbar erklärt?

König und Königin hatten ihre Verantwortung für den Staat und alle Untertanen immer mit großer Gewissenhaftigkeit wahrgenommen. Und sie dachten nicht daran, sich jetzt anders zu verhalten. Aber es ging auch um ihr Kind, ihr Neugeborenes! Deswegen lehnten sie die radikalste aller Lösungen ab, ihr ahnt sicherlich, was das gewesen wäre; ja richtig, die sofortige Tötung des Neugeborenen, ein Neonatizid also. Sie setzten stattdessen das Baby schweren Herzens aus, in den nebligen Wäldern des Ida, anonym und ohne Herkunftsindizien, in einer kleinen felsigen, in Nebel gehüllten Höhle.

Das Lied von der Babyklappe

Und die Seele sang der immerwährenden Gültigkeit geflügelte Worte:

So kam die Babyklappe in die Welt, der anonymen Kindesaussetzung folgend, von nebligen Hoffnungen begleitet.

Das ist Homers epische Botschaft.

Natürlich war es die wichtigste heimliche Hoffnung der Eltern, dass das Baby irgendwie überleben würde, wie es alle Babyklappeneltern denken – wobei es in Euren heutigen Tagen fast ausschließlich Babyklappenmütter sind. Mit dem Baby so fern der Heimat würden sowohl Vaterland als auch Kind in Sicherheit sein; das war ihre andere Hoffnung – die trügerische.

Hirten fanden tatsächlich das Kind und retteten es vor dem sicheren Tod. Weil aber nichts bei dem Kind war, weder Tuch, noch Spielzeug, geschweige denn beschriftete Tonscherben, konnten sie weder Familie noch Herkunft des ausgesetzten Neugeborenen erahnen. Aus Barmherzigkeit nahmen sie das namenlose Kindlein bei sich auf und erzogen es wie ein eigenes. Als erstes gaben sie ihm einen Namen, genauer gesagt einen Doppelnamen: Alexandros Paris. Und damit bekam das anonyme Baby das, was jeder Mensch unbedingt braucht, nämlich eine Identität:

Alexandros Paris, der Hirtensohn. Das war von nun an seine Identität.

Eine falsche Identität, wie wir heute wissen. Aber manche sagen, besser eine falsche Identität als gar keine. Vor allem, wenn man von der Identitätsfalschheit nichts ahnt.

Dann kam das Wunschdenken

Alles lief scheinbar gut. Bis Alexandros Paris, der Hirtensohn, gerade erwachsen, sich mit anderen Viehzüchtern nach Troja aufmachte, um dort Tiere auf dem Viehmarkt zu verkaufen.

Ihr vermutet richtig, meine geschätzten Zuhörer, dass Zeus wieder seine Finger im Spiel hatte.

Wie auch immer. In Troja fanden gerade Festspiele zu Ehren der Königin Hekabe statt. Die Geschäfte waren erledigt, und so konnte Paris – er wurde inzwischen häufiger bei seinem Zweitnamen gerufen – aus Spaß und schnell entschlossen an den Wettkämpfen teilnehmen. Und siehe da, er gewann in mehreren Disziplinen den ersten Preis. Als der mehrfache Sieger vor dem Königspaar stand, um seinen Siegerkranz entgegenzunehmen, erkannten ihn die freudig überraschten Eltern. Woran, kann man gar nicht genau sagen. Manche sagen, durch einen geheimen Wink des Zeus, was auch Teil seines Geheimplanes war. Eine Behauptung, die wohl ihre Richtigkeit hat. Aber Zeus Spiel mit den Menschen ging noch weiter. Er verblendete nämlich die glücklichen Eltern mit Wunschdenken und wiedererwachter Elternliebe; die Vorhersage des Psychomannes, des Traumdeutungsspezialisten, war somit fast vergessen. Der Traumdeuter habe sich sicherlich getäuscht, dachten die vom Glück berauschten Eltern, wenn doch einmal ein Gedanke daran aufkam. Traumdeuter seien ja – entgegen ihrer Behauptung – auch nicht unfehlbar. „Wer an Traumdeutung glaubt, ist selbst schuld", darin waren sich Priamos und Hekabe einig. Generell hatten sie mit der Behauptung Recht – die Traumdeuter mögen es mir verzeihen –, aber leider nicht in diesem konkreten Fall. Sie hofften, dass nun die Moiren, die Schicksalsgöttinnen, endlich alles wieder gut werden ließen. „Zeus sei Dank!", dachten sie und erkannten mit tiefem Glücksgefühl den schönen Hirten offiziell als ihren Königssohn an und stellten ihn dem Volk vor. So bekam er seine richtige Identität.

Alexandros Paris, der Königssohn. Das war seine neue Identität – die wahre und endgültige.

Nur eine der Königstöchter, Paris Schwester Kassandra, war tief besorgt und warnte ihre Eltern vor der nahenden Katastrophe. Der totalen, ultimativen und unwiderruflichen Katastrophe. Trotz des Misstrauens und aller grundsätzlichen Bedenken, die sie Traumdeutern gegenüber hegte – sie waren ja eine Art Konkurrenz zu den Propheten und Sehern, zu denen sie selbst gehörte – glaubte sie doch in diesem Fall, dass sich der damalige Traumdeuter ausnahmsweise nicht geirrt hatte. Aber die von Glück – und Zeus – verblendeten Eltern hörten nicht auf sie. „Ach, unsere Tochter, sie sieht immer alles schwarz! Sie prophezeit immer nur Schlechtes! Kein Wunder also, dass niemand, aber niemand, ihr glaubt. Die arme, arme Kassandra!" So dachten sie.

Und Zeus lachte.

Das Lied vom Wunschdenken

Und die Seele sang der immerwährenden Gültigkeit geflügelte Worte:
So kam das Wunschdenken in die Welt und mit ihm auch die Verblendung.
Das ist Homers epische Botschaft.

Die mahnende Königstochter war also keine andere als Kassandra. Dass niemand ihren Prophezeiungen glaubte, obwohl sie zutreffend waren, war in der Tat Kassandras immerwährende Tragik. Doch niemand wusste damals, dass das Folge eines Fluchs war. Niemand konnte ahnen, dass Apollon der Urheber dieses Fluchs war. Und niemand wusste, dass sich hinter dem Fluch ein folgenreiches Geheimnis verbarg. Erst später, lange nach Kassandras Tod, wurde es enthüllt. Apollon hatte nämlich einmal bei Kassandra voller Sehnsucht um eine erotische Nacht gebettelt. Kassandra stimmte zu, wenn auch unverkennbar widerwillig, verlangte aber dafür vom Gott die Gabe der Prophezeiung. Apollon erfüllte ihren Wunsch, doch Kassandra machte in der letzten Sekunde einen Rückzieher. Sie hatte generell kaum Interesse an Sex und erotischen Abenteuern, sie betrachtete vielmehr alles, was mit Sex zu tun hatte, als abstoßend. Im Gegensatz natürlich zu Apollon, der großes Verlangen danach und Spaß daran hatte; verständlich also, dass Kassandras Rückzieher ihn wütend machte. Der in Rage geratene Apollon wartete auf einen günstigen Moment, als Kassandra ihren Mund öffnete, um wahrzusagen. Dann spuckte er ihr blitzschnell in den Mund und sprach die geflügelten Worte, die folgenreichen: „Das Geschenk der Prophezeiungsgabe kann ich dir nicht mehr nehmen. Aber ich verfüge, dass niemand jemals deinen Prophezeiungen Glauben schenken wird“. Der Fluch war sofort wirksam. Und gerade dieser Fluch erwies sich als sehr verhängnisvoll für Troja – jetzt in Bezug auf die Anerkennung des Paris als Königssohn, aber auch später, als Kassandra ihre Landsleute vor einem verhängnisvollen Geschenk der Griechen warnte, dem hölzernen Pferd, das Ihr trojanisches Pferd nennt. Aber niemand achtete auf Kassandras Rufe. Und Troja ging in Flammen auf. So als ob eine riesige brennende Fackel die Stadt von allen Seiten anzündete. Doch dazu später.

Kassandras Tragik verursachte nicht nur Trojas Untergang, sondern auch ihren eigenen. Kassandra hat, wie Ihr später noch hören werdet, ihre eigene Ermordung und die von Agamemnon durch dessen Frau Klytämnestra prophezeit. Erwartungs- und fluchgemäß glaubte ihr niemand – und so starben beide.

Wie auch immer, Paris wurde mit allen Ehren – ganz nach Zeus Plänen – als Prinz eingeführt. Es wurde aber auch vereinbart, dass er sich weiter auf dem Berg Ida um die königlichen Viehherden kümmert, er kannte sich ja da so gut aus. Und dort trafen ihn dann die drei uns bekannten streitenden Göttinnen und machten ihn zum Schiedsrichter. Alles lief also nach Zeus List und Plan. Nach seinem listigen Geheimplan „Operation Trojanischer Krieg“.

Und so nahm das Schicksal seinen Lauf – nun auch von der trojanischen Seite her.

Und dann kam der Krieg

Helena, die Entführte und Verführte, die schönste Frau der Welt und Menelaos Gattin, weist eine noch außergewöhnlichere Herkunftsgeschichte auf als Paris:

Helenas Vater war Zeus – wundert Euch nicht, dass der Vater die Tochter so instrumentalisierte; Familiensinn ist gerade bei den Göttern nicht immer stark und nicht für alle ihre Kinder gleich ausgeprägt. Helenas Mutter war Leda. Ja, die Leda, die eine Affäre mit einem Schwan hatte, der aber keineswegs ein echter Schwan war, sondern kein geringerer als der Vater von Menschen und Göttern, Zeus also. Neun Monate nach dieser zoophilen Affäre gebar Leda ein besonderes Ei, woraus die schöne Helena schlüpfte. Sie wuchs bei dem legitimen, sterblichen Ehemann ihrer Mutter, dem König von Sparta, Tyndareus, auf. Zusammen mit ihrer Schwester Klytämnestra, spätere Ehefrau – und Mörderin – von Agamemnon, und mit ihren Brüdern Kastor und Polydevkes, spätere Sterne am Firmament, vielen bekannt unter ihren lateinischen Pseudonymen Castor und Pollux. Übrigens: der Weg der beiden zu Sternen am Firmament hing unmittelbar mit der Entführung ihrer Schwester Helena zusammen. Kastor und Polydevkes verfolgten nämlich das Schiff des Entführers, um die geliebte Schwester zurückzuholen, gerieten aber in Seenot und ertranken. Als Belohnung für die Liebe und Aufopferung der beiden für seine illegitime Tochter Helena erhob Zeus asteropetes, der Sternewerfer, sie ins Firmament. Und so könnt Ihr sie bis heute hoch oben am Himmel bewundern.

Als Helena das Heiratsalter erreicht hatte, was die Herolde in ganz Griechenland verkündeten, bewarb sich die Elite der griechischen Heldenschaft. Außer dem späteren Gewinner Menelaos waren auch viele andere Euch bekannte Persönlichkeiten dabei, wie etwa Odysseus, der vielbegabte König von Ithaka, Philoktetes, der Träger von Herakles Bogen und seinen mit dem Blut der Hydra vergifteten Pfeilen, und noch viele andere, darunter auch der große Ajax und der kleine Ajax. Ajax gab es nämlich zweimal: Der eine war der Sohn des Telamon, daher auch sein Beiname Telamonios; er wurde wegen seiner körperlichen Statur „der Große" genannt. Den anderen Ajax, Sohn des Oineas, nannte man zur Unterscheidung vom ersten „der Kleine". Ich werde in meinen für Euch neu zusammengefügten Gesängen diese Bezeichnungen zur Vermeidung von Missverständnissen nur selten verwenden, denn sie waren beide zweifellos große Helden. Allerdings ist der Einfachheit halber, wenn ich bloß den Namen Ajax erwähne, Ajax Telamonios gemeint, der Große also. Wenn es um den anderen großen Ajax-Helden geht, den Sohn des Oineas, dann werde ich es kenntlich machen.

Zurück zu Helena und den Bewerbern: Da die Befürchtung nicht unberechtigt war, die abgewiesenen Freier könnten Unheil für den Gewinner stiften, folgten alle einem Vorschlag des intelligentesten aller Bewerber, des vielbewanderten Odysseus: Alle schworen einen heiligen Eid – klugerweise vor der Entscheidung –, dass sie dem Gewinner beistehen würden, falls er in Schwierigkeiten geriete.

Und so nahm das Schicksal seinen Lauf, nun auch von der griechischen Seite her.

Alle damaligen Freier wurden nämlich zu Protagonisten des Kampfes um Troja.

Aphrodite hielt ihr Versprechen, das sie Paris gegeben hat. Er bekam Helena, die schönste Frau der Welt. „Bekam" bedeutet in diesem Falle: er durfte sie verführen und entführen. Mit ihr ließ Paris auch Spartas gesamten Staatsschatz und Menelaos persönliche Schätze mitgehen. Entführer und Entführte bzw. Verführer und Verführte kamen nach einer abenteuerlichen Reise über das ganze östliche Mittelmeer und nach ihrer Hochzeit – höchstwahrscheinlich auf Zypern, der Heimat ihrer Ehestifterin und Schutzpatronin Kypris Aphrodite – nach Troja. Um die geraubte Königin und die Staatsschätze Spartas zurückzufordern, folgten ihnen die Griechen mit ihrer Superstreitmacht und ihrer gewaltigen Flotte dorthin.

Doch die Griechen wollten einen Krieg vermeiden, und zu diesem Zwecke schickten sie eine hochrangige Friedensdelegation zu den Trojanern, bestehend aus Menelaos, Odysseus und Palamedes. Letzterer war König auf dem Peloponnes, enger Freund von Menelaos, hochintelligent – und deswegen immer mit Odysseus um den Titel des intelligentesten der Griechen rivalisierend. Palamedes war auch vielfacher Erfinder, unter anderem stammt das bis heute noch nationale Spiel der Griechen, Tavli, eine Art von Backgammon, von ihm.

Apropos Palamedes, lasst mich an dieser Stelle eine kleine Geschichte einschieben: Meine Mythographen-Kollegen erzählen, dass die Rivalität zwischen Odysseus und Palamedes ihre Wurzeln nicht nur in der gerade erwähnten Konkurrenz um den Titel des intelligentesten der Griechen hatte, sondern auch in einer sehr persönlichen Sache. Als nämlich Agamemnon und Menelaos um eine panhellenische Allianz gegen die Trojaner warben, hatte Odysseus keine Lust, daran teilzunehmen. Er hatte erst kürzlich seine wunderschöne Frau Penelope geheiratet, und sein erster Sohn Telemachos war nur ein paar Tage alt. Menelaos und Palamedes fuhren nach Ithaka, um ihn zur Teilnahme am Krieg zu motivieren und ihn an den Solidaritätseid Menelaos gegenüber zu erinnern. Odysseus versuchte, der Kriegsteilnahme zu entgehen, indem er sich als wahnsinnig darstellte. Er spannte zum Ochsen einen Esel vor den Pflug und gab vor, damit sein Feld zu pflügen. Das ungleiche und seltsame Pflugpaar produzierte seltsame Furchen und, als ob das nicht seltsam genug wäre, säte Odysseus darin Salz. Die beiden Delegierten schauten sich das verrückte Spiel eine Weile an. Schließlich lächelte Palamedes bedeutungsvoll und ging wortlos weg. Nach einer Weile kehrte er mit Telemachos, dem neugeborenen Sohn des Odysseus, zurück. Er legte das Baby in die Furche, direkt vor Odysseus Pflug. Der überraschte Vater hob vorsichtig und sorgfältig den gefährlichen Pflug über das Baby. So blieb der kleine Telemachos unversehrt, der Vater aber war demaskiert: Es wurde für jedermann offensichtlich, dass er ganz genau wusste, was er tat, von Wahnsinn konnte keine Rede sein. Odysseus, das wissen wir alle, nahm am Kampf um Troja teil und spielte sogar die kriegsentscheidende Rolle; davon werde ich Euch nicht nur in meiner Odyssee erzählen, sondern auch schon im Nachgesang dieser Erzählung. Palamedes aber wurde mit dem Besuch und dem Versuch auf dem Feld zu Odysseus Todfeind.

Ich möchte Euch in diesem Zusammenhang etwas ganz Persönliches sagen: Seitdem ich die Ilias zum ersten Mal erzählt habe, wurden von sogenannten posthomerischen Quellen immer wieder Versuche gemacht, meine Ilias zu verändern, zu ergänzen oder gar zu verfälschen. Dazu gehört auch die Legende, dass Odysseus im Verlauf des Kampfes um Troja aus Hass eine Intrige gegen Palamedes schmiedete, die diesem die Todesstrafe brachte. Da ist eine sehr böse Unterstellung späterer Mythographen, vorwiegend aus der römischen Zeit; einer der unzähligen und untauglichen posthomerischen Versuche, Odysseus einzigartige und bewundernswerte Persönlichkeit, die ich sowohl in der Ilias, aber vor allen in meiner Odyssee besinge, zu demontieren und seinen Ruf zu beschmutzen. Für mich, der ich Odysseus nicht nur als den typischen Europäer und den „prototypischen Bürger"[3] in die Kulturgeschichte des Abendlandes eingeführt habe, ist und bleibt er trotz allen Verleumdungen ein leuchtendes Vorbild.

Zurück zur Friedensdelegation der Griechen: Trotz seiner Antipathie zu Palamedes fügte sich Odysseus der Entscheidung der Heeresführung und ging mit ihm und Menelaos zu Priamos. Die griechische Delegation machte den Trojanern ein Friedensangebot: Sie sollten freiwillig die entführte Königin, den gestohlenen Staatsschatz und sonstige Schätze zurückgeben und sich entschuldigen. Würde diese Forderung erfüllt, wollten die Griechen auf jegliche Kriegshandlung verzichten.

Die Trojaner lehnten das Friedensangebot der Griechen nach hitzigen Debatten untereinander ab. Die Kriegstreiber unter ihnen, die Falken sozusagen, setzten sich schlussendlich gegen die Friedensliebenden, die sogenannten Tauben, durch. Sie zeigten sich, von Zeus benebelt, unbeeindruckt von der geball-

---

[3] So bezeichnen ihn 1944 die Philosophen Horkheimer und Adorno in ihrem Werk „Dialektik der Aufklärung".

ten Macht des Gegners – Ihr verehrte Zuhörer meiner Gesänge werdet ahnen, dass es sich um einen Teil seines Geheimplanes handelte. Die Trojaner hatten zu viel Vertrauen zu sich selbst und zu ihren Verteidigungsanlagen. Die Stadtmauer, von Göttern gebaut, sei für jeden Gegner unüberwindbar, ihre Abwehr sei die beste der Welt. Um sie herum nur tapfere Verbündete: die Lykier, die Dardaner, die Thrakier, die Päonier, die Pelasgier, die Pamphylier, die Kikoner; ja sogar die fernen Äthiopier bis hin zu den göttlichen Amazonen aus Skythien waren bereit mitzukämpfen. Die Trojaner dachten, ihre Stadt sei nicht zu erobern, zumindest nicht von Sterblichen. Sie seien unbesiegbar. So bestärkten sich die Falken gegenseitig und schlugen die Argumente der Tauben in den Wind.

So dachten sie. Aber sie dachten falsch.

Die Trojaner überschätzten sich leider. Ihren Fehler sollten sie bitter bereuen und teuer bezahlen. Ihre Selbstüberschätzung wurde zu ihrem Totengräber. Wie Ihr auch an anderer Stelle der Ilias hören werdet, ist Selbstüberschätzung der erste Schritt zur Selbstzerstörung. Nicht nur für die Trojaner. Aber die trojanische Hybris beschränkte sich nicht nur auf Selbstüberschätzung. Sie ging tragischerweise noch weiter: Einer der trojanischen Meinungsträger mit Namen Antimachos schlug sogar vor, die griechischen Delegierten Menelaos, Palamedes und Odysseus zu ermorden. Dies erfuhren die Griechen und haben ihm das nie verziehen. Er hat das später, wie Ihr auch noch hören werdet, teuer bezahlt. Aber, Zeus sei Dank, konnte die griechische Friedensdelegation unversehrt, wenn auch enttäuscht entfliehen. Allerdings, was heißt hier „Zeus sei Dank"? Auch die armen Trojaner wurden von ihm instrumentalisiert. Hätten sie das Friedensangebot der Griechen angenommen, hätte es keinen Kampf um Troja gegeben. Doch dann wäre Zeus Geheimplan „Operation Trojanischer Krieg" Makulatur gewesen. Und genau um den ging es dem Obersten Gott. Der Gott der Intrigen intrigierte perfekt!

So wurden die Trojaner plangemäß zum Opfer ihrer Selbstüberschätzung.

Das Lied von der fatalen Selbstüberschätzung

Und die Seele sang der immerwährenden Gültigkeit geflügelte Worte:

So kam die Selbstüberschätzung in die Welt und die Erkenntnis, dass Selbstüberschätzung zur Selbstzerstörung führen kann. Nimm die günstige Gelegenheit, die sich dir bietet, und folge nicht dem – oftmals – trügerischen Ruf des Überlegenheitsgefühls.

Das ist Homers epische Botschaft.

Und so kam, nach Paris und Helena und nach den Griechen, auch der Krieg nach Troja.

Aber noch vorher ereilte das Unglück das Haus des obersten Griechenführers, Agamemnon. Diese Geschichte, die ich damals in meiner Ilias nur fragmentarisch angedeutet habe, werde ich jetzt Euretwegen komplett erzählen – häufig den jungen Euripides zitierend.[4]

Von einem Vater wird das größte Opfer verlangt

Die gewaltige Flotte der Griechen ist jetzt in Aulis, einem Hafen an der Meeresenge vor der mittelgriechischen Insel Euböa versammelt. Sie wartet seit langem auf günstigen Wind, um nach Troja zu segeln. Sie wartet und wartet, aber kein Wind will wehen. Artemis, Göttin der Jagd, des Wildes, des Mondes und auch der Jungfräulichkeit, verhindert es. Sie verlangt als Voraussetzung für günstigen Wind und für den Sieg über Troja von Agamemnon die Opferung einer Jungfrau – und zwar seiner eigenen heranwachsenden Tochter Iphigenia. Agamemnon muss zwischen den beiden Gütern, geliebte Tochter und Interessen der Nation, für die er die Verantwortung trägt, abwägen und sich entscheiden. Er ist hin- und hergerissen. In der tiefen Nachtstille, in der die Vögel schweigen und kein Meeresgeräusch zu hören ist, werden die Herzschläge des mit sich selbst kämpfenden Agamemnon, König der Könige, hörbar. Es ist ein Kampf zwischen dem Vater und dem Staatsmann. Zwischen dem, der sich verpflichtet fühlt, seine geliebte Tochter zu retten, und dem, der die Interessen seines Landes und seiner Nation zu vertreten hat. Unter dem Druck der Oberen des Heeres, vor allem von Menelaos, seinem Bruder, von Odysseus und von Kalchas, dem obersten Priester und Seher, siegt am Ende eines titanischen Kampfes der Staatsmann über den Vater.

Das Lied von der Ambivalenz

Und die Seele sang der immerwährenden Gültigkeit geflügelte Worte:

So kam die Ambivalenz in die Welt – die Gleichzeitigkeit gegensätzlicher Gefühle, Gedanken, Wünsche und Intentionen. Sie hinterlässt Ratlosigkeit und Unentschlossenheit in ihrer harmloseren Form, Verzweiflung, Depressionen und verwirrende Desorientierung in ihrer schweren Form.

Das ist Homers epische Botschaft in dieser seine Ilias ergänzenden Erzählung.

Der durch die schwere Entscheidung deprimierte Agamemnon lockt Frau und Tochter nach Aulis, wo die Flotte ohne Wind manövrierunfähig steht.

[4] Den Mythos selbst mit seinen psychologisch-moralischen Implikationen stellt Euripides in seinem Drama „Iphigenia in Aulis" dar. Einen Dialog zum Thema zwischen Euripides, David, Paulus und anderen, worauf ich mich jetzt beziehe, kann man nachlesen in Andreas Marneros: „Irrsal, Wirrsal, Wahnsinn. Persönlichkeit, Psychose und Psychische Konflikte in Tragödien und Mythen" (2013).

Der Lockruf für Iphigenia ist ihre – angeblich – geplante Vermählung mit Achilles, dem besten der Griechen.

Der Sieg des Staatsmannes über den Vater ist jedoch nur vorübergehender Natur. Geplagt von Gewissensbissen und durchdrungen von Vaterliebe entscheidet sich Agamemnon, seine Tochter doch nicht als Opfer darzubringen. Er weiht einen treuen alten Diener in seine Pläne ein, gibt diesem einen mehrfach versiegelten Brief, den dieser zu seiner Frau Klytämnestra bringen soll. In diesem Brief steht, Iphigenia dürfe auf keinen Fall nach Aulis kommen.

Agamemnon revidiert also seine vorherige Entscheidung, seine Tochter zu opfern, die er, wie schon gesagt unter dem Druck von Heeresfürsten, vor allem dem seines Bruders Menelaos, getroffen hatte. Der Vater in ihm siegt doch; er kann es nicht zulassen, dass sein Kind sterben soll, wie hoch die Interessen der Nation auch sein mögen. Zu seinem alten, vertrauten Diener sagt er, er wünschte sich sehr, nicht in Amt und Würden zu sein, und er beneide den Mann, der solche Ämter nicht bekleide und nicht solche Entscheidungen treffen müsse. Er bereue seine frühere Entscheidung und Zustimmung; er müsse, als er nach langer Weigerung der Opferung seiner Tochter doch zugestimmt habe, wahnsinnig gewesen sein.

Das Lied von den Qualen der Ambivalenz

Und die Seele sang der immerwährenden Gültigkeit geflügelte Worte:

So kam die Erkenntnis in die Welt, dass ambivalente Gefühle sich nicht mit einer Entscheidung besänftigen lassen. Sie brodeln weiter und kämpfen, sie können getroffene Entscheidungen umwerfen und neue erzeugen. Und so machen sie den Menschen zu ihrem bedauernswerten Spielball.

Das ist Homers epische Botschaft in dieser seine Ilias ergänzenden Erzählung.

Menelaos aber fängt den Diener ab, nimmt ihm mit Gewalt den Brief des Bruders ab, liest ihn und beschimpft seinen Bruder. Er bezeichnet ihn als Feigling und Verräter, der die Interessen der Nation unter seine eigenen stelle. Die Verantwortung eines jeden Staatsmannes sei es in erster Linie, die Interessen seines Volkes und seines Landes zu vertreten, und nicht seine persönlichen. Agamemnon antwortet mit Argumenten der Vaterliebe, der Menschlichkeit, der Verantwortung gegenüber seinen Kindern und seiner Familie. Nach langer Rede und vielen Argumenten kann Agamemnon sogar seinen Bruder schlussendlich davon überzeugen, dass niemand, vor allem nicht der Bruder, von ihm ein so unmenschliches, ja übermenschliches Opfer verlangen könne. Dann aber, nach reiflicher Überlegung, erkennt Agamemnon, dass es für ihn keinen Ausweg gibt. Das Heer ist unruhig und aufgebracht und erwartet, dass er als oberster Heeresführer die Interessen des Landes über seine eigenen stellt. Er befürchtet, dass das aufgebrachte Heer sein Land verwüstet und die Hauptstadt Mykene dem Boden gleich macht, wenn er den Feldzug absagt und nach Hause zurückkehrt. Der arme, arme König der Könige steckt schlimm in der Klemme! Schlimmer geht es nicht!

Er hat im Grunde genommen gar keine andere Wahl. Pläne, etwa den Seher Kalchas zu töten, solange der Gottesspruch noch nicht allgemein bekannt ist, was der verwandelte Menelaos vorschlägt, der aus Empathie und Solidarität mit seinem Bruder nun auch nicht mehr auf der Opferung seiner Nichte besteht, werden als ungeeignet verworfen. Denn einflussreiche Heeresführer wie Odysseus sind bereits eingeweiht, und der Klerus in der Person von Kalchas setzt sich fanatisch für den grausamen religiösen Akt ein. Die befürchtete Rebellion des Heeres und der ebenfalls befürchtete Überfall auf seine Heimat und deren Verwüstung wären nicht mehr aufzuhalten. Um diese ganz konkrete Gefahr von seinem eigenen Land und dessen Bürgern abzuwenden, muss der liebende Vater dem verantwortlichen Staatsmann den Vortritt lassen. Die vorzeitige Ankunft von Klytämnestra und Iphigenia zusammen mit ihrem kleinen Bruder Orestes in Aulis beschleunigt die Ereignisse.

Das Lied vom Zwang

Und die Seele sang der immerwährenden Gültigkeit geflügelte Worte:

So kam der Zwang in die Welt, als Bezwinger der Entscheidungs- und Handlungsfreiheit des Einzelnen; dem Menschen Entscheidungen und Handlungen diktierend, die den Wünschen, Gefühlen und Intentionen des Handelnden entgegenstehen.

Das ist Homers epische Botschaft in dieser seine Ilias ergänzenden Erzählung.

Als Iphigenia vom wahren Zweck ihrer Reise nach Aulis erfährt, versucht sie mit herzzerreißendem Flehen und Bitten, den Vater umzustimmen. Inzwischen droht das Heer mit der von Agamemnon befürchteten offenen Rebellion; der Aufstand droht. Der einzige, der Iphigenia Unterstützung anbietet, ist Achilles, der vermeintliche Bräutigam. Aber das Heer droht dem großen Helden Achilles mit Steinigung. Sogar seine eigenen Gefolgsleute, die Myrmidonen, rebellieren und stehen an der Spitze der Bewegung.

Das Lied von Unbarmherzigkeit der Massen

Und die Seele sang der immerwährenden Gültigkeit geflügelte Worte:

Der Massen Unbarmherzigkeit dem Individuum gegenüber kennt bei der Durchsetzung ihrer Interessen keine Grenzen.

Das ist Homers epische Botschaft in dieser seine Ilias ergänzenden Erzählung.

Und dann, unerwartet und zur allgemeinen Überraschung, ändert sich die Haltung von Iphigenia. Sie verkündet in erhabener Attitüde, dass sie alles reichlich überlegt habe. Sie will als Heldin und Retterin Griechenlands sterben! Sie verkündet ihren verblüfften Eltern und den versammelten Anwesenden, dass die Interessen des Landes, des Volkes, der Nation über dem individuellen Glück stünden und ein Tod für die Nation das größere Glück sei. So auch für sie; sie werde sich für ihre Landsleute aufopfern.

Das Lied vom Altruismus

Und die Seele sang der immerwährenden Gültigkeit geflügelte Worte:

So kam der Altruismus in die Welt. Also ohne Eigennützigkeit und selbstlos bis hin zur Hintanstellung eigener Interessen. Sogar bis hin zur Bereitschaft, Schaden für sich selbst auf sich zu nehmen und – in extremen Fällen wie hier – sogar das eigene Leben zu opfern zu Gunsten anderer Menschen.

Das ist Homers epische Botschaft in dieser seine Ilias ergänzenden Erzählung.

In einer pathetischen Rede stellt sie sich als die erhabene, große Heldin dar und schreitet aufrecht und mit stolzem Gang freiwillig zum Opferaltar. Das Heer und das versammelte Volk beobachten gebannt, fasziniert, bewundernd, dankbar, stumm den letzten Akt des Dramas – eines Dramas mit zwei Hauptakteuren: der stolzen, erhabenen Iphigenia und dem verzweifelten, niedergeschlagenen Agamemnon. Absolute Stille herrscht, nur die Schritte der zum Opferaltar schreitenden Iphigenia und das Herzklopfen der gebannten und von Bewunderung erfassten Anwesenden sind zu hören.

Das Lied von der vielgepriesenen Aufopferung

Und die Seele sang der immerwährenden Gültigkeit geflügelte Worte:

So wurde die Aufopferung des Individuums zu Gunsten der Gemeinschaft zum hochgeschätzten und vielgepriesenen Wert; höher gestellt als die Empathie für Schmerz und Leiden des Betroffenen und der Seinen.

Das ist Homers epische Botschaft in dieser seine Ilias ergänzenden Erzählung.

Die Heldin bietet ihren weißen, jugendlichen Hals dem Priester Kalchas dar. Er hebt in religiös-ekstatischem Schweigen sein silbernes Zeremonienmesser und sticht mit aller Kraft zu. Aber er trifft nicht Iphigenias Hals, sondern den einer jungen Hirschkuh, die Artemis an die Stelle der Jungfrau Iphigenia gestellt hat, um diese zu retten. Iphigenia wird nicht geopfert; der Göttin Artemis, die auch Hüterin der Jungfrauen ist, genügt die Bereitschaft, das Opfer zu erbringen.

Das Lied von der ehrlichen Bereitschaft

Und die Seele sang der immerwährenden Gültigkeit geflügelte Worte:

So kam die Erkenntnis in die Welt, dass die ehrliche Bereitschaft, etwas zu tun, genauso geschätzt wird wie die vollbrachte Tat.

Das ist auch Homers epische Botschaft in dieser seine Ilias ergänzenden Erzählung.

Sofort danach blies der Wind in die Segel und trieb die Flotte vorwärts.

Und so kamen die Griechen und mit den Griechen auch der Krieg nach Troja.

Ein sehr kurzer religionswissenschaftlicher Exkurs

Während meiner Betrachtungen von hier oben habe ich bemerkt, dass die Religionswissenschaftler der letzten Jahrhunderte für die Geschichte der Iphigenia eine wissenschaftliche Erklärung aufgestellt haben. Lasst mich kurz ergänzen, was sie dazu sagen[5]:

Lange vor der Zeit des Kampfes um Troja – zu dessen Beginn sich ja das Iphigenia-Drama abspielte – und vor der Entstehung der olympischen Religion, also der zwölf Gottheiten des Olymp, existierten in Griechenland ältere, primitivere Religionen, die dann von den höheren, erhabenen, olympischen Göttern abgelöst wurden – oder besser gesagt, die älteren Gottheiten wurden der neuen Religion angepasst. In der archaischen, prä-olympischen Periode gab es eine chthonische – also erdgebundene oder unterirdische – Gottheit, die mit primitiven Ritualen geehrt wurde und die unter anderem Menschenopfer verlangte. Sie trug den Namen Iphigenia. Diese Iphigenia wurde später, mit dem Einzug der olympischen Religion, von Artemis abgelöst, wobei die Ablösung offensichtlich nicht ganz friedlich verlief. Dass die neue Göttin Artemis vom obersten Führer der Griechen, dem König der Könige, verlangte, dass er seine Tochter Iphigenia, die sicherlich nicht rein zufällig diesen Namen trug, opfern müsse, hat genau diese mythologisch-theologische Entwicklung als Hintergrund. Iphigenia (die alte, primitive Gottheit) stirbt zu Gunsten von Artemis (der neuen, erhabenen Gottheit). Die Rettung der Tochter von Agamemnon und ihr Austausch mit einer jungen Hirschkuh haben aber auch mit den weiteren religiösen Entwicklungen zu tun. Nach ihrer Rettung nämlich kehrte Iphigenia nicht zu ihren Eltern zurück, sondern wurde von der

[5] Ihr könnt das auch in der vorher zitierten Quelle finden, ebenso wie den Streit der Experten darüber, ob die europäische Geschichte von Iphigenia und die vorderasiatische von Isaak Gemeinsamkeiten haben oder nicht.

Göttin nach Asien, in das Land der Tauren gebracht. Dort wurde sie Priesterin der einheimischen Göttin, die ein Artemis-Äquivalent war, aber eben in der archaischen Form, die auch noch Todesopfer verlangte. Erst der „clash of civilizations“ zwischen den Griechen und den asiatischen Tauren brachte das Ende von deren archaischer Religion mit sich, so wie der junge Dichter Euripides es in seiner zweiten Iphigenia-Tragödie „*Iphigenia bei den Tauren*“, dargestellt hat. Die Rettung des unschuldigen Opfers durch Artemis symbolisiert nicht nur den Siegeszug der Olympier und die Unterwerfung der früheren primitiven Gottheiten, sondern auch den Beginn der Ächtung der Menschenopferung im archaischen Griechenland.

Das Lied von den Mythen

Und die Seele sang der immerwährenden Gültigkeit geflügelte Worte:

Die Mythen erzählen auch, neben den vielen Botschaften, die sie transferieren, eine Art Vorgeschichte der Menschheit. Sie berichten von Ereignissen und wesentlichen Entwicklungsschritten in grauer Vorzeit, die dazu führten, dass die Menschheit heute so ist wie sie ist.

Das ist Homers epische Botschaft in diesem kurzen Exkurs.

Das also ist die lange Vorgeschichte des Kampfes um Troja, die ich kurz vorab erzählen wollte – anders als ich sie damals fragmentarisch und verstreut in verschiedenen Gesängen angedeutet habe.

Und nun endlich zum Epos, meine werten Zuhörer:

3
Der Kampf der Narzissten

Zusammenfassung

Aus dem ersten Gesang meiner Ilias werde ich Euch erzählen, wie es im zehnten Jahr des Krieges zum Zorn des Achilles kommt. Agamemnon, dem König der Könige, wurde als Kriegsbeute die wunderschöne Tochter eines Apollonpriesters zugesprochen. Als Agamemnon die Bitte des Vaters ablehnt, ihm seine Tochter zurückzugeben, bestraft Apollon die Griechen mit der Pest. Bei einer Versammlung der Heeresfürsten offenbart der Seher Kalchas den Grund dafür, nämlich Agamemnons Haltung. Er empfiehlt die Rückgabe des Mädchens und reichliche Opfergaben an Apollon. Der gekränkte Agamemnon entscheidet nach dramatischem Hin und Her, der Empfehlung des Sehers zu folgen, allerdings will er Ersatz. Am Ende der daraus entstehenden Auseinandersetzung zwischen Agamemnon und Achilles steht der Zorn des Achilles, der tief gekränkt dem weiteren Kampfgeschehen fern bleibt, ebenso wie seine Gefolgsleute. Damit setzt sich die durch die Pest begonnene Dezimierung der Griechen in anderer, nur der Befriedigung von Achilles Narzissmus dienender Weise fort.

Und die uns begleitende Seele wird dabei geflügelte Worte von immerwährender Gültigkeit singen, wie etwa über die Empathielosigkeit, über die Gefährlichkeit der Kränkbarkeit, über die Arroganz und Anmaßung, über die vielen Eigenschaften und die vielen Gesichter der Narzissten. Und auch über manches andere.

Arroganz ist des Übels Wurzel

Das zehnte Kriegsjahr hatte schon begonnen, und Troja war noch nicht besiegt. Was in den einundfünfzig Tagen des letzten Kriegsjahres, die mit dem Zorn des Achilles anfingen, geschah, will ich nun in meiner Ilias besingen.

In diesem zehnten Kriegsjahr machten die Griechen bei der Eroberung der mit den Trojanern verbündeten kleinasiatischen Stadt Thebe reichliche Beute, die unter den Heeresfürsten aufgeteilt wurde. Art und Menge der Beute, die ein Krieger bekam, waren zu den damaligen Zeiten eng mit seiner Ehre verbunden; ein sicheres Indiz also für das Ansehen, das man bei der Truppe genoss. Agamemnon, der oberste Führer der Griechen, bekam als Kriegsbeute unter anderem eine wunderschöne junge Frau namens Chryseïs. Die junge Frau war die Tochter des Apollonpriesters Chryses. Der ging, tiefbetroffen und äußerst besorgt, Angst und Furcht überwindend, in die Höhle des Löwen – in das Lager der Griechen. Chryses, die sakralen Insignien des Apollons tra-

A. Marneros, *Homers Ilias psychologisch erzählt*, DOI 10.1007/978-3-658-11202-8_3

gend, bat unter Tränen und mit herzzerreißenden Worten Agamemnon um die Freilassung seiner geliebten Tochter, reichliche Lösegeschenke ihm anbietend. Während die versammelten Krieger bewegt und betroffen Verständnis und Empathie für den unglücklichen alten Priester zeigten, war Agamemnons Reaktion eine Apotheose der Herzlosigkeit, der Gefühllosigkeit und der Menschenverachtung – geradezu eine Apotheose der Arroganz der Macht.

Agamemnon beschimpfte und beleidigte den alten, ehrwürdigen Priester und drohte ihm sogar Gewalt an. Er lehne es ab, die Lösegeschenke anzunehmen, geschweige denn dem Priester die Tochter zurückzugeben. Jetzt gehöre sie ihm und keinem anderen, und er solle endlich verschwinden, bevor auch ihm etwas Schlimmes passiere, schrie er den unglücklichen Vater an.

Das Lied von der Empathielosigkeit

Und die Seele sang der immerwährenden Gültigkeit geflügelte Worte:

So kam die Empathielosigkeit in die Welt, in Gefolgschaft der Unmenschlichkeit. Die Empathielosigkeit, also das sich nicht in die Gefühle anderer Menschen hinein versetzen können oder wollen, und das Nicht-entwickeln von Mitgefühl für leidende Mitmenschen, findet sich seitdem, permanent oder wellenförmig, bei vielen Erdenbewohnern. Vor allem aber bei den großen Narzissten und anderen Egoisten – ein solcher war auch Agamemnon.

Das ist Homers epische Botschaft.

Nach der rüden Zurückweisung und öffentlichen Erniedrigung durch Agamemnon entfernte sich der Priester Chryses langsamen Schrittes am Meer entlang, schweigend, traurig und verzweifelt. Als er weit genug von Agamemnons Lager entfernt war, betete er inbrünstig zu Phoebos Apollon, dem Lichtgott Apollon, seinem persönlichen Gott, und bat ihn, die arrogante, menschenverachtende und unempathische Haltung des Agamemnon mit seinen nie ein Ziel verfehlenden Pfeilen zu bestrafen. Der lichtausstrahlende Apollon, zornig angesichts der herzlosen und empathielosen Haltung Agamemnons, erhörte die Gebete seines jahrelang treuen Priesters: Mit vergifteten Pfeilen, die er mit seinem silbernen Bogen abschoss, begleitet von einem schreckerzeugenden, unheimlichen Pfeifen, verbreitete Apollon argyrotoxos, der Silberbogenschütze, die tödliche Pest im Lager der Griechen. Unzählige Menschen und Tiere fielen ihr zum Opfer.

Neun Tage lang wütete der Zorn des Gottes. Seine todbringenden Pfeile sausten ununterbrochen durch die Luft, mit unheimlichem Pfeifen die Pest verbreitend. Die alabasterarmige Hera, die große Philhellenin und Beschützerin der Griechen, war verzweifelt. Am zehnten Tag konnte sie dem Untergang ihrer unglücklichen Schützlinge nicht mehr tatenlos zusehen. So berief sie, durch Achilles Mund, eine Versammlung der Heeresführer ein. Die ratlosen und verzweifelten Fürsten kamen – in der Hoffnung, eine Lösung für die tödliche Plage zu finden. Vor der Lösung eines Problems steht bekanntlich das Erkennen seiner Ursache. Zunächst ging es also darum, die Frage nach der Ursache der Plage zu beantworten.

Sie beschlossen nach einem Vorschlag des göttlichen Achilles, den Seher Kalchas, den besten seiner Zunft, dazu zu befragen. Der weise Seher wusste alles: das Vergangene, das Gegenwärtige und das Zukünftige. Er konnte ebenso tief in die Vergangenheit wie auch weit in die Zukunft sehen. Er wusste also die Antwort auf die Frage des Heeres. Er wusste aber auch, dass Alpha-Tiere – so würden, denke ich, Eure modernen Wissenschaftler sie bezeichnen – wie Fürsten, Heeresführer und andere Anführer, große und leicht zu kränkende Egos haben. Und so sprach er die geflügelten Worte, die vorsorglichen: „Wenn ein Untergebener sich mit seinem Oberen anlegt, ist der Untergebene immer der Verlierer. Der Obere nie, der seine Macht grausam demonstrieren kann. Ich weiß, dass man sich vor den zornigen Reaktionen eines Gekränkten in Acht nehmen muss – vor allem, wenn derjenige Macht besitzt. Bevor ich auf die Frage des Heeres Antworten gebe, verlange ich deshalb von dir, Achilles, Liebling des Zeus, Schutz vor eventuellen aggressiven Reaktionen gegen mich von demjenigen, dem meine Aussagen nicht gefallen".

Das Lied vom kränkbaren Ego

Und die Seele sang der immerwährenden Gültigkeit geflügelte Worte:

So kam die Erkenntnis in die Welt, dass man Menschen mit großen und leicht kränkbaren Egos für sie unangenehme Wahrheiten nicht ohne Bedacht und nicht ohne Schutzstrategien sagen sollte.

Das ist Homers epische Botschaft.

Nachdem er die verbindliche Zusage des Achilles hatte, erklärte der Seher Kalchas den Heeresführern, dass die Ursache der Seuche der Zorn des Gottes Apollon sei. Und dieser Zorn wiederum habe als Ursache die beleidigende, arrogante und herzlose Haltung des obersten Heeresführers Agamemnon dem Apollonpriester Chryses gegenüber. Das sei zweifelsohne die Ursache des Problems. Aber für das Problem gebe es eine Lösung, eine einzige Lösung, prophezeite der weise Seher Kalchas: Die Rückführung von Chryseïs zu ihrem Vater, ohne dafür Lösegeschenke zu verlangen. Im Gegenteil, Agamemnon solle dem Priester reiche Opfergaben bringen und eine Hekatombe für Apollon, hundert Rinderopfer also, als Ausdruck von Reue und Entschuldigung.

Wie Kalchas, der treffliche Seher, vorausgesehen hatte, reagierte der durch diese Aussage gekränkte Agamemnon tatsächlich wütend, aggressiv und uneinsichtig. Er stand unbeherrscht auf; zornerfüllt sang er das Hohelied der Arroganz, der Verachtung und der Anmaßung. Seine Augen funkelten wild, als ob ein Feuer in ihnen loderte. Mit drohendem Blick und lauter Stimme beschimpfte er hart und ungerecht den ehrwürdigen Seher. Er sei ein Prophet des Bösen, ein Schwarzseher, der nie etwas Gutes prophezeie; er habe Spaß daran, Schlechtes anzukündigen, vor allem ihm; er wolle nur an die Tragödie seiner Tochter Iphigenia erinnern. Und nun sage er so etwas Abwegiges, angeblich im Namen Gottes! Zuteilung und Art der Kriegsbeute seien eine Art von Ehrerbietung ihm gegenüber, belehrte er den alten Weisen hasserfüllt. Ihre Rückgabe wäre ein schwerer Angriff gegen seine Ehre. Das komme nicht in Frage!

Und er fuhr mit seinen Vorwürfen fort: Dieser unverschämte Kalchas sei ihm schon immer schlecht gesonnen. Er habe ihn gezwungen, seine geliebte Tochter Iphigenia der Artemis zu opfern, obwohl die Göttin es nie gewollt hätte – wie die Rettung des Opfers durch sie bestätigt habe. Wie könne jetzt jemand wie dieser Alte, dieser Schwarzseher, dieser Prophet des Bösen, es wagen, ihn, den obersten Heeresführer, den König der Könige, den hochverehrten, den gottgleichen, so zu beleidigen?

Das Lied von der Arroganz

Und die Seele sang der immerwährenden Gültigkeit geflügelte Worte:

So kam die Arroganz in die Welt, in Gefolgschaft von Anmaßung und Verachtung. Alle drei sind Geschwister des Hochmutes. Sie werden begleitet von der Überbewertung der eigenen Person und Unterbewertung oder gar Entwertung von anderen Menschen, von deren Meinungen, Handlungen, Positionen und Bedeutung.

Seitdem begleiten sie alle gemeinsam vor allem die Egoisten, die man Narzissten nennt; einer davon war Agamemnon, der sich gerade so arrogant verhielt. Solche Menschen vergessen eines, nämlich dass Hochmut vor dem Fall kommt. Und der Fall hatte schon längst begonnen.

Das ist Homers epische Botschaft.

Was der Arrogante nicht bewusst weiß oder nicht wissen will: Arroganz hat ihre Wurzeln in Minderwertigkeitsgefühlen, in Unsicherheiten und Ängsten – besonders im Hinblick auf die eigene Wertigkeit und soziale Akzeptanz.

Durch die Selbsterhebung schaffen Arrogante sich selbst ihren Schutzgraben, der sie vor den anderen schützen soll.

Diese der immerwährenden Gültigkeit geflügelte Worte murmelte die Seele nachdenklich, über zugeschüttete Schutzgräben schwebend.

Agamemnons Unsicherheiten und Ängste, verehrte Zuhörer, werdet Ihr bald kennenlernen.

Nun aber, plötzlich und unerwartet, veränderte sich Agamemnons Ton. Er wurde versöhnlicher, ja sogar charmant-versöhnlich, er gab sich aufopfernd, an das Gemeinwohl denkend. Natürlich hätte er die schöne, kluge und tüchtige Chryseïs gerne behalten. Wer gibt so jemanden freiwillig zurück? Aber er wolle, natürlich, das Heer der Griechen vor der Vernichtung durch die Pest retten, das sei für ihn viel wichtiger als sein persönliches Glück. Deshalb sei er bereit, dieses große Opfer für das Vaterland zu bringen und der Empfehlung des Sehers zu folgen, auch wenn dieser noch so unverschämt sei. Er stimme also zu, Chryseïs ihrem Priestervater zurückzugeben, zusammen mit kostbaren Opfergaben und den hundert Opferrindern, der Hekatombe, für Apollon.

Allerdings unter einer Bedingung:

Das Heer solle ihm die zurückgegebene Beute ersetzen. Es könne nicht sein, dass ein Mann seines Ranges und seiner Bedeutung als einziger ohne Beutegeschenke dastehe. Das wäre erniedrigend und ehrverletzend. Und er schloss mit den Worten, dass nur indem ihm die zurückgegebenen Ehrengeschenke durch gleichwertige ersetzt würden, seine angegriffene Ehre wiederhergestellt werden könne.

Das Lied vom Verstecken des Narzissten

Und die Seele sang der immerwährenden Gültigkeit geflügelte Worte:

So kam die Erkenntnis in die Welt, dass der Narzisst Opferbereitschaft, Solidarität und Altruismus mimen kann, dass er allerdings dabei nie seine egoistische, ausbeuterische und vermeintlich überlegene Haltung aufgibt. Vielmehr versteckt er sich dahinter, um damit seine narzisstischen Bedürfnisse noch besser befriedigen zu können.

Das ist Homers epische Botschaft.

Der Zusammenprall der Narzissten

Es war der schnellfüßige Achilles, der ihm antwortete, schmeichelnd und tadelnd zugleich. Er sagte die geflügelten Worte, die kompromissbeabsichtigenden: „Ruhmvoller Atreus-Sohn, aber von uns allen der habgierigste, wie stellst du dir das denn vor? Es gibt keine Beutegeschenke mehr zu verteilen. Sollen wir sie etwa einem anderen Krieger entwenden und dir geben? Es ist nicht denkbar, einen anderen tapferen Griechen so zu demütigen. Ich schlage vor, du gibst die Priestertochter ihrem Vater zurück und wartest, bis wir Troja erobert haben. Dann bekommst du das Dreifache und Vierfache von dem, was dir zusteht, als Dankeschön für deine gottesfürchtige Geste."

„Oh nein, göttlicher Pelide!" antwortete ihm zornig, starrköpfig, trotzig, beleidigt und beleidigend Agamemnon. „Meinst du tatsächlich, dass du mich so hinters Licht führen kannst?! Meinst du tatsächlich, dass ihr alle mit Beutegeschenken geehrt werden könnt, während ich, euer Führer, als einziger leer ausgehe?! Wer bist du denn eigentlich, der du mir befehlen willst, die Priestertochter zurückzugeben? Ich tue es freiwillig, aber nicht ohne Ersatz für mein zurückzugebendes Ehrengeschenk, und zwar nicht später, sondern sofort! Wenn ihr es nicht freiwillig tut, dann nehme ich es mir selbst! Und zwar von einem der prominentesten Heeresführer, etwa von dir selbst, Sohn des Peleus, oder von Odysseus, oder von Ajax oder von Idomeneus. Und jetzt will ich sobald wie möglich von dem Fluch des Apollons bereinigt werden und euch alle retten. Also soll die Priestertochter Chryseïs mit reichen Opfergaben, Geschenken und den hundert Opferrindern für Apollon mit einem unserer schönsten Schiffe zu ihrem Vater gebracht werden. Einer unserer besten Heeresfürsten soll das Schiff befehligen."

Der Zorn des Agamemnons erregte wiederum den Zorn des Achilles. Nicht *den* Zorn, mit dem ich meine Ilias angefangen habe und der zu den erwähnten unendlichen Leiden geführt hat, der kommt später; der war ein lang andauernder, verhängnisvoller Groll. Der jetzige Zorn des Achilles dagegen war vielmehr eine Explosion von Hass, Wut und anderen heftigen negativen Gefühlen, verursacht durch das Zusammenprallen zweier Mega-Egos, zweier Groß-Narzissten.

Das Lied vom Zusammenprall der Narzissten

Und die Seele sang der immerwährenden Gültigkeit geflügelte Worte:

So kam die Erkenntnis in die Welt, dass es, wenn zwei Groß-Narzissten zusammenprallen, zur zerstörerischen Explosion von Emotionen kommt, deren Eitelkeiten das gemeinsame Pulverfass ist; zerstörerisch für sie und für andere.

Das deutet Homer schon jetzt in dieser epischen Botschaft an, bevor er die Folgen der narzisstischen Zerstörung später plastisch und ausführlich erzählen wird.

Achilles schaute Agamemnon mit finsterem Blick an und beschimpfte ihn wild: Agamemnon sei ein heimtückischer Mann, von Unverschämtheit besessen; nur so einer könne die ruhmreichen Heeresführer in dieser Weise demütigen und solch eine Forderung stellen, die einem Ehrverlust für den Betroffenen gleich käme. Darüber hinaus sei er, Agamemnon, undankbar den Menschen gegenüber, die ihm in den Krieg gefolgt seien, obwohl sie eigentlich kein Problem mit den Trojanern gehabt hätten. Nur für seinen Bruder Menelaos und auch seinet- und seiner Ruhmsucht wegen hätten sie alle neun Jahre lang so vieles erlitten. Ihm, Agamemnon, würden immer die größten Geschenke aus der Kriegsbeute zugeteilt, auch wenn er es nicht verdient habe, da er an der Schlacht gar nicht teilgenommen habe. Achilles nannte den obersten Befehlshaber den unverschämtesten aller Menschen und einen hündischen Frechling; er lehnte dessen Forderung kategorisch ab. Er drohte, falls ihm selbst die Ehrenbeute entwendet werde, mit dem Verlassen des Schlachtfeldes und mit seiner Rückkehr in die Heimat. Er sei nicht bereit, durch Agamemnon seine Ehre zu verlieren.

Noch zorniger setzte Agamemnon zur Erwiderung an und sprach die geflügelten Worte, die brandstiftenden: „Dann geh doch, wenn dein Herz es so will. Erwarte nicht, dass ich dich zu bleiben bitte; ich brauche dich nicht. Es gibt so viele, die dich ersetzen können und mir in Ehren begegnen, die mir treu bleiben und mich achten; allen voran Zeus, der weiseste Ratgeber. Übrigens bist du mir der verhassteste aller Heeresführer. Du hast nichts anderes im Kopf als Streit, Schlachten und Kriege. Es ist übrigens nicht dein Verdienst, dass du so stark bist; das ist bloß ein Geschenk der Götter an dich. Du bist für mich bedeutungslos, und es schert mich nicht im Geringsten, dass du so grollst".

Das Lied vom Schutz durch Entwertung

Und die Seele sang der immerwährenden Gültigkeit geflügelte Worte:

So kam die Erkenntnis in die Welt, dass die Entwertung des Anderen, deren Apotheose Homer gerade erzählt, des Narzissten wichtigste Waffe ist; er verwendet sie, um seine eigene vermeintliche Superiorität und Grandiosität zu demonstrieren.

Allerdings sie ist eine defensive Waffe: Sie soll vor den eigenen tief verwurzelten Unsicherheiten und Ängstlichkeiten schützen. Manchmal dient sie nicht einmal als Waffe des Selbstschutzes, sondern bloß als Tarnung.

Das ist Homers epische Botschaft.

Und nach dieser Kanonade von Beschimpfungen, Beleidigungen und Entwertungen präsentierte Agamemnon dem sichtlich kochenden Achilles eine noch größere Kränkung: Er werde Chryseïs, die Tochter des Apollonpriesters, zurückgeben und die Hekatombe und die anderen Opfergeschenke an den Gott jetzt sofort leisten. Den von ihm verlangten Ausgleich müsse aber Achilles leisten und kein anderer der vorher erwähnten Heeresführer. Er werde dafür die schöne Briseïs nehmen, die dem Peliden als Kriegsbeute vom Heer zugesprochen worden war. Was er damit bezweckte, sagte er gleich: „So sollst du lernen, dass ich viel höher stehe als du und dass es niemand, auch du nicht, wagen soll, sich mir gleich zu wähnen und öffentlich gegen mich aufzubegehren."

Das Lied von der Tarnung der Ängstlichkeiten

Und die Seele sang der immerwährenden Gültigkeit geflügelte Worte:

So kam die Erkenntnis in die Welt, dass die Demonstration eigener Superiorität beim Narzissten keine Härtegrenze kennt. Aber damit geht es weiter mit dem Festival der Tarnung. Jetzt tanzen Unsicherheiten und Ängstlichkeiten den Härtetanz.

Das ist Homers epische Botschaft.

Der Zorn und die Weisheit

Und so kam es wie es kommen musste, meine werten Zuhörer: *Der* Zorn des Peliden Achilles begann! Ja, *der* Zorn, der zu unendlichen Leiden führte! *Der* Zorn, mit dem ich meine Ilias damals, vor fast dreitausend Jahren begonnen habe.

Bebend vor Wut zog der Pelide sein kostbares Schwert aus der ebenfalls kostbaren Scheide. Wozu? Um damit Agamemnons Körper zu durchbohren!

Das Lied von den Affekttaten

Und die Seele sang der immerwährenden Gültigkeit geflügelte Worte:

So kamen die Affekt- und Impulstaten in die Welt; also diejenigen impulsiven Gewalttaten, die nach einer vermeintlichen Provokation, Beleidigung oder sonstigen Eskalationssituation durch unkontrollierte Affekte und Impulse entstehen. Dabei gibt es einen Täter, der im Affekt impulsiv handelt, und ein Opfer, das verletzt oder gar tot zurückbleibt.

Das ist Homers epische Botschaft.

Die Affekttaten und die impulsiven Handlungen kamen so tatsächlich in die Welt, aber Athena wusste: Affekte können kontrolliert und damit so manche Katastrophen verhindert werden. In diesem dramatischen Moment konnte Achilles, dank Athena, seine Affekte kontrollieren und nicht-impulsiv handeln. Besinnung und Weisheit kamen ihm nämlich zu Hilfe. Sie kamen höchstpersönlich in Gestalt der Göttin der Weisheit, der himmelblauäugigen Athena also.

Athena wurde von der Göttin der Macht, der alabasterarmigen Hera, geschickt, die sich Sorgen machte, dass im Lager der Griechen etwas geschah, was den Feldzug, und damit auch ihre göttliche Rache, in Gefahr bringe.

Athena erschien Achilles, nur ihm.

Nur er allein durfte die Göttin wahrnehmen.

Alle anderen Heeresfürsten wurden von der göttlichen Erscheinung ausgeschlossen und somit wie gewöhnliche Sterbliche behandelt. Achilles aber wurde zum Auserwählten. Was für eine außengewöhnliche Ehre für den Sohn des Peleus! Was für eine gekonnte Aufwertung und Schmeichelei seines Egos durch die Göttin der Weisheit, die Pallas Athena! Sie machte ihrer Domäne, der Weisheit, alle Ehre.

Des Peliden Augen erstrahlten, als er die Göttin erkannte. Tatendurstig, sein Schwert bereits in der Hand, ließ er sie wissen, was er vorhatte: Agamemnon umzubringen, weil der ihn so beleidigt und gekränkt habe. Darauf antwortete ihm die himmelblauäugige Zeustochter: „Die Götter wollen aber nicht, dass einer von euch den anderen umbringt. Das ist unser Wille." Und sie sprach die geflügelten Worte, die vielversprechenden: „Derjenige, der uns gehorcht, wird reichlich von uns belohnt werden!".

Der von der Erscheinung der Athena geschmeichelte Achilles gehorchte; und während er sein Schwert zurück in die Scheide steckte, dachte er bei sich: „Wer auf die Götter hört, der wird auch von den Göttern erhört".

Das Lied vom Umgang mit Narzissten

Und die Seele sang der immerwährenden Gültigkeit geflügelte Worte:

So kam auch folgende Erkenntnis in die Welt: Befriedige des Narzissten Ego, denn das ist der wichtigste Schritt, um seinen Narzissmus zu lenken und damit deine Ziele zu erreichen, um Gutes zu erlangen oder Schlimmes zu verhindern.

Das ist Homers epische Botschaft.

Die anderen Anwesenden waren verwundert, dass der löwenmutige Achilles plötzlich so besonnen reagierte. Er attackierte Agamemnon statt mit dem Schwert mit weiteren Beschimpfungen, das war ihm erlaubt. Er nannte ihn einen Trunkenbold, einen rehmutigen Feigling, einen Volksfresser, und schmückte Agamemnon, den obersten Fürsten, den König der Könige, seinen Oberbefehlshaber, mit weiteren Schmähungen.

Und er schwor den großen, den furchtbaren Eid mit den folgenden geflügelten Worten, den unheilverkündenden: „Ich schwöre bei meinem Königsstab, dem geheiligten, dass die Zeit kommen wird, in der alle Griechen verzweifelt nach meiner Hilfe rufen werden. Aber du, der verantwortliche Führer, niedergedrückt von Kummer, wirst nicht helfen können, wenn der armeenvernichtende Priamide Hektor, Sohn des Priamos, sie dezimiert. Es wird dir das Herz brechen, und du wirst es bitter bereuen, dass du den tapfersten der Griechen so entehrt hast. Heute ist das letzte Mal, dass du mich beleidigst". Und wütend warf Achilles seinen Königsstab, den geheiligten, zu Boden.

Ein Murmeln der Seele

Und die Seele sang diesmal nicht irgendwelche geflügelten Worte, sondern murmelte nur traurig in sich hinein:

Schade, schade, dass die glaukopis Athena, die himmelblauäugige Zeustochter Athena, nach ihrem Therapieerfolg bei der Verhinderung eines Affektmordes zufrieden auf den Olymp zurückkehrte und das Weitere den Menschen überließ. Schade deswegen, weil sie durch ihre nicht zu übertreffende Weisheit auch noch weiter Schlimmes hätte verhindern können.

Der Groll, der verhängnisvolle

Die Weisheit der Menschen – in Gestalt des alten weisen Nestors – reichte nämlich nicht aus, werte Zuhörer, um das angekündigte Schlimme zu verhindern; es reichte nicht, um die auf die Griechen zurollende Katastrophe abzuwehren.

Der von allen respektierte König von Pylos, der weisesprechende alte Nestor, versuchte vergeblich zu vermitteln. Er benutzte diesmal – erstaunlich, weil sehr untypisch für ihn – eine gewagte, psychologisch eher kontraproduktive Methode, die im genauen Gegensatz zu der von Athena erfolgreich angewendeten steht: Er maßregelte die beiden Narzissten vor der versammelten Mannschaft der Heeresfürsten und setzte sie damit vor aller Augen herab. Er glaubte, dass sein Alter und der Respekt, den er genoss, es ihm erlaubten, die geflügelten Worte auszusprechen, die kränkungsbringenden: „Ich sehe, wie großes Leid für die Griechen herannaht. Unsere Feinde, die Trojaner, werden frohlocken. Und verantwortlich dafür seid ihr beide, die höchsten Führer des Heeres, mit eurem Streit. Aber wer seid ihr denn eigentlich? Ich verkehrte mit richtigen Helden, wie mit dem göttlichen Theseus, dem Bezwinger des Minotaurus, oder mit den Lapithen-Helden, die das Heer der Zentauren einst besiegten; also mit Helden, die viel stärker und berühmter waren als ihr beide. Und alle diese sagenhaften Helden haben Wert auf meinen Rat gelegt und sind ihm gefolgt. So müsst auch ihr nun auf mich hören und meinen Rat annehmen, das allein wäre weise."

Und dann fügte er die geflügelten Worte hinzu, die friedensstiftenden. „Mein Rat an euch beide ist folgender: Du, Agamemnon, wie mächtig du auch sein magst, nimm ihm nicht das Mädchen. Du, Achilles, wie zornig du auch bist, erhebe dich nicht voll des Trotzes gegen den König der Könige, der über dir steht. Du, Agamemnon, darfst dieses Unrecht dem tapfersten der Griechen, den die Armee so braucht, nicht antun, auch wenn du die Macht dazu hast. Und du, Achilles, beleidige deinen Oberbefehlshaber nicht; du bist zwar sehr stark und Sohn einer Göttin, aber er steht über dir. Respektiere die Ordnung! Versöhnt euch zu unser aller Wohl und zur Rettung unserer Landsleute."

Die mutigen und zutreffenden Worte des alten weisen Nestors prallten jedoch – erwartungsgemäß würde ich sagen – an den beiden ab. Die friedensstiftenden Worte des Weisesprechenden stifteten diesmal keinen Frieden. Zu emotions- und egoismusbeladen war der beiden Brust. Der Appell des vielgefragten Nestors blieb wirkungslos. Weder Agamemnon noch Achilles sprachen es aus, aber ihre Haltung ließ vermuten, dass sie – jeder für sich – dachten: „Was sagt dieser Alte da? Er stellt meine Einzigartigkeit in Frage? Er sagt, er habe Helden kennengelernt, die heldenhafter waren als ich? Unmöglich!"

Agamemnon hatte offensichtlich das Gefühl, seine Vormachtstellung verteidigen zu müssen. Er war, auch offensichtlich, in Sorge, dass ihm jemand diese streitig machen könnte. Und deshalb antwortete er dem alten Weisen mit den geflügelten Worte, den verräterischen: „Man kann mit so einem Menschen wie Achilles, der uns alle befehligen und beherrschen will und so ungehorsam ist, keine Einigung erzielen ...“ .

Weiter kam Agamemnon nicht. Achilles nämlich fiel dem Oberbefehlshaber ins Wort: „Ich bin doch kein Feigling, so dass ich dir immer blind gehorchen muss! Und ab jetzt werde ich dir nie mehr gehorchen! Das eine musst du aber wissen: Ich werde dich nicht daran hindern, mir die Briseïs zu nehmen. Aber ich werde nicht zulassen, dass du auch meine Schätze entwendest. Nimm dich in Acht.“

Das Lied von der Schwertherapierbarkeit der Narzissten

Und die Seele sang der immerwährenden Gültigkeit geflügelte Worte:

So kam die Erkenntnis über die Schwertherapierbarkeit der Narzissten und ihrer mannigfaltige Gefährlichkeit in die Welt.

Das ist Homers epische Botschaft.

Das Lied von der verkannten Kränkung

Und die Seele fügte auch folgende geflügelten Worte hinzu:

Wo manche Philosophen im Zorn des Achilles den Befreiungsschlag gegen die Mächtigen und die Disziplinlosigkeit des mythischen Sohnes einer Göttin gegen den rationalen Heerkönig und Organisator[1] sehen, da erkennt der Seelenkundige nichts anders als die Reaktion einer besonders akzentuierten, nicht leicht zu therapierenden Persönlichkeitsstruktur auf eine narzisstische Kränkung.

Das ist Homers zusätzliche epische Botschaft.

Die Versammlung wurde in emotional aufgeladener und bedrückter Atmosphäre beendet, nachdem der schwerstens gekränkte Achilles nochmals geschworen hatte: Er werde sich mit seinen Myrmidonen, den tapfersten der Griechen, zurückziehen. Nie wieder werde er mit den anderen Griechen zusammen kämpfen, auch wenn sie dem Untergang geweiht wären. Schuld daran und verantwortlich für die vorauszusehende Katastrophe sei allein Agamemnon, der schlimme und unfähige Heeresführer. Den solle das Heer dafür verantwortlich machen!

[1] Die Seele entnahm diese Worte sicherlich den Thesen der Philosophen Horkheimer und Adorno, aus ihrem schon erwähnten Buch.

Briseïs wird von Agamemnons Gesandten abgeholt

Gesagt, geschworen, getan!
Achilles zog sich mit Groll zurück.
Agamemnon handelte genauso konsequent.
Gesagt, gedroht, getan!

Er ließ das schöne Mädchen Briseïs aus Achilles Lager holen. Die Abgesandten Agamemnons – die übrigens nur widerwillig und traurig den Auftrag annahmen – gingen langsamen Schrittes und schweigsam zum Lager des Peliden. Sie standen wortlos und respektvoll vor ihm. Aber der verstand sofort, bevor die Abgesandten ein einziges Wort gesagt hatten. Er gab seinem Freund Patroklos die Anweisung, Briseïs kalliparios, die Briseïs mit dem schönen Gesicht, den Abgesandten zu übergeben.

Man könnte es übrigens etwas perfide finden, dass Agamemnon eine Delegation zur Abholung von Briseïs schickte, zu der auch der berühmte Botschafter Talthybios gehörte. Ihr wisst es vielleicht noch nicht: Später wurde dieser Talthybios als Schutzpatron des internationalen Rechtes, insbesondere des freien Geleits und der Immunität der ausländischen Botschaften, verehrt.

Auch das sei an dieser Stelle noch gesagt: Das Mädchen war sehr traurig, Achilles verlassen zu müssen. Es ging nur widerwillig und weinend – eskortiert von Herolden – zu Agamemnon. Offensichtlich hatte die Sklavin begonnen, den Herrscher zu lieben.

Des Narzissten Rache

Nachdem der flammende Zorn und der rasende Hass beim gottgleichen Achilles abzuklingen begannen, mündete seine emotionale Turbulenz in tiefste Trauer und schwerste Depression! Trauer und Depression, die zum einen durch die für ihn schwer zu ertragende Kränkung entstanden waren, zum anderen aber durch den jähen Verlust der schönen Briseïs, die ihm, wie eben angedeutet, offenbar zugeneigt war, durch deren Besitz er sich außerordentlich geehrt gefühlt hatte und die er – wie er selbst glaubte – auch lieb gewonnen hatte. Und was sehen wir da: Einen Helden, der weint! Der Held weinte sogar bitterlich, Tränen der bitteren Wut und der Enttäuschung. Ängste quälten ihn – dass seine Zukunft bloß noch das Dasein eines Entehrten sei. Ohne Wiederherstellung seiner Ehre wäre das Leben nicht mehr lebenswert für ihn. Von Selbstzweifeln geplagt, konnte er keinen Schlaf mehr finden. Er sonderte sich von seinen Freunden und Gefolgsleuten ab, saß allein am Ufer des grauen Meeres und schaute wie seelenlos auf das unendliche Gewässer, sein Blick tränenverschleiert und leer. Er hatte zu nichts Lust, sein Kampfgeist war erloschen. Seine Stimmung war auf einem Tiefpunkt angekommen, sein Appetit verschwunden; Freude war nur noch eine verblasste Erinnerung an gute, ehrenvolle, vergangene Zeiten.

Das Lied von der Ankunft der Depression

Und die Seele sang der immerwährenden Gültigkeit geflügelte Worte:

So kam die Depression in die Welt, in Gefolgschaft der gerade erwähnten Plagen – also die Stimmung tief gesunken, die Freude, die Hoffnung verloren gegangen, stattdessen Ängste und Sorgen in Scharen. Und so kamen auch manche psychosomatische Störungen in die Welt – mal selbstständig, mal als Begleiter der Depression: Störungen des Antriebes, des Appetits, des Schlafes oder anderer somatischer Funktionen.

Das ist Homers epische Botschaft.

Aber aufgepasst! Des Narzissten Depression ist oftmals eine aggressive Depression, verehrte Zuhörer, wie Ihr nun hören werdet. So ging es los mit des gekränkten Peliden aggressiver Depression:

Inbrünstig betete Achilles zu seiner Mutter, der silberfüßigen Meeresgöttin Thetis, und bat um Beistand bei der Wiederherstellung seiner verlorenen Ehre. Er richtete an sie die geflügelten Worte, die klagenden: „Mutter, ich weiß ja, dass ich kein langes Leben vor mir habe, aber was ich noch zu leben habe, möchte ich ehrenvoll verbringen. Nun schau, der blitzeschleudernde Zeus ehrt mich nicht mehr, nicht mal ein wenig. Er hat zugelassen, dass Agamemnon, dieser rehmutige Feigling, dieser Unverschämte, mich, den tapfersten aller Griechen, vor den Augen der Heeresfürsten erniedrigt und entehrt hat; mich den Göttlichen. Er hat zugelassen, dass dieser Feigling mir meine Kriegsbeute, mein Ehrengeschenk, gegen meinen Willen entwendete". So sprach, seufzend, der größte der Helden.

Das Klagelied des Narzissten

Und die Seele sang der immerwährenden Gültigkeit geflügelte Worte:

So kam des Narzissten Klagelied in die Welt, in Gefolgschaft des Selbstmitleids, immer aber gewürzt mit einer starken Portion von Gefühlen der Superiorität und Grandiosität sowie auch Aggressivität.

Das ist Homers epische Botschaft.

Das Mutterherz der silberfüßigen Thetis, obwohl unten in den Wasserpalästen am Boden des Meeres mit anderen Meeresgottheiten verweilend, vernahm Schmerz und Kummer des weinenden und seufzenden Sohnes. Sie schoss blitzschnell aus der Tiefe der Gewässer hinauf und kam, in Meeresnebel gehüllt, zum gekränkten, leidenden Sohn. Sie setzte sich neben ihn und streichelte ihn liebevoll. Besorgt fragte sie ihn, was ihm so Schlimmes zugestoßen sei.

Mit tränenerstickter Stimme begann der große Recke zu erzählen. Am Anfang noch schluchzend, dann zunehmend vorwurfsvoll, ja anklagend, berichtete er seiner ihm geduldig zugewandten Mutter die Geschichte in allen Einzelheiten. Und dann richtete er an seine Mutter die geflügelten Worte, die rachsüchtigen: „Oh, Mutter, tue was du kannst, um deinem heldenhaften Sohn zu helfen! Steige hoch zum Olymp und flehe Zeus an, meine Gebete zu erhören. Erinnere ihn daran, wie du ihn einmal rechtzeitig vor dem Komplott der anderen Götter gegen ihn gewarnt hast. Und auch daran, dass du ihm gemeinsam mit deinem Verbündeten Ägäon, dem hundertarmigen Sohn des Meeresgottes Poseidon, geholfen hast, die Rebellion gegen ihn siegreich zu beenden. Erinnere ihn daran, dass du ihn damit vor der Kränkung einer Niederlage bewahrt hast. So soll er jetzt von deinem geliebten Sohn Kränkung und Niederlage abwenden." Und mit fester, fordernder Stimme fuhr er fort: „Verlange dies von ihm als Gegenleistung für deine frühere Hilfe, als Ausdruck seiner Dankbarkeit".

„Um was soll ich ihn konkret bitten, geliebter, unglücklicher Sohn?" fragte die besorgte Mutter des Helden, sichtlich betroffen.

Und Achilles sprach die geflügelten Worte, die furchtbaren: „Du sollst ihn um folgendes bitten: Er möge den Trojanern die Kraft geben, die Griechen zurückzudrängen, sie niederzumetzeln und ins Meer zu werfen. Der Vernichtungszug der Trojaner soll solange erfolgreich sein, bis alle Griechen genug von ihrem Oberbefehlshaber Agamemnon haben. Bis er selbst seine Verblendung erkennt und zugibt, dass er den besten der Griechen, mich also, nicht im Geringsten geehrt hat, dass er ihn sogar aufs übelste entehrt hat. Hilf mir, Mutter, hilf mir, meine verlorene Ehre zurückzugewinnen."

Ohne Wiederherstellung seiner Ehre war für Achilles das Leben nicht mehr lebenswert, besser tot als ehrlos lebend.

Das Lied von der aggressiven Depression

Und die Seele sang der immerwährenden Gültigkeit geflügelte Worte:

So kam die Unangemessenheit der narzisstischen Reaktionen in die Welt, in Gefolgschaft von Vernichtungsphantasien und ungerechtem Handeln. Und so wird die Depression des Narzissten oftmals zu einer aggressiven Depression mit großem Gefährlichkeitspotenzial. Dabei richtet sich die Aggression mal gegen den Narzissten selbst, mal gegen andere, gegen vermeintliche Feinde.

Das ist Homers epische Botschaft.

Die silberfüßige Thetis, verblendet von Mutterliebe, zeigte sich einfühlsam und empathisch dem so gekränkten Sohn gegenüber – aber nicht gegenüber den unschuldigen und unbeteiligten Soldaten, die durch den Zorn ihres Sohnes sterben würden. Sie versprach ihm Hilfe, so wie er das wollte. Er solle nur ein wenig Geduld haben, da Zeus gerade am Vortag mit seinem gesamten Kabinett, den zwölf Olympiern, einen zwölftägigen Urlaub bei den makellosen Äthiopiern angetreten habe.

Inzwischen hatte Agamemnon sein Versprechen eingelöst: ein schönes Schiff, voller Opfergaben und mit Chryseïs an Bord, begleitet von einer hochrangigen Delegation, erreichte den Apollonpriester Chryses. Der überglückliche Vater nahm mit Freudentränen seine gleichsam überglückliche Tochter in die Arme. Und auch Apollon nahm die Sühnegeschenke des Agamemnon mit Genugtuung an. Im Gegenzug hängte er den silbernen Bogen über seine Schulter, steckte die unheilbringenden Pfeile in den kostbaren Köcher zurück und beendete damit die Pest im Lager der Griechen.

Aber das größere Leid der Griechen – letzten Endes auch der Trojaner – sollte nun erst beginnen.

Der Preis der Dankbarkeit

Achilles entzog sich in der Tat allen kriegerischen Aktivitäten und jeglichen Kontakten mit den anderen Griechen. Allerdings quälte den Helden sein im Trotz gefasster Beschluss zur Zurückhaltung sehr und zerfraß langsam sein Herz. Ihm, dem geborenen Kämpfer, dem ruhmsüchtigen Krieger, fiel die Abstinenz von Krieg und Ruhm schwer. Das kränkte ihn zusätzlich. Aber eines wog das alles auf: die Erwartung von Rache.

Das Lied von der Kränkungskette

Und die Seele sang der immerwährenden Gültigkeit geflügelte Worte:

So kam die Erkenntnis in die Welt, dass Kränkung Kränkung mit sich bringt; die Kränkungskette verlängernd, wenn die psychischen Abwehrmechanismen des Menschen zu schwach sind, um diesen Circulus vitiosus, diesen Teufelskreis, zu durchbrechen. Leicht kränkbare Menschen haben schwache Abwehrmechanismen, auch wenn sie furchterregende Recken sind.

Das ist Homers epische Botschaft.

Inzwischen kehrte Zeus zusammen mit seinem göttlichen Kabinett aus Äthiopien auf den Olymp zurück. Er war, Ihr erinnert Euch, mit allen zwölf olympischen Göttern in einem zwölftägigen Urlaub gewesen, besser gesagt auf einem zwölftägigen Schmaus. Bei seinen Lieblingen, den außerordentlich schönen und makellosen Äthiopiern; den Menschen mit den rußgeschwärzten Gesichtern, was übrigens der Name Äthiopier in meiner griechischen Sprache wörtlich bedeutet.

Achilles Mutter, die silberfüßige Meeresgöttin Thetis, eilte sofort, nachdem sie von der Rückkehr der Olympier erfahren hatte, auf den Olymp, schon im Morgengrauen. Entschlossen trat sie zu dem auf seinem Thron sitzenden Zeus, dem weitblickenden, bat ihn um einen Moment und leitete ihn weg von den anderen Göttern. Nachdem er auf einem anderen prunkvollen Sitz Platz genommen hatte, kniete sie vor ihm nieder und streichelte mit der einen Hand sein Knie, mit der anderen sein Kinn – das war die Bittstellerhaltung zu jener Zeit. In herzzerreißendem Tonfall bat sie Zeus um die Wiederherstellung der Ehre ihres entehrten Sohnes. Sie überbrachte ihm seine Bitte, diese mit eigenen gefühlvollen Worte unterstützend: Zeus möge den Trojanern so lange den Sieg schenken und die Griechen vernichtend bedrängen lassen, bis diese genug von Agamemnon hätten und dagegen Achilles mit Ehren empfangen und entschädigen würden.

Der Vater von Göttern und Menschen hörte aufmerksam zu. Lange saß er schweigend da, wie Autoritäten es zu tun pflegen, wenn sie schwerwiegende Entscheidungen zu treffen haben. Thetis bat und drängte und umschlang immer fester die Knie des Obersten Gottes.

Nach einer Weile ergriff Zeus das Wort und versprach widerwillig, sehr widerwillig, grimmig und sorgenvoll, Thetis Wunsch zu erfüllen.

Ja, verehrte Zuhörer, Zeus hat es widerwillig, grimmig und sorgenvoll versprochen; nicht etwa weil er Skrupel hatte, das Heer der Griechen zu dezimieren, obwohl er ihnen den Sieg am Ende schon zugesagt hatte. Nein, nicht deswegen; es könnte sogar Spaß machen, so einfach Macht und Willkür zu demonstrieren und ein Versprechen zu ignorieren, etwa in dem Sinne „Was interessieren einen so Mächtigen wie mich meine Worte von gestern!" Widerwillig, grimmig und sorgenvoll auch nicht etwa deshalb, weil er befremdet oder gar angewidert war von Achilles Bitte, seine eigenen Landsleute zu vernichten. Und auch nicht durch die uneingeschränkte Unterstützung dieser furchtbaren Bitte durch dessen göttliche Mutter. Nein, wegen nichts von allem. Widerwillig, grimmig und sorgenvoll war Zeus nur, weil er Angst vor seiner resoluten Ehefrau hatte, der öffentlich bekennenden notorischen Philhellenin Hera. „Nicht schon wieder eine Auseinandersetzung", dachte er. „Es ist immer so lästig!" Deshalb konspirativ flüsternd und aufmerksam umherschauend, versprach er Achilles Mutter die Erfüllung ihres Wunsches, aus Dankbarkeit für ihre damalige Hilfe gegen die Rebellen. Die Ehre von Zeus war damals dadurch gerettet worden; und Thetis hatte damit etwas sehr kostbares gewonnen – Dankbarkeit, und zwar die des Zeus, die sich jetzt auszahlte. So zeigte der Vater von Göttern und Menschen, dass für ihn Dankbarkeit von größerer Bedeutung war als ein Versprechen zu halten; oder anders ausgedrückt: Undankbarkeit war für ihn schlimmer als Wortbruch.

Das Lied von der Gewissensentscheidung

Und die Seele sang der immerwährenden Gültigkeit geflügelte Worte:

So kam die Gewissensentscheidung zwischen zwei moralischen Gütern in die Welt, begleitet von Hilflosigkeit und Ambivalenz. Wenn du dich für das eine Gut entscheidest, machst du für manche das Richtige, für andere aber das Falsche. Kannst du dich zwischen den beiden Gütern nicht entscheiden und die Ambivalenzsituation nicht auflösen, dann bist du hilflos und gerätst in Verzweiflung und Depression. Kontrollierst du die Situation und entscheidest dich, musst du die Konsequenzen aushalten – auch für das vielleicht Richtige, was du *nicht* getan hast.

Das ist Homers epische Botschaft.

Der mächtige Zeus konnte die Situation kontrollieren und eine Entscheidung treffen. Aber er wusste: Was er machte, war für die einen – Thetis, Achilles und ihre Gefolgsleute – richtig, für die anderen aber – seine Frau Hera, seine Tochter Athena und deren Anhänger – falsch.

Offensichtlich um sich selbst in seiner Entscheidung zu bestärken, flüsterte er zum Abschied Thetis die geflügelten Worte zu, die bestätigenden: „Mein Wort ist nicht betrügerisch und nicht zurücknehmbar."

Manche lachen darüber, weil er gerade dabei war, wortbrüchig den Griechen gegenüber zu werden, denen er von Anfang an den Sieg versprochen hatte.

Wie auch immer, Thetis lachte nicht darüber, sondern strahlte, als sie die Worte hörte, und kehrte überglücklich vom mittlerweile taghellen Olymp in die Tiefen des grauen Meeres zurück.

Der Griechen Schicksal, bitter und blutig, war damit besiegelt. Zumindest vorerst. Thetis hatte keine Zweifel, dass Zeus Entscheidung richtig war.

Die beiden hatten aber bei ihrer konspirativen Vereinbarung die Rechnung ohne Hera gemacht, die eifersüchtige und misstrauische Ehefrau des Zeus. Trotz aller Vorsichtsmaßnahmen hatte sie das Treffen zwischen den beiden beobachtet. Denn wenn Thetis in Zeus Nähe war, wurde Hera immer sehr aufmerksam. Sie kannte ja die Vorgeschichte der beiden.

Zeus war nämlich, das müsst Ihr wissen, meine geschätzten Zuhörer, einmal sehr verliebt in Thetis gewesen; vielleicht spielte das noch eine gewisse Rolle bei seiner jetzigen Zusage. Während er sich damals mit freudiger Ungeduld auf eine erotische Zusammenkunft mit ihr vorbereitet hatte, kam eine Warnung von Prometheus, dem voraussehenden, vordenkenden und vorsorgenden weisen Titanen, der auf Zeus Befehl seit etwa dreißigtausend Jahren an den Kaukasus gefesselt war: Thetis werde einen Sohn gebären, der viel stärker sein würde als der Vater. Zeus geriet in Panik. Er litt bekanntlich, seit er seinen Vater Kronos vom Thron gestürzt hatte, an einer Götterphobie[2]. Er hatte panische Angst, dass auch ihn andere Götter, vor allem aus dem Clan seiner eigenen Kinder, entthronisieren könnten. Allerdings war die Götterphobie älter als Zeus. Sie begann mit seinem Vater Kronos, der durch seinen Sohn, Zeus eben, gestürzt worden war. Kronos wiederum hatte vorher seinen Vater Ouranos vom Thron gestoßen – und entmannt. Verständlich also, dass Zeus und andere Götter Angst vor den eigenen Kindern haben. Seitdem sind alle Götter mit Götterphobie behaftet. Sonst hätten sie nie Sprüche in den Mund genommen wie: „Ich bin ein eifersüchtiger Gott; du sollst keinen anderen Gott ehren außer mir“ oder „Ich bin der einzige Gott, und es gibt keinen anderen außer mir“ oder „Ein ist der Gott, und der bin ich“ und Ähnliches.

Das Lied von der Götterphobie

Und die Seele sang der immerwährenden Gültigkeit geflügelte Worte:

So kam die Erkenntnis in die Welt, dass die Götterphobie, also die Angst, von untergebenen Gottheiten entthronisiert zu werden, wie auch ihre Äquivalente bei den Sterblichen viel früher in die Welt kamen als diese Erkenntnis selbst.

Das ist Homers epische Botschaft.

---

[2] Prometheus hat einmal Herakles ausführlich über Götter mit Götterphobie erzählt, was getreu niedergeschrieben ist, und zwar im Buch: „Feuer für ausgebrannte Helden. Auf der Suche nach Orientierung. Ein Abenteuer mit Prometheus und Herakles“, von Andreas Marneros (2015).

Zeus, der also seine Erfahrungen hatte mit Söhnen, die stärker sind als die Väter, reagierte prompt auf Prometheus Warnung: Ohne lange nachzudenken, ließ er das heiße Rendezvous sausen und arrangierte stattdessen eine Hochzeit zwischen Thetis und einem Sterblichen, Peleus. Das war die Hochzeit, bei der die trojanische Tragödie ihren Anfang nahm – Ihr erinnert Euch? Ich habe Euch die Geschichte mit dem Eris-Apfel bzw. Zankapfel und den drei Konkurrentinnen um den Schönheitstitel und mit Paris als Schiedsrichter eben erzählt. Übrigens wurde Achilles, Thetis Sohn, tatsächlich stärker als sein Vater Peleus.

Hera wusste, dass ihr Mann, der Oberste Gott, in großzügiger Weise generell dankbar sein konnte. Er hatte es auch damals gezeigt, nachdem er die Warnung durch Prometheus erhalten hatte: Er hatte seinem Sohn Herakles die geheime Anweisung gegeben, den auf den Kaukasus gefesselten Prometheus – der gemäß Zeus Urteil da oben für alle Ewigkeit gefesselt bleiben sollte – diskret und unter Ausschluss der Öffentlichkeit zu befreien. Was auch geschehen war.

Das Lied von der Dankbarkeit

Und die Seele sang der immerwährenden Gültigkeit geflügelte Worte:

So kam die Erkenntnis in die Welt, dass die Fähigkeit zur Dankbarkeit ein Merkmal von Größe und eine Eigenschaft der Großen ist; die Undankbarkeit dagegen zur Kleinmütigkeit und den Kleinkarierten gehört. Die ersteren sind die Gewinner, die letzteren die Verlierer.

Das ist Homers epische Botschaft.

Hera wusste, dass der größte Gott trotz aller Makel Größe zeigen kann. Wenn auch nicht immer. Hera wusste aber auch, dass der ihr Angetraute Grund genug hatte, Thetis dankbar zu sein. Ihr Misstrauen basierte also keinesfalls nur auf grundloser Eifersucht. Keineswegs! Und ganz gewiss war es kein Ausdruck von Eifersuchtswahn, denn Wahn ist völlig unbegründet.

Die Geburtsstunde des autoritären Verhaltens

Hera konnte sich gut vorstellen, um was es bei diesem konspirativ aussehenden Treffen gegangen war. Und so stellte sie ihren verdutzten Gemahl mit vorwurfsvollen Worten zur Rede. Zeus versuchte zu beschwichtigen, aber der Ehekrach eskalierte – so wie er es befürchtet hatte. Er musste kleinlaut eingestehen, was er Thetis versprochen hatte. Hera verlangte von ihm – energisch, sehr energisch –, Thetis Wunsch nicht zu erfüllen. Denn er habe ihr, seiner legitimen Ehefrau, von Anbeginn versprochen, dass er alles so arrangieren würde, dass die Griechen siegen und Troja erobern. Und nicht nur erobern, sondern auch vollständig zerstören. Jawohl, so hatte er es versprochen: Vollständig zerstören! Und jetzt das! War das denn kein Wortbruch? Ein Oberster Gott dürfe sich so etwas nicht leisten! Sie sagte auch: „Deine Entscheidung ist falsch." Zeus murmelte grimmig und gereizt: „Thetis sagt, meine Entscheidung ist richtig!"

Und Hera erwiderte mit schneidender Stimme: „Ich aber sage, sie ist falsch! Und wenn ich das so sage, dann stimmt das auch. Ich bin schließlich eine höhere Göttin als Thetis. Oder?"

Der bedrängte, hilflose Zeus, in die Zwickmühle von richtig und falsch geraten, reagierte darauf mit Zorn und Aggressivität. Das entsprach seiner herrschenden – und die Situation beherrschenden – Position. Er beschimpfte seine Frau, drohte ihr mit schwerer Bestrafung, selbst mit körperlicher Züchtigung, wenn sie sich weiter aufmüpfig benehme. Sie solle endlich seine Autorität und Herrschaftsmacht respektieren. Er nahm sein Privileg als Oberbefehlshaber aller Götter in Anspruch und setzte mit donnernder Stimme die geflügelten Worte in die Welt, die machtbekundenden, manchmal auch die machtvortäuschenden, die seitdem unzählige Sterbliche durch die Jahrhunderte wiederholt haben: „Es wird so gemacht, wie ich es will. Ich dulde keinen Widerspruch. Basta!"

Das Lied vom Autoritären

Und die Seele sang der immerwährenden Gültigkeit geflügelte Worte:

So kam die Psychologie des Autoritären – manche sagen die „Basta-Psychologie" – in die Welt. Das Autoritäre ist seitdem Ausdruck von Herrschaftsmentalität; oftmals von Missachtung der Meinung anderer, auch wenn man eigentlich weiß, dass sie Recht haben. Manchmal ist es nichts anderes als ein Gegenmittel zur Hilflosigkeit.

Das ist Homers epische Botschaft.

Allerdings hat dieses Antidoton, dieses Gegenmittel zur Hilflosigkeit, nicht selten unerwünschte Wirkungen und Nebenwirkungen. Einige davon scharen sich um den versteckten Ungehorsam des so Verachteten, der darauf wartet, im günstigen Moment zurückzuschlagen. Im Verlauf der Ilias werde ich Euch einige solche Beispiele erzählen.

Die Geburtsstunde der posttraumatischen Belastungsstörung

Wie auch immer, Hera bekam zuerst große Angst, als sie ihren Gatten so wütend erlebte. Das Zurückschlagen des Ungehorsams kam erst später. Sie hatte genug Erfahrung mit den Zornesausbrüchen des Obersten. Seine Gewalttätigkeit war schließlich legendär. Hephästos, der gemeinsame Sohn von Zeus und Hera, begann schon zu zittern, wenn er merkte, was zwischen seinen Eltern gerade lief. Das zentrale pädagogische Prinzip des Obersten Gottes, das später einer meiner Dichternachfolger, Äschylos, in seiner Orestie zum zentralen theologischen Prinzip machen sollte, ist „Durch-leiden-lernen“[3]. Hephästos kannte dieses Prinzip aus eigenen leidvollen Erfahrungen nur zu gut – und hatte daraus auch gelernt: Mische dich bloß nicht ein. Das bringt unerträgliche Schmerzen!

Das Lied vom Lernen durch Leiden

Und die Seele sang der immerwährenden Gültigkeit geflügelte Worte:

So kamen die Lernpsychologie und die Verhaltenstherapie in die Welt, in der Gefolgschaft von allerlei gelernten Verhaltensmustern.

Das ist Homers epische Botschaft.

Hephästos hatte Angst, dass irgendwann der Streit eskalieren und in Handgreiflichkeiten enden würde, was nichts anderes bedeutete als dass seine Mutter von seinem Vater verprügelt würde. Er hatte dazu die noch größere Angst, er würde die Zeche wieder zahlen müssen. Er riet ihr zur Zurückhaltung und gab ihr zu verstehen, dass er diesmal keine Lust hätte, sich in den Ehestreit einzumischen, um sie zu schützen. Zu traumatisch seien seine bisherigen Erfahrungen damit. Er erinnerte seine Mutter an das, was einmal passiert war, als er versucht hatte, sie vor den Schlägen des Vaters zu schützen. Damals, als er noch ein kleiner unerfahrener Junge in seiner Vor-Lernen-durch-Leiden-Phase war: Vater Zeus, Blitze schleudernd und Donner verbreitend, hatte ihn an seinen Beinchen gefasst und ihn wütend über die Gipfel des Olymps durch die Lüfte geschleudert. Er war schließlich Hunderte von Kilometern weit entfernt ins Meer gestürzt und hatte nur durch die Fürsorge von barmherzigen Meeresnymphen, vor allem von Thetis, überlebt. Daher kommt sein fürchterliches Hinken. Und seitdem hat er auch eine ausgeprägte Vaterphobie, für alle erkennbar.

[3] Das Pathos-Mathos-Prinzip (das „Durch-leiden-lernen“-Prinzip) ist zum Beispiel im Buch „Irrsal! Wirrsal! Wahnsinn!“ (2013) erläutert.

Das Lied von Elternphobie

Und die Seele sang der immerwährenden Gültigkeit geflügelte Worte:

So kam im Rahmen der häuslichen Gewalt auch die Kindesmisshandlung in die Welt, dicht gefolgt von der Vaterphobie. Korrekter gesagt, von der Elternphobie.

Das ist Homers epische Botschaft.

Noch ein Wort zu Hephästos, geschätzte Zuhörer: Die traumatischen Erfahrungen des kleinen Hephästos waren der Grund dafür, warum er sich erst nach Jahrhunderten, als erwachsener Gott, wieder auf den Olymp wagte. Aber auch dann blieb er in der Regel nur für kurze Zeit in der Nähe seiner Eltern. So wie Kinder mit Elternphobie es eben tun, auch wenn sie erwachsen sind. Er bevorzugte es, weit weg von den Eltern und deren Eheproblemen zu bleiben. Er lebte versteckt im Inneren von hohen Bergen; dort hatte er auch seine Werkstätten, die Hephästia – Euch besser bekannt als Vulkane, abgeleitet vom lateinischen Pseudonym des Hephästos, Vulkanus.

Das Lied von der posttraumatischen Belastungsstörung

Und die Seele sang der immerwährenden Gültigkeit geflügelte Worte:

So kam die posttraumatische Belastungsstörung in die Welt, Hand in Hand mit dem Vermeidungsverhalten. Diese psychische Störung, die einem oder mehreren traumatischen Erlebnissen – individueller oder allgemeiner Natur – folgt, führt dazu, dass der Betroffene Umstände, die der Belastung ähneln, vermeidet.

Das ist Homers epische Botschaft.

Als der Streit zwischen seinen Eltern wegen Thetis begann, war Hephästos zufällig zu einem dienstlichen Kurzbesuch auf dem Olymp.

Die Geburtsstunde der Deeskalationspsychologie

Das pädagogische Kernprinzip des Zeus – durch Leiden lernen – war also bei Hephästos auf fruchtbaren Boden gefallen. Er hatte aus seinen leidvollen Erfahrungen vieles gelernt, auch wie man gefährliche Situationen entschärft, sie deeskaliert. Leise und wiederholt mahnte er seine Mutter zur Mäßigung. Er gab ihr, wie auch den anderen Göttern, einen Becher randvoll mit Nektar und forderte sie auf, fröhlich mitzufeiern – irgendetwas gab es immer zu feiern. Ständig goss er neuen Nektar in die goldenen Becher, verteilte an die Anwesenden Ambrosia und verbreitete so psychotherapeutisch wirksam gute Stimmung. Und es gelang ihm sogar, den immer noch zornig vor sich hin brummenden Zeus zum Mittrinken und zum Mitfeiern zu bewegen. Schließlich, nach viel Nektar und Ambrosia, beruhigte sich endlich die Lage. Friedlich und fröhlich feierten die Götter gemeinsam bis in die Nacht hinein – auch das oberste Ehepaar.

Das Lied von der Deeskalationspsychologie

Und die Seele sang der immerwährenden Gültigkeit geflügelte Worte:

So kam die Deeskalationspsychologie in die Welt, die konfliktentschärfende und gemüterberuhigende; unzählige und segensreiche Güter mit sich führend, allen voran die Harmonie.

Das ist Homers epische Botschaft.

Schließlich ging Zeus zu Bett, und Hera legte sich neben ihn. Sie lagen zwar nebeneinander, aber von trennenden Gedanken getrennt beherrscht. Beide dachten darüber nach, wie sie den jeweils anderen von ihrer Meinung überzeugen könnten. Die Deeskalationspsychologie wirkt zwar konfliktentschärfend und gemüterberuhigend, aber nicht unbedingt immer auch konfliktlösend. Zeus wollte sein Versprechen Thetis gegenüber einlösen; Hera verlangte dagegen, dass Zeus sein Versprechen ihr gegenüber halten und die Griechen siegen lassen würde. Der arme Vater von Menschen und Göttern hatte zwei rivalisierenden Frauen gegensätzliche Dinge versprochen!

Zu dem Zeitpunkt wusste unten auf der Erde noch niemand, dass die Dezimierung der Griechen mit Zeus Basta-Worten quasi schon beschlossene Sache war. Auch nicht, dass der Beginn der blutigen Tragödie unmittelbar bevorstand.

Davon werde ich Euch in den nachfolgenden Gesängen erzählen, meine verehrten Zuhörer. Doch lasst mich zunächst über Narzissmus und Narzissten sprechen; diese Bezeichnungen habe ich schon wiederholt verwendet und dieses Versprechen muss ich noch einlösen.

Der Narzissen Hohelied – ein sehr kleiner Exkurs

Auf Trojas Schlachtfeldern blühten keine Narzissen, sondern Narzissten. Also singe jetzt, oh Muse, das Hohelied der Narzissten.

Denn das ist der rote Faden, der sich durch meine ganze Ilias zieht.

Singe, oh Muse, das Hohelied der Narzissten, so wie ich es bisher in meiner Ilias nicht ausgedrückt, aber immer gedacht und gemeint habe.

Bisher habe ich Euch von zwei Mega-Narzissten, von ihren Worten, ihren Taten und ihren Gedanken erzählt – von Agamemnon und Achilles. Abgesehen natürlich von den Göttern. Aber ich werde Euch in den kommenden Gesängen von weiteren Worten, Taten und Gedanken der beiden, aber auch von anderen, vielen anderen Narzissten erzählen. Wenn Ihr mich jetzt fragt, warum so viele Charaktere, die ich in der Ilias beschrieben habe, als Narzissten zu bezeichnen sind, muss ich Euch antworten, dass ich selbst damals sie nie so benannt habe. Allerdings werden die Erlebens-, Denk- und Verhaltensweisen vieler meiner Helden vom neuzeitlichen Begriff des Narzissmus vollständig abgedeckt. Ja, was die neuzeitlichen Menschen als Narzissmus und Narzissten bezeichnen, passt exakt zu vielen der Helden meiner Ilias. Manche davon könnten geradezu als Prototypen des Narzissmus und der Narzissten bezeichnet werden. Man könnte meinen, dass die modernen Fachleute, die sich damit beschäftigen, Ilias-Helden als Modell hatten.

Mehr zu den verschiedenen Persönlichkeiten, die ich in meiner Ilias beschreibe, von ihren Eigenschaften, Denkmustern, Erlebens- und Verhaltensweisen und ihrer Einordnung und Bezeichnung in Eure moderne Nomenklatur werdet Ihr nach Ende meiner Erzählung im Nachwort, von einem modernen Experten, Eurem persönlichen Persönlichkeitsführer, hören. Ich rate Euch also entweder, bis dahin Geduld zu zeigen, oder – falls Ihr zu ungeduldig seid – Euch vorgreifend bei Erwähnung der Begriffe dort ein wenig schlau zu machen.

Mit Narzissmus und Narzissten mache ich jedoch eine Ausnahme und erkläre vorläufig schon hier einiges, da Ihr in den folgenden Gesängen häufig davon hören werdet. Nachdem ich von den Narzissten Agamemnon und Achilles und über ihren Narzissmus berichtet habe, will ich kurz erklären, was die moderne Wissenschaft mit diesen Begriffen meint. Ein Hinweis noch vorher: Auch wenn ich Agamemnon und Achilles – Eure moderne Terminologie anwendend – als Narzissten bezeichne, dann bedeutet das nicht, dass sie diese Persönlichkeit in lupenreiner Form haben. Keineswegs! Ihr werdet am Ende durch Euren persönlichen Persönlichkeitsführer erfahren, dass es kaum eine Persönlichkeit in purer Ausprägung gibt, dass die Mischung von Merkmalen verschiedener Persönlichkeiten eher die Regel ist als die Ausnahme. So auch bei den Protagonisten meiner Ilias.

Lasst mich für eine Minute unpoetisch werden, um kurz die narzisstischen Eigenschaften zu präsentieren: Die meisten Menschen verfügen über die eine oder die andere narzisstische Erlebens- und Verhaltensweise. Im Normalbereich, also ohne eine Abweichung, die so stark ist, dass sie die Grenze des Normalen sprengt und als pathologisch, also krankhaft, zu bezeichnen ist, sind Narzissten besonders stark leistungsorientiert, mit elitärem Statusbewusstsein und entsprechendem Auftreten. Sie sind oft sehr erfolgreiche Menschen in vielen Gebieten – Beruf, Kunst, Wirtschaft, Politik.

Die hohe Anspruchshaltung von narzisstischen Menschen kann allerdings mit hoher Kränkbarkeit und ausgeprägten Neidgefühlen einhergehen. Treten diese Eigenschaften stark akzentuiert und massiv auf, dann bilden sie eine vom

Durchschnitt, von der Norm, deutlich abweichende Persönlichkeitsstruktur. Man spricht dann von einer Persönlichkeitsstörung, in diesem Falle einer narzisstischen Persönlichkeitsstörung.

Narzisstisch Persönlichkeitsgestörte sind Menschen, die sich selbst übermäßig wichtig nehmen und die eigenen Fähigkeiten als unübertroffen einschätzen; Überzeugungen, die ihre Phantasie beschäftigen und ihr Verhalten prägen. Ihre Selbstüberbewertung geht Hand in Hand mit der Abwertung anderer Menschen bis hin zu deren völliger Entwertung, sowohl in Äußerungen über sie als auch im Verhalten ihnen gegenüber. Narzisstisch Persönlichkeitsgestörte zeigen einen Mangel an Einfühlungsvermögen und eine ausgeprägte Überempfindlichkeit gegenüber Kritik und Bewertung durch andere. Ihre Kränkbarkeit ist sehr hoch, und auf Kränkungserlebnisse reagieren sie verschiedenartig. Die Bindungsfähigkeit von narzisstisch Persönlichkeitsgestörten ist schwach ausgeprägt, und die zwischenmenschlichen Beziehungen werden häufig ausbeuterisch gestaltet, geleitet von starkem Egoismus.

Das eigene Ich steht im Mittelpunkt des Denkens, Fühlens, Erlebens und Verhaltens des persönlichkeitsgestörten Narzissten; er ist ein Egoist, ein „Ichling".

Dies in aller Kürze vorläufig über Narzissten. Ach, übrigens: Eure modernen Persönlichkeitsforscher haben den Begriff des Narzissmus aus der Persönlichkeit meines schönen Landsmanns Narkissos abgeleitet. Seine Geschichte wartet auf Euch, meine verehrten Zuhörer, im schon erwähnten Nachwort.

4

Der Demagogen Stunde

Zusammenfassung

Aus dem zweiten Gesang meiner Ilias werde ich Euch erzählen, wie das Wunschdenken den Menschen verblendet, so wie Zeus Agamemnon mit einem Traum verblendet. Der Traum verspricht Agamemnon den sicheren Sieg und die Unsterblichkeit im Gedächtnis der Menschen, wenn er am selben Tag die Trojaner attackiert. Auf einer eilig einberufenen Heeresversammlung macht Agamemnon einen fatalen Fehler, er stellt nämlich dem Heer frei, zu wählen zwischen siegreichem Kampf oder Heimfahrt ohne Kampf, aber auch ohne Sieg. Das Heer entscheidet sich zum Entsetzen der oberen Heeresführung für die Heimfahrt. Erst die hohe Überzeugungskunst hauptsächlich von Odysseus, aber auch vom alten weisen Nestor kann die Meinung wieder umdrehen. Das Heer bleibt, um zu kämpfen und um zu leiden, weil Zeus unbedingt den Narzissmus des Achilles befriedigen will.

Und die uns begleitende Seele wird dabei geflügelte Worte von immerwährender Gültigkeit singen, wie etwa über die Verwechselung von Traum und Realität, über die ansteckende Kraft des Wunschdenkens, über die Unstetigkeit der Massenmeinung und über die Verführungskraft des attraktiven Erscheinungsbildes und das Abschreckungspotenzial der Hässlichkeit. So wie über einiges mehr.

Das verblendete Wunschdenken

Nach Hephästos erfolgreicher Anwendung seiner Deeskalationsmethode kam es also zur friedlichen Beendigung des Ehekrachs der beiden obersten Eheleute. Zeus fand aber keine Ruhe; er zerbrach sich seinen göttlichen Kopf, wie er das Versprechen Achilles Mutter gegenüber am effektivsten erfüllen könnte, ohne einen erneuten Streit mit seiner Hera zu riskieren. Vor allem machte er sich Gedanken darüber, wie es ihm gelingen könnte – um des gekränkten Achilles willen – so viele Griechen wie möglich zu vernichten. Irgendwann kam er auf die Idee, Agamemnon einen trügerischen Unheilstraum zu schicken. Diese Idee begeisterte ihn so, dass er aufsprang und sich selbstzufrieden lachend auf die göttliche Schulter klopfte.

Zeus gefiel Zeus. Wieder einmal. Und so handelte er umgehend.

Gedacht, gelacht, gemacht.

Mitten in der Nacht rief er Oneiros zu sich – viele nennen ihn auch Oneiron –, den kleinen Gott des Traumes und ständiger Begleiter von Hypnos,

A. Marneros, *Homers Ilias psychologisch erzählt*, DOI 10.1007/978-3-658-11202-8_4

Schlafgott und Bruder des Todesgottes Thanatos. Zeus Befehl an Oneiros lautete: „Fliege jetzt sofort zum schlafenden Agamemnon und flüstere ihm folgendes ein: ‚Die Götter haben einstimmig das Ende von Troja beschlossen, auf Betreiben von Hera, Zeus geliebter Ehefrau und notorischer Philhellenin. Agamemnon, du sollst mit der gesamten griechischen Armee Troja erstürmen. Sofort mit Anbruch des Tages, ohne Verzögerung. Denn das ist der günstige Zeitpunkt, den die Götter vorgesehen haben, für die Eroberung Trojas durch dich. Dann ist der Krieg schnell vorbei, du hast ihn gewonnen, du bist der Größte, der triumphierende Sieger, unsterblich im Gedächtnis der Menschheit.' Und nun beeile dich, leichtfüßiger Traumgott, weil du nur dann erscheinen kannst, wenn dein Bruder Hypnos die Menschen beherrscht. Fliege so schnell du kannst zu Agamemnon, bevor er aufwacht und meine Botschaft dadurch verpasst."

Oneiros, der kleine Gott des Traumes, machte sich ohne Verzögerung auf zu Agamemnon, der wegen seines Sieges über den gedemütigten Achilles selig schlief. Zeus schlummerte danach ebenfalls selig und selbstzufrieden. Der Traumgott nahm die Gestalt des weisen und viel geachteten alten Nestors an, den wir im vorigen Gesang kennen gelernt haben. Oneiros wusste nämlich, dass Agamemnon den alten ehrwürdigen Nestor mehr als jeden anderen respektierte. Dieser brachte Agamemnon die Traumbotschaft des Vaters von Menschen und Göttern, mit mancher Schmeichelei ausgeschmückt – die Götter wussten schließlich, wie man Narzissten gewinnt. Sonst aber wortwörtlich so, wie es Zeus diktiert hatte.

Wenig später wachte Agamemnon mit einem göttlichen Glücksgefühl auf. Von der Botschaft des Traums beflügelt und von brennender Ungeduld getrieben, wollte er Troja am liebsten jetzt und sofort erobern.

Das Lied von der Traumwandelei

Und die Seele sang der immerwährenden Gültigkeit geflügelte Worte:

So kam die Verwechslung von Traum und Realität in die Welt, in Gefolgschaft von Wunschdenken und Traumwandelei, und dadurch Schlafwanderung durch die Wirklichkeit. Und auch die Tatsache, dass Wunschdenken nicht selten ansteckend ist.

Das ist Homers epische Botschaft.

Agamemnon wusste nämlich nicht, meine geschätzten Zuhörer, dass auch er trotz seiner Macht und Bedeutung bei den Menschen nichts anderes war als eine Schachfigur – um eine Eurer neuzeitlichen Formulierungen zu verwenden – auf dem großen Schachbrett des spielentscheidenden Zeus. Der Leichtsinnige ahnte nicht, was für Leid und Schmerz sein Glücksgefühl den Griechen und Trojanern bringen würde. Er wusste noch nicht, dass der Nacht-

Zeus schickt den Traumgott Oneiros zu Agamemnon

traum dem schlafenden Menschen bloß des Tages Wünsche, Hoffnungen, Befürchtungen, Sehnsüchte und sonstige Emotionen bringt, aber keine Tatsachen. Er wusste auch noch nicht, dass Übereinstimmung von Traum und Realität selten, sehr selten, und eher zufällig ist.

Das Lied vom Inhalt der Träume

Und die Seele sang der immerwährenden Gültigkeit geflügelte Worte:

So begann die Erkenntnis ihren Anfang zu nehmen, die sich viel, viel später die Menschen zu eigen machten, nämlich dass Träume die Fortsetzung von Dingen sind, die den Menschen tagsüber intensiv beschäftigen und seine jeweilige Lebenswirklichkeit widerspiegeln. Darin finden sich Wünsche, Hoffnungen, Befürchtungen, Sehnsüchte und sonstige Emotionen[1].

Das ist Homers epische Botschaft.

Agamemnon sandte sofort die Herolde aus, gerade als Eos rhododaktylos, die rosenfingrige Göttin der Morgenröte – später von den Latinern zu Aurora pseudonymisiert, hoch auf den Olymp stieg, um zuerst den Göttern und dann auch den Sterblichen den Tagesanbruch zu verkünden. Er berief für

[1] Eine hochinteressante Podiumsdiskussion zum Thema zwischen Äschylos, Euripides, Sophokles, Artemidoros von Daldis und Professor Eckhart Rüther findet sich im schon erwähnten Buch „Irrsal! Wirrsal! Wahnsinn!“.

die frühen Morgenstunden eine Versammlung der Heeresführer unter seiner Leitung ein. Für dieses Treffen bereitete er sein Erscheinen sorgsam vor, zog die Paradeuniform des Oberbefehlshabers an, trug seine kostbarsten Waffen und nahm den Ehrfurcht erzeugenden, Macht ausstrahlenden und Macht legitimierenden Königsstab in die Hand. Dieser war göttlichen Ursprungs und nach einigen Vorbesitzern aus den Reihen der Götter und Generationen von mythischen Helden an den gottgleichen Agamemnon weitergegeben worden. Der König der Könige wirkte dadurch noch imposanter als sonst, was auch seine Absicht war. Er hoffte, damit sein Ziel leichter zu erreichen.

Das Lied vom Erscheinungsbild

Und die Seele sang der immerwährenden Gültigkeit geflügelte Worte:

So kam die Psychologie des Erscheinungsbildes in die Welt, die unter anderem besagt, dass die äußere Erscheinung die innere Haltung widerspiegelt.

Und darüber hinaus: Eine imponierende, schöne und angenehme äußere Erscheinung bewirkt mehr als ihre Gegenform – zumindest in der Regel. Wie man so sagt: „Kleider machen Leute".

Das ist Homers epische Botschaft.

Der so beeindruckend gewandete Agamemnon war nach der nächtlichen göttlichen Eingebung absolut davon überzeugt, dass seine Schicksalsstunde geschlagen habe, dass er als der Eroberer von Troja in die Geschichte eingehen werde. Er platzte vor lauter Drang, die frohe Botschaft des Traumes, die ja so identisch mit seinen tiefsten Wünschen war, an die versammelten Heeresfürsten weiterzugeben.

Freudestrahlend und voller Stolz berichtete er ihnen von Zeus Botschaft, die ihm der Traumgott übermittelt hatte. Alle waren begeistert. Wenn Zeus solche Botschaften schickte, dann war alles klar! Dachten sie.

Das Lied von der Ansteckungskraft des Wunschdenkens

Und die Seele sang der immerwährenden Gültigkeit geflügelte Worte:

So kam die Erkenntnis in die Welt, dass Wunschdenken nicht selten ansteckend ist. Und dadurch verheerend sein kann.

Das ist Homers epische Botschaft.

Allerdings erkannten die versammelten Heeresführer – trotz des ansteckenden Wunschdenkens – auch ein Problem: Niemand wusste nämlich, ob das Heer für eine Großoffensive überhaupt bereit wäre – nach so viel Leid durch den neunjährigen Krieg, nachdem gerade die Pest zu wüten aufgehört hatte, und nach der Spaltung der Griechen durch den Streit zwischen Agamemnon und Achilles. Agamemnon schlug vor, eine List anzuwenden, nämlich das

Heer in Versuchung zu führen, indem man diesem trotz unverrichteter Dinge die Rückkehr nach Griechenland anbot. Allerdings sollten die Soldaten dabei vor ein Dilemma gestellt werden: Die Rückkehr, trotz aller persönlichen Vorteile, würde mit der Schande des Verlierers und der Ehrlosigkeit des Feiglings belegt sein. Das Bleiben und das Weiterkämpfen trotz ungünstiger Gotteszeichen hingegen würde zwar mit Schwierigkeiten, aber auch mit Ehre und Ruhm des Tapferen, ja des Heldenhaften verbunden sein. Die Soldaten also sollten das Gefühl haben, dass sie selbst entscheiden können, was ihnen wichtiger sei. Agamemnon spekulierte darauf, dass ein Heer Ruhm und Ehre, Tapferkeit und Heldentum wählen würde. Um aber ganz sicher zu gehen, dass das Heer sich für das Richtige entscheidet, gab er den Heeresfürsten die Anweisung, alles zu tun, um die Soldaten vom einzig ehrenvollen Weg zu überzeugen, nämlich auf dem Schlachtfeld zu bleiben und zu kämpfen. So wie es ja seine eigentliche Absicht war.

Kurzfristig wurde eine Generalversammlung des gesamten Heeres einberufen. Agamemnon ergriff als erster das Wort und verwendete dabei eine besonders raffinierte List: Er präsentierte den Soldaten eine Lüge! Die nämlich, dass Zeus wortbrüchig geworden sei! Dieser habe ihm den Befehl gegeben, den Rückzug der Armee anzuordnen, und besiegt und voller Scham nach Griechenland zurückzukehren. Troja sei nicht zu erobern. Wenn die Griechen es trotzdem versuchen würden, überlasse er es alleine ihnen, ihrer Tüchtigkeit und ihrer Tapferkeit, allerdings dürften sie nicht weiter mit seiner göttlichen Hilfe rechnen. Nicht er, Agamemnon, habe als Heeresführer versagt, sondern der Oberste Gott sei wortbrüchig geworden. Entgegen seiner Versprechungen versage Zeus nun den Griechen die Hilfe zum Sieg und sei dabei, die Trojaner siegen zu lassen. Ein Betrüger und ein Verräter sei dieser Zeus, und außerdem äußerst grausam! Dabei habe er den Griechen den Sieg versprochen, und nun begünstige er in unverschämter Weise die Trojaner. Dieser wortbrüchige, dieser betrügerische Zeus sei dafür verantwortlich, nicht er, Agamemnon!

Das Lied von der Externalisierung

Und die Seele sang der immerwährenden Gültigkeit geflügelte Worte:

So kam die Externalisierung in die Welt, also die Verschiebung von Schuld und Verantwortung für eigenes Fehlverhalten oder Versagen auf andere Personen, auf Situationen oder Umstände, oder eben auf Gottes Willen, und damit weit weg von sich selbst. In ihrer Gefolgschaft kamen auch falsche Beschuldigungen, fehlende Selbstkritik und die Unfähigkeit, sich zu ändern und zu bessern.

Das ist Homers epische Botschaft.

Agamemnon – der Großmeister der Externalisierung! Er ist sogar der Komponist einer weiteren Hymne der Externalisierung, wie Ihr später noch hören werdet.

Allerdings, sagte Agamemnon – seine vorherige List weiterspinnend – auch die geflügelten Worte, die listigen: „Oh, tapfere und edle Helden. Die nachfolgenden Generationen von Griechen werden uns mit Sicherheit verachten, ja sogar hassen. Die Trojaner sind bloß ein kleines Volk im Vergleich zu uns, der Supermacht unserer Zeit. Wir werden die Davongelaufenen sein. Das ist gegen die Ehre, gegen den nationalen Stolz. Aber was soll's! Gehen wir zu unseren Frauen und Kindern, zurück in unsere Heimat, und nehmen wir diese Schande auf uns. Versuchen wir, damit irgendwie zurechtzukommen. So will es schließlich der wortbrüchige Zeus."

Agamemnons Worte lösten im Heer der Soldaten ein Erdbeben von Gemütsbewegungen aus. Das alles beherrschende Gefühl war – wie der erstarrte Oberbefehlshaber mit Schrecken feststellen musste – grenzenlose Begeisterung und jubelnde Freude. Das war ganz und gar nicht in seinem Sinne. Seine List, die er mit einer Versuchung versucht hatte, war nach hinten losgegangen und traf ihn schwer! Frauen, Kinder, Heimat lagen den Soldaten viel, viel näher als Begriffe wie Ehre und nationaler Stolz. Auch viel näher als der blutige Kampf mit einem Feind, gegen den eigentlich niemand etwas hatte – mit Ausnahme sicherlich von Menelaos, dem betrogenen Ehemann der angeblich geraubten Helena. Und Agamemnon natürlich, der als Triumphator nach Griechenland zurückkehren wollte. Die Soldaten begannen mit großem Freudengeschrei wie eine riesige Meereswelle in Richtung der Schiffe zu laufen, ja sie rannten buchstäblich wie von Sinnen angesichts des unerwarteten Glücks, dass Rückzug und Rückkehr so greifbar nah lagen. Sie konnten die Wendung des Schicksals nicht fassen; ihres persönlichen Schicksals, das ihnen so viel näher lag als das von irgendwelchen Heeresführern.

Das Lied vom Sieg des einfachen Soldaten

Und die Seele sang der immerwährenden Gültigkeit geflügelte Worte:

So kam die Erkenntnis in die Welt, dass es in jedem Krieg der größte Sieg für den einfachen Soldaten ist, heil und unversehrt zu Mutter und Vater, zu Frau und Kind, zu Feld und Herd zurückzukehren. Und in ihrer Gefolgschaft die Erkenntnis, dass die Liebe zur Heimat größer sein kann als die Liebe zum Vaterland.

Das ist Homers epische Botschaft.

Der Massen Meinung, eine Feder im Wind

Ebenfalls fassungslos, aber aus ganz anderen Gründen, beobachtete die Philhellenen-Fraktion der Götter, allen voran Athena und Hera, das unglaubliche Geschehen. Wieso tun die das, fragten sie sich ratlos. Es sei doch unmöglich, sich gegen das Schicksal zu wenden, dachten sie staunend. Und das Schicksal war eindeutig vorbestimmt: Die Griechen würden Troja erobern! Und das Schicksal sah nicht vor, dass sie in Freude und Glück unverrichteter Dinge zu Mutter und Vater, zu Frau und Kind, zu Feld und Herd zurückkehrten. Das wäre gegen den Willen der Götter. Weder Athena noch Hera ahnten etwas von Zeus Täuschungsmanöver und dem trügerischem Traum. Sie wussten auch nichts von Agamemnons versuchter Versuchung, der gescheiterten. Götter wussten auch damals nicht immer alles. Fassungslos die wellengleiche Bewegung der schönbeschopften Griechen weg vom vorbestimmten Sieg und hin zu ihrem Rückzug mitansehen müssend, war die Furcht der Göttinnen groß, dass etwas anderes geschehen würde als es von den Göttern vorbestimmt war. Sie konnten nicht zulassen, dass ihr Bestimmungsmonopol ins Wanken gerät. Beunruhigt beschlossen sie, sofort einzugreifen. Athena sollte unverzüglich zu den Griechen fliegen, sie beeinflussen und die Welle der freudetrunkenen Soldaten in die gegensätzliche Richtung lenken: zurück gen Troja.

Das Lied von der Windwendigkeit der Massenmeinung

Und die Seele sang der immerwährenden Gültigkeit geflügelte Worte:

Die Weisheitsgöttin wusste schon immer, was den Sterblichen jetzt gerade als Erkenntnis in die Welt kam: Feder im Wind ist der Massen Meinung; sie geht, wohin der Wind sie weht.

Das ist Homers epische Botschaft.

Gefürchtet, gedacht, getan.

Die himmelblauäugige Athena sprang mit großem Schwung sofort vom Olymp hinab nach Troja. Sie forderte den vielbegabten und bewanderten Odysseus auf, dem Spuk ein Ende zu setzen. Nicht nur für sie war Odysseus der intelligenteste der Griechen, im Hinblick auf Klugheit fast mit Zeus vergleichbar; und für sie war schon längst klar, dass Odysseus und nicht sein Rivale Palamedes dieses Titels würdig war.

Es könne nicht sein, sagte Athena zu ihm, dass nach so viel Leid und so vielen Toten das Heer unverrichteter Dinge zurückkehre. Wo bliebe die Ehre, wo der Stolz, wo bliebe der Wunsch nach Triumph, wo die Ernte des von den Göttern versprochenen Sieges? Sie sagte ihm aber kein Wort über die uns und den Göttern schon bekannte Zeus-Basta-Entscheidung des Vorabends. Sie sagte ihm auch nichts davon, dass die von Zeus einsam getroffene Entscheidung den Griechen zusätzliches und größeres Übel bereiten würde als das bisher erlebte, das seit über neun Jahren schon andauernde. Und die Weisheitsgöttin verriet auch nicht, dass dem Übel der Spaltung des Heeres das Übel seiner bevorstehenden Dezimierung nachfolgen würde.

Das Lied von der Gefolgschaft des Übels

Und die Seele sang der immerwährenden Gültigkeit geflügelte Worte:

So kam die Erkenntnis in die Welt, dass ein Übel selten ohne weitere üble Konsequenzen bleibt.

Das ist Homers epische Botschaft.

Odysseus übt sich in Sozialpsychologie

Odysseus war entsetzt und beschämt über das Misslingen von Agamemnons Versuch, das Heer zu motivieren. Er beherzigte Athenas Worte, ergriff sofort Agamemnons von den Göttern erschaffenes goldenes Zepter, das bekanntlich Macht und Legitimation verlieh, und mischte sich unter das in Richtung der Schiffe strebende jubelnde Heer. Der einfallsreiche König Ithakas wendete eine Doppelstrategie an: Er sprach zu den Kommandeuren anders als zu den einfachen Soldaten. Bei den Kommandeuren versuchte er es mit einem Appell an ihr Pflichtgefühl, bei den Soldaten mit Autorität und Befehlen, gleichzeitig aber auch, indem er Scham- und Schuldgefühle bei ihnen zu erzeugen versuchte. Den Fürsten sagte er die geflügelten Worte, die appellierenden: „Um der Götter Willen bringt eure Soldaten zur Vernunft! Agamemnon hat sie bloß in Versuchung geführt, er hat bloß ein Experiment mit ihnen gemacht. Er wollte nur wissen, wie ehrenvoll und standhaft eure Soldaten sind, er wollte nur wissen, wie groß ihre Bereitschaft ist weiterzukämpfen. Nie hat er es mit der Rückkehr ernst gemeint. Großes Unheil wartet auf eure Soldaten, wenn sie sich nicht für das Weiterkämpfen entscheiden. Der Oberbefehlshaber wird sich rächen und seinen Zorn über eure Soldaten wüten lassen. Rettet sie und euch selbst sobald wie möglich."

Doch die Heeresfürsten hatten in dieser Situation keinen Einfluss mehr auf die Soldaten. Und so versuchte Odysseus, der gottähnliche charismatische Führer, bei den Soldaten zunächst mit Autorität und Befehlen die Wende zu erreichen. Schließlich versuchte er, mit einer flammenden Rede die allgemeine Stimmung umzudrehen. Er schrie die Soldaten an, sie sollten unverzüglich zur Heeresversammlung zurückkehren und dann den Befehlen ihres Oberbefehlshabers folgen.

Der König von Ithaka schaffte durch sein Eingreifen und die gekonnte Lenkung eine neue Situation. Die Menschenwelle rollte nicht mehr in Richtung Schiffe, sondern hielt inne, flachte schließlich ab, wandte sich dann langsam wieder in die entgegengesetzte Richtung. Der viel- und hochbegabte Odysseus sprach die geflügelten Worte, die energischen: „Im Krieg darf es beim Heer nur einen Oberbefehlshaber geben! Und nur er entscheidet, wie es weitergeht.

Kein anderer! Ungehorsam dem Oberbefehlshaber gegenüber während eines Krieges führt zu Niederlage und Katastrophe. Geht also in die Versammlung zurück und folgt dem, was die Führung euch jetzt sagen wird".

Und die Soldaten kehrten tatsächlich zur Versammlung zurück. Die Situation hatte sich innerhalb kürzester Zeit geändert. Man war nicht mehr euphorisch, sondern neugierig-gespannt. Die Massen hatten schon mit der Anpassung an die veränderte Situation begonnen.

Das Lied von der Situationspsychologie

Und die Seele sang der immerwährenden Gültigkeit geflügelte Worte:

So kam die Situationspsychologie in die Welt – als Sonderaspekt der Sozialpsychologie.

Das ist Homers epische Botschaft.

Der Schöne und das Biest

Odysseus sozialpsychologisch gekonntes Auftreten hatte die Masse der Soldaten beeindruckt. Nun saßen sie – wieder diszipliniert – und warteten gespannt auf die Reden der Führer, mit Ausnahme eines gewissen Thersites, der nicht aufhören wollte zu schimpfen. Thersites war der hässlichste aller Griechen; mit einem Auge schielte er, ein Fuß lahmte, er war krummbeinig und bucklig, mit einer zu engen Brust, die beiden Schultern gegen die Brust zusammengebogen, auf dem spitzen Kopf wuchsen ein paar einzelne Haarbüschel. Um Worte nicht verlegen, vor allem bissige Worte, lästerte er ständig mit schrillem Kreischen gegen alles und jeden, seine Schmähreden verschonten niemanden. Und jetzt, gerade jetzt, auch Agamemnon, seinen Oberbefehlshaber, nicht.

Thersites, der hässliche, trat also als Gegenspieler des hochintelligenten und charismatischen Odysseus auf, der bekanntlich noch dazu gutaussehend war. Thersites zischte Agamemnon zu: „Sohn des Atreus, was willst du noch mehr an Reichtümern und Beute horten? Wir haben deine Zelte vollgestopft mit kostbarer Kriegsbeute und wunderschönen Sklavinnen. Bist du noch nicht satt davon? Oder wartest du darauf, dass wir für dich noch mehr Kriegsgefangene machen, die du dann für hohe Lösegaben austauschen kannst, um dein Lager mit immer mehr Schätzen zu füllen?" Und sich zu den übrigen Versammelten wendend rief er „Seid ihr Griechen solche Schwachköpfe, dass ihr aus Angst vor ihm so etwas mitmacht? Weiber seid ihr, aber keine Krieger! Lasst uns nachhause fahren, und lassen wir ihn hier alleine zurück mit seiner Beute, so dass er genug Zeit hat, sie zu verzehren und zu verdauen. Er ist schließlich derjenige, der einen Mann beleidigt hat, der viel tapferer ist als er, Achilles nämlich. Das aber soll deine letzte Beleidigung von einem von uns gewesen sein, Agamemnon, denn wir werden dich verlassen!"

Bei diesen Worten sprang der vielbewanderte Odysseus auf und maßregelte den Frechling heftig mit Worten, denen er mit Agamemnons goldenem Zepter schwungvoll Nachdruck verlieh, bis dieser sich schließlich unter dem Gelächter der Soldaten mit Tränen in den Augen schweigend in eine Ecke der Versammlung duckte.

Übrigens, verehrte Zuhörer; manche meiner Nachfolger-Dichter und Mythographen berichten, dass dieser hässliche, freche, ja unausstehliche Thersites ein schmähliches Ende fand: Als Achilles die Amazonenkönigin Penthesileia, Verbündete der Trojaner aus Skythia, im Zweikampf zwar tötete, sie aber über ihren Tod hinaus verehrte, beleidigte Thersites die Tote in seiner unangenehmen vulgären Weise. Dies erzürnte den göttlichen Achilles sehr, und er tötete ihn mit einem Faustschlag. Manche sagen, dass das Heer dabei jubelte, weil er endlich seine gerechte Strafe fand. Manche berichten sogar, dass er sich auch nach seinem Tod, im Königreich des Hades, genauso unausstehlich benahm wie im Leben. Man munkelte, man habe ihn allein deshalb mit nach Troja geschickt, um Griechenland von einem Friedensstörer zu befreien.[2] Und so wurde Thersites zum Vater des Thersitimus.[3]

Zurück zu Odysseus, der – wie Agamemnon vorher – an Ehre, Tapferkeit, Mut und Patriotismus der Soldaten appellierte. Auch er malte das Schreckgespenst an die Wand, dass die zurückkehrenden Soldaten als Feiglinge und Vaterlandsverräter abgestempelt und von den Daheimgebliebenen verachtet würden, auch er stellte dem konkreten heimischen Herd die abstrakten Begriffe gegenüber.

Aber Odysseus tat das mit anderen Worten, mit anderem Pathos, mit anderer Überzeugungskraft, mit anderem Charisma als Agamemnon.

Das Lied von Präsentation und Überzeugungskraft

Und die Seele sang der immerwährenden Gültigkeit geflügelte Worte:

So kam die Erkenntnis in die Welt, dass die Wirkung eines und desselben Begriffes oder derselben Tatsache oder derselben Situationsbeschreibung abhängig ist von der Art ihrer Präsentation und der Überzeugungskraft, die dahintersteht.

Das ist Homers epische Botschaft.

Zunächst zeigte Odysseus volles Verständnis für den Wunsch der Soldaten, zu ihren Familien zurückzukehren. Auch wenn man nur einen Monat weg sei von seiner Familie, fühle man sich schon unglücklich, leitete er seine Rede

[2] Viele meiner Nachfolgedichter berichten darüber. Am besten könnt Ihr alle Quellen in Roschers Lexikon der griechischen und römischen Mythologie erkunden.

[3] Wie es im Nachwort erklärt wird.

ein. Umso mehr, wenn man schon neun lange und furchtbare Jahre weg sei. Andererseits sei es aber eine große Schande, wenn man unverrichteter Dinge zurückkehre, ohne seine Ziele erreicht zu haben – vor allem, wenn man so kurz davor stehe. Er bat die Soldaten um ein wenig Geduld. Das Ziel sei in greifbarer Nähe, und dann könnten sie alle mit Stolz in die Heimat zurückkehren – wo sie von allen geehrt und bewundert würden. Dass man erst im zehnten Jahr das Ziel erreichen werde, sei allen Teilnehmern des Feldzuges von Anfang an bekannt gewesen. Zeus habe schon zu Beginn dafür unmissverständliche göttliche Zeichen offenbart. Odysseus bat die Soldaten eindringlich um noch ein wenig mehr Geduld. Bald sei der süße Tag der Heimkehr da. Dann kehre man zu Mutter und Vater, zu Frau und Kind, zu Feld und Herd zurück – aber im Triumph und mit Ruhm und Ehre.

Tatsächlich gelang es dem charismatischen Odysseus – unterstützt vom vernünftig und ähnlich argumentierenden, respekteinflößenden alten weisen Nestor, dem König von Pylos – das Blatt zu wenden. Das Soldatenvolk änderte nach Odysseus Rede seine Meinung, umjubelte ihn, bekundete seine Loyalität zu Agamemnon und vergaß den hässlichen Thersites und seine Aufforderung zur sofortigen Heimkehr. Hässlichkeit, Grobheit und Charakterlosigkeit gegen Intelligenz, Charisma, Erhabenheit und schönes Aussehen – es war von vornherein klar, wer Sieger bleiben würde!

Das Lied von der Kraft der Attraktivität

Und die Seele sang der immerwährenden Gültigkeit geflügelte Worte:

So kam eine zusätzliche Erkenntnis der schon angesprochenen Psychologie des Erscheinungsbildes in die Welt: Dass eine attraktive Erscheinung in Begleitung von gehobener Redekunst eine starke Gehilfin der Verführung ist; Hässlichkeit dagegen in Gefolgschaft von schrillem Kreischen ihre traurigen Verderber.

Das ist Homers epische Botschaft.

Übrigens zeigte Agamemnon unter dem Druck der Ereignisse erstmals Zeichen des Bedauerns darüber, dass es durch seine Haltung zum Zerwürfnis mit Achilles gekommen war. Aber er ließ seinen Worten keine Taten folgen; jedenfalls noch nicht, sondern erst später, als er selbst in große Bedrängnis geraten war, wie Ihr noch hören werdet.

Das Lied von den Lippenbekenntnissen

Und die Seele sang der immerwährenden Gültigkeit geflügelte Worte:

So kam die Erkenntnis in die Welt, dass berechtigte Zweifel angebracht sind, wenn die Lippen Reue bekunden, das Herz sie aber nicht mit Taten bestätigt.

Das ist Homers epische Botschaft.

Der implantierte Wille

Ja, meine geschätzten Zuhörer, der intelligente und charismatische Odysseus und nicht der mächtige König der Könige, Agamemnon, hatte es also geschafft, das Blatt im Sinne der Heeresführung zu wenden.

Er wurde dadurch zum Vater der Massenpsychologie.

Die Soldaten hatten weiterhin keine Ahnung, was Götter und Fürsten hinter den Kulissen und hinter ihrem Rücken ausbrüteten. Keine Ahnung davon, dass sie als Soldaten später zu Bauernopfern werden sollten, in einem globalen Schachspiel, wie Ihr heute zu sagen pflegt. Das so manipulierte Soldatenvolk, das mit großem Enthusiasmus noch kurze Zeit vorher jubelnd die Heimreise hatte antreten wollen, bereitete jetzt mit demselben Elan den Sturm auf die trojanischen Mauern vor.

Wie man Massen manipulieren kann, wussten also die Menschen schon damals. Wie aber war es dem vielbegabten Odysseus gelungen, mit manipulierbaren und manipulierenden Begriffen wie Vaterlandsliebe, Ehre, Schande und ähnlichem über die wärmende Glut des häuslichen Herdes, den süßen Duft der heimatlichen Erde, über die Liebe der Lieben zuhause zu siegen? Seine Kunst von damals ist auch die Antwort von heute:

Das Lied von der Demagogie

Und die Seele sang der immerwährenden Gültigkeit geflügelte Worte:

So kam auch die Demagogie in die Welt, getragen von Verführung und Verführbarkeit und deren Geschwistern, Suggestion und Suggestibilität.

Das ist Homers epische Botschaft.

Das Lied von Verführung und Suggestion

Und die Seele sang weitere der immerwährenden Gültigkeit geflügelte Worte:

Verführung und Suggestion sind des Demagogen Kunst, Verführbarkeit und Suggestibilität der Massen Eigenschaften. Man muss nur wissen, wie man die Kunst der ersteren gekonnt einsetzt, um die letzteren zu eigenem Nutzen zu mobilisieren. Die Kunst der Verführung und der Suggestion beherrscht der Demagoge meisterhaft. Die Eigenschaften der Verführbarkeit und Suggestibilität tragen die naiven Massen reichlich in sich.

Das ist Homers weitere epische Botschaft.

Das Lied von der Massenpsychologie

Und die Seele sang auch noch diese der immerwährenden Gültigkeit geflügelte Worte:

So kam die Massenpsychologie in die Welt, begleitet von der Erkenntnis, dass der Massen Meinung der Feder im Wind ähnlich ist. So wie die stärkere Windströmung die Richtung vorgibt, in die die Feder schwebt, so beherrschen die Demagogen die Kunst, die Meinung der Massen zu lenken.

Das ist Homers zusätzliche epische Botschaft.

So wurde also, an diesem Morgen am trojanischen Schlachtstrand, die manipulierende Massenpsychologie geboren.

Sie hat seitdem mit ihrem Gegenstand unablässig zu tun, der Beobachtung und Erforschung des Verhaltens von Menschen als Bestandteil von Massen. Odysseus Meisterleistung, wie ich sie damals besungen habe, diente und dient seitdem Generationen von Demagogen als Modell. Seit diesem Morgen kann die Weltgeschichte unendlich viele Lieder davon singen, wie die Massen von Geschickten geschickt gelenkt werden, wie diese in der Lage sind, die Bewegung der Massen zu beeinflussen oder gar zu ändern. Wie am Beginn dieses zehnten Kriegsjahres an Trojas Blutstrand können geschickte Demagogen auch heute noch dramatische Veränderungen herbeiführen, die man vorher nicht erwartet und nie für möglich gehalten hätte. Revolutionen, Pogrome, soziale Unruhen, ja auch zahlreiche Kriege, wurden und werden dadurch verursacht. So wie die Fortsetzung des gegenseitigen Massakrierens vor Trojas Mauern. So wie es damals die Soldatenmassen wollten.

Wollten?

War denn der Massen Wille tatsächlich ihr eigener? Oder war es bloß ein implantierter Wille? Werk irgendeines Odysseus, der seinen eigenen Willen der Masse implantiert hatte?

Unabhängig davon, was im Nachwort zur Frage der Massenpsychologie erläutert wird, möchte ich Euch schon jetzt auf Odysseus Wissen aufmerksam machen: Er wusste, dass jeder Mensch die Überzeugung liebt, er sei unabhängig, er sei autonom in seinen Entscheidungen. Er wusste auch, dass Menschen eine Mauer um ihre Seele ziehen, wenn sie entdecken, dass sie als Marionette betrachtet werden. Die Wahrnehmung der eigenen Autonomie ist der Seelenmauer Abriss. Auch wenn es bloß eine Illusion ist.

Ein mahnender Ruf der Seele

Und das ist die Stunde der Demagogen!

... ruft die Seele der immerwährenden Gültigkeit geflügelte Worte, auf der abgerissenen Seelenmauer sitzend.

Auch dies ist Homers epische Botschaft, fügt sie hinzu.

Demagogen in der wortwörtlichen Bedeutung des Wortes sind die Lenker des Volkes, im Guten und im Schlechten. Übrigens kam erst später die negative Konnotation hinzu, die der Begriff Demagoge heute bei Euch hat. Ich habe das Streben der Heeresmasse nicht als abwegig besungen, weder in seiner ersten Form – so schnell wie möglich in die Heimat zu kommen –, noch in seiner zweiten Variante – erst in die Heimat zurückzukehren, wenn das Ziel erreicht ist. Denn ich habe erkannt, dass es in beiden Formen aus Wünschen, Sehnsüchten, Intentionen jedes einzelnen Soldaten entsprang; beides mit gleichwertiger Anziehungskraft; beides schlummerte im Herzen des Einzelnen. Man brauchte an diesem turbulenten und denkwürdigen Morgen am trojanischen Meeresufer nur den geeigneten Volkslenker – den Demagogen, den man auch den massenpsychologisch Versierten nennen kann, um erst die Gefühle und dann das Verhalten der Massen in die eine oder die andere Richtung zu lenken – aber immer in die vom Lenker gewollte. Odysseus konnte es, Thersites nicht.

Die Weisheitsgöttin Athena und der bewanderte Odysseus weihten die Menschen in eine Erkenntnis ein, die der Seele geflügelte Worte schon bekundet haben: der Massen Meinung, der Massen Wille ist keineswegs stabil und zuverlässig. Sie können sich schnell ändern, so wie die sprichwörtliche Feder im Wind ihre Richtung ändert, je nachdem wohin der stärkere Wind weht. Oder wie die Fahne im Wind. Oder wie der Soldaten Wille und ihre Meinung vor den trojanischen Mauern. Um der Massen Wille und ihre Meinung zu ändern, braucht man allerdings einen Odysseus, der die geeigneten Worte in ansprechender Art, mit Charisma in Ausstrahlung und Haltung, am richtigem Ort und zur passenden Zeit in richtiger Weise ausspricht. Jemanden also, der die Kunst der Verführung und der Suggestion beherrscht, um die Verführbarkeit und die Suggestibilität der Massen mobilisieren zu können. Der Demos, das Volk, findet damit seinen Agogos, seinen Lenker.

So wird der Demagoge geboren!

Was ich dort zwischen Trojas Mauern und der Griechenflotte sich abspielen ließ, verehrte Zuhörer, ist ein Paradebeispiel von Verführung und Verführbarkeit. Der erste Begleiter der Demagogie, die Verführung, ist nichts anders, als Menschen dazu zu bringen, freiwillig etwas zu tun, was sie eigentlich vorher nicht im Sinn hatten oder wogegen sie sogar waren – wobei „frei-willig" nichts anders als ein Euphemismus ist. So wie die Soldaten, die unmittelbar vor der Verführung durch den wortgewaltigen Odysseus für die Rückkehr in die Heimat und gegen das Weiterkämpfen waren, verführt durch Odysseus beschwörende Rede dann aber genau das Gegenteil von dem taten, was sie vorher gewollt hatten. Sie entschieden sich zum Weiterkämpfen, obwohl sie das nicht vorhatten! Sie fuhren nicht in die Heimat zurück, obwohl sie sich vorher schon dafür entschieden hatten! Die schon erwähnte, in ihrer Brust schlummernde Ambivalenz bildete den Kern ihrer Verführbarkeit.

Das Lied vom Träger und Lenker der Demagogie

Suggestibilität und Verführbarkeit sind die Träger, Suggestionskunst und Verführung die Lenker der Demagogie.

Das ist Homers epische Botschaft, sekundierte die Seele und sang wieder der immerwährenden Gültigkeit geflügelte Worte.

Mein Massenverführer Odysseus, der vielbegabte, ist eine charismatische Persönlichkeit, wie jeder Volksverführer nach ihm. Mit Begeisterungsfähigkeit und Begeisternkönnen, mit Entschlossenheit und Überzeugungskraft konnte er die Massen für sich und seine Ziele vereinnahmen. Und seitdem gehören diese Eigenschaften, die ich meinem Odysseus zugeschrieben habe, zu den Hauptmerkmalen jedes erfolgreichen Massenverführers. Odysseus vollbrachte das Kunststück, dass sich die Verführten nicht als Verführte, sondern als Überzeugte fühlen. Und seitdem ist die Überzeugungskraft sehr eng mit der Verführung verbunden und kaum von ihr zu unterscheiden. Ich habe Odysseus als erstes sein Verständnis für die Wünsche, die Sorgen und die Sehnsüchte der Masse bekunden lassen. Er zeigte sich also empathisch. Wir haben von der Seele schon gehört, dass Empathie die Fähigkeit ist, sich in die Gefühle anderer Menschen hinein zu versetzen und Mitgefühl zu entwickeln.

Empathie aber erzeugt Sympathie. Der Empathische wirkt sympathisch.

Der empathische Odysseus erzeugte also Sympathien bei den Soldaten und vermittelte ihnen das Gefühl, verstanden zu werden und dass sie in guten Händen sind, dass sie mit ihm gut fahren würden. Somit war dem zur Verführung und Verführbarkeit führenden Zusammenspiel von deren Geschwistern, der Suggestion und der Suggestibilität, Tür und Tor geöffnet.

Ich habe Odysseus eine Wirkung verschrieben, die Ihr heute als Suggestion bezeichnet. Den Massen aber eine Bereitschaft, die Ihr heute Suggestibilität nennt.[4]

Der suggerierende und verführende Massenführer, und im kleinen Format der Gruppenführer, hat die Macht.

Diese Macht hat Odysseus erfolgreich ausgeübt. Und unwissentlich Zeus damit in die Hände gespielt.

[4] Auch das wird im Nachwort erläutert.

Keine Statistik bitte!

Und so kam es, dass Zeus listiger Plan aufging. Das mit Agamemnons Traum und der Lenkung der Heeresmassen sollte aber nur der erste Teil des göttlichen Planes sein. Der zweite Teil sah vor, die pferdebändigenden Trojaner vor der bevorstehenden Offensive der bronzegepanzerten Griechen zu warnen. Zeus schickte dafür seine Botin Iris podinemos, die windfüßige Iris mit den goldenen Flügeln, zu ihnen, die in der Gestalt von Polites, eines angesehenen Bürgers von Troja, die Trojaner und ihre zahlreichen Verbündeten über die verdächtigen Aktivitäten im griechischen Lager informierte. Polites, also Iris, gab ihnen die Empfehlung, die trojanische Armee solle vor der Stadtmauer so schnell wie möglich eine Verteidigungslinie errichten. Daneben sollten sich die Verbündeten nach Nationalität und Sprache aufstellen. Das war eine grundsätzlich andere Strategie als die von den Trojanern bisher verfolgte. Bis dahin hatten sie ihre Stadt von den Türmen und Mauern aus verteidigt. Nun aber sollten sie sich erstmals vor den Mauern aufstellen. Die Trojaner folgten der getarnten göttlichen Anweisung, indem sie den Empfehlungen des vermeintlichen Polites folgten, der bei ihnen großes Ansehen genoss.

Und so kam es, dass sich die Gegner wieder gegenüberstanden. Ohne zu wissen, was die Götter mit ihnen vorhatten.

Lange und ausführlich habe ich damals in meiner Ilias die Streitkräfte von Griechen und Trojanern beschrieben, ihre Schiffe und Ausrüstung, Heeresformationen und Verbündete. Damals musste ich das tun, denn es gab noch keine Historiker – Klio, die Muse der Geschichte hat erst einige Jahrhunderte später in Herodots Schreibstube ihren Dienst aufgenommen. Es gab auch keine Statistiker, die kamen ebenfalls viel später. Damals musste all das Kalliope – die Muse des Epos, die Muse also, die mich führt – erledigen. So benötigte ich damals lange Verse, um alles zu beschreiben, was wir heute andernorts nachlesen können. Heutzutage ist das nicht nötig, um zu verstehen, was ich Euch, meinen werten Zuhörern, erzähle. Verzichten wir also auf die langen Auflistungen von Schiffen und Soldaten, Tötenden und Getöteten. Das, was ich Euch vermitteln will, braucht keine Statistik. Zahlen können den Geist verdunkeln, Statistiken das Fliegen verhindern. Und der Seele Worte zum Verstummen bringen.

Reiten wir also auf Pegasos weiter, dem fliegenden Pferd der Poesie.

5
Der Schein und das Sein

Zusammenfassung

Aus dem dritten Gesang meiner Ilias werde ich Euch erzählen von Paris provozierender Prahlerei, die zu einem Zweikampf zwischen ihm und seinem ganz persönlichen Rivalen Menelaos führt. Paris aber verhält sich wie ein Feigling. Als er sich endlich doch dem Kampf stellt, verbindet er damit das von allen akzeptierte Angebot: Wenn er siegt, dann ziehen die Griechen ab und lassen Troja in Ruhe; wenn Menelaos siegt, dann geben die Trojaner Helena und die geraubten Schätze zurück und schließen mit den Griechen Frieden. Der Zweikampf verläuft zu Gunsten von Menelaos. Paris entfernt sich mit Hilfe der Aphrodite vom Kampffeld. Helena zeigte ihre Verachtung für Paris, der aber spürt keine Scham. Die Griechen erklären sich zum Sieger und verlangen die Erfüllung des Vertrages.

Und die uns begleitende Seele wird dabei geflügelte Worte von immerwährender Gültigkeit singen, wie etwa über die Diskrepanz zwischen Schein und Sein, zwischen Anspruch und Wirklichkeit. Und über die Scham, die unter anderem auch zwischenmenschliche Beziehungen bestimmt, über die Akzeptanz und den Respekt vor dem Schwächeren, über die Indolenz, die das Schamgefühl begräbt. Wie auch über manches andere.

Die Suspendierung des Erkenne-dich-selbst

Die gegnerischen Armeen hatten sich aufgestellt und bewegten sich bedrohlich aufeinander zu. Die Trojaner stürmten mit Geschrei vorwärts – ihre Rufe glichen denen der Kraniche, die dem Winter und dem Regen entfliehen und in südlichen Gefilden die Pygmäen in Afrika attackieren, ihnen Tod und Schmerz bringend. Die Griechen indessen schritten schweigend voran, voll des Kampfesmutes und der Kameradschaft. Das Marschieren beider Armeen wirbelte so viel Staub unter ihren Füßen auf, dass es aussah, als gieße der Südwind dichten Nebel über sie herab.

In der vordersten Reihe der trojanischen Armee erschien plötzlich Alexandros Paris, den ich ab jetzt einfach Paris nennen werde. Er trug auf seinen Schultern das Fell eines Leoparden, prahlte mit seinen schönen Waffen – Bogen und Schwert und Speere – und provozierte die Griechen. Denjenigen, der sich für den tapfersten der Griechen halte, lud er ein, hervorzutreten und mit ihm zu kämpfen.

Das war die Stunde seines Rivalen Menelaos!

A. Marneros, *Homers Ilias psychologisch erzählt*, DOI 10.1007/978-3-658-11202-8_5

Auch der stand in der vordersten Linie und strahlte vor Hassfreude, als er seinen Rivalen erblickte. Er konnte es kaum erwarten, endlich seinem verhassten Nebenbuhler von Angesicht zu Angesicht gegenüberzustehen, Mann gegen Mann mit ihm zu kämpfen, endlich Rache zu nehmen und Genugtuung zu erlangen. Er gebärdete sich wie ein Löwe, der ein Hirschlein zerreißen will und dem die bellenden Hunde und ihm nachstellende Jäger nichts anhaben können. Kraftvoll sprang er von seinem Kampfwagen herab, um auf Paris loszugehen.

Und dann geschah das, was der Soldatenschande Krönung ist.

Der prahlerische Paris, schön wie ein Gott, Held der Frauen, geriet in schiere Panik, als er Menelaos erblickte, kampfbereit, stark, mit seiner im Wind wallenden blonden Mähne. Als der offensichtlich angsterfüllte Frauenheld dem hasserfüllten Rivalen gegenüber stand, wurde er plötzlich blass, seine Knie zitterten, als ob er eine giftige Schlange zwischen seinen Beinen entdeckt hätte. Er zog sich in Panik zurück und verschwand in den Reihen der sonst so stolzen trojanischen Soldaten, begleitet von lautem Gespött, von Buhrufen und höhnischem Gelächter der Griechen.

Paris von Feigheit bestimmtes Verhalten stand gänzlich im Kontrast zu seiner vorherigen Prahlerei und seinen Provokationen. Es entsprach so gar nicht den Erwartungen und Normen seiner Landsleute, war auch völlig konträr zu den sozialen Normen und Erwartungen der stolzen trojanischen Gesellschaft. Sein Verhalten war antisozial und kam zu seinem früheren antisozialen Verhalten hinzu. Antisozial war es damals gewesen, als er die Gastfreundschaft seines Gastgebers Menelaos missbraucht und dessen Frau Helena entführt hatte, samt Staatsschatz und kostbarem Privatbesitz. Antisozial handelte er auch jetzt, uralte Normen, Erwartungen und den Ehrenkodex seiner Landsleute wie auch das Ansehen seiner königlichen Familie verletzend.

Das Lied von Sein und Schein

Und die Seele sang der immerwährenden Gültigkeit geflügelte Worte:

So kam die Erkenntnis in die Welt, dass Schein und Sein nicht immer identisch sind, in Gefolgschaft der Selbstüberschätzung und der Diskrepanz zwischen Anspruch und Wirklichkeit.

Und all das entsteht, wenn das Erkenne-Dich-selbst suspendiert wird.

Das ist Homers epische Botschaft.

Paris älterer Bruder, der imposant behelmte Hektor, großer Held und Idol der Trojaner, zutiefst beschämt durch das Verhalten seines Bruders, tadelte ihn laut und mit harten Worten. Er sei ein Schurke, ein Weiberheld, ein Schönling und ein Feigling im Herzen; es wäre besser für alle, wenn er nie geboren oder früh gestorben wäre. Eine Plage und Schande sei er, für seinen Vater und für sein Volk und Spottbild für die Feinde. Hätte er, Paris, mit dem Mann gekämpft, dem er die Frau entführt hatte, dann hätte er auch erkannt, wie überlegen ihm sein Rivale sei. Für alles, was er den Trojanern angetan habe, müsste er, wenn sie nicht so gutmütig wären, von ihnen gesteinigt werden.

Das Lied vom Fremdschämen

Und die Seele sang der immerwährenden Gültigkeit geflügelte Worte:

So kam das Fremdschämen in die Welt. Und das „Ich schäme mich für dich" wurde zu einer des Schmerzes liebsten Peitschen in den zwischenmenschlichen Beziehungen.

Das ist Homers epische Botschaft.

Diese schmerzliche Peitsche des „Ich schäme mich für dich" zeigte ihre Wirkung auch in diesem Falle! Paris, in seinem Stolz durch die Worte seines großen Bruders verletzt, wagte sich langsam wieder aus der Menge der Soldaten hervor und kündigte an, er wäre bereit, sich doch dem Zweikampf mit Menelaos zu stellen.

Das Lied von der Wirkung des Maßregelns

Und die Seele sang der immerwährenden Gültigkeit geflügelte Worte:

So kam die Erkenntnis in die Welt, dass maßregelnde Reaktionen und Sanktionen, wenn sie unmittelbar folgen, antisoziales Verhalten in manchen Fällen doch modifizieren können und dass das Urteil der Anderen korrigierende Wirkung auf fehlerhaftes Verhalten haben kann.

Das ist Homers epische Botschaft.

Paris machte, zur gemeinsamen Freude von Griechen und Trojanern, folgendes Angebot: Mit dem Zweikampf zwischen ihm und Menelaos solle auch eine Vereinbarung verbunden sein. Würde Paris siegen, zögen die Griechen ab und ließen Troja in Ruhe. Würde Menelaos siegen, gäben die Trojaner Helena und die geraubten Schätze zurück. Friede und Freundschaft zwischen Griechen und Trojanern sollten dann herrschen, durch einen Eid besiegelt.

Der göttliche Hektor, nun hocherfreut, stand zwischen den beiden gegnerischen Armeen und verbreitete Paris Angebot. Die gespannte Ruhe, die der Ankündigung folgte, wurde durch die laute Stimme des Menelaos unterbrochen. Er unterstütze das Angebot! Es gebe keinen Grund, dass die Völker sich gegenseitig abschlachten, wenn eine sozusagen private Angelegenheit auch privat geregelt werden könnte. Der griechische Oberbefehlshaber Agamemnon akzeptierte das Angebot, stellte jedoch die Forderung nach Bezahlung einer zusätzlichen, aber gerechten Entschädigung von Seiten der Trojaner an die

Griechen. Die Vereinbarung solle darüber hinaus durch einen Eid mit den Göttern als Zeugen besiegelt werden. Von Seiten der Trojaner solle der ehrwürdige Priamos den Eid leisten. Den anderen Trojanern traue er, Agamemnon, nicht. Hektor akzeptierte diese Bedingungen.

Akzeptanz und Respekt

Die Freude war groß in beiden Lagern, da endlich die Aussicht bestand, dass der furchtbare und verhasste Krieg so oder so zu Ende kommen könnte.

An dieser Stelle will ich Euch, meine verehrten Zuhörer, erklären, wie die damaligen Gepflogenheiten waren: Die Heeresfürsten und die Soldaten der beiden verfeindeten Armeen behandelten die gegnerische Seite in der Regel jeweils mit großem Respekt und mit Ritterlichkeit. Beide Gegner fühlten sich stark genug, um für den jeweils anderen, wenn auch Fremder und Feind, Akzeptanz, Anerkennung und Respekt zu empfinden. Respektloses Verhalten war eher die Ausnahme. Helena selbst – Stein des Anstoßes gewissermaßen, Ausländerin, ohne Hausmacht und ohne Gefolgschaft– wurde von Priamos, von der königlichen Familie und von den Trojanern insgesamt weitgehend mit Respekt behandelt. Wenn jemand schuldig an der Geschichte sei, dann die Götter, die mit den Schicksalen der Menschen spielen, war die Devise. Priamos und seine Familie behandelten die fremde Helena großmütig und mit Anstand, obwohl sie als Projektionsfläche für die vielen gequälten Trojaner sehr geeignet gewesen wäre. Sie zeigten ihre Stärke, indem sie die Schwächere akzeptierten und respektieren. Dies wiederum erzeugte bei Helena Dankbarkeit und Gegenrespekt. All dies führte zu einem friedlichen Zusammenleben.

Das Lied von Akzeptanz und Respekt

Und die Seele sang der immerwährenden Gültigkeit geflügelte Worte:

So kam die Erkenntnis in die Welt, dass Akzeptanz und Respekt vor Schwächeren die Stärken des Stärkeren sind. Das ist einer von Trojas vielen Fingerzeigen.

Das ist Homers epische Botschaft.

Das Lied von der Größe des Großmütigen

Und die Seele sang weitere der immerwährenden Gültigkeit geflügelte Worte:

So kam auch die Erkenntnis in die Welt, dass die Größe des Großmütigen die Mutter der Dankbarkeit ist und – nebenbei – zum friedlichen Zusammenleben beiträgt.

Das ist Homers zusätzliche epische Botschaft.

Inzwischen brachte die windfüßige, goldgeflügelte Götterbotin Iris, dieses Mal in Gestalt von Priamos schönster Tochter Laodike, der schönen Helena die für sie und ihre Zukunft so bedeutende Nachricht vom geplanten Zweikampf und der damit verbundenen Vereinbarung. Helenas Herz wurde mit Sehnsucht nach ihrem Ehemann Menelaos, nach ihrer Tochter und nach ihren Eltern erfüllt, so dass sie gespannt, erwartungsvoll und ungeduldig sofort zu den Skäischen Toren, den Haupttoren Trojas, lief. Sie hoffte, dort zu erfahren, wer Sieger im Zweikampf war. Vor ihr war Priamos mit den Ältesten, seinem Beratergremium also, dort eingetroffen. Als Helena ankam, bewunderten die alten Herren ihre unübertroffene Schönheit. Aber sie waren sich einig, dass die Vereinbarung zu akzeptieren wäre, zu ihrer aller Wohl. Es passte also alles sehr gut zusammen: Dass viele besonnene und pragmatisch denkende Trojaner Helena sehr gerne zurückgegeben hätten, um den Krieg zu beenden, dass aber auch Helena inzwischen zurückkehren wollte nach Sparta. Wie schon gesagt, nach der göttlichen Einwirkung von Iris entwickelte Helena große Sehnsucht nach ihrem legitimen Mann Menelaos, ihrer kleinen Tochter Hermione, ihren Eltern, ihrer Heimat und ihren Freunden daheim.

Priamos empfing Helena sehr warmherzig und bot ihr, als Zeichen seiner Zuneigung. einen Platz an seiner Seite an. Sie ihrerseits zeigte Sympathie und Respekt dem ehrwürdigen Priamos gegenüber und äußerte abermals ihr Bedauern, dass sie gewissermaßen der Grund des Leidens seines Volkes war. Priamos beruhigte mit sanfter Stimme die aufgewühlte Helena. Er sagte zu ihr, sie solle deshalb keine Schuldgefühle haben, alles sei nämlich der Götter Wille gewesen, und der sei bekanntlich durch den Menschen unbeeinflussbar. Nachdem die Vorbereitungen für die Eideszeremonie abgeschlossen waren, stieg Priamos auf seinen wunderschönen Wagen und fuhr zum Kampfplatz, um den Eid für die trojanische Seite zu leisten. Für die griechische Seite tat das Agamemnon. Und alle Krieger beteten gemeinsamen zu Zeus, dass er aufpassen solle, dass die Vereinbarung eingehalten würde.

Was aber die bronzegepanzerten Griechen und die pferdebändigenden Trojaner nicht wussten: Zeus hörte ihre Gebete, doch er erhörte sie nicht. Er hatte andere Pläne als die Menschen Sehnsüchte hatten, und er war nicht bereit, der Menschen Sehnsüchte zu befriedigen.

Der Mord an der Scham

Der dramatische Zweikampf zwischen den Rivalen Paris und Menelaos begann. Lanzen und Schwerter kamen zum Einsatz; Helme, Schutzschilde und Harnische der Kämpfenden wurden in Mitleidenschaft gezogen. Der Kampf der beiden ungleichen Rivalen neigte sich zunehmend deutlicher zu Gunsten

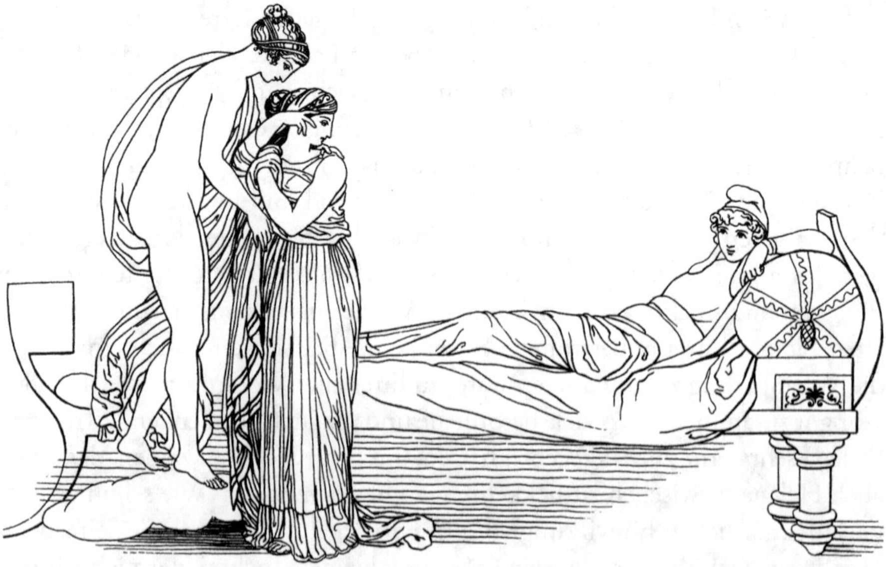

Aphrodite nötigt Helena, zu Paris zu gehen

des einwandfrei überlegenen Menelaos, was Paris Verderben bedeutet hätte. Dies wiederum beunruhigte Kypris Aphrodite, Paris dankbare Beschützerin.

Paris war, wie Ihr Euch erinnern werdet, derjenige, der Aphrodite als die schönste aller Unsterblichen und Sterblichen auserwählt und ihr den goldenen Apfel der Eris gereicht hatte. Damit war er für die beiden unterlegenen Göttinnen, Hera und Athena, zum Hassobjekt geworden, für die Siegerin Aphrodite dagegen zu ihrem Liebling.

Und als sie jetzt mit ansehen musste, dass Paris in akuter Gefahr schwebte, von Menelaos besiegt und getötet zu werden, hüllte sie ihn kurzerhand in eine Wolke und brachte ihn weg vom Kampfplatz, zurück in seinen Palast. Dann versuchte sie – in Gestalt einer alten Frau aus Sparta –, Helena dazu zu bewegen, ihren Platz am Stadttor zu verlassen und zu Paris zu gehen. Helena aber hatte sie erkannt und zeigte der Göttin deutlich und unmissverständlich ihren Unmut und Unwillen, Paris Umarmungen zu ertragen. Erst als die Göttin ihr, der Sterblichen, mit dem Tod drohte, falls sie sich weiter ungehorsam benehme, beugte sich Helena unwillig dem göttlichen Willen und kehrte in Paris Gemächer zurück.

Der wundersame Rückzug des Paris erzeugte den Zorn der Griechen und Helenas Verachtung. Frauen lieben den schönen Mann, aber nur wenn er auch ein Mann ist. Helena beschimpfte Paris, er sei kein Mann, er sei ein Feigling, der Menelaos nicht das Wasser reichen könne. Sie sagte zu ihm die geflügelten Worte, die verächtlichen: „Es wäre besser, wenn du tot wärest, getötet durch die Hand eines tapferen Mannes wie Menelaos." Helenas Vorwürfe und Beleidigungen prallten von Paris ab. „Ach was, komm jetzt", erwiderte er, „nicht Menelaos hat gesiegt, sondern Athena, seine Beschützerin. Gegen eine Göttin konnte ich ja nicht siegen, oder? Ein anderes Mal werde ich den Sieg erringen, wenn auch mir manche Götter helfen. Nun komm und liege bei mir, ich habe Sehnsucht nach dir. Ich bin von Himeros, dem Gott der erotischen Sehnsucht und Begleiter der Aphrodite, besessen".

Weder die Verachtung Helenas, noch der Zorn der Griechen hinderten den schönen Frauenhelden Paris daran, sich spielerisch zu verhalten. Er benahm sich wie ein Lebemann, Playboy sagt Ihr dazu heute; nicht wie ein verantwortlicher Führer und Königssohn, nicht wie ein ehrenhafter Soldat, ja nicht einmal wie ein anständiger Mann. Für sein wenig ruhmreiches Verschwinden aus dem tödlichen Kampf zeigte er keinerlei Scham! Nichts anderes hatte er im Sinn – so als ob nichts gewesen wäre, als ob Helenas verachtungsvolle Worte Liebesworte wären – als bei ihr seine Verführungskunst anzuwenden und ein Schäferstündchen mit ihr zu verbringen. Es gelang ihm auch, ihr Unwille schwand dahin – die Schamlosigkeit gewann also das Spiel.

Das Lied von der Indolenz

Und die Seele sang der immerwährenden Gültigkeit geflügelte Worte:

So kam die Indolenz in die Welt – das ist die Gleichgültigkeit gegenüber Kritik und Tadel für fehlerhaftes Verhalten. Die Indolenz, die spielend die Scham ermordet und jedes Schamgefühl begräbt. Der Schamgefühle Grab entsteigt triumphierend und mit lautem Lachen die Schamlosigkeit.

Das ist Homers epische Botschaft.

Indolenz, wenn sie kein Symptom einer psychischen Erkrankung ist – etwa der Erkrankung, die wir damals längst kannten und die Ihr heute als Schizophrenie bezeichnet – , ist ein schlimmes Übel. Kein Schmerz, keine Scham, auch keine Wut und Aggression gegen Beleidigungen, Angriffe, Beschimpfungen, Kritik oder Tadel, keine emotionale Reaktion. Alles dies prallt von der Oberflächlichkeit ab, der gerade von der Seele besungenen gemütlichen, selbstgefälligen Gleichgültigkeit; von der spielerischen Leichtigkeit des Indolenten sowie seiner Fähigkeit, all dies einzustecken – sogar dann, wenn Kritik und Tadel von relevanten und geliebten Personen kommen, so wie Helenas Beschimpfungen gegenüber Paris.

Das Lied vom Schamlosen

Und die Seele sang der immerwährenden Gültigkeit geflügelte Worte:

So kam die Erkenntnis in die Welt, dass dem, der keine Scham verspürt, etwas sehr wertvolles fehlt. Scham ist nämlich dieses negative Gefühl, das nach einer getanen schlechten Tat oder nach einer unterlassenen guten Tat entsteht; das Gefühl, mit dem man sich am liebsten in einem Mauseloch verkriechen und sich für andere unsichtbar machen möchte. Insofern ist Scham ein wertvoller Helfer des Menschen, getanes Schlechtes zu korrigieren, unterlassenes Gutes zu bereuen und nachzuholen – und weil die Erinnerung an Schamgefühle lange währt – es in der Zukunft zu vermeiden.

Das ist Homers epische Botschaft.

Aber wie Ihr sicher bemerkt habt, meine geschätzten Zuhörer, war Paris nicht permanent indolent und nicht immer ohne Scham. Auf die Angriffe und Tadel von Hektor hatte er sehr wohl mit Scham reagiert, seine Haltung korrigierend und das unmittelbar in die Tat umsetzend. Und das tat er nicht nur da, sondern auch bei manch anderer Gelegenheit, wie Ihr in weiteren Gesängen meiner Ilias erfahren werdet.

Also warum reagierte dann Paris in dieser Situation, in der er sowohl vom verhassten Rivalen und den triumphierenden Feinden als auch von seiner Liebsten als Feigling verspottet wurde, also in einer klassisch schamvollen Situation, so schamlos? Warum reagierte er gerade da ohne Scham, wenn er wenig später – wie Ihr im kommenden Gesang hören werdet – bei einem ähnlichen Angriff durch seinen großen Bruder Hektor doch Scham zeigt?

Kompensatorische Reaktion würden das Eure heutigen Psychowissenschaftler nennen.

Der Frauenheld konnte die vermeintliche Schwäche Scham – die in der Tat keine Schwäche, sondern im Gegenteil Stärke und Zeichen psychischer Stabilität ist – nicht vor einer Frau, und zwar der Frau seines Lebens zeigen. Anders ist aber die psychologische Konstellation gegenüber seinem großen Bruder Hektor. Bei ihm, Oberbefehlshaber, Vorbild und Idol aller Trojaner, konnte er Scham zeigen – und tat es auch mehrfach. Ein sinnvoller und zielorientierter psychischer Mechanismus; damit sicherte er sich nämlich, bewusst oder unbewusst, Hektors brüderliche Solidarität. Ob die Scham in solchen Fällen echt oder nur gespielt ist, darf man nicht pauschal beurteilen, sondern nur von Fall zu Fall.

Das Lied vom Schamzeigen

Und die Seele sang der immerwährenden Gültigkeit geflügelte Worte:

So kam die Erkenntnis in die Welt, dass das Zeigen von Scham oder Schamlosigkeit auch von der Situation abhängig ist, in der man sich befindet; von den Umständen, in denen man agiert, und von den Personen, denen man sich gegenüber sieht.

Das ist Homers epische Botschaft.

Nach Paris plötzlichem Verschwinden vom Kampfplatz, das erst einmal zu großer Verwirrung geführt hatte, erklärte Agamemnon Menelaos zum Sieger. Er forderte von den Trojanern vereinbarungsgemäß sowohl Helena und die geraubten Schätze zurück als auch die vorgesehene angemessene Entschädigung. Er verlangte Eidestreue.

Die Griechen stimmten dem triumphierend zu. Das betretene Schweigen der Trojaner war der Verlierer neidvolle, missgönnende Antwort.

Das Lied vom schlechten Verlierer

Und die Seele sang der immerwährenden Gültigkeit geflügelte Worte:

So kam die Erkenntnis in die Welt, dass es kein leichtes Werk ist, den Triumph des Gegners zu akzeptieren; vor allem wenn man selbst der Verlierer ist. Missgunst und Neid sind dem Menschen schneller zur Seite als die Größe des guten Verlierers.

Das ist Homers epische Botschaft.

Der Zusammenprall des lauten Triumphs der einen mit dem betretenen Schweigen der anderen erzeugte den gewaltigen Donnerblitz, der den bedrohlich näherkommenden und unausweichlich vernichtenden Sturm vor den Mauern von Troja ankündigte.

6
Der Täuschung listige Wege

Zusammenfassung

Aus dem vierten Gesang meiner Ilias werde ich Euch erzählen von der Götterversammlung auf dem Olymp zum Thema Kampf um Troja. Die Philhellenen-Fraktion, angeführt von Hera und Athena, setzt sich mit ihrer Forderung nach Fortsetzung des Krieges bis zum Sieg der Griechen durch. Hera erreicht von Zeus die Zusage, dass er Wort halten und die versprochene totale Zerstörung von Troja zulassen wird, allerdings nicht ohne Gegenleistung. Die Götter beschließen, die Menschen zu täuschen, um den Krieg neu zu entfachten. Athena wird beauftragt, zum Kampfplatz zu fliegen und die Trojaner zum Vertragsbruch zu animieren, was auch geschieht. Die Trojaner halten sich nicht an die Vereinbarung, und so darf der Krieg weiter toben.

Und die uns begleitende Seele wird dabei geflügelte Worte von immerwährender Gültigkeit singen, wie etwa über den Hass als Wegbereiter der Rache, über den Neid als einen der Begründer der Rache, über die Neigung der Stärkeren, die Schicksale der Schwächeren zu bestimmen, und über die Täuschung als Anlass von Kriegen. Und noch über einiges mehr.

Rache ist die Hedonie der Götter

Während da unten am Kampfplatz nach dem Sieg des Menelaos die schönbeschopften Griechen triumphierten und die Trojaner schwiegen, saßen die Götter im goldenen Versammlungssaal auf dem Olymp, Nektar aus goldenen Pokalen schlürfend, eingeschenkt von der schönen Göttin der Jugend, Hebe, der eine zum Wohle des anderen. Sie beobachteten dabei von ihrer göttlichen Tribüne die Geschehnisse um Troja, manche kommentierend, manche glossierend. Plötzlich begann Zeus, seine Frau Hera mit provokativen Worten zu reizen. Er sagte zu ihr: „Schau an, schau an! Zwei Göttinnen helfen dem blonden Menelaos, du Hera und meine Tochter Athena. Aber beide aus der bequemen Ferne. Sie sitzen hier oben und amüsieren sich mit Nektar und Ambrosia. Kypris Aphrodite dagegen, die Beschützerin von Paris, ist auf dem Kampfplatz und hat ihn gerade vor dem sicheren Tod gerettet. Wie auch immer, der Sieg gehört eindeutig Menelaos." Und Zeus fügte – offensichtlich um seine Basta-Haltung vom Vortag etwas abzumildern – die geflügelten Worte hinzu, die überraschenden, manche sagen auch die listigen: „Nun müssen wir

A. Marneros, *Homers Ilias psychologisch erzählt*, DOI 10.1007/978-3-658-11202-8_6

alle gemeinsam entscheiden, alle gemeinsam, wohlgemerkt: Krieg oder Frieden? Ich schlage vor, Troja unversehrt zu lassen. Die Griechen bekommen ihre Helena und ihre Schätze zurück und fahren nachhause. Und so wird Frieden zwischen den beiden Völkern und ihren Verbündeten herrschen, statt Krieg, Leid und Tod. Und wenn ihr alle einverstanden seid, soll dieser Plan auch sofort umgesetzt werden."

Nach Zeus vernünftigem und friedensstiftenden Vorschlag kochten Hera und Athena vor Wut. Hera schrie zornig ihren Mann mit den geflügelten Worten an, den unerbittlichen: „Was sagst du denn da? Hast du all meine Bemühungen vergessen? Bis zu meiner Erschöpfung und auch der meiner Pferde habe ich gearbeitet, um die Streitkraft der Griechen zusammenzustellen – mit dem einzigen Ziel, Troja zu zerstören. Was du mir übrigens fest versprochen hast! Und jetzt kommst du und sagst: ‚Lassen wir Troja unversehrt!' Das ist Wortbruch! Ungeheuerlich. Jawohl, ungeheuerlich! Auch die anderen Götter sind damit sicher nicht einverstanden."

Hera und Athena hatten ja – beide in dem Gefühl, bei dem Schönheitswettbewerb durch den trojanischen Prinzen Paris benachteiligt worden zu sein – Rache gegen Troja geschworen. Ihre Rachegefühle mussten unbedingt befriedigt werden, koste es, was es wolle. Dies war der finstere Hintergrund für Heras Ausbruch von blankem Hass. Der Segen des Friedens für die Völker wurde auf dem Altar der Rache geopfert, meine geschätzten Zuhörer.

Das Lied von Rache und Hass

Und die Seele sang der immerwährenden Gültigkeit geflügelte Worte:
So kam die Erkenntnis in die Welt: Der Rache Wegbereiter ist der Hass.
Das ist Homers epische Botschaft.

Das Lied von der Blindheit der Rache

Und die Seele sang weitere der immerwährenden Gültigkeit geflügelte Worte:
So kam die Erkenntnis in die Welt, dass man zur Befriedigung von Rachegefühlen blind und taub bleibt für der Rache ständige Begleiter, etwa den Schmerz und das Leid der anderen, denen die Rache gilt. Und man bleibt auch blind und taub für den Segen, den der Verzicht auf Rache mit sich bringt.
Das ist Homers zusätzliche epische Botschaft.

Ja, es stimmt, verehrte Zuhörer! Rache bringt Schmerz und Leid mit sich. Und noch schlimmer:

Rache bringt weitere Rache mit sich!

Die Weisheit, die mir die letzten dreitausend Jahre geschenkt haben, sagt mir, dass die Einstellung vieler moderner Menschen, dass Rache etwas Verwerfliches ist, eine wunderbare Entwicklung ist, die sich leider aber nicht auf der ganzen Welt und nicht für immer verbreitet hat. Die Welt, die ich Euch in der Ilias beschreibe, ist die Welt von vor etwa dreitausendfünfhundert Jahren. In dieser Zeit war Rache eine archaische Form der Gerechtigkeit, nicht nur bei den Griechen, auch bei anderen Völkern, wie etwa die Bibel der Juden und Christen uns lehrt. Die ist voll mit Rachesprüchen und Rachetaten, vom Gott Jahwe – oder Adonai, oder Elochim oder Zebaoth oder wie er sonst noch heißen mag –, dem Zeus-Äquivalent der Juden also. Rache ist ein universelles Phänomen und beschränkt sich nicht nur auf Griechen und Juden oder nur auf abendländische Kulturen[1].

Die Rache als prä-juristische Form der Gerechtigkeit wird auf das fundamentale Bedürfnis der Menschen nach Ausgleich für erlebtes Unrecht zurückgeführt. Sie kommt aus dem subjektiven Gerechtigkeitsempfinden des Menschen, das den Ausgleich für erlittene Schmach oder erlittenen Schmerz in Rache und Vergeltung sucht. Nachdem aber die Gerichtsbarkeit in die Welt kam – den Menschen übrigens von der Göttin der Weisheit, Athena, gebracht, kurz nach Ende des Kampfes um Troja – wurde die Rache zur Ekdikese, das bedeutet „Gerechtigkeit schaffen außerhalb der Gerichtsbarkeit". Damit ist Rache verwerflich geworden, Gerichtsbarkeit dagegen zivilisatorische Errungenschaft.

Der Rache Wegbereiter ist der Hass, so waren der Seele geflügelte Worte. Hass ist nichts anders als eine negative Emotion der Menschen, die gegen andere Menschen gerichtet ist. Dieses Konglomerat von leidenschaftlicher Verachtung und Abneigung, von Schädigungs- oder gar Vernichtungswünschen, war offensichtlich den Göttern nicht fremd. Kein Wunder also, dass Götter und Göttinnen, die eine Erniedrigung oder eine Herabsetzung, einen Angriff auf ihr Selbstbild oder eine Ungerechtigkeit erlebten, sogar mit größerer Wucht hassten als gewöhnliche Sterbliche.

Das Lied vom Grund des Hasses

Und die Seele sang der immerwährenden Gültigkeit geflügelte Worte:

Dass der Grund des Hasses häufig Neid ist, wird sowohl von Sterblichen als auch von Unsterblichen selten zugegeben.

Das ist Homers epische Botschaft.

Auch wenn seit der Schaffung der Gerichtsbarkeit, wie gesagt unmittelbar nach Beendigung des Kampfes um Troja, zivilisierte Menschen die Rache als verwerflich betrachteten bzw. betrachten sollten, war Rache in der Zeit, die

[1] Eine Synopsis der Ansichten über Rache in sehr zusammengefasster Form habe ich einmal gesehen in: „Intimizid. Die Tötung des Intimpartners" (2007) von Andreas Marneros.

ich in der Ilias besinge, noch die Hedonie der Götter. Sie genossen die Rache, so wie sie Nektar und Ambrosia genossen.

Zeus war von dem Hass und den Rachegefühlen gegen die Trojaner, die er bei seiner Gemahlin Hera wahrnahm, empört. Aber er war auch frustriert wegen des neuerlichen Ehekrachs und donnerte die geflügelten Worte, die empörten: „Ich kann das nicht verstehen! So viel Hass! Was haben dir denn die Trojaner getan? Am liebsten willst du die Trojaner selbst mit Knochen und Haut verschlingen, obwohl sie mein Lieblingsvolk sind und Troja meine Lieblingsstadt." Ohne eine Antwort abzuwarten, fuhr er mit den geflügelte Worten fort, den konsensträchtigen: „Aber um des lieben Friedens willen schlage ich folgenden Kompromiss vor: Wenn ich dir den Gefallen tue und meine Lieblingsstadt Troja irgendwann durch die Griechen zerstören lasse, dann nur unter der Bedingung, dass ich auch eine deiner Lieblingsstädte zerstören darf, wenn ich es irgendwann für notwendig erachte." Die alabasterarmige Hera erklärte sich nach kurzem Zögern, wenn auch ohne jede Spur von Begeisterung, damit einverstanden; sie wusste genau, dass sie es sowieso nicht verhindern könnte, wenn der Oberste es wirklich wollte. Sie sagte, sie könne ihm drei Lieblingsstädte zur Auswahl anbieten: Argos, Sparta und Mykene. Eine davon könne er zerstören, wenn er einmal die Menschen dort so abgründig hassen würde; wenn er dazu entschlossen sei, könne sie die sowieso nicht schützen. Und sie wusste auch, dass sie ohne diesen Kompromiss und ohne den Preis, eine ihrer Lieblingsstädte zu opfern, ihre Rachegefühle und ihren Hass gegen die Trojaner nicht befriedigen können würde und somit auch ihre göttliche Hedonie nicht bekäme.

Das Lied von der Skrupellosigkeit der Rache

Und die Seele sang der immerwährenden Gültigkeit geflügelte Worte:

So kam die Erkenntnis in die Welt, dass der von Rache und Hass Verblendete häufig nichts scheut, auch nicht die Opferung von manchen seiner Lieben, um seine Rachegefühle zu befriedigen.

Das ist Homers epische Botschaft.

Das Lied von der Skrupellosigkeit des Stärkeren

Und die Seele sang weitere der immerwährenden Gültigkeit geflügelte Worte:

Es kam auch die Erkenntnis in die Welt, dass die Stärkeren die Schicksale der Schwächeren bestimmen und über deren Köpfe hinweg entscheiden – seien es Individuen, Städte oder Völker –, wenn es darum geht, ihre Ziele zu erreichen.

Das will Homer uns auch damit sagen.

Der zerquetschte Mensch und die Gerichtsbarkeit

Ach ja, diese Geschichte, wie die Gerichtsbarkeit in die Welt kam und die Rache ablöste – ablösen sollte –, habe ich damals in meiner Ilias nicht erzählt, obwohl sie eng damit verbunden ist. Dafür aber einige Jahrhunderte später einer meiner nachfolgenden Dichter, Äschylos.[2]

Doch Euch zuliebe, meine geschätzten Zuhörer, will ich sie in aller Kürze erzählen; als kleinen Exkurs zu meiner Ilias, treu Äschylos Darstellungen folgend.

Agamemnon kommt als triumphierender Eroberer von Troja nach Argos zurück, wo seine Ehefrau Klytämnestra ihm einen bombastischen Empfang bereitet. Während Agamemnons zehnjähriger Abwesenheit aber hatte sich Klytämnestra mit Ägisthos liiert, einem von Agamemnons Rivalen. Klytämnestra und Ägisthos schmieden ein Komplott gegen den zurückkehrenden Triumphator. Sie ermorden ihn im Bad mit einer silbernen Doppelaxt und, sozusagen nebenbei, auch Kassandra, die trojanische Prinzessin und Prophetin, die Agamemnon als Sklavin mitgebracht hat. Übrigens hatte Kassandra den Doppelmord vorhergesagt, aber niemand hatte ihr geglaubt. Ihr erinnert Euch hoffentlich an die Geschichte der tragischen, ungehört bleibenden Seherin nach einem Fluch des Apollon, die ich Euch bereits zu Anfang erzählt habe.

Nach dem archaischen Recht des prähistorischen Griechenlands muss der Mord an Agamemnon von den nächsten Blutsverwandten gerächt werden. In diesem Sinne erteilt Apollon Orestes den Befehl, dem Sohn des Getöteten und der Mörderin, seine Pflicht zu erfüllen: den Mörder seines Vaters zu töten. In Konflikt gerät Orestes durch die Tatsache, dass einer der Mörder des Vaters eine Mörderin ist: seine Mutter! Doch Orestes hat keine andere Wahl, als den göttlichen Befehl auszuführen. Er muss sich dem inneren Konflikt stellen und auch dessen Konsequenzen tragen: Gewissensqualen, die ihn in den Wahnsinn treiben. Seine Schwester Elektra unterstützt ihn aus dem gleichen Pflichtbewusstsein heraus in seinem mörderischen Vorhaben.

Vor der Ermordung seiner Mutter und ihres Liebhabers befand sich Orestes in einer ausweglosen Situation, buchstäblich zwischen Skylla und Charybdis. Zerquetscht zwischen zwei Imperativen, dem göttlichen und dem menschlich-moralischen! Der göttliche Imperativ, dem jeder zu gehorchen hat, sagte: „Du musst den Mörder deines Vaters rächen, also töten." Der Mörder des Vaters aber war, wie schon gesagt, Orestes Mutter. Ein anderer moralischer Imperativ sagte: „Du darfst deine Mutter nicht töten!"

[2] Die ganze Geschichte findet sich in Äschylos Trilogie „Orestie", die dazu gehörende psychologischen und psychopathologischen Kommentare und Interpretationen in dem schon erwähnten Buch von 2013, „Irrsal! Wirrsal! Wahnsinn! Persönlichkeit, Psychose und psychische Konflikte in Tragödien und Mythen".

Als Orestes nach einem titanischen inneren Kampf dem ersten Imperativ gefolgt ist und seine Mutter und ihren Liebhaber getötet hat, wird er wahnsinnig, verfolgt von den Göttinnen der Gewissensbisse, den Erinyen. Er geht nach Delphi, um Apollon um Hilfe zu bitten; dieser ist für den ersten Imperativ verantwortlich, dem Orestes gefolgt ist. Apollon rät dem Verfolgten, nach Athen zu gehen, um Athena um Gerechtigkeit zu bitten.

Auf dem Areopag, wo die Akropolis heute steht, kommt durch Athena die Gerichtsbarkeit in die Welt. Athena installiert unter ihrem Vorsitz zum ersten Mal das Gericht und die Gerichtsbarkeit mit Vorsitzendem Richter, Geschworenen, Verteidigung und Anklage. Orestes folgt Apollons Rat und wird bei der nachfolgenden Sitzung mit nur einer Stimme Mehrheit, der Stimme der Vorsitzenden Athena, freigesprochen.

Athena beschwor anschließend die Menschen, die Gerichtsbarkeit wie ein hohes Gut zu schützen, da sie den zivilisierten Menschen ausmache. Die Gerichtsbarkeit wurde unter den Schutz von Dike gestellt, einer der Lieblingsgöttinnen von Zeus. Ihr Name bedeutet im Griechischen Gerichtsbarkeit. Gerechtigkeit solle nicht mehr außerhalb der Gerichtsbarkeit gesucht werden, nicht mehr außerhalb der „Dike“ als „Ekdikesis“, wie die Rache in meiner Sprache heißt. So kam die Gerichtsbarkeit in die Welt; und die Rache, die Ekdikese, die Suche nach Gerechtigkeit außerhalb der Gerichtsbarkeit also, sollte damit verschwinden. Die Rache sollte nicht mehr Grund für Selbstjustiz sein.

Eigentlich!

Täuschende Götter, getäuschte Menschen

Nach dem schaurigen Handel zwischen Oberstem Gott und Oberster Göttin – du zerstörst meine Lieblingsstadt, dann darf ich aber auch deine Lieblingsstadt zerstören –, wurde Athena auf Heras Anregung von Zeus beauftragt, sich auf den Kampfplatz zu begeben und die Trojaner zu animieren, vertragsbrüchig zu werden und den Eidesschwur zu missachten. Sie sollten die Griechen, die sehr stolz und froh über ihren Sieg waren – wenn auch ein wenig verdutzt, wie der Kampf geendet hatte – und ungeduldig auf die Erfüllung der Vereinbarung von Seiten der Trojaner warteten, beleidigen und attackieren, um so den geschlossenen Vertrag zu brechen. Athena sprang wie ein funkelnder fallender Stern vom Olymp hinab, und mit nur einem Sprung landete sie auf dem Kampfplatz vor Trojas Toren. Weder die Griechen, noch die Trojaner konnten dieses Zeichen des Himmels, diesen funkelnden fallenden Stern, deuten, und sie warteten deshalb gespannt auf die weiteren Entwicklungen.

Die Götter beschließen, die Menschen zu täuschen

Athena nahm die Gestalt eines trojanischen Kriegers an und mischte sich unter die Trojaner. Sie wandte sich an Pandaros, einen tapferen, aber offensichtlich leichtsinnigen, schnell verführbaren Verbündeten Trojas aus dem Ida-Gebirge. Er sei der beste Bogenschütze der Trojaner, sagte sie zu ihm; es heiße sogar, seinen Bogen habe Apollon selbst ihm geschenkt. Athena – in Gestalt des Trojaners – versuchte, ihn zu animieren, mit seinem göttlichen Pfeil auf Menelaos zu schießen und ihn zu töten; dann wäre der Vertrag zwischen Trojanern und Griechen Makulatur. Damit würde er berühmt, sagte sie zu ihm, die Trojaner würden ihm ewig dankbar sein. Paris würde ihn mit kostbaren Geschenken überhäufen, und er würde bald ruhmreich nachhause zurückkehren. Apollon, der in Licht gehüllte Gott, großer Trojaner-Freund und unfehlbarer Bogenschütze, würde ihm beim Schießen zur Seite stehen. Sichtliche Begeisterung und Stolz füllten die breite Brust des schon durch diese wenigen Worte der täuschenden Göttin verführten Leichtsinnigen.

Gesagt, getrickst, getan.

Athena steuerte Pandaros, aber sie steuerte auch seinen Pfeil, Menelaos verschonend; so wie eine Mutter von ihrem schlafenden Baby eine Fliege wegscheucht. Menelaos sollte nach ihrem Willen ja gar nicht wirklich sterben. Darum trug er von Pandaros Pfeil auch nur eine oberflächliche Hautwunde am Oberschenkel davon, die allerdings – göttlich gewollt – deutlich sichtbar war und reichlich blutete, damit Entsetzen bei den anwesenden Griechen erzeugend. Die inszenierte Täuschung war damit perfekt. Kein Sterblicher durchschaute das Spiel der Unsterblichen; nicht einmal Menelaos, der seine Rettung auf den Schutz durch seinen gepanzerten Gürtel zurückführte, vom abgekarteten Spiel der Mächtigen des Olymps nichts ahnend. Agamemnon, der nicht erkennen konnte, ob die Verwundung seines Bruders leicht oder schwer war, und der nur die göttlich bezweckte starke Blutung sah, geriet in Sorge; in Sorge aus Bruderliebe um das Leben des geliebten Bruders. Aber ihn trieb auch eine andere Befürchtung an, dass nämlich bei einem möglichen Tod von Menelaos der Feldzug abzubrechen wäre. Es gäbe dann nämlich keinen betrogenen Ehemann mehr, der Genugtuung verlangen konnte, es gäbe keinen Gatten, zu dem die entführte Helena zurückkehren sollte. Und dann würde er – Agamemnon – den Makel nie mehr los, dass er ein Versager sei. Statt den Griechen Ruhm und Reichtum und Menelaos Helena zu bringen, müsste er beide in Troja lassen – Helena als Frau und Trophäe des Entführers, Menelaos als Toten mit einem Grab in feindlichem Land, Spielplatz für respektlose Kinder. Statt wiederhergestellter Ehre würde er Schande und Versagen mit in die Heimat nehmen.

Das Lied von einer narzisstischen Sorge

Und die Seele sang der immerwährenden Gültigkeit geflügelte Worte:

Oh, des Narzissten Sorge! Oh, des Egoisten Streben! In allen Lebenssituationen, auch wenn der Tod den ihm am nächsten stehenden Menschen bedroht, kann er nicht davon lassen, an sich selbst zu denken.

Das ist Homers epische Botschaft.

All das wirkte wie Gift auf Agamemnons narzisstische Persönlichkeit. Eilends schickte er Boten durch das Lager, um den berühmten Arzt Machaon, Helden und mythischen Gründer der Chirurgie, Sohn des Asklepios, suchen zu lassen, damit dieser den verletzten Bruder behandele. Der gottähnliche Arzt war rasch gefunden und versorgte den blonden Menelaos so gut, dass er bald wieder einsatzbereit war. Das Leben des Menelaos und dass Ego des Agamemnon waren gerettet!

Mit dieser Gewissheit drohte Agamemnon den Trojanern laut rufend, dass die olympischen Götter alle bestrafen würden, die ihren Eid mit Füßen träten. Auch wenn nicht gleich, aber später mit Sicherheit würden sie es mit den eigenen Häuptern, denen der eigenen Frauen und Kinder bezahlen. „Ich weiß es ganz genau. Der Tag wird kommen, an dem die Eidesbrecher – Troja, der gute Krieger Priamos und sein Volk – vernichtet werden", rief er. „Vater Zeus wird die Betrüger nicht ungestraft lassen."

Er wusste indes nicht, dass die eigentlichen Betrüger Zeus selbst und seine Götter waren.

Der Vertrag war also durch das Attentat gegen Menelaos endgültig gebrochen. Die List der Götter war wiederum erfolgreich, die Täuschung perfekt. Und so konnte Zeus weiter an seinem Plan spinnen, die getäuschten Griechen in Bedrängnis zu bringen und sie zu dezimieren. Alles, um das Versprechen zu halten, das er Thetis gegeben hatte, und damit Achilles Narzissmus zu befriedigen. Aber auch das Versprechen, das er Hera gegeben hatte, Troja zerstören zu lassen. Zwei scheinbar konkurrierende Versprechen. Das gemeinsame Ziel bestand in Schmerz und Leid, Blut und Tränen.

Der Krieg konnte also wieder beginnen und unzählige Menschen verschlingen.

Das Lied vom täuschenden Anlass für Kriege

Und so sang die Seele der immerwährenden Gültigkeit geflügelte Worte:

So kam die Täuschung als Anlass von Kriegen in die Welt, in Begleitung von allerlei Übeln für die Getäuschten.

Das ist Homers epische Botschaft.

Die Griechen, wütend durch die Missachtung der Eidesschwüre, attackierten die vertragsbrüchigen Trojaner mit unglaublichem Elan. Agamemnon animierte mit bemerkenswerter Dynamik, von einem zum anderen rennend, die Heeresführer zu einer rücksichtslosen Offensive.

Es folgte eine buchstäbliche Völkerschlacht, denn fast alle damals schon in Europa etablierten griechischen Stämme kämpften gegen Troja, die Großmacht der Phrygier, und ihre Verbündeten – Thrakier und Päonier, Lykier und Dardaner, Pelasgier und Pamphylier, Kikoner und Äthiopier, Skyther und andere asiatische Völker. Aber auch Götter mischten sich ein, nicht nur jetzt, sondern, wie Ihr im Verlauf der Ilias noch hören werdet, während des gesamten Krieges: Auf der Seite der Trojaner waren es vorwiegend Apollon, Aphrodite und Ares sowie der Flussgott Skamandros, auf der Seite der Griechen hauptsächlich Athena, Hera, Poseidon und Hephästos. Einmal gewannen die bronzegepanzerten Griechen die Oberhand, dann wieder die pferdebändigenden Trojaner. Unzählige Männer aus beiden Lagern bezahlten der Götter List und Täuschung mit ihrem Leben. Doch eines war auf beiden Seiten gleich: Jeder Krieger, ob Grieche ob Trojaner, der einen Feind tötete, triumphierte, da sich dadurch sein Ruhm vermehrte.

Das Lied von einem makabren Irrtum

Und die Seele sang der immerwährenden Gültigkeit geflügelte Worte:

So kam die Erkenntnis in die Welt, dass die Menschen den Irrglauben pflegen: Dein Tod, mein Leben! Und den noch schlimmeren: Dein Tod, mein Ruhm!

Das ist Homers epische Botschaft.

7 Die Verletzbarkeit der Götter

Zusammenfassung

Aus dem fünften Gesang meiner Odyssee werde ich Euch erzählen von der Verletzbarkeit der Götter und davon, wie ein Mensch Jagd auf Götter macht und sie verletzt. Und von einem Zweikampf zwischen einem Sohn des Zeus, Sarpedon, und einem seiner Enkel, Tlepolemos. Zeus Sohn tötet Zeus Enkel. Die Götter ziehen sich aus dem Kampf zurück und überlassen das Schlachten den Menschen. Viele edle Männer werden von feindlichen edlen Männern getötet. Der Tod des einen ist der Triumph des anderen.

Und die uns begleitende Seele wird dabei geflügelte Worte von immerwährender Gültigkeit singen, wie etwa über die Weisheit, dass man die eigenen Kompetenzen nicht überschreiten darf. Oder über die Kriegsparadoxie, dass Verwandte Verwandte töten und Glaubensbrüder Glaubensbrüder. Und auch über manches andere.

Der Tod eines Tierfreundes

Einer der Griechen, der von Pallas Athena auserkoren worden war, viel Ruhm bei der Völkerschlacht zu erlangen, das heißt viele Trojaner und Troja-Verbündete zu töten, war der große Held Diomedes, der Pferdebändiger. Athena erfüllte ihn mit göttlichem Feuer, so dass sogar Schild und Helm feuerrot leuchteten und er damit schon vom Aussehen her angsteinflößend für die Feinde war. Sie gab ihm aber auch den Rat, nicht gegen Götter zu kämpfen. Nur ihre Rivalin Aphrodite, die Schönheitssiegerin von damals, dürfe er mit seinem Speer verletzen; die sei ja so ängstlich und kriegsunerfahren.

Die himmelblauäugige Athena verwendete aber noch einen weiteren Trick, um den Griechen den Sieg zu erleichtern: Sie überredete den Kriegsgott Ares – der später, viel später von den Latinern zu Mars pseudonymisiert wurde –, der in der Schlacht an der Seite der Trojaner teilnahm, dass sie sich beide aus dem Kriegsgeschehen zurückziehen sollten. Zeus würde böse sein, wenn er sehe, dass die Götter das eine oder das andere Lager der Sterblichen bevorzugten und aktiv unterstützten. Ihre Überredungskunst nutzend nahm sie ihn an der Hand, brachte ihn an das Ufer des Skamandros und ließ ihn dort sitzen. Sie selbst aber beteiligte sich – gewissermaßen indirekt, wie Ihr noch hören werdet – doch an der Seite der Griechen am Kampfgeschehen. Mit dem

A. Marneros, *Homers Ilias psychologisch erzählt*, DOI 10.1007/978-3-658-11202-8_7

Ausscheiden von Ares gewannen die Griechen vollständig die Oberhand und töteten viele prominente Krieger des trojanischen Lagers.

Wer wen getötet hat, habe ich damals ausführlich in langen Versen dargestellt. Den Grund dafür habe ich Euch schon genannt, erinnert Ihr Euch? Damals gab es keine Historiker und keine Statistiker. Klio, die Muse der Historia, hatte noch nicht ihren Dienst aufgenommen, daher musste Kalliope, die Muse des Epos, die früher im Dienst war, auch das erledigen. Heute ist das anders, und da diese Einzelheiten für unsere jetzigen Zwecke nicht so wichtig sind, lasse ich all das hier absichtlich weg.

Diomedes, voll mit übernatürlicher Kraft und Athenas Hilfe sicher, hörte nicht auf, edle Trojaner und deren Verbündete zu töten – und dadurch seinen Ruhm in die Höhe zu treiben. Er ließ noch nicht einmal von ihnen ab, nachdem er selbst verwundet worden war; durch einen feindlichen Pfeil, den Pandaros mit seinem göttlichen Bogen abgeschossen hatte, ein Geschenk von Apollon. Es war derselbe Pandaros, der vorher Menelaos verletzt und damit den Vertragsbruch von Seiten der Trojaner und das Wiederentflammen des Krieges verursacht hatte.

Diomedes machte nicht nur Jagd auf feindliche Sterbliche, sondern – hört, hört – sogar auf feindliche Götter! Die Trojaner wähnten, einen Gott kämpfen zu sehen, oder zumindest einen von den Göttern geschützten Helden. Äneias, einer den Tapfersten im Trojanerlager, Sohn der Liebesgöttin Aphrodite und des sterblichen Aghises, forderte Pandaros auf, sich mit seinem Wagen Diomedes zu nähern und aus der Nähe noch einen Versuch zu unternehmen, auf ihn zu schießen. Pandaros aber hatte keinen Wagen, weil er keine Pferde hatte. Seine viele hervorragenden Pferde hatte er in seiner Heimat Lykien zurückgelassen und den langen Weg nach Troja zu Fuß gemacht. Als Grund dafür nannte er Mitleid mit den Tieren. Bei ihm zuhause hätten es die Pferde sehr gut; sie bekämen das beste Futter, sie seien immer satt und in sauberen und gepflegten Ställen untergebracht. Er wollte es ihnen nicht zumuten, sie in ein Kriegsgebiet zu bringen, wo sie dann den Gefahren der Schlachten ausgesetzt wären und wo sie durch den Zustand der Belagerung auch wenig und schlecht zu fressen bekämen, womöglich sogar getötet würden. Er habe es nicht übers Herz gebracht, seinen geliebten Pferden so etwas anzutun. Er sei aus tiefem Herzen hippophil, ein Pferdefreund.

Das Lied von der paradoxen Tierliebe

Und die Seele sang der immerwährenden Gültigkeit geflügelte Worte:

So kam die merkwürdige Paradoxie in die Welt, die die Tierliebe mancher Menschen begleitet. Schutz des Tierlebens, aber gleichzeitig Vernichtung von Menschenleben stellt für jene keinen Widerspruch dar.

Das ist Homers epische Botschaft.

Und die Seele murmelte leiser und nachdenklich noch dazu:

Die Paradoxie, dass Menschen einerseits das Leben der Tiere schützen – was an sich wunderbar, anrührend und ehrenvoll ist – andererseits aber das Leben von Menschen bestialisch vernichten, setzt sich bis zum heutigen Tage fort.

Die Kriegsgeschichte ist voll mit solchen Geschichten. Etwa die Anekdote über die Soldaten, die während der Niederschlagung des Aufstandes im Warschauer Ghetto ihr Leben riskierten, um eine Katze zu retten, vom Dach des Hauses, das sie vorher selbst in Brand gesetzt hatten. Die Menschen darin verbrannten.

Wie auch immer! Äneias brachte schließlich den Tierfreund Pandaros mit seinem eigenen Wagen in Diomedes und damit auch in seines eigenen Todes Nähe. Pandaros Pfeil nämlich verfehlte sein Ziel, Diomedes. Dessen Speer hingegen verfehlte nicht sein Ziel, Pandaros. Der Speer des Griechen wurde von Athena direkt in das Gesicht des Feindes geführt. So endete das Leben eines Tierfreundes, der auch der Grund für den Vertragsbruch von Seiten der Trojaner gewesen war. Damit war er der Verursacher des Wiederaufflammens des blutigen Krieges und – obwohl auch er von den Göttern instrumentalisiert und überlistet worden war – mitverantwortlich für die totale Zerstörung der heiligen Stadt Troja, die er eigentlich schützen sollte, und für den Tod unzähliger Menschen. Aber auch für den Tod von zahlreichen Tieren, die er so liebte.

Jagd auf Götter

Auch Äneias wurde durch Diomedes schwer verwundet und verlor dabei sein Bewusstsein. Vor dem sicheren Tod wurde er nur dank seiner Mutter Aphrodite gerettet; sie umhüllte ihn mit ihren ätherischen Gewändern und trug ihn vom Schlachtfeld. Und damit begann Diomedes seine Jagd auf die Göttin; die Erlaubnis der Athena hatte er schon im Voraus bekommen. Er wusste ja, wie scheu und ängstlich Kypris Aphrodite war. Nach einer Weile gelang es ihm, in ihre Nähe zu kommen und sie mit seinem Speer an der Hand zu verletzen. Der Ichor, das besondere Blut der Unsterblichen, strömte aus der Wunde. Aphrodite schrie vor Schmerz auf und ließ ihren Sohn fallen. Glücklicherweise war Apollon sofort zur Stelle und handelte, indem er Äneias in eine dunkle Wolke hüllte und ihn so vor dem anrückenden Diomedes rettete. Diomedes indessen rief der Liebesgöttin zu, sie solle das Schlachtfeld schleunigst verlassen, sonst werde sie in Zukunft sofort voller Angst und Panik zu zittern beginnen, wenn sie auch nur das Wort „Krieg" höre. Aphrodite, verwirrt, zitternd und tatsächlich in Panik, ließ sich von der windfüßigen Götterbotin Iris fortbringen. Iris brachte die verletzte Liebesgöttin zu Ares und bat diesen um Hilfe.

Iris bringt die verwundete Aphrodite zu Ares

Ares, der noch abseits des Kriegsschauplatzes saß, dort wohin ihn Athena unter dem Vorwand gebracht hatte, dass sich die Götter aus dem Kampf heraushalten sollten, gab den beiden Göttinnen, seiner heimlichen Geliebten Aphrodite und ihrer Helferin Iris, seinen Kampfwagen, damit die körperlich, aber vor allem psychisch verletzte Göttin schneller hoch zum Olymp gelangte. Dort suchte Aphrodite weinend und klagend Trost und Hilfe bei den anderen Göttern.

Das Lied von der akuten Belastungsreaktion

Und die Seele sang der immerwährenden Gültigkeit geflügelte Worte:

So kam in Begleitung von vielen unterschiedlichen Symptomen die akute Belastungsreaktion in die Welt, die in eine posttraumatische Belastungsstörung übergehen kann, ähnlich wie bei Hephästos, von dem Ihr schon gehört habt.

Das ist Homers epische Botschaft.

Athena und Hera, die starken Rivalinnen der zarten Liebesgöttin, spotteten über die körperlich und psychisch verletzte Rivalin. Vater Zeus dagegen kümmerte sich liebevoll um die Verletzte, ebenso wie es ihre Adoptivmutter Dione tat, die sie ärztlich versorgte. Zeus riet der verängstigten Liebesgöttin fürsorglich, sich am besten mit Dingen der Liebe und des Eros zu beschäftigen, statt mit dem Krieg. Den solle sie Ares und Athena überlassen, die das könnten, sie selbst verstünde ja nicht viel davon. Sonst könnten Schwächere – und jeder

Sterbliche ist schwächer als ein Unsterblicher – sie verletzen und demütigen; wie der sterbliche Diomedes das gerade gemacht habe.

Das Lied von der Kompetenzüberschreitung

Und die Seele sang der immerwährenden Gültigkeit geflügelte Worte:

So kam die Weisheit in die Welt: Überschreite deine Kompetenzen nicht!

Und mit ihr kam auch die Erkenntnis, dass die Überschreitung der eigenen Kompetenzen schmerzhaft sein kann. Durch andere, auch wenn sie im Allgemeinen schwächer sind als du, aber in der konkreten Sache kompetenter, kannst du blamiert, verletzt und gedemütigt werden.

Das ist Homers epische Botschaft.

Nebenbei bemerkt: Zeus konnte, wenn er wollte, auch sehr liebevoll mit anderen umgehen. Vor allem mit Göttinnen, natürlich mit den schönen Frauen der Sterblichen auch – ja, und auch mit schönen Jünglingen.

Wie auch immer. Dione behandelte nicht nur körperlich die verletzte Liebesgöttin, sondern sie widmete sich auch psychotherapeutisch ihrem psychischen Trauma. Sie nahm Aphrodite in den Arm, die weinend klagte, dass es unmöglich sei, dass die Griechen jetzt auch gegen die Unsterblichen kämpften und sie sogar verletzten. Dione sprach zu ihr die geflügelten Worte, die stützenden: „Du musst durchhalten und Geduld haben, mein liebes Kind, trotz der unangenehmen körperlichen und psychischen Wunden, deines bittereren Traumas also. Viele Götter werden von den Menschen gequält und gedemütigt. Wahrscheinlich ist das nur deshalb möglich, weil wir Götter gegeneinander kämpfen und uns gegenseitig Kummer bereiten."

Während die schöne Aphrodite, schon etwas weniger zitternd, aufmerksam zuhörte, fuhr Dione fort: „Einmal entführten und fesselten zwei sterbliche Brüder, Otos und Ephialtes, die schon im Alter von neun Jahren eine Schulterbreite von neun Ellen hatten und jedes Jahr eine Elle – also etwa einen halben Meter – in die Breite und ein Klafter – also fast zwei Meter – in die Länge wuchsen, den Kriegsgott Ares mit schweren Ketten. Stellt Euch das vor: den Kriegsgott! Zwei Sterbliche nehmen den Kriegsgott gefangen! Sie drohten sogar, Krieg gegen die Götter auf dem Olympos zu führen! Unerhört! Grund dafür war, dass Ares angeblich den Adonis – seinen sterblichen Konkurrenten in deiner Liebesgunst, mein liebes Kind – während der Jagd getötet hatte. Dreizehn Monate wurde Ares von den beiden Sterblichen in einem bronzenen Fass gefangen gehalten. Er wäre sicherlich verloren gewesen, wenn nicht die wunderschöne Stiefmutter der Brüder, Eiribia, dem Götterboten Hermes das verraten hätte. Der entführte daraufhin seinerseits den durch die lange Gefangenschaft und schwere Fesselung völlig entkräfteten Kriegsgott und rettete ihn damit.

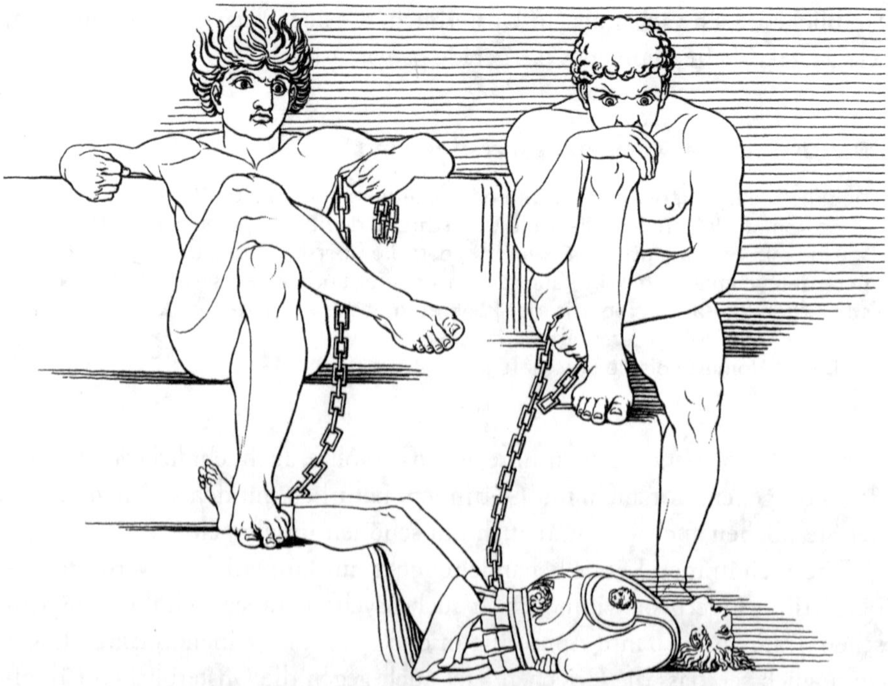

Otos und Ephialtes halten den Kriegsgott Ares gefangen

Manche sagen, es sei schade, dass der Kriegsgott nur dreizehn Monate in der Menschen Gefangenschaft war. Es seien dreizehn Monate Frieden auf Erden gewesen. Manche andere sagen sogar, es sei schade, dass er überhaupt befreit wurde. Ohne Kriegsgott wäre kein Krieg möglich, und so hätte die Menschheit in ewigem Frieden leben können. Aber was soll's! Wir müssen solidarisch zu unseren Götterkollegen sein – ganz besonderes zu deinem, äh ..., heimlichen Geliebten. Nicht wahr, mein Kind?"

Und Dione fuhr fort: „Als ob das mit Ares nicht gereicht hätte, wurden gleich zwei Götter von Herakles, diesem furchtbaren Menschen, mit seinen Pfeilen schwerstens verletzt, nämlich Hera und Hades. Beide schrien vor Schmerzen. Hades musste sogar sein Unterwelt-Reich verlassen. Verletzt und schwermütig kam er bei uns hier oben im Olymp an. Er musste von Päon, dem Hausarzt der Götter[1], behandelt werden. Zeus sei Dank, dass er für einen göttlichen Hausarzt gesorgt hat.

[1] Päon war selbst ein Gott, manche nannten ihn auch Päan und andere noch anders. Manche sagen sogar, er sei eine andere Erscheinung von Apollon, dem Schnellheiler.

Und nun hat Diomedes dich verletzt, dieser Leichtsinnige!" Mit grimmiger Miene fügte sie hinzu „Er muss aber wissen, dass derjenige, der einen Gott verletzt, nicht mehr lange zu leben hat."

Nach dieser Therapie ging es der zarten Aphrodite deutlich besser, so dass sie mit den anderen Göttern Nektar und Ambrosia genießen konnte.

Inzwischen machte auf der Erde Diomedes weiter Jagd auf Äneias, wohlwissend, dass der Verwundete unter dem Schutz des Apollon stand. Dreimal versuchte er, ihn mit seinem Speer zu treffen. Und dreimal wehrte Apollon das ab und lenkte den Speer in eine andere Richtung. Beim vierten Versuch schließlich wies Apollon ihn mit furchterregender, donnernder Stimme zurecht, er solle endlich aufhören! Er müsse begreifen, dass er, der Sterbliche, den Göttern nicht gleich sein könne! Diomedes überschreite seine Grenzen, wenn er gegen ihn, den Gott, kämpfe.

Da erkannte Diomedes seine Grenzen und folgte schließlich auch dem Rat der himmelblauäugigen Athena, die ihm, wie Ihr wisst, geraten hatte, nicht gegen Götter zu kämpfen – mit Ausnahme ihrer ängstlichen, scheuen Rivalin Aphrodite. Diomedes zog sich vernünftigerweise zurück und entging so dem Zorn des Gottes.

Das Lied von der Grenzerkennung bei Tun und Lassen

Und die Seele sang der immerwährenden Gültigkeit geflügelte Worte:

So kam eine weitere Weisheit in die Welt, eine Schwester der zuvor besungenen: Erkenne nicht nur deine Kompetenzen, sondern auch deine Grenzen bei Tun und Lassen. Damit kannst du dich vor allerlei Übel schützen.

Das ist Homers epische Botschaft.

Paradoxien und tödliche Attrappen

Apollon brachte Äneias endgültig in Sicherheit, und zwar in die Obhut seiner eigener Mutter Leto und seiner Schwester Artemis, die den Verwundeten sofort heilten. Dann schuf er eine Attrappe aus Holz, die genauso aussah wie Äneias. Viele Kämpfer kamen ums Leben, weil die beiden Lager sich gegenseitig abschlachteten beim Kampf um diese Attrappe, die sie für den lebendigen Äneias hielten. Die einen versuchten, den vermeintlichen Äneias zu retten, die anderen, ihn zu töten. Viel Blut wurde vergossen wegen einer Täuschung, eines Trugbildes. Viele junge Menschen lagen am Ende tot auf der Erde um ein Stück toten Holzes herum.

Das Lied von der Täuschungsattrappe

Und die Seele sang der immerwährenden Gültigkeit geflügelte Worte:

So kam die Erkenntnis in die Welt, dass ganze Völker in Unkenntnis der wahren Gegebenheiten und wegen einer Täuschung, einer Attrappe, die von ihren Oberen geschaffen wurde, sich gegenseitig abschlachten.

Das ist Homers epische Botschaft.

Apollon überzeugte dann auch Ares, in den Kampf zurückzukehren, an die Seite der Trojaner natürlich, wie immer. Es war für Apollon ein leichtes Spiel, den wütenden Ares zu überzeugen, die Trojaner zu schützen – war dessen heimliche Geliebte Aphrodite doch von einem Griechen verletzt worden. Und damit wendete sich das Blatt wieder, diesmal zu Gunsten der Trojaner. Dabei spielten sich nicht nur verlustreiche und blutige Szenen ab, sondern auch bizarre und paradoxe, wie etwa der Zweikampf zwischen Sarpedon und Tlepolemos. Der erstere war ein Sohn, der zweite ein Enkel von Zeus, als Sohn des Zeus-Sohnes Herakles. Beide beriefen sich vor dem Kampf auf ihre Abstammung von Zeus, und beide waren davon überzeugt, dass sie mit seiner Hilfe, mit seiner Gnade, mit seinem Wohlwollen rechnen könnten, der Verwandtschaft wegen. Und das Resultat: Der Sohn des Zeus tötete den Enkel des Zeus, nachdem der Sohn durch den Enkel schwer verletzt worden war.

Das Lied von einer Kriegsparadoxie

Und die Seele sang der immerwährenden Gültigkeit geflügelte Worte:

So kam eine weitere Kriegsparadoxie in die Welt – Verwandte töten Verwandte, Menschen gleichen Glaubens töten ihre Glaubensbrüder.

Gläubige beten zu Gott, den Feind zu vernichten, der gerade zum selben Gott um dasselbe betet.

Das ist Homers epische Botschaft.

Als die himmelblauäugige Athena und die alabasterarmige Hera das Treiben des Lichtgottes Apollon und des Kriegsgottes Ares wahrnahmen, welches die Griechen in schwere Bedrängnis brachte, entschlossen sie sich, selbst wieder in das Kampfgeschehen einzugreifen. Athena zog ihre edelste Rüstung an und stieg in der Herrin Heras prunkvoll mit Gold und Silber geschmückten und von goldbekränzten Pferden gezogenen Wagen. Nachdem sie die Erlaubnis von Zeus hatten, Ares vom Kampffeld zu verjagen, preschten sie los. Als sie ankamen, trennten sich die Göttinnen, um jede auf ihre Weise den Griechen zum Sieg zu verhelfen. Die alabasterarmige Hera stachelte die schönbeschopften Griechen zum Kampf an, während die himmelblauäugige Athena den Pferdebändiger Diomedes animierte, doch gegen Ares zu kämpfen, der – wie

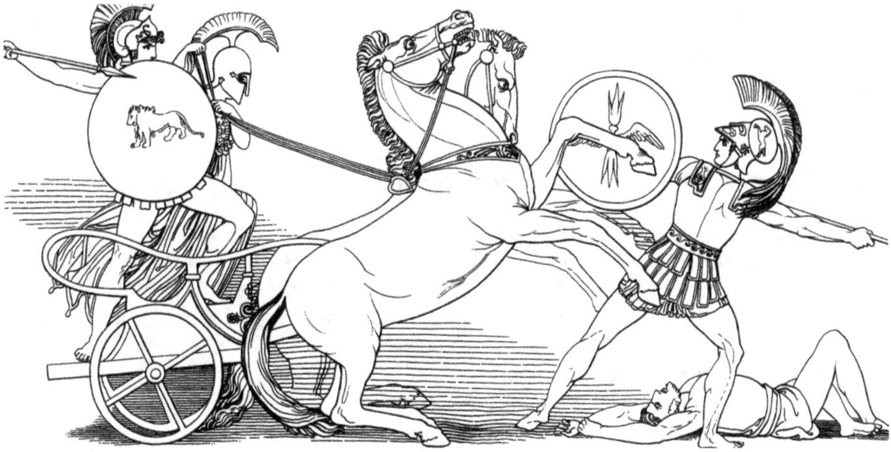

Diomedes attackiert den Kriegsgott Ares

Ihr eben erfahren habt – wieder durch Apollon in den Krieg hineingezogen worden war. Athena führte Diomedes direkt zu Ares, höchstpersönlich seinen Kampfwagen lenkend. Als der furchterregende Kriegsgott Ares Diomedes auf seinem Wagen entdeckte, versuchte er, ihn mit seinem Speer zu töten; die unsichtbare Athena lenkte jedoch die tödliche Waffe weg von Diomedes. Dessen Speer wiederum lenkte sie direkt in die Hüfte des Kriegsgottes, der verletzt aufschrie wie neun- oder zehntausend Menschen zusammen. Griechen wie Trojaner erzitterten, als sie den furchtbaren göttlichen Schrei vernahmen. Ares verschwand – ichorverschmiert, von Schmerz und Schande geplagt – in Richtung Olymp.

Dort angekommen, beklagte sich Ares beim Gottvater Zeus, bitterlich seufzend, und schimpfte fürchterlich über seine göttliche Kollegin Athena. Es sei unerhört, dass sie einem Sterblichen ermögliche, Unsterbliche zu verletzen! Gleich zwei an einem Tag: zuerst Kypris Aphrodite, dann ihn! Das Klagen und Stöhnen des Kriegsgottes erzeugte Missfallen beim Vater von Menschen und Göttern, anders als das Seufzen der ebenfalls klagenden Liebesgöttin Aphrodite, die er liebevoll und fürsorglich betreut hatte. Zeus herrschte Ares an und sagte ihm unverblümt, er sei der von ihm meistgehasste Gott, denn er habe nur Krieg, Schlachten und Streit im Kopf, und nun könne er mit einer so kleinen durch einen Sterblichen verursachten Verwundung nicht wie ein Gott umgehen. Allerdings hatte er trotzdem auch Mitleid mit dem verletzten und gedemütigten Unsterblichen und ließ ihn vom Götter-Hausarzt Päon behandeln. Und nicht nur das, anschließend wurde Ares von Hebe, der Göttin der Jugend, gebadet und elegant eingekleidet. Damit war er wieder glücklich, saß neben Zeus und genoss gemeinsam mit den anderen Göttern Nektar und

Ambrosia. Und er zeigte keine Spur von einer posttraumatischen Belastungsreaktion – im Gegensatz zu Aphrodite, bei der der psychische Schmerz länger andauerte.

Das Lied von der Universalität der psychischen Traumatisierung

Und die Seele sang der immerwährenden Gültigkeit geflügelte Worte:

So kam die Erkenntnis in die Welt, dass nicht nur zarte und ängstliche Gemüter, sondern auch hart gesottene Kriegsgestalten den psychischen Traumata des Krieges ausgeliefert sind, obwohl natürlich die ersteren stärker gefährdet sind und die letzteren es leichter zu überwinden vermögen.

Das ist Homers epische Botschaft.

Auch die beiden Göttinnen, die sich in das Kriegsgeschehen eingemischt hatten, Athena und Hera, trafen auf dem Olymp ein, glücklich und sehr zufrieden damit, den Trojaner-Freund Ares neutralisiert zu haben. Kurz darauf zogen sich auch alle anderen beteiligten Götter, verwundete und nicht-verwundete, vom Kampfplatz zurück und überließen das Schlachten wieder den Menschen alleine. Viele edle Männer wurden von anderen edlen Männern getötet. Die edlen Männer, die andere edle Männer getötet hatten, wähnten sich ruhmreich. Die getöteten edlen Männer wurden von ihren Feinden – wie es Brauch war – mit respektvollen Worten hoch gepriesen, nachdem man ihnen die Rüstungen abgenommen und sie – respektlos – nackt zurückgelassen hatte.

Dennoch war der endgültige Sieg von den Griechen noch lange nicht gewonnen. Das Schlachten sollte mit unverminderter Brutalität weitergehen.

8 Von Freundschaft und Liebe

Zusammenfassung

Aus dem sechsten Gesang meiner Ilias werde ich erzählen von meinem Imperativ: Besser sein als alle anderen! Den formuliere ich im Dialog zwischen dem griechischen Helden Diomedes und dem lykischen Edelmann Glaukos, an dessen Ende die beiden Feinde Freundschaft schließen. Inzwischen sucht der große trojanische Held Hektor seinen vom Schlachtfeld verschwundenen Bruder Paris, macht ihm schwere Vorwürfe und beschimpft ihn als Feigling. Auch die anwesende Helena gibt ihrer Verachtung für Paris und ihrer Bewunderung für Hektor Ausdruck. Schließlich kehrt Paris zurück auf das Kriegsfeld. Bevor Hektor zurück in die Schlacht geht, kommt es zu einem gefühlvollen Dialog zwischen ihm und seiner geliebten Frau Andromache, der Hektors Dilemma offenbart: Pflicht gegenüber den eigenen Schutzbefohlenen und Pflicht der Allgemeinheit gegenüber. Schweren Herzens entscheidet sich Hektor für die Pflicht gegenüber der Allgemeinheit und verabschiedet sich liebevoll von seiner Frau und seinem neugeborenen Sohn Astyanax.

Und die uns begleitende Seele wird dabei geflügelte Worte von immerwährender Gültigkeit singen, wie etwa über die Suspendierung der Logik durch Paradoxien, über die Besonderheit des Besser-sein-Imperativs für den Fremden in der Fremde, über die Herkunftslast und die Eigenverantwortung. Aber auch über die Kraft der Freundschaft und die Kraft der Liebe. Und über manches andere.

Ein Homerischer Imperativ: Besser sein als alle anderen

Und so schlachteten sich die Menschen gegenseitig ab, zu dem Zeitpunkt ohne jeglichen göttlichen Beistand. Im Gebiet zwischen den beiden trojanischen Flüssen, Skamandros und Simois, tobte ein furchtbarer Kampf. Gefangene wurden nicht gemacht, das Jammern der Verletzten, ihr inständiges Bitten um Erbarmen wurde nicht erhört; die Barmherzigkeit war suspendiert. Im Verlauf der Schlacht und des Schlachtens schienen die Trojaner zunächst verloren. Aber dann dämmerte Licht am trojanischen Horizont: Helenos, der jüngste Sohn des Priamos und bester Seher der Trojaner, entschlüsselte die verschlüsselten Zeichen des Himmels und erkannte, dass Troja noch nicht verloren war. Wenn die Trojaner weiter kämpften und nicht die Flucht ergriffen, gebe es noch Hoffnung, so deutete er verschlüsselte Himmelsbotschaften, die

A. Marneros, *Homers Ilias psychologisch erzählt*, DOI 10.1007/978-3-658-11202-8_8

aber niemand außer ihm wahrnahm. Er informierte unverzüglich den bronzegerüsteten Hektor und den göttlichen Äneias, Aphrodites Sohn, die daraufhin, von aufkeimender Hoffnung angetrieben, die in Panik in Richtung Stadttor fliehenden Trojaner aufhielten. Es gelang ihnen, den Soldaten noch einmal Zuversicht und Selbstvertrauen zu vermitteln, so dass sich die wieder geordnete Armee den anrückenden Griechen entgegenstellte. Die durch Helenos vermittelte Botschaft gab den Trojanern also einen kräftigen Motivationsschub. Und das brachte die Wende. Den Griechen machte die unerwartete Entwicklung Angst, sie deuteten die Stärke der Trojaner, die aus wiedererwachtem Selbstvertrauen und neuer Zuversicht entstanden war, als Gotteszeichen. Und dies wiederum schränkte ihre eigene Kampfkraft erheblich ein.

Das Lied vom gesunden Selbstvertrauen

Und die Seele sang der immerwährenden Gültigkeit geflügelte Worte:

So kam die Erkenntnis in die Welt, dass begründetes Selbstvertrauen und begründete Zuversicht, ganz gleich worauf sie sich gründen, den Menschen das Unmögliche möglich machen können.

Das ist Homers epische Botschaft.

Wieder gewonnenes Selbstvertrauen und neue Zuversicht bewirkten bei den Trojanern etwas Außergewöhnliches: Neun Jahre lang hatten sie nicht ernsthaft gewagt, die Griechen auf offenem Feld anzugreifen. Während der gesamten neunjährigen Feindseligkeiten hatte noch keine Großoffensive gegen die Übermacht der bronzegepanzerten Griechen stattgefunden; Angst und Vorsicht hatten den Trojanern eine defensive Strategie diktiert. Das neu gewonnene Selbstvertrauen und die Zuversicht aber feuerten sie an und verwandelten sie in siegessichere Angreifer!

Doch so ganz ohne Götter konnten die Menschen von damals nicht lange auskommen. So empfahl Helenos darüber hinaus, dass die Frauen von Troja, allen voran die Königin Hekabe, reiche Gaben zum Tempel von Athena bringen und zur ihr beten sollten, damit diese die Trojaner vor der Katastrophe bewahre – ja, ja, zu derselben Athena, die längst die Gebete der Griechen erhört hatte. Sie sollten auch dafür beten, dass Athena ihren Schützling Diomedes vom Kampfplatz entferne, denn der sei ja so gefährlich wie der männervernichtende Achilles. Man wisse es nicht, aber es könnte sein, dass Athena von den reichlichen Opfergaben beeindruckt wäre und ihre philhellenische Haltung zu Gunsten der großzügigen Trojaner aufgebe. Der imposantbehelmte Hektor eilte unverzüglich zu seiner Mutter Hekabe und überbrachte ihr Helenos Botschaft.

Das Lied von der Suspendierung der Logik

Und die Seele sang der immerwährenden Gültigkeit geflügelte Worte:

So wurde das Paradoxon in die Welt gesetzt, das vormalig mit Zeus Sohn und Zeus Enkel sichtbar wurde und das bis zum heutigen Tage fortbesteht, nämlich dass der Gott auf beiden Seiten der Frontlinie und der Barrikaden kämpft. Gegen sich selbst sozusagen. Und so wird die Logik wieder einmal suspendiert.

Das ist Homers epische Botschaft.

Und die Seele drückte noch ihr Befremden, ja Unverständnis darüber aus, nachdenklich und verwundert:

Die Suspendierung der Logik durch die Jesus-Priester von heute, die auf beiden Seiten der Frontlinien den gegnerischen Soldaten den Segen Jesu Christi erteilen, in ähnlicher Weise wie Allahs Imame dies auf beiden Seiten der Frontlinien tun, hat ihre Wurzeln im Tun der Priesterinnen und Priester früherer Religionen, als sie die Logik zum ersten Mal im Namen Gottes suspendierten.

Die furchtbare Schlacht ging währenddessen weiter. Diomedes stand plötzlich vor einem sehr edlen Krieger aus dem Lager der Trojaner; er fragte den Unbekannten voller Bewunderung, wer er sei, was er sei, Mensch oder Gott?

„Ich bin Glaukos, der Sohn des Ippolochos aus Lykien" antwortete der Bewunderte. Er fügte hinzu die geflügelten Worte, die verpflichtenden: „Mein Vater hat mich nach Troja geschickt, und er hat mir den Auftrag gegeben, besser zu sein als alle anderen und alle meine Aufgaben immer ausgezeichnet zu erledigen, so dass ich meinen Vorfahren, die immer die besten in ihrem Lande waren, keine Schande bereite".

Das Lied vom Besser-sein-Imperativ

Und die Seele sang der immerwährenden Gültigkeit geflügelte Worte:

So kam der Besser-sein-Imperativ für den Fremden in der Fremde in die Welt, der besagt: Sei besser als die anderen, die das Privileg des Einheimischen haben! Erfülle die Erwartungen deiner Landsleute, die auf dich schauen! Und sei besser, aber mindestens ebenso gut wie deine Familie und deine Vorfahren in der fernen Heimat! Mache aus deiner Bürde eine Würde. Nur so bereitest du deinen Landsleuten, die du in der Fremde repräsentierst, oder den Vorfahren, deren Namen du trägst, keine Schande.

Aber in der Gefolgschaft des Besser-sein-Imperativs lauert der Herkunft Last und der Taten Zwang.

Das ist Homers epische Botschaft.

Glaukos sprach weiter zu Diomedes die geflügelten Worte, die wahrhaftigen: „Allerdings verstehe ich nicht ganz, warum du nach meiner Abstammung fragst. Die menschlichen Generationen sind doch nichts anderes als die Blätter der Bäume: Die älteren Blätter fallen auf die Erde und verschwinden, jüngere Blätter sprossen und erfreuen immer aufs Neue die Menschen."

Das Lied von der Individualität

Und die Seele sang der immerwährenden Gültigkeit geflügelte Worte:

So kam die Bedeutung der Individualität in die Welt. In deren Gefolgschaft auch die Eigenverantwortung und das Bestreben „*Du* sollst die Menschen mit *deinem* Leben und *deinem* Werk erfreuen und zeigen, was *du* kannst, aber dich nicht auf Vorfahren und Herkunftslorbeeren ausruhen. Die sind die Vergangenheit, *du* bist die Gegenwart."

Das ist Homers epische Botschaft.

Glaukos Vorfahren waren keine geringeren als der legendäre Sisyphos und der ebenfalls legendäre Bellerophon. Wer die beiden sind, erzähle ich Euch, werte Zuhörer, meine Ilias ergänzend, in aller Kürze.

Die tiefste Hölle ist die Sinnlosigkeit

Sisyphos, Sohn des Windgottes Äolos, war der Großvater von Bellerophon, und Bellerophon wiederum der Großvater von Glaukos, von dem ich gerade sprach. Sisyphos bekam bekanntlich von Zeus die höchste postmortale Strafe auferlegt; er wurde nach seinem Tod in der untersten Ebene des Tartaros, in der tiefsten aller Höllen also, eingesperrt.

Die tiefste Hölle ist die Sinnlosigkeit!

Man weiß ja, Sisyphos musste einen riesigen Felsbrocken einen Hügel hinaufrollen, aber jedes Mal, wenn er nach vielen Mühen schwitzend und schwer atmend oben ankam, rollte der Felsblock zurück und landete wieder tief unten am Fuße des Hügels. Sisyphos musste mit seiner Arbeit von vorne beginnen; immer wieder und wieder dasselbe sinnlose Unterfangen. Obwohl er – zumindest nach ein paar hundert Versuchen – wusste, dass das Ganze keinen Sinn hat, hatte er keine Wahl. Er musste es immer wieder von neuem tun. Sinnlos! Sinnlos alle seine Mühen. Trotzdem ging das so über die Jahrhunderte. Die Jahrtausende. Eine ewige Sinnlosigkeit und eine sinnlose Ewigkeit. Die höchste aller Strafen!

Sisyphos war zur Höchststrafe verurteilt worden, die es im griechischen Hades gab, zur Sinnlosigkeit. Grund dafür war, dass er zweimal Thanatos, den Gott des Todes, überlistet hatte, um dem Tod zu entgehen. Das war eine unerhörte Hybris, schwerste Sünde! Denn unsterblich sind nur die Götter. Sterbliche, die nach Unsterblichkeit streben, verletzen die den Sterblichen auferlegte unverletzbarste aller Grenzen: die Grenze, die die Natur stellt! Solche Menschen maßen sich an, absolute Herrscher der Natur zu sein, meinen, ihre Gesetze unbegrenzt manipulieren und außer Kraft setzen zu können. Höchste Hybris, die die Höchststrafe verdient: die Sinnlosigkeit eben!

Das Lied von der Unverletzbarkeit der Naturgesetze

Und die Seele sang der immerwährenden Gültigkeit geflügelte Worte:

So kam die Erkenntnis in die Welt: Verletze nicht die Unverletzbarkeit der Naturgesetze! Sonst warten höchste Strafen auf dich.

Das ist Homers epische Botschaft in dieser seine Ilias ergänzenden Erzählung.

Das Lied vom Sinn im Leben

Und die Seele sang weitere der immerwährenden Gültigkeit geflügelte Worte:

Und so kam auch noch die Erkenntnis in die Welt: Gibt deinem Leben einen Sinn! Fülle dein Tun mit sinnvollen Aufgaben, sonst wirst du nie das Glück kosten dürfen. Lass nicht Sinnlosigkeit deine Tage beherrschen, sonst werden sie für dich die Hölle!

Das ist auch Homers epische Botschaft in dieser seine Ilias ergänzenden Erzählung.

Bellerophon war also ein Enkel von Sisyphos und der Großvater von Glaukos; dem Glaukos, der eben Diomedes auf dem trojanischen Schlachtfeld begegnete. Belleropohon wurde als Jüngling – ohne es zu wollen und unfallbedingt – zum Mörder des Hippagogen seines Vaters, des Pferdeführers Belleros – daher sein Spitzname, mit dem er durch die Jahrtausende wandert: „Bellerophon" heißt „der Mörder des Belleros". Der Mord an Belleros aber war kein Mord, nicht nur weil es ein Unfall war, sondern auch weil eine Intrige der Liebesgöttin Aphrodite dahinter steckte.

Aphrodite wusste, dass der Junge ein Träumer war und davon träumte, eines Tages Pegasos, das geflügelte Pferd der Poesie, reiten zu können. Den Traum des Träumers nutzte diabolisch die Göttin. Sie hatte eine Wolke so gestaltet, dass sie wie Pegasos aussah. Damit täuschte sie den Jungen Bellerophon, der das vermeintliche fliegende Pferd der Poesie unbedingt einfangen wollte, und zwar mit einem Seil, an dessen Ende ein Pfeil befestigt war. Wenn der Pfeil mit dem Seil um den Hals des fliegenden Pferdes herum wieder zur Erde hinab fiel, würde er Pegasos damit festhalten können. Er ahnte natürlich nicht, dass das vermeintliche fliegende Pferd eine Wolke war, die das Seil mit dem Pfeil nicht aufhalten konnte, und dass der Pfeil in rasendem Tempo zur Erde schießen würde – mitten durch das Herz von Belleros, der gerade mit König Glaukos, dem Vater von Bellerophon, das Wagenlenken trainierte. Die durch den Tod ihres Pflegers wild gewordenen Pferde trampelten auch den König zu Tode, der qualvoll starb.

Ihr mögt es schon ahnen: Das Ganze war nichts anders als ein grausamer göttlicher Racheakt der Aphrodite gegen Bellerophons Vater, König Glaukos – ja, Bellorophons Vater hieß ebenfalls Glaukos, so wie der Enkel aus dem

Trojanerlager. Der Vater von Bellorophon hatte die Liebesgöttin – ihrer Meinung nach – nicht uneingeschränkt respektiert.

Der Sturz eines Grenzverletzers

Nach dem angeblichen Mord musste der unschuldig schuldig gewordene Bellerophon in eine Stadt auf dem Peloponnes ins Exil gehen, um sich von der Bluttat zu bereinigen. Der dortige König gewährte ihm Asyl. Eines Tages wurde Bellerophon von der jungen Königin, die ihn sexuell begehrte, deren Annäherungsversuche er aber abgewehrt hatte, weil er die Gastfreundschaft nicht verletzen wollte, der versuchten Vergewaltigung beschuldigt. Unschuldig, aber durch den alten König verfolgt, der seiner jungen Königin glaubte, kam Bellerophon nach Lykien in Kleinasien. Dort bewältigte er viele schwierige Aufgaben zum Wohle seiner Mitmenschen und befreite sie von allerlei Übeln, unter anderem tötete er das furchtbare Ungeheuer Chimära. Die Menschen verehrten ihn wie einen Gott.

Auf dem Rücken des realen Pegasos, den ihm dann Athena als Entschädigung für das Erlittene und als Belohnung für das Geleistete geschenkt hatte, flog er hoch in die Lüfte, fast bis zum Gipfel des Olymps. Die gottgleiche Verehrung durch die Menschen und die hohen Pegasos-Flüge trugen dazu bei, dass er leichtsinnig und anmaßend wurde und sich in der Tat gottgleich wähnte. Bald erkannte er die Grenze zwischen Sterblichen und Unsterblichen nicht mehr. Er wähnte, Anspruch auf einen festen Platz auf dem Olymp zu haben, wo die Unsterblichen wohnen.

Die Götter bestraften Bellerophon für seine Grenzverletzung mit einem Sturz vom hochfliegenden Phantasiepferd auf die harte Realität der Erde. Manche sagen, er sei dadurch gestorben, andere wiederum sagen, er sei dadurch querschnittsgelähmt und blind geworden[1].

Das Lied von der Erweiterung der Grenzen

Und die Seele sang der immerwährenden Gültigkeit geflügelte Worte:

Grenzen darf man erweitern, aber nicht verletzen. Das ist das eiserne Gesetz der Götter, aller Götter. Und auch der Natur eisernes Gesetz.

Das ist Homers epische Botschaft.

[1] Bellerophons Leben und Werke sowie die daraus resultierende Lehren wurden während eines Orientierungsabenteuers von Prometheus und Herakles von den beiden und anderen Abenteuerteilnehmern tiefsinnig diskutiert. Man kann sie nachlesen, treu wiedergegeben in: Andreas Marneros, „Feuer für ausgebrannte Helden. Auf der Suche nach Orientierung. Ein Abenteuer mit Prometheus und Herakles" (2015).

Das Lied von der Erkennung der Grenzen

Und so sang die Seele noch weitere der immerwährenden Gültigkeit geflügelte Worte:

So kam die Mahnung an die Menschen in die Welt: Erkenne deine Grenzen und respektiere sie. Erweitere deine Grenzen, aber überschreite sie niemals. Deine Möglichkeiten sind nicht unbegrenzt. Verletzt du diese Grenzen, zerstörst du dich selbst.

Das ist auch Homers epische Botschaft in dieser seine Ilias ergänzenden Erzählung.

Und die Seele fügte mit klarer Stimme die klärenden Worte hinzu:

Wobei diese Mahnung nicht alleine in die Welt kam. Sie war gefolgt von der Unterscheidung zwischen Menschen, die versuchen, über das Irdische hinauszufliegen, um die Grenzen des Menschlichen zu erweitern, und Menschen, die aus Hochmut ihre Grenzen nicht erkennen. Die ersteren verdienen die Hochachtung von Menschen und Göttern, während die zweitgenannten, die Reiter des Hochmuts, ihrer Bestrafung entgegenfliegen – der Fall von ihrem Phantasiepferd ist ihnen gewiss.

Ein Sohn des legendären Bellerophon war Ippolochos, Vater von Glaukos, des edlen Lykiers, dem Ihr eben begegnet seid. Und mit einer Tochter von Bellerophon, Laodamia, hatte Zeus den gottähnlichen Sarpedon gezeugt, den Ihr schon im vorigen Gesang kennen gelernt habt.

Die gerade gemachten Erläuterungen, die in meiner ursprünglichen Erzählung nur fragmentarisch vorkamen, waren meines Erachtens notwendig; meinen damaligen Zuhörern war all das bekannt, anders als Euch modernen Menschen.

Nun aber zurück zum trojanischen Schlachtfeld.

Und so kam es, dass Diomedes, als er die Genealogie von Glaukos hörte, vor Freude aus dem Kriegswagen sprang und zu ihm die geflügelten Worte sprach, die freundschaftsstiftenden: „Aber uns verbindet doch Freundschaftliches! Unsere Vorfahren waren enge Freunde, haben kostbare Geschenke ausgetauscht und gegenseitige Gastfreundschaft genossen. Komm jetzt, es gibt für mich genug Helden aus dem Lager der Trojaner und für dich genug Griechen, um unseren Tötungsdrang zu befriedigen. Wir beide brauchen uns nicht gegenseitig umzubringen. Freundschaft steht doch über allem. Wenn der Krieg vorbei ist, kommst du nach Griechenland, um mich zu besuchen, und ich komme zu dir nach Lykien."

Und so umarmten sie sich herzlich, die zu Freunden werdenden Feinde. Als Zeichen der Freundschaft und der Verbrüderung tauschten sie ihre kostbare Rüstung.

Das Lied von der Kraft der Freundschaft

Und die Seele sang der immerwährenden Gültigkeit geflügelte Worte:

So kam die Kraft der Freundschaft in die Welt, begleitet von der Überwindung angeblich unüberwindbarer Feindschaft.

Das ist Homers epische Botschaft.

Die gegensätzlichen Brüder

Während Diomedes und Glaukos ihren berühmten Dialog führten, der die Verbrüderung der beiden Feinde zur Folge hatte, erreichte der bronzegerüstete Hektor Trojas Haupttore – die Skäas Pylas, die Skäischen Tore – um Helenos Botschaft seiner Mutter zu überbringen. Die Frauen von Troja liefen sofort zu ihm und umringten ihn, um neues über das Schicksal ihrer Angehörigen auf dem Schlachtfeld zu erfahren. Der erhabene Hektor kümmerte sich um alle, spendete Trost, gab Rat und Informationen, wo er konnte. Er animierte die Frauen, das zu machen, was sein Bruder Helenos empfohlen hatte: In den Tempel der Athena zu gehen und sie anzuflehen, Troja zu verschonen. In Priamos wunderbarem Palast mit den fünfzig Zimmern aus fein gemeißeltem Marmor angekommen, motivierte er auch seine Mutter, Königin Hekabe, und ihre Hofdamen, reiche Gaben zu Athenas Tempel zu bringen und sie inbrünstig um die Rettung der Stadt und die Vernichtung des hochgefährlichen Diomedes zu bitten.

Hektor konnte es sich nicht versagen, sein Unbehagen bezüglich Paris seiner Mutter gegenüber zu erwähnen: Es wäre besser für Troja, wenn Paris tot wäre; für alle das Beste wäre, wenn er die Reise nach Griechenland und Helenas Entführung gar nicht hätte unternehmen können. Die Mutter schwieg.

Was meint ihr, meine geschätzten Zuhörer. Schwieg die Mutter aus Mutterliebe? Aus Schuldgefühlen? Sie und ihr Mann, König Priamos, waren es ja gewesen, die die alte Prophezeiung vom brennenden und alles verbrennenden Paris verharmlost hatten, damals als der erwachsene Sohn plötzlich wiedergefunden war. Sie waren es gewesen, die Kassandras eindringliche Rufe vom Untergang Trojas, der durch ihren Bruder Paris verursacht werden würde, ignoriert hatten.

Was immer der Grund war – Königin Hekabe blieb nur zu schweigen.

Das Lied von der Elternliebe gegen die Pflicht

Und die Seele sang der immerwährenden Gültigkeit geflügelte Worte:

So setzte sich das Dilemma fort, das mit Agamemnon und Iphigenia seinen Beginn genommen hatte, nämlich zwischen Elternliebe und Pflicht zu entscheiden.

Das ist Homers epische Botschaft.

Und die Seele fügte den geflügelten Worten noch hinzu:

Manche Eltern leiden und schweigen – wie offensichtlich Hekabe gerade es tut. Andere leiden und handeln – wie Agamemnon damals es tat: Er hatte, mit viel Schmerz und Kummer, zu Beginn des trojanischen Feldzuges entschieden, seine geliebte Tochter Iphigenia der Artemis zu opfern. Ohne dieses Opfer hätte die Griechenflotte nicht nach Troja segeln und somit den Auftrag des Vaterlandes nicht erfüllen können. Vaterlandsliebe siegte über Vaterliebe, wie Ihr schon zu Beginn der Ilias gehört habt.

Hekabe schwieg also und machte sich auf, um die kostbaren Opfergaben für Athena auszuwählen. Doch ihre Gebete und die der Frauen von Troja, deren Prozession zum Tempel der Athena angeführt wurde von Theano, der schönen und edlen Priesterin der Athena, sollten erfolglos bleiben. Athena hatte sich nämlich festgelegt: Die Griechen sollten siegen! Deshalb ließ sie sich auch nicht durch die kostbaren königlichen Gaben umstimmen. Die Rache, die sie zusammen mit Hera gegen die Trojaner geschworen hatte, versprach eine viel größere Befriedigung als die kostbarsten Geschenke. Rache ist eben die Hedonie der Götter.

Die Trojaner beteten bis zum bitteren Ende, ebenso die Griechen. Die Feinde zu beiden Seiten der mörderischen Frontlinie beteten zu denselben Göttern darum, den jeweiligen Feind des jeweilig Betenden zu vernichten.

Das Lied von einer weiteren religiösen Absurdität

Und so sang die Seele der immerwährenden Gültigkeit geflügelte Worte:

So setzt sich die Absurdität in der Welt bis zum heutigen Tage fort: Mein Gott, der auch Gott meines Feindes ist, möge meinen Feind vernichten! Und so setzen die Menschen, immer wieder aufs Neue, ihre eigene Logik außer Gefecht.

Das ist Homers epische Botschaft.

Der hochgewachsene Hektor, seinen elf Ellen langen Speer mit der durch einen goldenen Reif befestigten bronzenen Spitze in der Hand haltend, suchte inzwischen Paris auf. Er fand ihn entspannt und gut gelaunt in den fürstlichen Gemächern, mit Helena in seiner Nähe, sich mit schönen und kostbaren Waffen vergnügend, die er eher als Spielzeug oder Schmuck denn als Waffen betrachtete. Der Heeresführer Hektor wurde wieder wütend und attackierte seinen leichtlebigen Bruder erneut heftig. Paris sei der Grund für das Leid und Unglück ihrer Landsleute und ihrer Heimat. Aber statt gegen die

Hektor tadelt Paris

Feinde zu kämpfen, sitze er in seinem Palast und vergnüge sich wie ein Kind, rief der bronzegerüstete Held dem spielenden Frauenhelden zu. Er solle jetzt schleunigst aufstehen und mit ihm zusammen in den Krieg ziehen!

Es sei hier bemerkt, meine geschätzten Leser, dass nicht nur Hektor, sondern auch viele andere Trojaner der Meinung waren, es wäre besser für Troja, wenn Paris tot wäre, am besten schon gewesen wäre, bevor er Helena überhaupt hätte entführen können. Nichtsdestotrotz hielten sie zu ihm, niemand versuchte, ihn umzubringen oder ihn zu zwingen, Helena gegen seinen Willen zurückzugeben. Der Ratschlag wurde ihm zwar verschiedentlich gegeben, aber niemand hätte es erzwungen. Seine an bitteren Konsequenzen reiche Haltung wurde von den anderen respektiert, aus Solidarität zum Landsmann und Königsohn, wenn auch von manchen nur zähneknirschend.

Das Lied von der Solidarität

Und die Seele sang der immerwährenden Gültigkeit geflügelte Worte:

So kam die Solidarität in die Welt, in Gefolgschaft vom Dafür-Nachteile-auf-sich-nehmen. Mal mit Zähneknirschen, mal ohne.

Das ist Homers epische Botschaft.

Und die Seele murmelte nachdenklich und traurig, auf Trojas blutgetränkte Ebene und deren blutrot gefärbte Flüsse zeigend:

Solidarität ist im Prinzip etwas sehr Gutes, aber sie kommt leider nicht selten auch in Gefolgschaft des Augenverschließens vor der Unterscheidung zwischen Recht und Unrecht, zwischen Moralischem und Unmoralischem. Dann kann die Solidarität auch mitschuldig werden an etwas wie dem, was sich seit zehn Jahren hier vor meinen trauernden Augen abspielt.

Und noch ein letztes mahnendes Wort flüsterte die Seele:

Man muss aufpassen: Solidarität und falsche Solidarität sind nicht immer leicht auseinanderzuhalten.

Die anwesende Helena, die Paris Benehmen miterleben und Hektors Vorhaltungen mitanhören musste, schämte sich für ihn fast zu Tode, aber auch für sich selbst, die sie sich als Ursache des unendlichen Leides betrachtete. Sie sprach die geflügelten Worte, die verzweiflungsvollen: Sie sei verachtungswürdig wie eine Hündin, unheilstiftend und schaudervoll. Warum sei sie nicht bei ihrer Geburt von einem bösen Windwirbel fort getragen worden, ins ferne Gebirge oder weit übers Meer? Das wäre besser gewesen; dann wäre vermieden worden, was durch sie geschehen sei.

Helena zeigte Verachtung für Paris Erbärmlichkeit und Anerkennung für Hektors Erhabenheit. Aber sie warf auch tiefe Blicke in sich hinein und nahm ihre eigene Schuld und ihre Verantwortung für das Geschehene wahr: Es sei ihre eigene Schuld, auch wenn die Götter die Schicksale der Menschen bestimmten.

Das Lied von der Introspektionsfähigkeit

Und die Seele sang der immerwährenden Gültigkeit geflügelte Worte:

So kam die Introspektionsfähigkeit in die Welt, also die Fähigkeit, in sich zu kehren, innere Vorgänge in ihrer Bedeutung wahrzunehmen, wie etwa eigene Schuld, und damit auch die eigene Verantwortung zu erkennen.

Sie kam in Gefolgschaft der Reue, der Wiedergutmachung und der Veränderungs- und Verbesserungsfähigkeit.

Das ist Homers epische Botschaft.

Allerdings bedeutet Introspektionsfähigkeit keineswegs, blind alles Übel auf sich zu nehmen und ungerechtfertigter Weise auch die Mitverantwortung oder die Schuld anderer auf sich zu nehmen.

Introspektionsfähigkeit ist zwar die Fähigkeit, nach innen zu sehen, sie trübt aber nicht den Blick nach außen – fügte die Seele deutlich und entschieden noch klärend hinzu.

Die Introspektionsfähigkeit, ein Adoptivkind der Götter

Die Introspektionsfähigkeit, deren Geburtsstunde Ihr gerade miterleben durftet, werte Zuhörer, ist ein Kind der Ilias, von den Philosophen erzogen und von den Göttern adoptiert. Die Adoption ging folgendermaßen vonstatten: Die Priester des Tempels von Delphi hatten einmal von Apollon den Auftrag bekommen, die sieben weisesten Menschen der Welt einzuladen. Jeder von ihnen durfte einen weisen Spruch in den Marmor des Tempeleingangs meißeln. Der wichtigste Spruch sollte direkt über dem Eingang stehen. Als alle sieben Weisen nacheinander ihre Sprüche der Priesterjury vorgelegt hatten, wurde nach Apollons Anweisungen der allerweiseste Spruch über dem Portal in den Stein gehauen. Der Gott hatte folgenden Spruch ausgewählt:

ΓΝΩΘΙ ΣΕΑΥΤΟΝ – gnothi seauton – Erkenne dich selbst.

Der Spruch stammt von dem Weisen Chilon aus Sparta – andere behaupten von Thales von Milet, dem Gründer der Philosophie. Aber es ist letzten Endes unwichtig, wer ihn gesagt hat. Wichtig ist, dass dieser Satz der Philosophen dem emotionalen Empfinden, was ich durch Helenas Mund zum Ausdruck brachte, eine umfassendere intellektuelle Formulierung gab, die auch von den Göttern –repräsentiert durch den Lichtgott Apollon – adoptiert wurde. Wichtig ist auch, was dieser Satz bedeutet. Oder noch wichtiger, welche Bedeutung ihm jeder von Euch gibt, werte Zuhörer.

Von hier oben betrachtend weiß ich inzwischen, dass die Bedeutung, die ihm die meisten Denker der letzten zweitausendsechshundert Jahre gegeben haben, ungefähr wie folgt formuliert werden kann:

Kehre in dich, erforsche dich selbst, schätze dich selbst richtig ein, über- und unterschätze dich nicht. Erkenne deine Fähigkeiten, deine Kräfte, deine Möglichkeiten, deine Sehnsüchte, deine Harmoniequellen. Aber erkenne auch deine Verantwortung für dich und andere. Erkenne deine mögliche Schuld und dein eventuell fehlerhaftes Verhalten. Verkenne nichts davon. Lebe in Harmonie mit der Selbsterkenntnis.

Die Weisheit des Delphi-Heiligtums gibt den Menschen ein Ideal vor, nach dem sie sich richten können; nach dem sie ihre eigene Schuld und Verantwortung erkennen, Reue zeigen, Veränderung anstreben und Korrekturen ihres Verhaltens vornehmen können.

Helenas Introspektionsfähigkeit ist also ein Kind der Ilias, von Philosophen erzogen, von den Göttern adoptiert und in die erhabene apollinische Familie des „Erkenne-dich-selbst" integriert. Diese wunderbare Familie brachte selbst viele andere schöne Kinder in die Welt, etwa die Scham, die Reue, die Wiedergutmachung, den Veränderungswillen, das Selbstkorrektiv und die Verbesserungsfähigkeit – davon habt Ihr schon gehört oder werdet noch davon hören.

Das Lied von der Schmerzhaftigkeit der Selbsterkenntnis

Und die Seele sang der immerwährenden Gültigkeit geflügelte Worte:

Die Selbsterkenntnis kann schmerzvoll sein, ist aber ebenso unverzichtbar für die innere Harmonie des einzelnen Menschen wie für das Funktionieren einer menschlichen Gesellschaft.

Diese epische Botschaft erkennt man in dieser Ergänzung von Homers Ilias.

Nach diesem kurzen Exkurs zum Thema Introspektion kehren wir, meine verehrten Zuhörer, zurück zur schönen Helena.

Nachdem sie weder über die Gebirge noch übers Meer hinweggefegt worden sei, fuhr Helena nachdenklich fort, und die Götter offensichtlich etwas anderes mit ihr im Sinn hätten, also das, was jetzt geschehe, hätte sie sich einen besseren Mann als Paris gewünscht. Jemanden, der verstehen würde, warum die Menschen so böse über ihn sprächen und sich für ihn schämten, so wie auch sie selbst. Aber Paris habe weder einen gefestigten Charakter, noch werde er den jemals haben. Dafür werde er eines Tages seine gerechte Strafe erhalten. Zu Recht würden die nachkommenden Generationen schlechte Lieder über Paris und auch über sie singen. Paris sei bloß ein verachtenswerter Frauenheld. Dagegen sei Hektor ein Mann, der ihr Herz und ihre Bewunderung verdiene – der sei nicht nur ein Mann, sondern ein echter Held.

Das Lied von der Vernichtung der Partnerschaft

Und die Seele sang der immerwährenden Gültigkeit geflügelte Worte:

So kam die Erkenntnis in die Welt, dass wenn Achtung und Respekt für den Partner abhandenkommen, nichts mehr übrig bleibt, was tief verwurzelte Partnerschaft ausmacht.

Das ist Homers epische Botschaft.

Durch Hektors Vorhaltungen und die von Helena ausgedrückte Verachtung zeigte sich Paris nun doch beschämt und machte sich fertig für den Kampf. Später, als die beiden Brüder unterwegs zum Schlachtfeld waren, äußerte der erhabene Hektor dem getadelten Paris gegenüber, dass er trotz allem Mitleid für ihn empfinde, wenn die Trojaner so schlecht über ihn, seinen Bruder, sprächen. Er billige Paris Verhalten zwar nicht, aber seine Solidarität sei ihm trotzdem sicher.

Das Lied von der Geschwisterliebe

Und die Seele sang der immerwährenden Gültigkeit geflügelte Worte:

So kam die Erkenntnis in die Welt, dass Geschwisterliebe die Verbitterung besiegen kann, wie jede echte und tiefe Liebe. Geschwisterliebe, wie jede andere Liebe, kommt dann in Gefolgschaft von Solidarität und Verzeihen.

Das ist Homers epische Botschaft.

Gattenliebe und Pflichtgefühl

Bevor er in die Schlacht zog, ging der imposantbehelmte Hektor zu seiner Frau Andromache und zu seinem neugeborenen Sohn Astyanax. Andromache stand mit der Amme, die das Baby in ihren Armen trug, seit langem auf den Türmen von Troja, voller Sorge um ihren Mann. Weinend beobachtete sie den Kampfplatz, immer auf der Suche nach einem Zeichen von ihm. Als Hektor von einer Dienerin erfuhr, wo er Andromache finden würde, lief er sofort zu ihr. Die Begegnung der liebenden Eheleute war tränenreich und von Liebesbeteuerungen begleitet. Andromache hatte schlimme Ahnungen, dass Hektor der kriegerischen Kunst der bronzegepanzerten Griechen zum Opfer fallen würde – genauso wie ihr Vater, der König von Kilikien und Verbündeter der Trojaner. Er war gefallen, als die Griechen seine Hauptstadt Thebe eroberten. Achilles hatte ihn und seine sieben Söhne in der Schlacht getötet und anschließend ehrenvoll bestatten lassen. Andromaches Mutter war auch plötzlich gestorben, „durch einen Pfeil der Artemis", wie damals der plötzliche Tod von Frauen bezeichnet wurde. Andromache befürchtete nun, dass sie bald auch ihren geliebten Mann verlieren würde. Weinend und mit herzzerreißenden Worten flehte sie ihn an, bei ihr und dem neugeborenen Sohn zu bleiben. Er sei für sie nicht nur der zärtlich liebende Ehemann, sondern auch Vater und Mutter und Geschwister zugleich. Er dürfe nicht sterben.

Der erhabene Hektor, der edle Mann, geriet in einen Loyalitätskonflikt: Auf der einen Seite sah er seine Verpflichtung Frau und Kind gegenüber, auf der anderen Seite gegenüber Vaterland und Landsleuten. Er musste sich entscheiden; und er entschied sich für seine Pflicht gegenüber der Allgemeinheit. Das brachte er Andromache mit schonenden Liebesworten bei. Und er fügte die geflügelten Worte hinzu, die sorgenvollen: „Ich weiß, dass Troja der Vernichtung geweiht ist. Ich weiß auch, dass mein Vater Priamos und meine Geschwister ebenso wie viele, viele unserer Landsleute dabei umkommen werden. Das macht mich unendlich traurig. Aber am traurigsten werde ich, wenn ich an dein Schicksal denke, dass du als Sklavin nach Griechenland verschleppt werden könntest. Ich hoffe, ich werde fallen, bevor das geschieht".

Hektor nahm seinen Sohn in die Arme, hob ihn hoch und betete zu Zeus, dass die Menschen eines Tages sagen würden: „Der ist besser als sein Vater es war“. Dann verabschiedete er sich voller Gefühl und mit Worten der Liebe von seiner Frau und seinem Kind und zog in die Schlacht. Die Pflicht fürs Vaterland bändigte Gattenliebe und Vaterliebe.

Das Lied von der egoistischen Allgemeinheit

Und die Seele sang der immerwährenden Gültigkeit geflügelte Worte:

So setzt sich der alte Kampf zwischen Verantwortung für die Allgemeinheit und Pflicht den Liebsten gegenüber fort. Mit Agamemnon und Iphigenia hat zwar dieser innere schwere Kampf in Urzeiten einmal angefangen, aber er setzt sich bis heute in anderer Form unvermindert fort. Und damit auch die Frage:

Was ist moralisch und was ist unmoralisch?

Die Liebsten zu opfern, um der Allgemeinheit zu dienen, oder die Pflichten den Liebsten gegenüber zu erfüllen, auch dann, wenn die Allgemeinheit dadurch Schaden erleidet? Die Allgemeinheit, die die Regeln bestimmt, wird sicherlich für das erstere stimmen. Aber stimmt immer das, was die Allgemeinheit bestimmt?

Das ist die quälende Frage! Die sich, selbstgequält, auch die Seele stellte.

Und dann sang die Seele noch diese der immerwährenden Gültigkeit geflügelte Worte:

So kam die Erkenntnis in die Welt, dass die Allgemeinheit es rührend findet, wenn jemand dem Ruf seiner Liebe und seiner Lieben folgt – aber nur dann, wenn es den Interessen der Allgemeinheit nicht entgegensteht! Und schon wieder fühlt sich der einzelne Mensch mit der Entscheidung, was moralisch ist und was nicht, im Strudel der Gefühle allein gelassen.

Das ist Homers epische Botschaft, resümierte die Seele nachdenklich, sehr nachdenklich, dem Strudel zu entgehen versuchend.

9 Aufregung und Gelassenheit

Zusammenfassung

Aus dem siebten Gesang meiner Ilias werde ich Euch erzählen, wie Athena und Apollon beschließen, die Tagesschlacht zu beenden. Sie schicken Hektor die Eingebung, den tapfersten der Griechen zum Duell zu fordern und damit die allgemeine Schlacht für heute als beendet zu erklären, der Hektor folgt. Nach mehr oder weniger beschämendem Hin und Her mit einer Mischung aus Angst und Eitelkeit der Helden wird Ajax als Hektors Gegenspieler benannt. Die Kontrahenten zeigen großen Respekt voreinander, der Kampf aber endet unentschieden. Inzwischen versuchen die Trojaner, Paris zu überzeugen, den Griechen Helena und die geraubten Schätze zurückzugeben, um so ihr Land zu retten. Paris ist bereit, die Schätze zurückzugeben und noch mehr dazu, aber keinesfalls Helena. Da die Griechen dieses Angebot ablehnen, darf der Krieg weitergehen.

Und die uns begleitende Seele wird dabei geflügelte Worte von immerwährender Gültigkeit singen, wie etwa über die Introspektionsfähigkeit als von Philosophen erzogenes und von Göttern adoptiertes Kind, über die Angst, die auch Helden haben, und über die Schamerzeugung durch das Erkenne-dich-selbst. Sowie über einiges mehr.

Halbwahrheit und die gespielte Großzügigkeit

Nach der Rückkehr von Hektor, dem strahlenden bronzegerüsteten Helden, auf den Kampfplatz begann eine neue furchtbare Schlacht. Die Völker vernichteten sich gegenseitig. Das Blut der Trojaner und ihrer Verbündeten mischte sich mit dem Blut der Griechen; das sich im Fließen vereinigende Blutgemisch färbte Ebenen und Flüsse blutrot. Die Trojaner gewannen zeitweilig die Oberhand, was abermals die große Philhellenin, die himmelblauäugige Pallas Athena, auf den Plan rief. Sie flog eilig vom Olymp herab und landete auf dem vom Blutgemisch dunkelroten Schlachtfeld vor der trojanischen Stadtmauer, um den Griechen beizustehen. Ihre Einmischung wiederum gab dem über große Entfernungen treffsicheren Bogenschützen Apollon, dem großen Trojanerfreund, Veranlassung, ebenfalls einzugreifen. Er traf Athena auf dem Schlachtfeld und fragte sie vorwurfsvoll, was sie dort wolle. Wolle sie etwa an der Seite der Griechen kämpfen, bis Troja zerstört sei, fragte er mit bitterem Unterton. Es wäre besser, wenn das Schlachten für heute beendet würde. Die feindlichen Armeen hätten ja morgen und über-

A. Marneros, *Homers Ilias psychologisch erzählt*, DOI 10.1007/978-3-658-11202-8_9

morgen noch Zeit, sich gegenseitig zu vernichten. „Das wird so lange gehen, bis Troja gefallen und vollständig zerstört ist, so wie du und die Zeusgattin Hera es wollt", fügte er mit bitterer Miene die bitteren Worte hinzu.

Deswegen sei sie eigentlich auch hier, war die Antwort der Zeustochter, um das Blutvergießen für heute zu beenden. Die beiden kamen überein, die furchtbaren Kämpfe für diesen Tag erst einmal mit einer List zu beenden. Sie schickten dem gottgleichen Hektor eine Eingebung: Die Schlacht zwischen den beiden Armeen solle für heute beendet werden, und stattdessen solle er mit einem der Tapfersten und Besten der Griechen kämpfen. Allerdings beschlossen die beiden Götter – und das war die kleine, listige, wenngleich göttliche Kungelei – dass keiner der beiden Zweikämpfer sterben sollte.

Gekungelt, gesagt, getan.

Der beiden Götter Geheimplan lief nach Plan.

Naja, eigentlich blieb der beiden Götter Geheimplan nicht geheim und lief auch nicht ganz nach Plan.

Die Entscheidung der Götter vernahm nämlich der trojanische Seher Helenos, der es sofort seinem Bruder Hektor mitteilte und ihm so auch verriet, dass keine Gefahr für ihn bestehe, weil seine Stunde noch nicht geschlagen habe. Wie dankbar der wie ein Löwe kämpfende Hektor für die göttlich vergönnte Atempause war! Mit gespielter Großzügigkeit schlug er den Griechen einen Zweikampf vor, er gegen einen der tapfersten der Griechen; dabei mit halbwahren Worten der Götter Plan als eigenes Angebot verkündend. Da er durch den Seher Helenos die ganze Wahrheit kannte, nämlich dass keiner der beiden Kämpfenden sterben würde, was er schlauerweise dem Feind nicht mitteilte, setzte er mit gespielter Großzügigkeit noch hinzu: Wenn er in dem Zweikampf fallen würde, dürfe sein Kontrahent seine Rüstung als Trophäe behalten, aber er bitte darum, seinen Leichnam seiner Familie zur Bestattung zu übergeben. Dasselbe werde er auch tun, wenn er der Sieger sein sollte. Als Besitzer der ganzen Wahrheit konnte er in seiner Halbwahrheit den Großzügigen geben.

Das Lied von den zweckmäßigen Halbwahrheiten

Und die Seele sang der immerwährenden Gültigkeit geflügelte Worte:

So kam die Erkenntnis in die Welt, dass die halbe Wahrheit für manche Zwecke zielführender sein kann als die ganze. Und seitdem begannen mit Trickserei, Halbwahrheiten oder gar Unwahrheiten – in großartige Worte gehüllt – nicht nur Zweikämpfe, sondern auch große Völkerschlachten und Weltkriege.

Das ist Homers epische Botschaft.

Die Griechen zögerten mit der Antwort auf Hektors Offerte. Sie hatten einerseits große Angst davor, sie anzunehmen; dem gigantischen Hektor fühlte sich offensichtlich kaum jemand gewachsen. Das Angebot aber aus Angst abzulehnen und sich zu verkriechen, wäre andererseits eine unendliche Schande gewesen.

Das Lied vom Sich-davor-drücken

Und die Seele sang der immerwährenden Gültigkeit geflügelte Worte:

So kam die Erfahrung in die Welt, dass Angst Vermeidung, Ablehnung und Verkriechen mit sich bringt – man „drückt sich davor". Das wiederum bringt dem Nichtschamlosen Scham und Schande. Dazwischen steht der Charakter des Menschen, der zwischen Tun und Unterlassen auf die Probe gestellt wird, aber dadurch seine wahre Qualität zeigen kann.

Das ist Homers epische Botschaft.

Des Helden Selbstüberschätzung

Diese Probe bestand als erster der blonde Menelaos. Nach einer Weile meldete er sich zu Wort – allerdings großmäulig und überheblich. Er sprach zu seinen Landsleuten die geflügelten, von Zorn und Verachtung getragenen Worte: „Ihr seid alle Angsthasen, scheue Weiber, aber keine Krieger. Was für eine Schande wäre es, wenn keiner der Griechen Hektors Herausforderung annehmen würde. Aber ich bin nicht wie ihr alle; ihr Feiglinge und Ehrlosen! Jawohl, Feiglinge ohne Ehre seid ihr alle! Und weil ich weder Feigling noch ehrlos bin, stelle ich mich dieser Herausforderung. Ich werde gegen den großen Hektor kämpfen! Und den Ausgang des Kampfes überlasse ich dem Willen der Götter!"

Geschimpft, gesagt, getan!
Oder vielmehr: Geschimpft, geprahlt, getan!
Naja, fast getan, nur fast.

Als nämlich Menelaos mit zorniger Miene und hektischen Bewegungen begann, sich in seine Rüstung zu werfen, um sich dem riesigen, furchterregenden Hektor entgegenzustellen, sprangen die anderen Heeresfürsten auf und hinderten ihn daran. Sie wussten, was Menelaos nicht wahrhaben wollte: Er wäre der Herausforderung, gegen den großen Hektor anzutreten, nicht gewachsen gewesen; er konnte ihm nicht einmal ansatzweise das Wasser reichen!

Das Lied von der Diskrepanz zwischen Anspruch und Wirklichkeit

Und die Seele sang der immerwährenden Gültigkeit geflügelte Worte:

Die Diskrepanz zwischen Anspruch und Wirklichkeit, die schon vorher in die Welt kam, der Erkenntnis folgend, dass Schein und Sein nicht immer identisch sind, präsentierte diesmal ihre mannigfaltige Gefolgschaft: Unüberlegte Handlungen und Haltungen begleitet von maßloser Selbstüberschätzung.

Das ist Homers epische Botschaft.

Auch Helden können sich selbst überschätzen. Menelaos war bloß einer von ihnen.

Ja sicher, meine verehrten Zuhörer: Menelaos Haltung war edel und tapfer. Vor allem auch deshalb, weil er den Ausgang des Kampfes als offen betrachtete; er überließ es den Göttern. Das ist das eine. Aber das andere ist das, was seine Handlung impliziert, dass er sich nämlich zu den tapfersten der Griechen zählt – denn an die war Hektors Herausforderung gerichtet – und damit dem sagenhaften Gegner ebenbürtig. Sein Oberbefehlshaber und Bruder wie auch alle seine Kameraden waren anderer Meinung: Nein, er sei zwar gut, sehr gut sogar, für diese Angelegenheit jedoch sei er nicht der richtige. Aber wie bringt man jemanden von den Hochebenen des Anspruches in die Tiefebenen der Wirklichkeit – auch dann, wenn seine anspruchsvolle Haltung bloß Reaktion auf die beschämende Haltung anderer ist? Die Diskrepanz zwischen Anspruch und Wirklichkeit bleibt erhalten! Wie rettet man jemanden, der gerade im Begriffe ist, zwischen der Selbstüberschätzung und der Macht der Fakten wie zwischen zwei Mühlsteinen zermalmt zu werden? Wie öffnet man demjenigen die Augen, der blind für das Erkenne-dich-selbst geworden ist? Vor allem, wenn es sich dabei um ein – nach Eurer modernen Nomenklatur – Alpha-Tier handelt? Hat dieser jemand die Bereitschaft dazu?

Das Lied von den Pflegeeltern der Introspektionsfähigkeit

Und die Seele sang der immerwährenden Gültigkeit geflügelte Worte:

Introspektionsfähigkeit, dieses von Philosophen erzogene und von Göttern adoptierte Kind, setzt – wie Ihr inzwischen wisst – Introspektionsbereitschaft voraus. Ohne Bereitschaft ist die Fähigkeit nichts.

Das ist Homers epische Botschaft.

Agamemnon, Menelaos älterer Bruder, erkannte das Problem. Er kannte seinen jüngeren Bruder gut genug und wollte ihn vor sich selbst schützen. Und er wusste, dass dort, wo die Selbsterkenntnis keinen Zugang hat, die Autorität Zugangswege öffnen muss. Agamemnon tat es mit der Macht seiner Doppel-Autorität: Als älterer Bruder sowie als Oberbefehlshaber und oberster

Repräsentant der Staatsmacht. Er befahl schlicht und einfach seinem Bruder und Untergebenen, auf seinem Platz zu bleiben und keine Dummheiten zu machen; er sei der Sache nicht gewachsen. Der Zweikampf mit Paris sei eine andere Sache gewesen, eine Sache der Ehre, Rivale gegen Rivale, betrogener Ehemann gegen verführenden Nebenbuhler. Und eben: gegen Paris, bloß gegen Paris. Aber das hier sei eine andere Realität, die andere Realitäten diktiere. Menelaos sei diesen Realitäten nicht gewachsen. Er solle es sein lassen!

Menelaos gehorchte dem älteren Bruder, dem Oberbefehlshaber. Zur großen Erleichterung der anderen Heeresfürsten.

Das Lied vom Regeln und Maßregeln

Und die Seele sang der immerwährenden Gültigkeit geflügelte Worte:

So kam die Erkenntnis in die Welt, dass wenn das Handeln der Menschen Normen und Maßen nicht folgt, dann muss eine höhere Autorität handeln und normieren, regeln und notfalls maßregeln.

Das ist Homers epische Botschaft.

Der Helden Angst und Eitelkeit

Nach diesem Hin und Her also nahmen die Griechen Hektors Herausforderung doch an. Das vorübergehende Zögern war durch den schon erwähnten Kampf zwischen Scham und Angst verschuldet, weil Helden, die sich, offen oder insgeheim, für die besten hielten, offen oder insgeheim Angst vor dem furchterregenden Hektor hatten. Die Angst war nicht unbegründet, denn sie konnten ja nichts von der kleinen listigen Kungelei der Götter ahnen.

Das Lied von der Helden Angst

Und die Seele sang der immerwährenden Gültigkeit geflügelte Worte:

So kam die Erkenntnis in die Welt, dass auch Helden Angst haben. Angst hat jeder psychisch gesunde Mensch, ob Held oder nicht. Angst kann auch ein Kind der Logik sein, das den Menschen zur Vernunft bringt.

Das ist Homers epische Botschaft.

Die Angst der griechischen Helden aber wurde nicht durch Menelaos Zorn und seinen selbstüberschätzenden Auftritt, auch nicht durch das Eingreifen von Agamemnon besiegt, sondern durch die gekonnte psychotherapeutische Intervention des alten weisen König von Pylos, des in Rhetorik bewanderten und überzeugend sprechenden Nestors.

Meisterhaft schaffte es der alte, lebenserfahrene und allseits respektierte Nestor, eine mächtige Verhaltensveränderin, die auch die größten der Helden in sich versteckt halten, zum Vorschein zu bringen, zu verstärken und geschickt einzusetzen:

Die Scham!
Die Scham, die schmerzliche und korrigierende.
Die Scham, die schützende und verhindernde.

Nestor richtete an die – naja, nicht offen und nicht offensichtlich – verängstigten Helden die geflügelten Worte, die schamerzeugenden: Wenn die alten Helden, die in früheren Zeiten Prachtvolles zu Wege brachten, euch so sehen könnten, würden sie sich vor Scham den Tod wünschen. Er selbst habe als junger Mann keine Angst oder Scheu davor gehabt, sich mit mächtigen Gegnern zu messen. Und er trug eine lange Liste von furchterregenden Gegnern vor, die er besiegt und getötet hatte, obwohl er jünger und unerfahrener gewesen war als die griechischen Krieger, die jetzt vor ihm standen. Wäre er noch jung, hätte er sich ohne Zögern dem Kampf gegen den gigantischen Hektor gestellt. Aber nun sei er alt und schwach, zu gebrechlich; er habe jetzt leider die schreckliche Bürde des hohen Alters zu tragen.

Das Lied von Altwerden und Altsein

Und die Seele sang der immerwährenden Gültigkeit geflügelte Worte:
Nebenbei gesagt gilt auch für weise Menschen: Alle wollen alt werden, aber niemand will alt sein.
Das signalisiert uns Homer mit dieser epischen Botschaft.

Und der weise, alte Nestor nutzte auch noch das Privileg des Alters und fügte hinzu: Wäre er jung, wäre es ihm nie in den Sinn gekommen, sich so beschämend zu verhalten wie die jüngeren Heeresfürsten, die sich wie Angsthasen in der Erde verkröchen. Er hätte sich zu Tode geschämt!

Das Lied von der Schamtherapie

Und die Seele sang der immerwährenden Gültigkeit geflügelte Worte:
So kam der therapeutische Einsatz der Scham in die Welt. Scham, dieses schon erwähnte furchtbare negative Gefühl nach einer schlechten oder einer unterlassenen guten Tat; dieses bedrückende Gefühl, womit man sich am liebsten in einem Mauseloch verkriechen würde und – reuevoll – alles, was man falsch gemacht hat, korrigieren will. Die Scham ist ein Kind der Introspektionsfähigkeit und damit Kindeskind der Erkenne-dich-selbst-Familie.

Das ist Homers epische Botschaft.

Und übrigens, fügte wissend und erfahren die Seele noch hinzu:

Schamerzeugung durch die Erkenne-dich-selbst Methode ist seit ihrer Entdeckung durch Nestor eine erfolgreiche Therapie- bzw. Selbsttherapie-Methode und wichtiger Teil der Motivationspsychologie. Und so kam ihr veränderungsfördernder Aspekt in die Verhaltenstherapie.

Und so erklärt es sich, dass die Helden sich tatsächlich verkrochen. Aber nicht wie Angsthasen in der Erdhöhle kauernd, sondern tief beschämt in dem Mauseloch der Reue.

Nachdem diese Erkenntnisse in der Welt und vor allem in der Welt der Helden angekommen waren, nach der erfolgreichen therapeutischen Intervention des weisen alten Königs Nestor, meldeten sich gleich neun Helden, die sich nun, nach dessen schamerzeugender Psychotherapie, offen zum Tapfersten der Tapferen erklärten, zum Besten der Besten, bereit zum Kampf mit dem großen Hektor.

Durch die darauf folgenden Streitereien unter den Helden, wer denn nun wirklich der Tapferste und der Beste der neun sei, wurde eine weitere Verzögerung verursacht.

Das Lied von der Schwere des Bescheidenseins

Und die Seele sang weitere der immerwährenden Gültigkeit geflügelte Worte:

So kam auch folgende Erkenntnis in die Welt: Schwer ist es dem Menschen, sich selbst nicht als den Besten zu bezeichnen. Und nicht selten ist es noch schwerer zuzugeben, dass Konkurrenten besser sind als man selbst.

Auch das ist Homers epische Botschaft.

Der vielwissende Nestor wusste auch, dass jeder, der sich als den Besten der Besten bezeichnet, in der Regel ein großer Narzisst ist. Deshalb schlug der weise Alte etwas Weises vor: Wer der Beste der Besten ist, sei schwer zu entscheiden, wenn alle sich für den Besten hielten. Das Los solle es entscheiden. Er hatte vermutlich dabei im Kopf, dass dann jeder unterlegene Narzisst seine Nichtberücksichtigung auf das Los zurückführen könne, wobei er seine Überzeugung, dass er trotzdem der Beste der Besten sei, offen oder insgeheim, nicht aufzugeben brauchte. Und vor allem: Er brauchte nicht gekränkt sein. Das Los fiel auf Ajax, den Sohn des Telamon, was diesen sehr stolz machte. Er trug seine bronzene Rüstung, schritt mit großen Schritten einher, dem Kriegsgott Ares ähnlich, seine lange Lanze schwingend, mit breitem Grinsen auf seinem Angst einflößenden Gesicht, gigantisch wirkend wie eine Schutzburg der Griechen. Er näherte sich dem ebenfalls großen, dem gigantischen Hektor und stand hinter seinem Schutzschild, der groß wie ein Turm war und aus sieben Schichten Leder von sieben wohlgenährten Ochsen bestand, die achte Schicht aus Kupfer. Tychias war des Schildes Schöpfer, der beste der Ledermeister.

Ajax Auftreten schenkte den Griechen Zuversicht, die Trojaner jedoch machte er unruhig. Sogar der furchterregende Hektor, der Held der trojanischen Helden, bekam es mit der Angst zu tun, und sein Herz klopfte laut in seiner Brust. Angst hat jeder psychisch gesunde Mensch, ob Held oder nicht – so habt Ihr es vorher von der Seele gehört. Aber der erhabene Hektor blieb ruhig, wohlwissend dass der göttliche Geheimplan keinen Toten bei diesem Zweikampf vorsah. Und so begann der Zweikampf der beiden Groß-Helden, der trotz des vorbestimmten Ausganges spannend wurde.

Die umstehenden Krieger – die bronzegepanzerten Griechen und die pferdebändigenden Trojaner nebeneinander – bildeten einen breiten Ring um die Kämpfenden und feuerten sie aufgeregt an. Ihre dichten Reihen sahen aus wie das vom Wind aufgewühlte Meer. Sie dachten ja, dass von diesem Zweikampf der Groß-Helden vieles abhing, ja für viele von ihnen vielleicht sogar ihr Leben. Dachten sie!

Der Aufregung der Sterblichen stand der Unsterblichen heitere Gelassenheit gegenüber. Die göttlichen Initiatoren des Zweikampfes, Apollon und Athena, nahmen nämlich in Gestalt von zwei Geieradlern auf einer dem Zeus geweihten Eiche Platz und beobachteten selbstzufrieden, leicht amüsiert und sehr gelassen das Spektakel. Ihnen war klar, dass von diesem Zweikampf nichts, aber auch gar nichts abhing. Die griechischen und trojanischen Krieger wussten das allerdings nicht. Die Aufregung der Sterblichen war dem Unwissen geschuldet, die Gelassenheit der Unsterblichen dem Wissen.

Voller Selbstüberzeugung begegneten sich die prominenten Gegner, der gigantische und gottgleiche Hektor und der ebenfalls gigantische und gottgleiche Ajax. Sie begannen den Kampf mit Selbstlob, sehr üblich bei allen Narzissten und dazu Mut sowohl den Mutigen wie auch den Ängstlichen spendend – wie ein Pfeifen im dunklen Walde für Heroen. Es folgte ein Kampf wie zwischen hungrigen Löwen: zuerst mit den Lanzen, dann mit Steinen, riesig wie Mühlsteine, schließlich mit Schwertern. Hektor wurde durch Ajax Speer leicht am Nacken verletzt, dann durch einen riesigen Stein zu Boden geworfen; aber Apollon brachte ihn sofort wieder auf die Beine. Nichtsdestotrotz kam keiner von beiden dem Sieg auch nur nahe – erwartungsgemäß, da der göttliche Plan ja keinen Sieg vorsah. Als Nyx, die Göttin der Nacht, begann, die Erde mit ihren dunklen Schleiern zu bedecken, sandte Zeus den Kämpfenden zwei allgemein geschätzte und vernünftige Botschafter, den Griechen Talthybios und den Trojaner Idäos. Diese forderten die Helden im Namen von Zeus auf, den Kampf zu beenden. Beide seien dem Vater von Menschen und Göttern sehr lieb, und sein Wille sei es, dass keiner der beiden sein Leben verliere, verkündeten die Botschafter.

Das Ende des Zweikampfes zwischen Ajax und Hektor

So trennten sich Hektor und Ajax, die Besten der Besten, nach langem Kampf voneinander, aber nicht bevor sie sich gegenseitig mit wunderschönen Geschenken, aber vor allem mit Lob und Selbstlob überschüttet hatten. Ajax schenkte seinem Gegner Hektor seinen goldgeschmückten Gürtel, Hektor gab Ajax sein kostbares Schwert – mit dem sich übrigens Ajax später selbst das Leben nahm; davon später mehr. Man hätte meinen können, dass sie durch den Kampf Freunde geworden waren; so freundschaftlich gingen sie miteinander um, und so respektvoll trennten sie sich.

Das Lied von der Lampe des Diogenes

Und die Seele sang der immerwährenden Gültigkeit geflügelte Worte:

So kam der Respekt vor dem Feind als edle Eigenschaft großer Menschen in die Welt.

Das ist Homers epische Botschaft.

Allerdings, kommentierte die Seele erläuternd dazu, wurde diese edle Eigenschaft immer seltener und seltener, verjagt von blindem Hass und von alles zerstörender Gewalt; gelegentlich schon während des Kampfes um Troja, aber erheblich zunehmend in den nachfolgenden Jahrhunderten. Das ist der Grund, warum man die Lampe des Diogenes braucht, um diese edle iliadische Eigenschaft „Respekt vor dem Feind" zu finden.

Ja, der Philosoph Diogenes ging mit einer Lampe suchend durch die Städte: Er suche den Menschen, antwortete er den neugierig Fragenden. Seitdem gibt es in der Sprache der Völker die „Lampe des Diogenes" als markante Redewendung.

Die Suche mit der Lampe des Diogenes nach dem Respekt vor dem Feind bleibt in der Regel erfolglos auf den Schlachtfeldern dieser Erde.

Griechen und Trojaner waren froh, dass ihre Helden nicht auf dem Kampfplatz zu Tode gekommen waren. Agamemnon gab ein rauschendes Fest zu Ehren des „Siegers" Ajax. Priamos und die Trojaner bereiteten ihrem „Sieger" Hektor einen triumphalen Empfang.

Abends, nachdem die Feierlichkeiten zu Ende und die triumphale Stimmung abgeklungen waren, gewann bei den Trojanern wieder die bittere Realität ihrer fortwährenden Belagerung die Oberhand. Sie beriefen eine Versammlung vor dem Königspalast des Priamos ein, um zu beraten, wie sie ihrem Untergang durch den menschenfressenden Krieg entgehen können. Sie hatten wiederholt rettende Möglichkeiten verspielt. Vor Beginn des Krieges hatten sie das Angebot der Griechen, das rettende – nämlich Entführte und Gestohlenes friedlich zurück zu geben – leichtsinnig abgelehnt. Sie hatten den Vertrag, den rettenden – der mit dem Kampf zwischen Menelaos und Paris verbunden war – leichtsinnig und verführt gebrochen. Und auch jetzt, obwohl in der Versammlung die Angst und der Lärm des Aktionismus herrschten, der aus der Verzweiflung kommt, wurde der möglicherweise noch rettende Rat des weisen Antenor nicht angenommen. Der nämlich riet seinen Mitbürgern, sie sollten doch die griechischen Forderungen jetzt noch erfüllen und Helena und alle geraubten Schätze den Griechen zurückgeben und als Gegenleistung das Ende des Feldzuges gegen Troja verlangen. Er fügte hinzu die geflügelten Worte, die wahrheitsgemäßen: „Wir sind diejenigen, die damals, als Menelaos aus dem Zweikampf mit Paris als Sieger hervorging, wort- und eidbrüchig geworden sind. Die Götter werden uns dafür bestrafen. Kehren wir zu der Vereinbarung zurück. Geben wir den Griechen, was den Griechen gehört."

Dem widersprach vehement und trotzig Paris. Er sei zwar bereit, die Schätze der Griechen zurückzugeben und noch mehr aus seinen eigenen Reichtümern dazu zu legen, aber nicht seine Helena! Die schönste Frau der Welt werde er nicht aufgeben. Priamos, der verbitterte Vater und vielgeprüfte König, entschied sich, Paris „Angebot" an die Griechen weiterleiten zu lassen. Am nächsten Tag wurde der trojanische Bote Idäos zu den versammelten Fürsten des panhellenischen Heeres geschickt. Idäos verdammte übrigens Paris offen als Verursacher des Krieges und wünschte sich seinen Tod, nun aber musste er im Dienste und im Auftrag seines Königs gegen seine eigenen Überzeugungen handeln und verhandeln und den Griechen Paris Vorschlag übermitteln.

Das Lied vom loyalen Staatsdiener

Und die Seele sang der immerwährenden Gültigkeit geflügelte Worte:
So kam die Mentalität des loyalen Staatsdieners in die Welt.
Das ist Homers epische Botschaft.

Man dient seinem König, seiner Regierung, einem System oder einer Gruppe treu und loyal auch dann, wenn es gegen die eigenen Überzeugungen ist ...

... murmelte die Seele kopfschüttelnd.

Und seitdem ist auch die Frage in die Welt gekommen, sang die Seele nun lauter:

Wie wäre es, wenn Staatsdiener nicht nur nach dem Prinzip der Loyalität, sondern vor allem nach eigenem Gewissen, Überzeugungen und Prinzipien handeln würden?

Traurig sang sie noch leiser und fragte nachdenklich:

Wie viel Leid, wie viel Unrecht könnte vermieden werden, wenn Treue und Loyalität nicht des Gewissens Gefängnis wären? Oder würde ein Gewissen ohne Gefängniswärter bloß Anarchie und Chaos verursachen?

Aber der Mensch soll doch nach bestem Wissen und Gewissen handeln, nicht wahr?

So skrupelte und murmelte die Seele vor sich hin.

Die Griechen lehnten natürlich das durch Idäos übermittelte Angebot, das für sie keines war, prompt ab. Sie stimmten jedoch dem Vorschlag eines kurzen Waffenstillstands zur Bestattung der Toten zu.

Anschließend berieten auch die Griechen, wie es weitergehen solle. Der weise Nestor hatte den versammelten Heeresfürsten einen Rat gegeben: Sie sollten eine mächtige Mauer um ihr Lager und den Ankerplatz ihrer Schiffe bauen, um sich vor möglicherweise bevorstehenden Anstürmen der Trojaner zu schützen.

Geraten, geplant, gebaut.

Tatsächlich haben die Griechen, dem Rat des weisen Nestors folgend, eine sehr hohe Mauer mit mächtigen Türmen und Toren zum Schutz ihres Lagers und ihrer Schiffe errichtet. Das Werk war so gelungen, dass sogar die Götter sich um den Thron von Zeus versammelten und das Prachtwerk bewunderten. Die Mauer war so meisterhaft gebaut, dass sie ohne weiteres mit der trojanischen Mauer, die lange vor dem Krieg bekanntlich von Göttern gebaut worden war – nämlich von Poseidon, zeitweise hatte ihm Apollon assistiert – ohne Wenn und Aber konkurrieren konnte. Dies wiederum erweckte den Neid der Konkurrenz: Poseidon, obwohl selbst ein prominentes Mitglied der olympischen Philhellenen-Fraktion, zeigte Zeus gegenüber seinen Unmut, dass er so etwas zugelassen hatte. Er mache sich Sorgen um den Ruf der Götter, sagte Poseidon zum Obersten Gott, wenn die Menschen erkennen würden, dass sie mit Göttern konkurrieren könnten und die Überlegenheit der Götter nicht mehr erkennen und anerkennen würden. Zeus zeigte sich verwundert darüber, dass ein Gott, und zwar ein mächtiger Gott wie Poseidon, die Konkurrenz von Schwächeren, viel Schwächeren, nämlich die der Menschen, fürchtete. Um ihn zu beruhigen, versprach Zeus ihm, wenn eines Tages die Griechen Troja verlassen würden, dann dürfe er ihr Werk wieder zerstören. Der Erderschütterer und Gewässerherrscher Poseidon zeigte sich damit zufrieden.

Diesen Doppeltitel – Erderschütterer und Gewässerherrscher – hat sich Poseidon übrigens durch sein Amt als absoluter Herrscher der Weltmeere und jeglicher Gewässer verdient. Die Erde wurde damals bekanntlich von den Gewässern getragen, und der Gewässerherrscher konnte nach Lust und Laune die von seinen Gewässern getragene Erde erschüttern.

Der so zufriedengestellte Erderschütterer konnte später seinen Neid durch Erderschütterung befriedigen.

Das Lied vom neiderregenden Erfolg

Und die Seele sang der immerwährenden Gültigkeit geflügelte Worte:

So kam auch folgende Erkenntnis in die Welt: Der Erfolg des einen erzeugt den Neid bei manchen anderen. Der Neid, der schon lange vorher in der Welt war, bekam nun ein neues Gesicht: Neid entsteht seitdem auch immer dann, wenn der Erfolgreiche schwächer ist als der Neider. Stärke wirkt nun nicht immer neidhemmend beim Stärkeren; vielmehr ist der Erfolg von anderen seitdem durchaus neiderregend beim Stärkeren.

Das ist Homers epische Botschaft.

Als die Göttin der Nacht Nyx dann ihre dunklen Schleier vollständig und in mehreren Schichten über die gesamte Erde gezogen hatte, legten sich die von den Tagesaufregungen erschöpften und geprüften Griechen und Trojaner ebenso wie die Götter zum Schlafen. Nur Zeus blieb wach in seinem Schlafgemach. Der Vater von Göttern und Menschen schlief nicht. An seinem Plan, wie er da unten auf dem vom Blutgemisch dunkelroten Schlachtfeld von Troja so viele Menschen wie möglich vernichten könnte, tüftelte er die ganze Nacht – amüsiert und vergnügt.

10
Die Macht der Macht

Zusammenfassung

Aus dem achten Gesang meiner Ilias werde ich Euch erzählen, wie Zeus in höchst autoritärem Stil den anderen Göttern verbietet, sich in das Kriegsgeschehen einzumischen, schlimmste Strafen bei Ungehorsam androhend. Athena aber kann ihrem Vater eine Ausnahme entlocken: die Götter dürfen den Griechen eine winzig kleine Eingebung schicken, so dass sie nicht vollständig von den Trojanern vernichtet werden. Zeus beobachtet vom Gipfel des Berges Ida die blutige Schlacht und entscheidet, den Trojanern den Tagessieg zu schenken. Die Griechen flüchten vor den anrückenden Trojanern, was von manchen Helden als unerträgliche Schande und Kränkung erlebt wird. Die Vernunft, personifiziert durch den alten weisen Nestor, siegt über die Eitelkeit. Hektor ist durch den Sieg berauscht, zeigt aber auch gleichzeitig, was für ein Ichling er im Grunde ist. Ein Versuch Heras, den bedrängten Griechen zu helfen, wird sofort von Zeus unterbunden.

Und die uns begleitende Seele wird dabei geflügelte Worte von immerwährender Gültigkeit singen, wie etwa über das kostbarste Gut der Mächtigen, die Macht nämlich, über den Mut zur eigenen Meinung, über des Narzissmus Kern, die Ängstlichkeit also. Und auch über manches andere.

Der Mächtigen kostbarstes Gut

Als am nächsten Morgen die rosenfingrige Göttin der Morgenröte purpurne Farben über die Erde zu verstreuen begann, berief Zeus eine Götterversammlung auf dem höchsten Gipfel des vielgipfligen Olymps ein. Ziel des Treffens war es, darüber zu beraten, wie es mit dem Krieg der Menschen weiter gehen sollte. Allerdings, was Zeus unter „Wie es mit dem Krieg weiter gehen sollte" verstand, war nichts anderes als „Wie kann den Griechen – zumindest vorläufig, bis zu Achilles Genugtuung – größtmöglicher Schaden zugefügt werden". Was er mit „beraten" meinte, machte er von Anfang an deutlich. Er eröffnete nämlich die Götterversammlung mit den geflügelten Worten, den machtstrotzenden: „Ich habe eine Entscheidung getroffen, der alle zustimmen müssen. Keiner von euch, weder weiblicher noch männlicher Gott, sollte es wagen, meine Entscheidung in Frage zu stellen. Ihr alle habt meiner Entscheidung so schnell wie möglich zuzustimmen, so dass wir endlich mit diesem Krieg fertig werden. Ich beschließe und bekunde hiermit, dass kein Gott sich in Zukunft in diesen Krieg einzumischen hat, weder an der Seite der Griechen noch

A. Marneros, *Homers Ilias psychologisch erzählt*, DOI 10.1007/978-3-658-11202-8_10

an der der Trojaner. Widerspruch gegen diesen meinen Entschluss werde ich nicht erlauben. Basta! Falls jemand von euch es trotzdem wagen sollte und sich einmischt, wird er die Wucht meiner Macht schmerzhaft zu spüren bekommen. Ich werde ihn entweder mit meinen Blitzen so malträtieren, dass er nur in elendem Zustand zurück auf den Olymp kommt. Oder ich werde ihn von hier oben in die tiefste Ebene des Tartaros schleudern, weit unter den Hades, tiefer als der Abstand zwischen Erde und Himmel. Dort werde ich dann den Frevler für ewig in Kerkerhaft halten und Tartaros eiserne Tore für immer schließen. Wenn jemand anderer Meinung ist als ich und meine Macht in Frage stellt, werde ich euch zeigen, was es bedeutet, dass ich stärker bin als ihr alle zusammen. Wenn jemand Zweifel an meiner Macht und Stärke hat, können wir es gerne einmal probieren: Ich gegen euch alle. Wollt ihr das?"

Nein, niemand wollte das – auch wenn sie alle empört über diese Basta-Politik waren. Alle wussten, wie der Mächtigste sein kostbarstes Gut, die Macht nämlich, schützen und demonstrieren konnte.

Das Lied vom kostbarsten Gut der Mächtigen

Und die Seele sang der immerwährenden Gültigkeit geflügelte Worte:

So kam die Erkenntnis in die Welt, dass das kostbarste Gut der Mächtigen die Macht ist. Machtvoll verteidigen und demonstrieren sie ihre Macht, die anderen in Ohnmacht versetzend.

Das ist Homers epische Botschaft.

Die in Ohnmacht versetzten Götter waren von angstvoller Überraschung paralysiert und von so viel despotischer Machtdemonstration eingeschüchtert, so dass niemand seinen Unmut zu artikulieren wagte. Es fehlte ihnen schlicht der Mut dazu.

Das Lied vom Mut zur eigenen Meinung

Und die Seele sang der immerwährenden Gültigkeit geflügelte Worte:

So kam in die Welt auch die Erkenntnis, dass der Mut zur eigenen Meinung mündige Individuen braucht, die sich nicht von der Machtdemonstration der Mächtigen einschüchtern lassen. Der Mut zur eigenen Meinung bedeutet auch, Mut aus der eigenen Meinung zu schöpfen.

Das ist Homers epische Botschaft.

Die sonst so redegewandten Götter schwiegen also verschreckt und eingeschüchtert.

Na ja, nicht ganz und nicht sehr lange. Eine wagte es nämlich nach einiger Zeit, sich zu Wort zu melden.

Die himmelblauäugige Athena, Zeus liebste Tochter und Weisheitsgöttin, versuchte nach einer Weile, wenn auch leise und mit sorgfältig gewählten Worten, das beklommene Schweigen der eingeschüchterten Götter zu durchbrechen. Nachdem sie ihre Lippen mit einem süßen Lächeln und ihre himmelblauen Augen mit einem naiv-dreinschauenden, nicht weniger verführerischen Blick überzogen hatte, sagte sie sanft und süß die geflügelten Worte, die diplomatischen: „Vater unser, dein Wille soll geschehen, so wie im Himmel auch auf Erden! Wer würde es wagen, dem mächtigsten und herrlichsten aller Götter zu widersprechen! Deine Macht ist unerschütterlich! Natürlich werden wir gehorchen und uns ab jetzt aus den Schlachten der Trojaner und der Griechen heraushalten. Allerdings blutet unser göttliches Herz, wenn wir uns vorstellen, was mit den Griechen passieren wird. Es wäre ungerecht, lieber Vater, sie völlig vernichten zu lassen, nachdem wir ihnen vorher die Eroberung und Zerstörung Trojas fest versprochen haben. Dafür hatten wir deinen Segen. Es wäre doch hilfreich, wenn du, lieber Vater, es zulassen könntest, dass wir den Griechen eine winzig kleine Eingebung geben dürfen, so dass sie der totalen Katastrophe entgehen können. Das wäre das einzige, die einzige Bitte, abgesehen davon würden wir uns vollständig aus dem Krieg zurückziehen – so wie du, mächtigster aller Götter, es willst. Dein Wille wird geschehen."

Zeus antwortete darauf liebevoll lächelnd, seine ernste, autoritäre und machtausstrahlende Miene hellte sich dabei voller Vaterstolz und Vaterliebe auf: „Aber natürlich, meine geliebte Tochter. So streng soll mein Verbot doch auch nicht sein. Und vor allem kann ich für meine Liebsten doch winzig kleine Ausnahmen gestatten. Sei unbesorgt."

Das Lied von der Korrumpierbarkeit

Und die Seele sang der immerwährenden Gültigkeit geflügelte Worte:

So kam die Erkenntnis in die Welt, dass man sich korrumpieren lässt nicht nur durch reiche Gaben, sondern auch durch Gefühle, eine verführerische Miene oder schmeichelnde Worte.

Das ist Homers epische Botschaft.

Zeus Todeswaage

Nachdem er so gesprochen hatte, stieg Zeus auf seinen Wagen, der von zwei kupferfüßigen fliegenden Pferden mit goldenen Mähnen gezogen wurde, und landete mit Blitzgeschwindigkeit und Donnerkrachen auf Trojas Berg Ida. Dort saß er, selbstgefällig und durch die gerade eindrucksvoll demonstrierte eigene Macht mächtig berauscht, in einem seiner reichgeschmückten Heiligtümer, den Blick auf den trojanischen Kampfplatz gerichtet. Von dort aus beobachtete er die furchtbare Schlacht, die seit den frühen Morgenstunden tobte und schon wieder zahlreiche Trojaner und Griechen das Leben gekostet hatte. Die triumphalen Schreie der Tötenden mischten sich mit den schmerzvollen Schreien der tödlich Verletzten.

Das Lied von Triumph und Schmerz

Und die Seele sang der immerwährenden Gültigkeit geflügelte Worte:

So setzte sich die Erkenntnis fort, dass der Triumph des einen der Schmerz von manchen anderen ist.

Das ist Homers epische Botschaft.

Das Blut der Menschen von beiden Seiten überflutete die Erde. Und keine Seite konnte die Schlacht für sich entscheiden. Gegen Mittag nahm der Vater von Göttern und Menschen seine goldene Todeswaage zur Hand. In die eine Waagschale legte Zeus die Keren – die Todesschicksale – der bronzegepanzerten Griechen, in die andere die der pferdebändigenden Trojaner. Die Keren der Griechen wogen schwerer, sie sanken zur Erde, während die der Trojaner gen Himmel stiegen. Und so neigte sich die Schicksalswaage in Richtung der Griechen; ihr Schicksal war durch dieses Todeslos für heute besiegelt.

Zeus beschloss infolgedessen, den Trojanern den Tagessieg zu schenken. Mit Donner und Blitz gab er den Griechen zu verstehen, dass das Beste, was sie tun könnten, die Flucht hinter ihre neu erbaute Mauer in der Nähe ihrer Schiffe wäre. Und so geschah es: Die heldenhaften Heeresfürsten der Griechen ergriffen in Panik die Flucht! Sie hatten erkannt, dass Zeus am Werk war. Alle liefen in Richtung Schiffe und kümmerten sich nicht um Verletzte und Tote; man ließ sie einfach liegen, ohne dafür zu sorgen, dass sie nicht geschändet wurden. Sogar am allseits respektierten weisen alten Nestor, der während des Kampfs in größte Lebensgefahr geraten war, liefen sie achtlos vorbei. Nur der edle Diomedes hielt an, nahm den alten König auf seinen Wagen und rettete ihn damit. Und dann griff Diomedes sogar den wie der Wind vorwärts stürmenden Hektor an. Sein Speer verfehlte zwar das Ziel, tötete aber Hektors Wagenlenker. Damit war nun Hektor selbst in größter Gefahr! Und Zeus wusste, dass die Trojaner verloren wären, wenn Hektor fiel. Um das zu verhindern, schleuderte er einen kräftigen Blitz vor Diomedes Pferde, die in Panik zurückschreckten. Nestor, der das neuerliche Zeichen des Zeus erkannt hatte, riet dem tapferen Diomedes, sofort umzukehren und wie die anderen die Flucht zu ergreifen. „Dem Willen Gottes kann sich kein Sterblicher widersetzen“, waren des Weisen geflügelte Worte, die weisen.

Die Schande und die Vernunft

Diomedes aber hätte sich geschämt, die Flucht zu ergreifen; er wollte dem Zeusliebling Hektor nicht die Gelegenheit geben, damit prahlen zu können, dass er den berühmten Diomedes, der in Wirklichkeit nichts anderes sei als ein Feigling, in die Flucht geschlagen habe. „Besser soll die Erde sich öffnen und mich verschlingen, als mir diese Schande anzutun und ihm diese Freude zu machen", waren seine geflügelte Worte, die stolzen und unvernünftigen.

Der weise Nestor, den wie erwähnt Diomedes auf seinem Wagen mitgenommen hatte, antwortete ihm mit den geflügelten Worten, den vernünftigen: „Und wenn Hektor so etwas sagen würde, entspräche es der Wahrheit? Alle kennen die Wahrheit, auch deine Gegner. Deine Taten haben allen bewiesen, wie tapfer du bist. Sei vernünftig, lass dich nicht von unvernünftigem Stolz lenken." Und nach diesen geflügelten Worten, den weitblickenden, lenkte Nestor selbst des Diomedes Wagen in Richtung Schiffe.

Das Lied von der Entkräftung der üblen Nachrede

Und die Seele sang der immerwährenden Gültigkeit geflügelte Worte:

So kam die Erkenntnis in die Welt, dass üble Nachrede nur durch Wahrheit, Biografie und Taten entkräftet und widerlegt werden kann; und nicht durch von Kränkung bestimmtes, kopfloses Drauflos-Agieren.

Das ist Homers epische Botschaft.

Dem weisen Nestor war es zwar gelungen, Diomedes Wagen zu lenken, aber nicht auch dessen stolzes Herz. Der furchterregende Hektor verfolgte nämlich tatsächlich den fliehenden Diomedes und verspottete ihn als weibischen Feigling, als jemanden, der von seinen Landsleuten von nun an nur Verachtung verdiene. Diomedes litt – nicht nur von den unzähligen Speeren und Pfeilen verletzt, die ihm und Nestor von den trojanischen Verfolgern nachgesandt wurden, sondern vor allem durch Hektors giftige Worte. Dreimal wollte der körperlich schwer und psychisch schwerst Verletzte seinen Rückzug unterbrechen, um sich dem heranstürmenden Hektor entgegenzustellen. Jedes Mal aber schleuderte Zeus erneut einen furchterregenden Blitz – ein Zeichen dafür, dass der Oberste Gott so etwas nicht zulassen würde. Diomedes erkannte letzten Endes auch die Zeichen Gottes und sah sich gezwungen, Nestors schützendem Rat zu folgen und in Richtung der Schiffe zu fliehen, statt seinem inneren Drang zu folgen und sich dem Kampf, dem offensichtlich aussichtslosen, mit dem bronzegerüsteten Hektor und seinen Kriegern zu stellen.

Das Lied von der Beherrschung des inneren Dranges

Und die Seele sang der immerwährenden Gültigkeit geflügelte Worte:

So kam die Erkenntnis in die Welt, dass man seinen inneren Drang beherrschen muss und die Zeichen der Gegebenheiten nicht missachten und ignorieren darf, sonst bewegt man sich in der Nähe der strafenden Unvernunft.

Das ist Homers epische Botschaft.

Ichling und Idol

Auch der zeusbeschützte Hektor erkannte die Zeichen des Himmels, gleichzeitig aber verkannte er sie und bewegte sich in die Nähe der Hybris. Nur so ist zu verstehen, dass er zu seinen Gefolgsleuten die geflügelten Worte sprach, die überheblichen und egozentrischen: „Vorwärts, tapfere Trojaner und Verbündete; gedenkt dabei eurer ungestümen Kampfeskraft. Ich erkenne, dass der Kronios Zeus entschieden hat, *mir* den Sieg und den Ruhm zu geben, den Griechen aber das Unheil und die Vernichtung. Diese Schwachköpfe haben eine lächerliche Mauer zu ihrem Schutz gebaut, aber mit so etwas Kindlichem können sie unsere stürmische Kraft nicht aufhalten. Unsere Pferde werden leichtfüßig ihren Schutzgraben überspringen. Aber vergesst nicht, Vorsorge fürs Feuer zu treffen, denn wenn *ich* die Schiffe erreiche, werde *ich* sie in Brand setzen. Und *ich* werde die Griechen töten, solange sie vom Rauch orientierungslos sind."

Das Lied vom Ichling

Und die Seele sang der immerwährenden Gültigkeit geflügelte Worte:

So kam der Ichling in die Welt. Der große Egoist, der alles Große als sein eigen Werk sieht, blind für das Mitwirken und den Beitrag anderer. Und er kam in ständiger Begleitung der Überheblichkeit. Auch Idole sind nicht frei davon.

Das ist Homers epische Botschaft.

Hektor rief namentlich einige seiner Gefolgsleute, die einmal von seiner Gattin Andromache mit großer Gastfreundschaft bewirtet worden waren, dazu auf, ihm als Gegenleistung dabei zu helfen, Nestor und Diomedes zu verfolgen, zu töten und deren kostbare und symbolträchtige Ausrüstung zu ihrer, der Trojaner, Beute zu machen. Nestors goldener Schutzschild, dessen Ruhm bis zum Himmel reichte, und des Diomedes kunstreicher Harnisch, von Hephästos persönlich mit großer Sorgfalt angefertigt, wären eine sagenhafte Beute.

Für die Trojaner triumphale Trophäen, für die Griechen eine paralysierende Demütigung. Damit würde auch der endgültige Sieg beschleunigt werden, feuerte er sie an. Und so entfachte der bronzegerüstete Hektor die Jagd auf die Griechen aufs Neue.

Angst und Kränkung

Am unerträglichsten waren für die flüchtenden griechischen Heeresfürsten, fast ausnahmslos alle blühende Narzissten, die Schmach und der Spott der Trojaner. Die Kränkung der Narzissten war unbeschreiblich. Aber noch stärker als die Kränkung war die Angst, und die trieb sie zur Flucht.

Das Lied von der Ängstlichkeit des Narzissten

Und die Seele sang der immerwährenden Gültigkeit geflügelte Worte:

So kam die Erkenntnis in die Welt, dass des Narzissmus Kern Ängstlichkeit und Selbstunsicherheit sind, die sich in des Narkissos Blüten verstecken, Kompensation suchend.

Das ist Homers epische Botschaft.

Die Zeichen Gottes waren unmissverständlich. Und die standen auf Flucht, Schmähung und Spott für die Griechen; Triumph dagegen für die Trojaner gemeinsam mit ihren Verbündeten, sie siegten und siegten. Sie waren schon im Begriff, die Mauer der Griechen zu überrollen und deren Schiffe in Brand zu setzen.

Das und die Jagd auf die edlen Griechenfürsten Diomedes und Nestor alarmierte Hera, die notorische Philhellenin. Voller Zorn sprang sie von ihrem Thron auf, so dass der Olymp bebte. Sie versuchte, den Erderschütterer Poseidon zu animieren, mit ihr zusammen – die Basta-Entscheidung seines älteren Bruder Zeus missachtend – den bedrängten Griechen zu helfen. Poseidon aber lehnte kopfschüttelnd ab, er habe zu viel Angst und Respekt vor seinem großen Bruder, und er sei auch solidarisch mit ihm – zumindest vorläufig.

Mittlerweile wuchs der Druck der Trojaner auf die Griechen immer weiter. Die Gefahr, dass die Angreifer die letzte Rettung der Fliehenden, ihre Schiffe nämlich, niederbrennen würden, war zum Greifen nah. Das machte die schönäugige Hera sehr nervös. Sie inspirierte Agamemnon sowohl zu feurigen, ermutigenden und motivierenden Ansprachen an seine Landsleute, als auch zu einem besonderen Gebet an Vater Zeus. Bei seinen Soldaten versuchte Agamemnon es mit der Schamerzeugungsmethode, zunächst mit nur mäßigem Erfolg.

Das Lied von der Stärke der Angst

Und die Seele sang der immerwährenden Gültigkeit geflügelte Worte:

So bestätigte sich noch einmal, dass Angst manchmal nicht nur stärker sein kann als Kränkung, sondern auch stärker als Scham. Die schamerzeugende Psychotherapiemethode, die in der Ilias wiederholt erfolgreich angewendet wurde, ist – wie schon gehört– nicht immer auch eine eindeutig erfolgreiche angstlösende Behandlung.

Das ist Homers epische Botschaft.

Agamemnon folgte auch dem zweiten Rat der Philhellenin Hera und betete zu Zeus: „Oh Vater von Menschen und Göttern, es gibt keinen anderen tapferen König, den du so schlimm geprüft hast wie mich, den König der Könige. Ich weiß, du gönnst uns den Sieg nicht. Aber bewahre mindestens die Griechen vor der totalen Vernichtung. Lass die Trojaner uns nicht alle umbringen“. So sprach der stolze Agamemnon und weinte bitterlich. Zeus war vom Anblick des verzweifelten Helden so bewegt, dass er dessen Gebet erhörte und ihm die Gnade gewährte – das griechische Heer sollte nicht vollständig vernichtet werden, zumindest nicht heute.

Das Lied von der Demut

Und die Seele sang der immerwährenden Gültigkeit geflügelte Worte:

So kam die Erkenntnis in die Welt, dass Demut einen Zugang zum Göttlichen ermöglichen kann. Somit ist sie auch eine noble und kostbare Eigenschaft.

Das ist Homers epische Botschaft.

Zeus schickte als sicheres Zeichen für die bedrängten Griechen einen Adler, der ein zartes Hirschlein auf einen ihm geweihten wunderschönen Altar fallen ließ. Die verzweifelten Griechen verstanden Zeus Zeichen sofort, Mut wurde geschöpft, viel Mut, göttlich inspiriert, und so starteten sie eine stürmische Gegenoffensive. Am schnellsten war dabei Diomedes; er kompensierte so für sich selbst und die anderen die Schmach der vorherigen Flucht und die Kränkungen durch Hektors und der anderen Trojaner spitze Bemerkungen und giftigen Spott.

Das Lied von der Widerlegung der üblen Nachrede

Und die Seele sang der immerwährenden Gültigkeit geflügelte Worte:

So kam die Weisheit in die Welt, dass man die erste Gelegenheit nutzen soll, mit Taten üble Nachreden zu widerlegen und für sich selbst Kompensation zu schaffen, um nicht mehr darunter zu leiden.

Das ist Homers epische Botschaft.

Alle griechischen Heeresfürsten gerieten nach dem ermutigenden Gotteszeichen in einen wahren Kampfesrausch. Fast rührend war das Zusammenspiel der Geschwister Ajax und Teukros. Ajax, der ältere der Brüder, rammte seinen riesigen Schild – den mächtigen, sieben Schichten aus Ochsenleder, die achte aus Kupfer – in die Erde und kauerte sich zusammen mit seinem jüngeren Bruder Teukros, Halbbruder genau genommen, dahinter. Immer wieder schob Ajax den Schild ein wenig beiseite, so dass Teukros, der berühmteste der Bogenschützen, einen Krieger aus den feindlichen Reihen erspähen und auf ihn schießen konnte. Jedes Mal war er erfolgreich, und jedes Mal rutschte er danach schnell zurück; und wie ein Kind an seine Mutter duckte er sich neben Ajax, der ihn eilends mit dem Schild deckte.

Das Lied von den vielen Gesichtern der Geschwisterliebe

Und die Seele sang der immerwährenden Gültigkeit geflügelte Worte:

So kam die Erkenntnis in die Welt, dass die Geschwisterliebe viele Gesichter hat, auch rührende und manchmal liebevoll-kurios anmutende, aber immer verbindende.

Das ist Homers epische Botschaft.

Teukros war mit dieser Technik sehr erfolgreich, so dass er sogar Bewunderung und Lob vom Oberbefehlshaber Agamemnon erhielt. Voller Dankbarkeit versprach ihm der Feldzugführer als Anerkennung für seine Leistungen, dass er sich, direkt nach dem obersten Heeresführer, selbst ein Ehrengeschenk aus der Kriegsbeute aussuchen dürfe, falls Troja einmal erobert werde. Teukros aber sagte zu ihm die geflügelten Worte, die zutreffenden: „Der Tüchtige, der aus eigener Motivation hervorragendes Werk erbringt, braucht keine Motivation von draußen und auch nicht die Aussicht auf großzügige Belohnung." Dann wandte er sich wieder seinem Bogen zu und schoss unvermindert treffsicher weiter.

Das Lied von der inneren Motivation

Und die Seele sang der immerwährenden Gültigkeit geflügelte Worte:

So kam die Erkenntnis in die Welt, dass die wertvollste Motivation diejenige ist, die aus dem Inneren des Menschen entspringt; die Motivation, die keine Stimulation von außen benötigt und keine Belohnung verlangt.

Das ist Homers epische Botschaft.

Als Teukros mit seinen Pfeilen auch Hektors Wagenlenker getroffen hatte, geriet der Trojanerführer selbst in große Bedrängnis. Voll des Zornes versuchte er, Teukros auszuschalten; allerdings gelang es ihm bloß, ihn mit einem großen

Stein leicht zu verletzen. Doch Teukros Bogen wurde dadurch empfindlich beschädigt, so dass der Bogenschütze sich zurückziehen musste.

Die bronzegepanzerten Griechen konnten mit ihrer stürmischen Gegenoffensive die pferdebändigenden Trojaner zwar anfänglich zurückdrängen; aber nachdem Zeus entschieden hatte, dass die Griechen für den Tag genug Erfolg gehabt hatten, verhalf er den Trojanern mit einer Gegen-Gegenoffensive erneut zu ihrem Vorteil. Vor allem der Zeusliebling Hektor strotzte vor Kraft. Und wie ein Jagdhund, der einen wilden Eber oder einen Löwen auf flinken Füßen verfolgt und ihn von hinten an den Lenden und Hinterläufen packt, dabei jede seiner Wendungen abpassend, so jagte und bedrängte Hektor die Griechen. Die so Gejagten und Bedrängten suchten so schnell wie möglich hinter ihrer Küstenmauer Schutz.

Der Mächtigen rotes Tuch

Die erneute Bedrängnis der Griechen alarmierte abermals deren beide Beschützerinnen, die alabasterarmige Hera und die himmelblauäugige Athena. „Wir müssen unbedingt etwas tun, sonst sind unsere Griechen verloren", rief Hera aufgeregt Athena zu. „Aber was?" erwiderte diese verzweifelt. „Mein herzloser Vater hat es offensichtlich mit aller Härte so beschlossen. Statt dankbar mir gegenüber zu sein, weil ich immer wieder seinen geliebten Sohn Herakles aus vielen Gefahren rettete, erfüllt er die Bitte von Achilles Mutter Thetis. Aber es reicht jetzt! Wir ignorieren sein Einmischungsverbot und eilen auf den Kampfplatz, um die arg bedrängten Griechen zu retten. Die haben so etwas nicht verdient. Ich werde dafür sogar Zeus persönliche Rüstung anlegen, und du bereitest deinen strahlenden Wagen und die mit Gold bekränzten göttlichen Rosse vor; dann fliegen wir los".

Gedacht, geplant, getan.

Oder besser gesagt, halb getan.

Als sie nämlich auf Heras himmlischen Wagen stiegen und die ihre die unsterblichen Rosse gerade mit der goldenen Peitsche berührte, wobei diese die Himmelstore, die von den Horen bewacht werden, aufdrückten und der Wagen im Begriff war, den Olymp in Richtung Troja zu verlassen, erspähte Zeus die beiden Verbotsbrecherinnen. Er tobte und donnerte vor Wut. Der Mächtigste sah seine Macht in Gefahr. Insbesondere der Ungehorsam seiner Lieblingstochter Athena machte ihn wild vor Zorn, und dass sie zu allem Überfluss auch noch seine eigene Rüstung trug! Von Hera war er ja sehr an Ungehorsam und Widerspruch gewöhnt. Aber von der liebsten Tochter so etwas? So eine Infragestellung seiner Macht ging gar nicht!

Hera und Athena versuchen den Olymp zu verlassen

Zeus schickte sofort seine Botin, die windfüßige goldgeflügelte Iris, um den beiden Rebellinnen seine furchterregende Drohung zu übermitteln: Wenn sie nicht sofort umkehrten, würden die himmlische Pferde verstümmelt, der goldene Wagen zerstört, die ungehorsame Ehefrau und die Tochter aus dem Wagen geworfen; und Zeus Blitze würden sie so malträtieren, dass die Wunden zehn Jahre brauchen würden, um zu heilen.

Das Lied vom roten Tuch der Mächtigen

Und die Seele sang der immerwährenden Gültigkeit geflügelte Worte:

So kam die Erkenntnis in die Welt, dass der Mächtigen rotes Tuch die Gefährdung ihrer Macht ist. Wenn sie eine Gefährdung ihrer Macht wittern, sehen sie überall rot; ein Rot, das auch geliebte Menschen (und Götter) bedeckt und auch sie so zum roten Tuch werden lässt.

Das ist Homers epische Botschaft.

Die schönäugige Hera bekam es mit der Angst zu tun, denn sie wusste ja, dass ihr Gemahl in der Lage war, seine finsteren Drohungen wahr zu machen. „Ich bin nicht gewillt, mich für die Sterblichen zu opfern. Sollen sie sich die Köpfe gegenseitig einschlagen. Mir reicht es“. Athena hatte dem nichts entgegenzusetzen, und so kehrten die beiden Möchtegernrebellinnen unverrichteter Dinge kleinlaut in ihre olympischen Gemächer zurück. Ihre Schützlinge blieben ungeschützt und allein in ihrer Bedrängnis.

Das Lied vom wahren Altruismus

Und die Seele sang der immerwährenden Gültigkeit geflügelte Worte:

So kam die Erkenntnis in die Welt, dass einem das eigene Wohl, trotz aller Liebe, näher steht als das von anderen.

Das ist Homers epische Botschaft.

Gerade das aber macht den wahren Altruismus, den in Taten umgesetzten Altruismus, groß und edel. Der Altruismus ist die Opferung von eigenen Interessen oder sogar die Bereitschaft, Schaden für sich selbst auf sich zu nehmen, zu Gunsten eines anderen Menschen. Das alter steht über dem ego.

Das fügte die Seele den geflügelten Worten hinzu.

Danach kehrte auch Zeus vom trojanischen Berg Ida auf den Götterberg zurück, den Olymp, der unter seinen Schritten erzitterte. Er nahm auf seinem Thron Platz, und die Götter versammelten sich um ihn. Nur Hera und Athena saßen abseits, steckten die Köpfe zusammen, flüsterten leise miteinander und demonstrierten ihre Distanz und Verbitterung dem Vater der Menschen und Götter gegenüber. Zeus provozierte die beiden zusätzlich und bekundete noch einmal seine unerschütterliche Entschlossenheit, Abweichler wie die beiden Göttinnen hart zu bestrafen. Die himmelblauäugige Athena schwieg vielsagend. Die alabasterarmige Hera aber erwiderte ihrem Gatten: „Mächtigster Zeus, wir wissen alle, dass deine Macht unbesiegbar ist, und niemand von uns will etwas gegen deinen Willen tun. Aber wir haben großes Mitgefühl und Mitleid mit den so bedrängten Griechen. Lass uns ihnen zumindest eine Eingebung schicken, wie sie aus der Not herauskommen und der Vernichtung entgehen können, so wie du es vorher deiner Lieblingstochter versprochen hast. Zeige doch ein wenig Empathie."

„Diese Chance habt ihr verpasst! Nichts mehr mit Empathie, zumindest nicht, bis Achilles zufrieden ist und zum Krieg zurückkehrt", erwiderte der Mächtigste, „Das habt ihr euch selbst verscherzt mit euren Alleingängen und eurem Ungehorsam."

Das Lied vom Irrtum des Empathielosen

Und die Seele sang der immer währenden Gültigkeit geflügelte Worte:

Der Mächtige, der seine unbedingte Macht demonstrieren will, sieht irrtümlicherweise Empathie als Schwäche und betrachtet sie als nicht-kompatibel mit der Macht.

Das ist Homers epische Botschaft.

Ja, ja der arme Mächtige, der empathielose! Wie schwach und klein muss der Mächtige sein, dem keine Empathie Stärke verleiht!

... murmelte die Seele mit einem bedeutungsvollen Lächeln des Wissens auf ihren Lippen.

Hera schwieg zu Zeus „Nichts-mehr-mit-Empathie", zu seiner kategorischen Einigelung; die anderen Götter auch.

Aber Nyx, Göttin der Nacht, sei Dank! Schon bald bedeckte sie das Schlachtfeld und die sonstige Erde vollständig mit ihren dunklen Schleiern. So verhalf sie den Griechen zu ihrer vorläufigen Rettung. Die Trojaner feierten ihren Tagessieg, und der gottgleiche Hektor hielt eine Triumphrede vor den versammelten Landsleuten und deren Alliierten. Er versprach, am nächsten Tag jedem Griechen so viel Leid zuzufügen, dass die wenigen Überlebenden es nie vergessen würden. Das Volk jubelte dem Führer zu!

Es wurde sehr viel Wein getrunken im Lager der Trojaner, sehr viel gegrilltes Fleisch gegessen, sehr viel geprahlt. In unzähligen Herden wurden Freudenfeuer entzündet in dieser Nacht. So viele Feuer, dass rundherum alles hell erstrahlte, wie wenn im Vollmond alle Berggipfel hell erleuchtet sind.

11 Dem Zwang beugen sich auch die Götter

Zusammenfassung

Aus dem neunten Gesang meiner Ilias werde ich Euch erzählen, wie Agamemnon eine Hymne der Externalisierung singt, um sich selbst von seiner Schuld für die schweren Verluste zu entlasten. Überraschenderweise schlägt er nun ernsthaft die Rückkehr nach Griechenland vor. Andere bedeutende Heeresfürsten aber halten dagegen und machen dem König der Könige den Vorwurf, er sei kein tapferer Held – eine Demontage auf offener Bühne, schwerster Fall für einen Narzissten. Der weise Nestor empfiehlt dem angeschlagenen Agamemnon die Versöhnung mit Achilles und die Rückgabe von allem, was er ihm genommen hat. Agamemnon erklärt sich dazu bereit und bietet eine großzügige Zugabe an. Achilles, der immer noch zutiefst gekränkte andere Groß-Narzisst, lehnt die Offerte jedoch ab.

Und die uns begleitende Seele wird dabei geflügelte Worte von immerwährender Gültigkeit singen, wie etwa über den tiefsten Fall eines Narzissten, die Demontage nämlich auf offener Bühne, über den Zwang, dem auch die Götter sich beugen, und über die Geheimnisse des Unbewussten. Und noch manches mehr.

Der Externalisierung Hymne

Die Katastrophe für die Griechen stand unmittelbar bevor. Nur ein Wunder konnte jetzt noch die Rettung bringen. Alle waren verzweifelt, Angst und Ratlosigkeit nahmen die Kämpfer in Besitz, allen voran Agamemnon, den Heeresführer. Es plagte ihn nicht nur die Sorge um die bevorstehende Vernichtung der ihm anvertrauten Armeen, sondern auch die gewähnte Zerstörung seines eigenen Rufes. Er befürchtete, dass die kommenden Generationen ihn als den Versager apostrophieren würden, der die Griechen ins Verderben geführt hatte. In der von ihm eilig einberufenen Versammlung der Heeresfürsten analysierte er, mit großem Schmerz im Herzen und Tränen in den Augen, die Situation und malte die Lage in düsteren Farben. Die Vernichtung der Griechen und die dann folgende Zerstörung seines Rufes vor Augen, sah er keine Lösung und keinen Ausweg aus der gefährlichen Lage. Allerdings war bei ihm kein Schuldbewusstsein erkennbar. Er schob die Schuld auf Zeus, den er als wortbrüchig und als Betrüger betitelte. Er sprach die geflügelten Worte, die

A. Marneros, *Homers Ilias psychologisch erzählt*, DOI 10.1007/978-3-658-11202-8_11

selbstmitleidigen, und sang damit nicht nur des Ichlings, sondern auch der Externalisierung Hymne:

„Freunde, Heeresfürsten und Berater. Zeus peinigt *mich* schwer, hart ist er mit *mir*. Und dies, obwohl er *mir* früher versprochen hat, dass *ich* als Sieger und Eroberer Trojas nach Griechenland zurückkehren werde. Nun aber ist er wortbrüchig geworden und hat einen üblen Betrug ersonnen. Er zwingt *mich*, ruhmlos zurückzukehren, nachdem *ich* so viele Männer verloren habe. Das ist offensichtlich der jetzige Wille des übermächtigen Gottes. Es bleibt *mir* nichts anderes übrig, als den Rückzug zu befehlen, weil für *mich* keine Aussicht mehr besteht, das breitstraßige Troja einzunehmen."

Das Lied vom Meister der Externalisierung

Und die Seele sang der immerwährenden Gültigkeit geflügelte Worte:

So kam die Erkenntnis in die Welt, dass der Ichling, der große Egoist – der sich in ständiger Begleitung der Überheblichkeit befindet – nicht nur alles Große als sein Werk sieht, blind für das Mitwirken und den Beitrag von anderen, sondern dass er sich auch als die Haupthassfigur des großen Bösen und des abgrundtiefen Ungerechten sieht.

Der Ichling wähnt sich als das Hauptopfer von Intrigen und Böswilligkeit und fühlt sich auch in seinem Leiden einzigartig. Die Ungerechtigkeit, die er zu erleiden glaubt, präsentiert er genauso wie seinen Triumph – mit Grandiosität.

Das ist Homers epische Botschaft.

Und die Seele sang weitere der immerwährenden Gültigkeit geflügelte Worte:

Wie jeder Narzisst, und so einer ist immer der Ichling, ist er auch ein Meister darin, Schuld und Verantwortung für eigenes Fehlverhalten oder Versagen auf andere Personen oder Situationen und Umstände zu verschieben – oder eben den Gotteswillen. Aber auf jeden Fall weit weg von sich selbst.

Ein Ichling ist also auch ein Meister der Externalisierung.

Das ist Homers weitere epische Botschaft.

Und die Seele sang auch noch diese der immerwährenden Gültigkeit geflügelte Worte:

Wie jeder Narzisst, und so einer ist immer der Ichling, bleibt er auch in Katastrophensituationen ein extremer Egoist. Die totale Vernichtung der anderen erweckt bei ihm keine Spur von Empathie. Stattdessen beschäftigt er sich nur mit dem eigenen, vermeintlich schlimmen Schicksal.

Das ist Homers zusätzliche epische Botschaft.

Das Lied von des Narzissten größter Sorge und Angst

Des Narzissten größte Sorge ist nicht, ob er das Leid anderer Menschen durch sein eigenes Tun und Lassen zu verantworten hat, sondern die Schädigung des eigenen von ihm gewähnten Rufes, auch dann, wenn andere untergehen.

Das ist Homers weitere epische Botschaft ...

Des Narzissten größte Sorge ist auch des Narzissten größte Angst: Der Niedergang des eigenen Egos.

... fügte die Seele weitere der immerwährenden Gültigkeit geflügelte Worte hinzu.

Agamemnon schlug der Versammlung schweren Herzens vor, sich dem Willen des wortbrüchigen, aber übermächtigen Zeus zu beugen und die Rückkehr nach Griechenland anzutreten. Dieser Vorschlag war anders als damals, als er schon einmal den Rückzug vorgeschlagen hatte, keine gespielte Versuchung. Nein, dieses Mal war es bitterer Ernst.

Des Narzissten tiefster Fall

Nach einer Weile des Schweigens und der Betroffenheit war es der erhabene Diomedes, der mit deutlichen und klaren Worten und lauter Stimme den Vorschlag des Heeresführers ablehnte. Er wurde dabei – trotz seiner Erhabenheit – beleidigend und sagte, Agamemnon sei ohne Verstand und ein Feigling. Er sagte ihm auch, dass Zeus ihm zwar die Führung der Griechen übergeben habe, was sicherlich eine große Ehre sei, dass der ihm aber wohl keine Tapferkeit mit auf den Weg gegeben habe; dabei sei Tapferkeit viel wichtiger als Herrschaft.

Noch ein Murmeln der Seele

Oh, richtig, richtig! ...

... murmelte die Seele, genüsslich und strahlend, der immerwährenden Gültigkeit geflügelte Worte.

Der blinde Dichter der Ilias mit seinen trefflichen Botschaften will uns sicherlich auch darauf aufmerksam machen.

Agamemnon befinde sich im Irrtum, fuhr der erhabene Diomedes fort, wenn er glaube, dass das Heer aus Feiglingen und Kriegsunkundigen bestehe. Agamemnon könne ja, auch wenn er der Griechenführer sei, mit seinen Leuten und seinen vielen Schiffen nach Mykene, zu seiner schönen Hauptstadt, zurückkehren. Alle anderen aber würden bleiben und kämpfen, bis das breitstraßige Troja erobert sei. Er, Diomedes, werde mit seinen Leuten keinen

Schritt weichen, auch wenn sie die letzten griechischen Krieger sein würden. Diomedes nahm mit diesen harten Worten gegen den offensichtlich schwächelnden Agamemnon Revanche für frühere Äußerungen des Oberbefehlshabers, der ihn als unkriegerisch und kraftlos bezeichnet hatte.

Das Lied vom tiefsten Fall des Narzissten

Und die Seele sang der immerwährenden Gültigkeit geflügelte Worte:

Des Agamemnons Fall ist der tiefste Fall für jeden Narzissten!

Für den Narzissten, der sogar sein eigenes Leid und seine Niederlage als Teil seiner Grandiosität zelebriert! Für den Narzissten, dessen größte Sorge nicht ist, ob er das Leid anderer Menschen durch sein eigenes Tun und Lassen zu verantworten hat, sondern der nur die Schädigung des eigenen Rufes fürchtet, auch dann, wenn andere untergehen. Für einen Narzissten wie Agamemnon, der in seiner ureigenen Rolle, die seinen Narzissmus mitspeist, auf offener Bühne demontiert wird.

Für so einen Narzissten ist der tiefste Fall seine Demontage auf der eigenen offenen Bühne!

Das ist Homers epische Botschaft.

Das Lied von der gefallenen Eiche

Und die Seele sang weitere der immerwährenden Gültigkeit geflügelte Worte:

So kam die Erkenntnis in die Welt, metaphorisch gesprochen: Liegt die mächtige Eiche erst auf dem Boden, dann hat jeder Gelegenheit, von ihr Stücke abzuhacken.

Das ist außerdem noch Homers epische Botschaft.

Des tapferen Diomedes beherzte Ansprache fand die uneingeschränkte Zustimmung der anderen Fürsten, die ihm zujubelten, während der angegriffene – und demontierte – Agamemnon beschämt zu Boden blickte. Die mächtige, prächtige Eiche Agamemnon lag am Boden. Jeder konnte von ihr ein Stück abhacken.

Das war wieder die Stunde des bewährten Psychotherapeuten, des weisen alten Nestor, des Königs von Pylos.

Der sprach weise, versöhnende Worte und malte das Gespenst eines Bruderkrieges unter den Griechen an die Wand. Das wolle doch niemand! So schlug er vor, die Einzelheiten eines strategischen Planes bei einem guten Mahl in Agamemnons prachtvollem Zelt zu besprechen. Er schmeichelte damit Agamemnons verletztem Ego. Seine Absicht war, die satt-zufriedene Stimmung nach reichlichem Essen und gutem Wein auszunutzen, um eine einvernehmliche Lösung zu erreichen. Agamemnon nickte zustimmend, und so geschah es. Reichliches Essen und Ströme erlesenen Weines trugen zu einer guten Atmosphäre und zur Harmonie bei. Und nicht nur das: Agamemnon fühlte sich wieder geschmeichelt und in seinem Ego gestärkt. Die Versöhnung der Heeresfürsten gelang dank Nestors psychagogischem Können.

Das Lied von der guten Atmosphäre

Und die Seele sang der immerwährenden Gültigkeit geflügelte Worte:

So kam die Erkenntnis in die Welt: Unterschätze nicht die Rolle der guten Atmosphäre, des schönen Ambiente, der stimmungsaufhellenden Angebote, der rundum positiven und schönen äußerlichen Gegebenheiten als wichtige Voraussetzung, wenn du gute Ergebnisse erzielen willst.

Das ist Homers epische Botschaft.

Der Narzissten Strategien kennen viele Wege

Das von Nestor angewandte psychotherapeutische Verfahren baute auf einer Tatsache auf, nämlich dass sich Agamemnon in einer Zwangslage befand: Entweder er akzeptierte einen Kompromiss, oder sein Ego wäre für immer beschädigt! Nach dieser Erkenntnis also handelte der alte weise König. Gegen Ende des reichlichen Gelages machte er einen weiteren Vorschlag – nachdem er zunächst anerkennende und schmeichelhafte Worte an den Groß-Narzissten Agamemnon gerichtet hatte, um dessen malträtiertes Ego zu streicheln, wieder einmal sein psychotherapeutisches Können unter Beweis stellend. Nestor agierte nicht nur mit Agamemnons Narzissmus, sondern auch mit dessen Zwangslage. Entweder beharrte der oberste Heeresführer auf den Rückzugsplänen, aber dann wäre sein Ruf als Oberbefehlshaber einer ganzen Nation für immer ruiniert, oder er würde um seines Rufes Willen unliebsame Kompromisse schließen, etwa eine Versöhnung mit Achilles. Nestor warf beide Würfel, den des Narzissmus und den des Zwangs, auf den Tisch – und gewann. Er nannte Agamemnon einen großen Führer, den berühmtesten aller Könige und auch „diogenes", was „der Zeus-Entstammende" bedeutet.

Erinnert Ihr Euch noch, verehrte Zuhörer? Zu Beginn habt Ihr gehört, dass Tantalos, ein Großvater Agamemnons, Zeus Sohn war, daher auch das „diogenes".

Nach all den Schmeicheleien gab Nestor Agamemnon die Anregung, sich doch wieder mit Achilles zu versöhnen. Für die Beleidigung durch die Wegnahme der Briseïs solle er sich bei ihm entschuldigen und den Peliden bitten, seinen Streik und seinen Rückzug aus dem Kampfgeschehen zu beenden. Er fügte hinzu, dass die Heeresfürsten mit der Handlung Agamemnons nicht einverstanden gewesen waren. Aber was solle es; auch großartigen Menschen, wie Agamemnon einer sei, könnten Fehler unterlaufen. Das waren Nestors geflügelte Worte, die treffsicheren.

Und zur Überraschung all derer, die Agamemnons narzisstischen Charakter kannten, nicht aber derjenigen, die etwas von psychagogischer Führung von Narzissten verstehen, akzeptierte er des Psychagogen Vorschlag! Nestor machte sich die urgriechische Weisheit zu eigen, dass sich sogar die Götter dem Zwang beugen. Und erreichte damit sein Ziel.

Das Lied vom Zwang des Narzissten

Und die Seele sang der immerwährenden Gültigkeit geflügelte Worte:

So kam die Erkenntnis in der Welt, dass auch Narzissten dem Zwang nicht entfliehen können, den uralten Spruch paraphrasierend: Dem Zwang beugen sich auch die Götter.

Das ist Homers epische Botschaft.

Agamemnon gab zu, dass ihm in Bezug auf Achilles Fehler unterlaufen seien – so wie natürlich auch anderen großartigen Menschen manchmal Fehler unterlaufen könnten, das habe der weise Nestor ja gerade gesagt. Er machte überdies eine außergewöhnlich großzügige Offerte: Er sei bereit, Achilles vieles, sehr vieles anzubieten: Gold und Silber, Kupfer und Erz, Städte und Ländereien, Schmuck und Waffen, Sklaven und Sklavinnen sowie edle Rennpferde. Und obendrein eine seiner Töchter als Gemahlin. Achilles könne sich eine seiner Töchter aussuchen; außerdem bräuchte er ihrem Vater nichts für sie zu zahlen, anders als sonst üblich. Im Gegenteil, er, Agamemnon, wäre sogar bereit zu einer außergewöhnlich großzügigen Mitgift. Und als Krönung der Offerte: Er wäre bereit, Briseïs zurückzugeben, das Mädchen, das er dem Peliden weggenommen hatte, das Anlass des Streits mit Achilles und dessen Streik war, und zwar unberührt, wie er versicherte. Dies alles sofort und noch vieles, vieles mehr; später, wenn Troja erobert wäre.

All diese kostbaren Schätze waren für Agamemnon im Vergleich zur Schande einer Niederlage unbedeutend. Von viel größerer Bedeutung war für ihn, nicht als Versager und Besiegter in die Heimat zurückzukehren, sondern als Triumphator und glorreicher Eroberer des göttlichen Troja. Auch wenn der Preis, den er für Achilles Bereitschaft, sich wieder am Krieg zu beteiligen, zahlen musste, sehr hoch war. Agamemnon wusste, dass die Rückkehr des Peleussohnes auf das Schlachtfeld die Rettung seines eigenen Rufes bedeuten würde. Die große Versöhnungsgabe wäre im Vergleich dazu ein winzig kleines Opfer.

Das Lied vom gewinnbringenden Opfer

Und die Seele sang der immerwährenden Gültigkeit geflügelte Worte:

So kam die Erkenntnis in die Welt, dass der Narzissten Strategien viele Wege kennen und genauso viele gehen. Einer davon ist, Kleines zu opfern, um Größeres zu erreichen.

Das ist Homers epische Botschaft.

Der Therapeuten Ohnmacht

Gleich am nächsten Morgen ging eine hochrangige Delegation, von Nestor ausgewählt, zu Achilles. Darunter war Phoenix, Achilles väterlicher Lehrer, der – selbst kinderlos – ihn seit dessen Kindheit wie seinen eigenen Sohn liebte. Auch der hochintelligente Odysseus, der tapfere Ajax und der gewiefte Botschafter Talthybios gehörten zur Abordnung. Sie gingen am Meeresufer entlang zu Achilles Lager, hin- und hergerissen zwischen Hoffen und Bangen. Sie beteten während des ganzen Weges inbrünstig zu Zeus, dass der Sohn des Peleus sich doch konziliant zeigen möge.

Sie trafen ihn vor seinem Zelt an, wo er sich mit einer wunderschönen silbernen Phorminx, einer Art viersaitiger Leier, amüsierte und sich darauf selbst bei einem Lied begleitete. In seiner Nähe saß schweigend und nachdenklich sein bester Freud Patroklos. Achilles zeigte sich überrascht, aber auch äußerst erfreut beim Anblick der hochrangigen Delegation. Die Ankömmlinge waren schließlich alte Freunde von ihm.

Überschwänglich begrüßte er die Delegierten und ließ sofort ein köstliches Mahl für sie bereiten. Als die Speisen verzehrt und viele Becher Wein geleert waren, hob der vielbewanderte Odysseus seinen Weinbecher und sprach die geflügelten Worte, die sorgenbeladenen: „Es sei dir gedankt, göttlicher Achilles, Sohn des Peleus, für den herzlichen Empfang und die wahrlich großzügige Bewirtung. Aber es ist uns nicht froh zumute, da den Griechen die größtmögliche Katastrophe unmittelbar bevorsteht. Die tapferen Trojaner und deren berühmte Verbündete stehen vor unseren Schiffen. Der mit nichts zu bändigende furchterregende Hektor, sich des Zeus Beistand sicher, droht uns allen mit totaler Vernichtung. Darum bitten wir dich, löwenmutiger Achilles, wieder in den Kampf einzugreifen, um das zu verhindern. Falls unsere Landsleute vernichtend geschlagen werden, wirst auch du unglücklich; du wirst es dir niemals verzeihen können, wenn du nicht versucht hast, sie zu retten. Komm und rette uns. Liebster Freund, denke an deinen alten Vater, der dir auf den Weg nach Troja den Rat mitgegeben hat, Zorn und Wut zu unterdrücken und Streit zu vermeiden, damit du von allen respektiert und geehrt wirst. Und höre die

Die Heeresdelegation ersucht Achilles um Versöhnung

lange Liste von kostbarsten Geschenken, die dir der reuevolle Agamemnon anbietet. Bitte begrabe deinen Zorn. Und wenn du das nicht kannst, weil du ihn zu tief hasst, dann denke wenigstens an uns alle und rette die Panhellenen. Sie werden dich wie einen Gott verehren, und dein Ruhm wird unendlich sein. Komm! Das ist die beste Gelegenheit, deinen Feind Hektor zu besiegen. Diese Möglichkeit war noch nie so greifbar nahe wie jetzt. Rettest du die Griechen, dann wird dein Ruhm unendlich sein, und er wird ewig dauern."

Odysseus, der bewanderte und vielbegabte, wendete sehr intelligent die bestmögliche Therapie an: Er schmeichelte dem Ego des Groß-Narzissten, er appellierte an seine Einzigartigkeit, erinnerte ihn an das Vermächtnis seines Vaters und versprach ihm ewigen Ruhm. Und dazu die lange, lange Liste von Agamemnons Versöhnungsgeschenken.

Aber Achilles war nicht zu überzeugen – der Narzisst wollte gar nicht therapiert werden.

Das Lied von der Veränderungsbereitschaft

Und die Seele sang der immerwährenden Gültigkeit geflügelte Worte:

So kam die Erkenntnis in die Welt, dass auch die bestmögliche Therapie nicht helfen kann, wenn der Patient keine Hilfe will. Keine Therapie kann Veränderung bewirken, wenn Veränderungswille und Veränderungsbereitschaft nicht vorhanden sind.

Das ist Homers epische Botschaft.

So musste Odysseus schon damals erleben, geschätzte Zuhörer, was für unzählige Therapeuten nach ihm tägliches Brot ist: Ohne Willen und Motivation zur Therapie beim Betroffenen ist der Therapeut machtlos. Auch der bewanderte und vielbegabte Odysseus musste erkennen: Des Patienten Veränderungsunwillen ist des Therapeuten Ohnmacht.

Achilles hatte nicht die geringste Veränderungsbereitschaft! Er antwortete mit den geflügelten Worten, den trotzigen: „Niemand soll versuchen, mich zu überzeugen, meine Meinung und meine Haltung zu ändern. Ich bin jemand, der offen sagt, was er denkt, und das tue ich auch jetzt. Wie die Tore des Hades hasse ich denjenigen, der anderes sagt als er in seinem Kopf hat. Niemand und nichts kann mich dazu bringen, meine Haltung zu ändern. Es gibt viele Gründe dafür. Der wichtigste ist, dass ich Agamemnon zutiefst hasse und verachte. Und ich bitte euch, sagt es ihm direkt, für jeden hörbar und genauso, wie ich es euch sage, so dass alle Griechen ihn hassen und verachten werden. Ich habe bis jetzt dreiundzwanzig Städte erobert – zwölf mit Schiffen und elf vom Land aus. Ich habe alle erbeuteten Schätze dem Oberbefehlshabers zu Füßen gelegt; ich habe sie Agamemnon überlassen, diesem unverschämten Hund, der nichts, aber gar nichts dazu beigetragen hat. Ich habe so hart für die Griechen gekämpft, aber ich erkenne keine Geste des Dankes dafür. Es wird kein Unterschied gemacht zwischen dem Tüchtigen und dem Taugenichts, zwischen dem Tapferen und dem Feigling, demjenigen, der an vielen Schlachten teilnimmt, und dem, der kaum daran beteiligt ist. Alle bekommen gleiche Anteile an der Kriegsbeute. Und dann das! Statt mir zu danken und mich zu ehren, hat er mich zutiefst beleidigt und mich meiner Ehre beraubt. Dabei müsste gerade er, der den panhellenischen Feldzug wegen einer Frau führt, die seinem Bruder weggenommen wurde … Gerade er müsste wissen, was es bedeutet, jemandem eine geliebte Frau wegzunehmen. Ich habe zwar Briseïs mit Waffengewalt und als Kriegsbeute erobert, aber ich hatte sie lieb gewonnen. Indem er sie mir weggenommen hat, hat mich Agamemnon tief ins Herz getroffen."

Und noch ein Murmeln der Seele

Und die Seele murmelte erstaunt und nachdenklich in sich hinein:

Erstaunlich ist, was Achilles gerade sagt. Er hätte nämlich das Objekt seiner angeblich großen Liebe, dessen Entzug Grund seiner verbitterten Haltung war, jetzt wiederhaben können, unberührt von Agamemnon. Aber seine narzisstische Verbitterung hindert ihn daran.

Das Lied von der Liebe des Narzissten

Und dann sang die Seele der immerwährenden Gültigkeit geflügelte Worte:

So kam die Erkenntnis in die Welt, dass auch die Liebe vom Narzissten – oder das, was er Liebe nennt – auf dem Altar seines Narzissmus geopfert werden kann.

Das ist Homers epische Botschaft.

Achilles fügte noch die geflügelten Worte hinzu, die verbitterten: „Agamemnon, dieser Hund, soll es nie mehr wagen, mir in die Augen zu schauen. Ich verachte ihn und verachte auch seine Offerte …

Das Lied von der verwunderlichen Bindungsfähigkeit

… verachte? Auch Briseïs, die „geliebte Frau"? Dachte die Seele ein wenig verwundert.

Und dann sang sie der immerwährenden Gültigkeit geflügelte Worte:

Die Bindungsunfähigkeit des Narzissten ist verwunderlich.

Das ist Homers epische Botschaft.

… Wenn ich morgen abziehe", fuhr er fort, „werde ich mit meinen Schiffen bei günstigem Wind in drei Tagen zurück in Griechenland sein; dort erwarten mich viel größere Schätze als das, was er mir jetzt anbietet. Und keine seiner Töchter interessiert mich. Ich kann jede Frau aus jedem Edelgeschlecht haben, die mir gefällt. Mein Schicksal ist vorausbestimmt, wie meine Mutter, die Meeresgöttin Thetis, mir offenbarte: Bleibe ich in Troja und kämpfe, werde ich ein kurzes Leben, aber großen und ewigen Ruhm haben. Kehre ich nach Griechenland zurück, werde ich ein langes und reiches Leben haben, aber keinen Ruhm. Beides hat Vorteile und Nachtteile.

Ich werde Morgen zurückkehren! Und Agamemnon, dieser feige Hund, soll sehen, wie er die Schiffe vor dem Feuer und die bedrängten Griechen vor den Speeren der tapferen Trojaner rettet. Ich bin sehr gespannt zu sehen, wie er es ohne mich schaffen will. Ich bin der einzige, der das Blatt noch wenden könnte. Übrigens, mein alter Lehrer Phoenix kann hier bei mir im Lager bleiben und morgen mit uns nach Griechenland zurückzukehren."

Das Scheitern vor dem Scheitern

Apelle an Mitleid und Empathie zu den sich in größter Gefahr befindenden Landsleuten konnten den so hartherzig reagierenden Achilles nicht erreichen, nicht umstimmen. Die Kränkung saß zu tief; die Blüten des Narzissmus wuchsen zu hoch, um die Versöhnung zuzulassen.

Odysseus intelligenter Therapieversuch war also gescheitert.

Dann unternahm der alte Phoenix, sein väterlicher Lehrer, einen weiteren Versuch, an Achilles Gefühle appellierend. Mit Tränen in den Augen erzählte er, wie es dazu gekommen sei, dass er den Peliden wie seinen eigenen Sohn erzogen habe und ihn bis jetzt abgöttisch liebe. Er offenbarte den Anwesenden, dass er, als er noch ein sehr junger Mann war, einer Bitte seiner Mutter entsprochen habe. Sein Vater hatte nämlich ein Auge auf eine junge Frau geworfen, die er als Zweitfrau zu nehmen beabsichtigte. Phoenix Mutter, die er deshalb vernachlässigte, war sehr unglücklich darüber. Sie bat ihren Sohn Phoenix, sich mit dieser jungen Frau zu vereinigen, bevor dies sein Vater tue. Aus Liebe zu seiner Mutter erfüllte Phoenix ihren Wunsch. Der Vater sei aber dahinter gekommen und habe ihn verflucht, das ganze Leben kinderlos zu bleiben.

Des Vaters Fluch wurde von den Göttern erhört, und Phoenix blieb tatsächlich kinderlos. Nach seinem Zerwürfnis mit dem Vater verließ Phoenix seine Heimat, wanderte durch ganz Griechenland und wurde mit Freundschaft und voller Ehren von Peleus, König von Phthia, Vater des neugeborenen Achilles, aufgenommen. Seine Kinderlosigkeit war der Grund, warum er sich wie ein Vater um den Kleinen kümmerte, zumal die Kindesmutter eine Meeresgöttin war und deshalb kaum für ihren Sohn, der im Landesinneren aufwuchs, da sein konnte. Phoenix war stolz auf den Kleinen wie auf einen eigenen Sohn.

Der von Phoenix aufgezogene und erzogene prächtige Achilles hatte gerade das Mannesalter erreicht, als der panhellenische Feldzug gegen Troja begann. Als entschieden wurde, dass auch er an dem Feldzug teilnehmen sollte, entschloss sich Phoenix trotz seines fortgeschrittenen Alters, die Strapazen des langjährigen Krieges – dass der Krieg lange Jahre dauern würde, war von Anfang an klar – auf sich zu nehmen, um den jungen und unerfahrenen Pflegesohn zu begleiten, ihn zu beraten und zu schützen.

Der alte Lehrer sprach mit Tränen in den Augen die geflügelten Worte, die gefühlvollen: „Wie kann ich dich alleine lassen, mein geliebter Sohn. Auch wenn ich wie durch ein Wunder verjüngt würde und weiter kämpfen könnte, auch dann würde ich dich, mein geliebtes Kind, nicht alleine zurückkehren lassen. Ich habe so viel in dich investiert, so dass du einem Gott ähnlich geworden bist. Ich habe damit die Hoffnung verbunden, dass du mich einmal vor großem Unglück retten wirst. Und jetzt bitte ich dich, komm und lasse in deiner Seele Milde walten. Komm und ändere deine Meinung, mein lieber Sohn. Es passt nicht zu dir, so empathielos zu sein. Selbst die Götter, die viel mächtiger sind als du, können ihre Meinung ändern, wenn Menschen tief und inbrünstig zu ihnen beten. Du weißt ja, dass die Lites, die Gottheiten der Gebete, Töchter des Zeus sind; sicherlich unschön, schielend und hinkend, aber immerhin Zeus Töchter! Im Gegensatz dazu ist Ate, die Gottheit, die den Verstand verblendet und trübt, sehr schnellfüßig und so immer vor denen da; damit schadet sie den Menschen. Aber die Lites, die langsamen und unattraktiven Gebetsgottheiten, folgen Ate und behandeln die von ihr Geschädigten. Alle diejenigen, die die Lites ehren, werden von ihnen reichlich belohnt. Und sie intervenieren bei Zeus gegen die, die das nicht tun, so dass diese dann von der Ate verfolgt werden. Komm, mein geliebter Sohn, ehre die Zeus-Töchter, so wie viele andere ruhmreiche Menschen es auch tun. Schätze es, dass Agamemnon seine Haltung bereut hat und dir so viele Versöhnungsgeschenke anbietet, darunter auch das Objekt deiner Liebe, Briseïs. Ich bitte dich darum, die Delegation aus hoch angesehenen Helden nicht vor den Kopf zu stoßen, nicht öffentlich bloßzustellen. Seit Generationen haben viele große Helden ihre durch Zorn und Wut gestaltete Haltung geändert und Milde gezeigt. Ich kann davon Geschichten über Geschichten erzählen. Nimm die Versöhnungsgeschenke an. Wenn du das tust, werden dich die Griechen wie einen Gott verehren".

So sprach der alte Lehrer zu seinem Schüler und Pflegesohn; er schmückte seine Worte mit zahlreichen Geschichten von Helden aus früheren Zeiten, die genau das gemacht hätten, was nun von ihm verlangt würde.

Aber Achilles erwiderte die geflügelten Worte, die unversöhnlichen: „Mein lieber alter Lehrer, so eine Art von Ehre brauche ich nicht. Die bisherige Unterstützung meines Vorhabens durch Zeus ist Ehre genug. Ich brauche nicht die Ehre der Griechen. Aber pass gut auf: Versuche nicht, mich weinend und bettelnd umzustimmen. Damit machst du dich zum Verbündeten meines Feindes; dann besteht die Gefahr, dass ich dich so hasse wie meinen Feind Agamemnon. Bleibe heute Nacht hier in meinem Zelt, und morgen früh entscheiden wir, ob wir in Richtung Heimat fahren."

Mit diesen Worten und dieser Haltung zeigte er der Delegation unmissverständlich, dass es Zeit für sie war zu gehen und dass eine weitere Fortsetzung des Gespräches für ihn nicht in Frage kam.

Das Lied von den verlorenen Zwischentönen

Und die Seele sang der immerwährenden Gültigkeit geflügelte Worte:

So kam die Erkenntnis in die Welt, dass Narzissten – allerdings nicht nur Narzissten, sondern auch Menschen mit manchen anderen problematischen Persönlichkeiten – nur schwarz und weiß kennen.

Zwischentöne kann der Narzisst nicht wahrnehmen, nach dem Motto: „Entweder du bist mein Freund oder mein Feind; entweder du liebst mich bedingungslos, oder du hasst mich grenzenlos."

Raum für dazwischenliegende Gefühle gibt es für ihn nicht.

Das ist Homers epische Botschaft.

Bevor die Delegierten sich erhoben, sagte Ajax traurig: „Wir haben verstanden, Achilles, Sohn des Peleus; wir gehen. Aber was du tust, ist schlimm, sehr schlimm. Andere haben Feinden verziehen, die viel Schlimmeres getan haben als das, was Agamemnon dir angetan hat. Warum zeigst du keine Milde und Solidarität mit deinen Landsleuten? Dein Zorn ist inzwischen unverhältnismäßig. Du hast keinen Respekt und keine Empathie für deine Kameraden, die dich abgöttisch verehren."

Die letzten geflügelten Worte, die verbitterten, rief der göttliche Achilles der hohen Delegation nach: „Die Beleidigung durch Agamemnon ist nicht zu verzeihen. Ich werde nicht für euch kämpfen. Es sei denn, dass dieser Priamide Hektor unmittelbar mich und meine Schiffe bedroht".

Das Lied vom Egoisten in der Katastrophensituation

Und die Seele sang wieder und wieder der immerwährenden Gültigkeit geflügelte Worte:

Jeder Narzisst, und so einer ist immer der Ichling, bleibt auch in Katastrophensituationen ein extremer Egoist. Nicht die totale Vernichtung der anderen erweckt bei ihm eine kleine Spur von Empathie, sondern er beschäftigt sich auch dann nur mit seinem eigenen Ego.

Das ist Homers abermalige Botschaft.

Das Lied von der Entdeckung des Unbewussten

Und die Seele sang noch diese der immerwährenden Gültigkeit geflügelte Worte:

Was Achilles nicht wusste, weil es tief – vielleicht auch gar nicht so tief – in seinem Unterbewusstsein schlummerte und ihm deswegen unbewusst blieb:

Er wollte ja gar nicht nach Griechenland zurückkehren! Obwohl er es immer wieder sagte und damit drohte! Jawohl! Es war ihm nicht klar, dass er gar nicht zurückkehren wollte.

Der Kampf, der Ruhm, der Triumph waren seiner Sehnsüchte Ziele; das Kriegsfeld seine geliebte Bühne! Die schamvolle Rückkehr dagegen Gift für seine narzisstische Seele.

Das Unterbewusstsein verriet das Verborgene mit Sätzen wie „Morgen früh entscheiden wir, *ob* wir in Richtung Heimat fahren". Oder „Ich werde nicht für euch kämpfen. *Es sei denn*, dass Hektor unmittelbar mich und meine Schiffe bedroht".

Und so begann für die Menschen die Entdeckung des Unbewussten und die lange Reise ins Unterbewusstsein.

Das ist Homers epische Botschaft.

Phoenix blieb bei seinem Schüler und Pflegesohn, während die anderen Delegierten zu Agamemnons Lager zurückkehrten, wo die Heeresfürsten mit hoher Anspannung auf Achilles Reaktion warteten.

Und sie vernahmen die schlechte Nachricht.

Die Griechen waren sehr betroffen über Achilles Ablehnung und diskutierten traurigen Gemütes lange darüber. Schließlich folgten sie Diomedes Rat: Trotzdem kein Rückzug, sondern weiterer Kampf! Weiter kämpfen, obwohl die Trojaner kurz vor der Erstürmung der Schiffe standen. Das trojanische Feuer, um die griechischen Schiffe in Brand zu setzen, brannte bereits lichterloh, hungrig und ungeduldig dem großen Holzschmaus entgegenflammend. Alle Fürsten, auch Agamemnon, stimmten Diomedes Vorschlag zu; sie würden sich nicht so einfach geschlagen geben. Dann gingen sie auseinander, um wenigstens etwas Schlaf zu finden.

12
Der Verantwortung Last

Zusammenfassung

Aus dem zehnten Gesang meiner Ilias werde ich Euch erzählen, wie Agamemnon unter der Last der Verantwortung leidet und nicht schlafen kann. Mitten in der Nacht beruft er eine kleine Versammlung von ausgewählten Heeresfürsten ein, um zu beraten, wie man die bedrückende Situation ändern kann. Es wird beschlossen, zunächst Spione in das Lager der Trojaner zu schicken, um zu erfahren, wie deren weitere Pläne sind. Diomedes und Odysseus werden dafür ausgewählt. Nachdem die beiden einen trojanischen Gegenspion überwältigt haben, können sie ihm wichtige Informationen entlocken. So gelingt es ihnen auch, die zur Unterstützung ihrer trojanischen Verbündeten gerade angekommenen Thrakier zu attackieren und ihre legendären Pferde zu entführen. Durch diese Ereignisse steigt die Stimmung im Lager der Griechen wieder.

Und die uns begleitende Seele wird dabei geflügelte Worte von immerwährender Gültigkeit singen, wie etwa von der Last der Verantwortung, vom Wachsen der Menschen mit wachsender Verantwortung, vom Verrat, den man liebt, vom Verräter, den man hasst. Und von manchem anderen.

Ob Egoist, ob Altruist

Alle schliefen – mit Ausnahme von Agamemnon und den Wachen. Die Sorgen wegen des bevorstehenden Schicksalstages nach dem kläglich gescheiterten Versöhnungsversuch mit Achilles lasteten schwer auf ihm und raubten ihm den Schlaf. Wie ein gefangener Löwe lief er in seinem Zelt hin und her. Er betrachtete das durch unzählige Feuer hell erleuchtete Lager der Trojaner in der Ferne, aus dem Flötenklänge und Gesänge herüberwehten. In deutlichem Kontrast dazu lag das stille Lager der Griechen dunkel und gespenstisch da. Dieser Anblick brachte Agamemnon zur Verzweiflung. Er raufte sich in panischer Ratlosigkeit die Haare und betete wieder und wieder zu Zeus um Gnade. Dann traf er mitten in der Nacht die Entscheidung, zum weisen alten Nestor zu gehen, um mit ihm die Lage zu beraten. Gerade als er mit einem Löwenfell seine Schultern umhüllte und sich für den nächtlichen Besuch fertig machte, trat sein Bruder Menelaos in das Zelt. Er machte sich die gleichen Gedanken wie Agamemnon, er sorgte sich um die schönbeschopften Griechen, die seinetwegen nach Troja gekommen waren, auch er konnte nicht schlafen.

A. Marneros, *Homers Ilias psychologisch erzählt*, DOI 10.1007/978-3-658-11202-8_12

Agamemnon äußerte seine Überzeugung, dass hinter dem siegreichen Hektor Zeus selbst stehe. Was der bronzegerüstete Hektor an diesen Tagen zustande gebracht habe, sei nicht das Werk eines Sterblichen gewesen. Agamemnon bat seinen Bruder, einige der anderen Heeresführer zu wecken, damit sie gemeinsam beraten könnten. Und er mahnte seinen Bruder, er solle mit den Fürsten respektvoll umgehen, weil man sie dringend brauche.

Das Lied von der guten Behandlung

Und die Seele sang der immerwährenden Gültigkeit geflügelte Worte:

So kam die Erkenntnis in die Welt, dass man Menschen, deren Hilfe und Beistand man braucht, gut behandeln muss und nicht vor den Kopf stoßen darf.

Das ist Homers epische Botschaft.

Agamemnon selbst ging als erstes zum weisen alten Nestor, der im Zelt neben seinen Waffen schlief, weckte ihn und schilderte ihm seinen Kummer mit den geflügelten Worten, den sorgenvollen: „Zeus hat mir unendlich bittere Plagen geschickt, mehr als jedem anderen. Ich laufe hin und her, ich finde keinen Schlaf, ich mache mir große Sorgen um die Griechen und deren Schicksal. Ich bin deswegen unruhig, mein Herz schlägt, als ob es aus meiner Brust herausspringen wollte, und meine Glieder zittern. Der Feind steht unmittelbar vor unseren Schiffen, und ich bin mir nicht sicher, ob er nicht noch in dieser Nacht angreifen wird. Komm mit mir, weiser alter König, um zusammen mit den anderen Heeresfürsten einen Weg zu finden, die Katastrophe noch abzuwenden".

Das Lied von der Last der Verantwortung

Und die Seele sang der immerwährenden Gültigkeit geflügelte Worte:

So kam die Erkenntnis in die Welt, dass nicht nur das persönliche Trauma zu einer akuten Belastungsreaktion mit psychosomatischen Störungen führen kann, sondern auch die Last der Verantwortung und die befürchtete Ausweglosigkeit.

Das Gewicht der Verantwortung lastet – auf die eine oder andere Weise – auf jedem, der sie trägt, ob Egoist oder Altruist.

Das ist Homers epische Botschaft.

Nestor war sofort bereit; er stellte allerdings mit kritischem Unterton die Frage, wo denn Menelaos sei und warum der seinen Bruder in dieser schweren Stunde alleine lasse. Agamemnon nahm seinen jüngeren Bruder in Schutz, der zu Unrecht der Passivität und Initiativlosigkeit verdächtigt wurde, und erklärte Nestor, dass dieser aus eigener Initiative und sorgenvoll zu ihm gekommen sei. Im Übrigen sei er in seinem Auftrag unterwegs, um die anderen Heeresführer zusammenzurufen. Allerdings, so fügte Agamemnon hinzu, benehme

Menelaos sich tatsächlich wie ein kleiner Bruder. „Er schaut immer auf mich und wartet, dass ich den Anfang mache. Doch diesmal haben ihn die Sorgen wachgehalten, und er hat ohne mein Zutun die Initiative ergriffen."

Das Lied vom Wachsen an der Aufgabe

Und die Seele sang der immerwährenden Gültigkeit geflügelte Worte:

So kam die Erkenntnis in die Welt, dass jeder, ob kleiner Bruder, ob Untergebener oder noch unerfahren, an den Aufgaben, die er zu erledigen hat, und denn zu bewältigenden Situationen wächst.

Das ist Homers epische Botschaft.

So kamen in dieser Nacht die Heeresführer zusammen, unter ihnen Odysseus, Diomedes, Ajax und Idomeneus, und berieten über die gefährliche Lage.

Der geliebte Verrat, der gehasste Verräter

Die mitten in der Nacht versammelten Heeresfürsten beschlossen, Spione in das Lager der Trojaner zu schicken, um nach Möglichkeit deren Pläne zu erkunden. Alle erklärten sich spontan bereit, die gefährliche Mission zu übernehmen. Diomedes wurde zu seiner großen Freude dafür ausgewählt, bat aber den scharfsinnigen und vielbegabten Odysseus, ihn zu begleiten. Falls dem einen etwas zustoßen sollte, könne der andere die Informationen zur Heeresführung bringen. Odysseus sei außerdem so intelligent und einfallsreich, dass er auch in schwierigen Situationen immer einen Ausweg finde.

Und so machten sich die beiden auf durch die dunkle Nacht, durch Blutschlamm watend und über Leichen stolpernd, die das Schlachtfeld bedeckten. Vorher hatten sie zu Athena um Beistand gebetet, ihr reichliche Opfergaben versprechend. Sie wiederum schickte als Zeichen ihrer Gunst einen Nachtvogel, der ihnen von rechts erschien – das war positiv. Denn wie Ihr vielleicht wisst, hat ein Gotteszeichen immer eine positive Bedeutung, wenn es rechts vom Menschen erscheint, von links jedoch eine negative.

Aber auch die Trojaner blieben nicht untätig in dieser Nacht und berieten über die beste und effektivste Vorgehensweise. Hektor kam ebenfalls auf den Gedanken, einen Spion in das feindliche Lager zu schicken. Er versprach demjenigen, der diese gefährliche Mission übernehmen würde, fürstliche Geschenke, unter anderem schnelle Pferde und kostbare Kampfwagen, wenn die Trojaner die Griechen besiegten – was in dieser Nacht als sicher galt. Die reichen Geschenke weckten die Begierde von vielen, vor allem aber des gierigen, obwohl bereits reichen Dolon, der dazu auch hässlich, aber schnellfüßig war.

Für den Fall des Sieges verlangte er von Hektor noch dazu die sagenhaften unsterblichen Pferde des Achilles samt seinem legendären Wagen. Der Priamide solle darüber hinaus bei Zeus schwören, dass er, Dolon, falls er die gefährliche Spionagemission überlebe, die Geschenke auch tatsächlich bekomme und nicht nach getaner Arbeit betrogen werde. Hektor schwor das bei Zeus, und so machte sich Dolon, beflügelt von der Aussicht auf die sagenhafte Belohnung, auf den Weg durch die dunkle Nacht.

Unterwegs aber wurde er von Diomedes und Odysseus entdeckt und nach einer dramatischen Verfolgungsjagd überwältigt. Weinend und zitternd flehte er um sein Leben und erklärte sich bereit, alle militärischen Pläne seiner Landsleute und deren Verbündeter bis in die kleinsten Details zu verraten. Er habe sich ja bloß von diesem schlauen, menschenvernichtenden Hektor durch das Versprechen von reichlicher Belohnung verführen lassen. Sonst mache er so etwas nicht, er doch nicht! Und tatsächlich verriet der ertappte Spion alle Militärgeheimnisse seiner Landsleute, unter anderem, dass die schwächste Stelle im Lager der Trojaner dort sei, wo die Thrakier ihre Zelte aufgeschlagen hätten. Die seien nämlich gerade angekommen, von der langen Reise müde; außerdem seien sie unerfahren und des Geländes noch nicht kundig. Bei den müden Thrakiern hätten die bronzegepanzerten Griechen leichtes Spiel.

Trotz dieses Verrates konnte Dolon sein Leben nicht retten. Er wurde an Ort und Stelle von Diomedes und Odysseus hingerichtet. Sie konnten ihn ja nicht ohne weiteres und ohne Gefahr für sich selbst hinter die trojanischen Linien mitnehmen. Es kam noch hinzu, dass die beiden Spione den feindlichen Spion und Verräter nicht mochten.

Das Lied vom geliebten Verrat und vom gehassten Verräter

Und die Seele sang der immerwährenden Gültigkeit geflügelte Worte:

So kam auch diese Erkenntnis in die Welt: Den Verrat lieben alle, die davon profitieren, den Verräter aber niemand.

Das ist Homers epische Botschaft.

Mit Athenas Beistand und vor allem mit Hilfe der durch den Verräter Dolon gewonnenen Informationen konnten Diomedes und Odysseus die Linien der Trojaner weiter ausspionieren und zum Lager der müden Thrakier gelangen. Die ohnehin schwache thrakische Flanke der trojanischen Frontlinie konnten die beiden außergewöhnlichen Kämpfer dann noch weiter schwächen, indem sie den König der Thrakier und viele Soldaten töteten und die besten der berühmten Pferde Thrakiens mitnahmen. Geschützt von Athena, die sich jedoch gemäß Zeus Befehl nicht aktiv in die Kampfhandlungen einmischte, gelang es ihnen, heil in das Lager der Griechen zurückzukehren. Dort

Odysseus und Diomedes mit den erbeuteten thrakischen Pferden

waren alle, vor allem Nestor, in großer Sorge um die beiden Helden, weil sie so lange weg geblieben waren. Umso größer die Freude, als der vielgepriesene Odysseus und der kraftvolle Held Diomedes mit den hervorragenden thrakischen Pferden ankamen.

Diese so erfolgreiche Mission gab den Griechen neue Hoffnung und beflügelte ihre Kampfmoral. Die beiden strahlenden Helden nahmen ein Bad im Meer und entspannten sich anschließend in ihren Badewannen, das Wasser nach wohlriechenden Kräutern duftend. Mit reichlich aromatischen Ölen gesalbt saßen sie schließlich an der reichgedeckten Tafel, nachdem sie als erstes Athena einen Becher süßen Weines geopfert hatten.

13
Der Anti-Narzisst

Zusammenfassung

Aus dem elften Gesang meiner Ilias werde ich Euch erzählen von Zeus Entscheidung, den Krieg erneut anzufachen und die Kontrahenten weiter anzustacheln. Der Tag beginnt diesmal mit Siegen der Griechen, die deswegen in einen Siegesrausch geraten. Dann führen die Trojaner eine erfolgreiche Gegenoffensive, die zu herben Verlusten bei den Griechen und zu schweren Verletzungen einiger prominenter Fürsten führt. Achilles, der das Desaster mitbekommt, schickt seinen Freund Patroklos zu Nestor, um zu erfahren, wie die Lage ist und ob er es richtig wahrgenommen hat, dass einer der Verletzten der legendäre Arzt Machaon, Sohn des Asklepios, ist. Bei dieser Gelegenheit kommt Patroklos hervorragende Persönlichkeit zum Vorschein – ein Anti-Narzisst! Als Patroklos ein Bild von der Lage gewonnen hat, kehrt er zurück zu Achilles. Sein Vorsatz ist, diesen zu überzeugen, endlich in das Kriegsgeschehen einzugreifen, um die bedrohten Landsleute zu retten.

Und die uns begleitende Seele wird dabei geflügelte Worte von immerwährender Gültigkeit singen, wie etwa über die Erkenntnis, dass man eine Sache zu Ende denken muss, über die Tatsache, dass man wortbrüchig werden kann, ohne sein Wort zu brechen. Und auch über manches andere.

Nicht zu Ende gedacht

Es kam die Zeit, in der die Eos rhododaktylos erwachte und aus dem Bett stieg, in dem sie mit ihrem Mann, dem erlauchten Tithonos, schlief.

Ach ja, Tithonos … Damals habe ich das nicht ausführlich erzählt, die Geschichte war ja jedem bekannt. Heute ist das anders, deshalb will ich sie Euch, meinen verehrten Zuhörern, kurz berichten, denn sie ist schön, tragisch und lehrreich zugleich.

Also: Eos, die rosenfingrige Göttin der Morgenröte, verliebte sich in einen Sterblichen, den besagten Tithonos. Um ihn für alle Ewigkeit als Partner zu behalten, bat sie Zeus, den Vater von Menschen und Göttern, ihren Geliebten unsterblich zu machen. Zeus erhörte die Bitte der allseits beliebten Eos und machte Tithonos tatsächlich unsterblich. Die Verliebten verbrachten einige wunderbare Jahre miteinander. Bis Eos beunruhigende Zeichen an ihrem Mann zu entdecken begann: Seine Haare wurden zunehmend grau und dünn, immer mehr Falten zeichneten sein Gesicht, die Muskeln wurden schwächer

A. Marneros, *Homers Ilias psychologisch erzählt*, DOI 10.1007/978-3-658-11202-8_13

und schwächer, seine Stimme brüchiger, seine Sehkraft schwand, auch seine Manneskraft ließ nach, bis sie schließlich vollständig verschwand. Mit anderen Worten: Der den Göttern unbekannte Alterungsprozess hatte Tithonos fest im Griff und wurde immer stärker sichtbar, hörbar und fühlbar. Sehr beunruhigt ging Eos in den frühen Morgenstunden zu Vater Zeus und sagte:

„Ewiger Vater von Menschen und Göttern; mein geliebter Mann, den du dankenswerterweise unsterblich gemacht hast, altert jeden Tag mehr, so wie Sterbliche altern! Stell dir vor, Vater unser: Ich stehe für alle Ewigkeit in voller Jugendblüte, strahlend mit purpurfarbigem Gesicht und rosenfarbenen Händen, aber mein Mann wird für alle Ewigkeit ein Greis sein! Was hast du mit ihm gemacht, Gottvater?"

„Nichts anderes als das, um was du mich gebeten hast, meine liebe Eos. Du, allbeliebte Göttin der Morgenröte, hast mich gebeten, ihn unsterblich zu machen – das habe ich dir zu Liebe getan, nicht weniger und nicht mehr. Du hast damals in deiner Verliebtheit die Sache nicht zu Ende gedacht, sonst hättest du mich gebeten, ihm Unsterblichkeit *und* ewige Jugend zu schenken. Jeder, der seine Dinge nicht zu Ende denkt und voreilig handelt, muss dafür die Konsequenzen tragen, auch eine Göttin. Das hättest du wissen müssen, mein liebes Kind", sagte der Vater von Menschen und Göttern und beendete damit die Privataudienz für die wunderschöne und taufrische, aber unglückliche Eos, die schweren Herzens zu ihrem alternden Mann zurückkehrte. Dieser wurde im Verlauf der Zeit immer älter und älter, schrumpfte und schrumpfte, wurde kleiner und kleiner. Eines Tages war er so winzig klein, dass Eos ihn in einen Kokon einwickelte und ihn in einem kleinen Korb an ihrer Seite ewig schlafen ließ.

Das Lied vom Zu-Ende-Gedachten

Und die Seele sang der immerwährenden Gültigkeit geflügelte Worte:

So kam die Erkenntnis in die Welt, dass man eine Sache zu Ende denken muss. Man darf nicht voreilig und unüberlegt handeln. Die Konsequenzen eines voreiligen und nicht zu Ende gedachten Handelns können sehr schmerzhaft sein.

Das ist Homers epische Botschaft in dieser der Ilias beigefügten Erzählung.

Trotz ihres Unglücks verstreut die rosenfingrige Göttin der Morgenröte pflichtgemäß und pflichtbewusst das sanfte Morgenlicht über Menschen und Götter, Tag für Tag, bis heute.

Aber es wird Zeit, meine treuen Zuhörer, zurückzukehren zu Trojas Kriegsfeld.

Eos kam leider an diesem Morgen nicht alleine auf das trojanische Schlachtfeld. Als sie nämlich an besagtem Tag in Begleitung der Horen – der Göttinnen der Tageszeiten, die jeden Morgen die Himmelstore öffnen und sie am Abend

Eos Rhododaktylos mit den Horen

schließen – begonnen hatte, den Himmel rosarot zu färben, schickte Zeus auch Eris, die furchtbare Göttin des Streits und hässliche Schwester des gehassten Kriegsgottes Ares auf das Kriegsfeld, und zwar zu den Griechen. Sie sollte sie noch mehr ermuntern – zusätzlich zu der ohnehin schon günstigen Stimmung nach der erfolgreichen Spionagemission von Diomedes und Odysseus –, wieder gegen die Trojaner loszuschlagen, um den Krieg zu beleben. Mit lautem Geschrei und giftigen Worten schaffte sie es auch diesmal, sie anzustacheln, sodass die Griechen die Rückkehr in die Heimat endgültig verwarfen.

Die Prahlerei eines Königs

Fieberhaft bereiteten sich die Griechen auf die bevorstehende Schlacht vor. Die Heeresfürsten legten ihre besten Rüstungen an. Agamemnon, der oberste aller Fürsten, wählte für den Tag eine ganz besondere Rüstung, nämlich die, die ihm im Rahmen der Vorbereitungen für den panhellenischen Feldzug der König von Paphos in Zypern, Kinyras, geschenkt hatte.

Auch diese Rüstung hatte eine ganz besondere Vorgeschichte, die ich bis jetzt in der Ilias nicht vollständig erzählt habe. Das will ich nun nachholen.

Als die Griechen die Entscheidung getroffen hatten, einen Feldzug gegen Troja zu unternehmen, entsandten sie Menelaos, Odysseus und Talthybios als

Delegation auch zu König Kinyras von Paphos im fernen Zypern. Sie sollten ihn motivieren, seine Pflicht als Grieche zu erfüllen und an dem panhellenischen Feldzug teilzunehmen. Kinyras machte große Versprechungen, wovon er später kaum eine halten würde. Aber er schickte mit der Delegation dem obersten Griechenfürsten Agamemnon einen wunderschönen Harnisch, um Eindruck auf ihn zu machen. Kinyras versprach außerdem, dass er mit tausend Schiffen an dem panhellenischen Feldzug teilnehmen würde. Ja, richtig gehört: mit tausend Schiffen! Unglaublich!

Aber wie Ihr durch andere Mythographen vielleicht schon wisst, geschätzte Zuhörer, hatte er gar keine tausend Schiffe!

Als es soweit war und der panhellenische Feldzug beginnen sollte, warf Kinyras tatsächlich eintausend Schiffe ins Meer. Allerdings war nur eines davon ein richtiges seetüchtiges Schiff. Alle anderen waren kleine Schiffe aus Ton, die sich sofort im Wasser auflösten. Nein, er wurde nicht wortbrüchig, der schlaue Kinyras; er hatte zwar tausend Schiffe versprochen, aber nicht gesagt, was für Schiffe.

Er schickte also nur ein einziges Schiff nach Troja. Na ja, dabei sein ist alles, sagt man.

Das Lied von des Vertrages Seele

Und die Seele sang der immerwährenden Gültigkeit geflügelte Worte:

So kam die Erkenntnis in die Welt, dass die Genauigkeit der Formulierung des Vertrages Seele ist. Man kann wortbrüchig werden, ohne das Wort zu brechen. Fragwürdige Charaktere, schlaue Füchse sagt man im Allgemeinen, verkünden bombastisch, sie hätten Wort gehalten, obwohl sie in der Praxis wortbrüchig geworden sind.

Das zeigt diese Erweiterung von Homers Ilias.

Ich habe das Geschenk des Zypernkönigs, die Rüstung für Agamemnon, in meiner Ilias mit vielen Einzelheiten beschrieben. Nehmen wir uns die Zeit und bewundern wir das außergewöhnliche Geschenk: Da war zunächst der wunderschöne Harnisch, Thorax sagt man in meiner Sprache. Dessen Brustpanzer schmückten zehn blauschimmernde Streifen aus kostbarem Metall, weitere zwölf aus funkelndem Gold und zwanzig andere aus Zinn. Bläuliche Drachen, schön wie Regenbogen, erhoben sich gegen den Hals, drei von beiden Seiten. Dazu kamen der kostbare Schild mit kunstvollen Abbildungen furchterregender Gottheiten sowie die meisterhaft geschmiedeten Waffen. Schade, dass diese prachtvolle Rüstung bloß leerer Versprechungen hohler Begleiter war.

Das Lied von der Rolle des Bombasmus

Und die Seele sang der immerwährenden Gültigkeit geflügelte Worte:

So kam die Erkenntnis in die Welt, dass Menschen, die ihre Pflichten nicht erfüllt haben oder nicht erfüllen können oder nicht zu erfüllen beabsichtigen, das mit bombastischen Gesten und mit genauso bombastischen Versprechungen und Geschenken zu kompensieren versuchen.

Das erkennt man in dieser ergänzten Erzählung von Homer.

Triumph und Elend

Agamemnon hatte sich also feierlich eingekleidet und die wunderschöne Rüstung angelegt, womit er seine innere Bereitschaft ausdrückte, bis zum letzten zu kämpfen. Tatsächlich zeigte er während der anschließenden Schlacht eine solche Tapferkeit, dass Freund und Feind, Menschen und Götter ihn uneingeschränkt bewunderten. Übrigens belegte er damit, dass Achilles Beschimpfungen gegen ihn – er sei ein Feigling, mutig wie ein scheues Reh und ähnliches – nichts anderes waren als Produkte von dessen Hass gegen seinen Oberbefehlshaber. Agamemnons Tapferkeit war eine der wichtigsten Gründe, warum die Griechen an diesem Tag endlich wieder siegreich waren.

Was für eine Schlacht! Was für ein Krieger, dieser Agamemnon! Er tötete unendlich viele Feinde, unbarmherzig jeden Fliehenden verfolgend, und begeisterte seine Mitkämpfer. Griechische Fußsoldaten töteten trojanische Fußsoldaten; griechische Kampfwagenkrieger töteten trojanische Kampfwagenkrieger. Das Sterben, das Leid, die Schreie und das vergossene Blut schienen nicht enden zu wollen, vor allem im Lager der Trojaner und ihrer Verbündeten. Die Trojaner waren nicht mehr in der Lage, sich gegenseitig zu helfen, vielmehr verhielten sie sich wie eine in Panik geratene Hirschmutter, die mit ansehen muss, wie ihre zarten Kinder von kraftvollen Löwen gerissen und gefressen werden, die ihnen aber nicht helfen kann. Selbst in Panik fürchtet sie um ihr Leben und rennt durch Täler und über Berge, um sich zu retten. So war es auch mit den Trojanern an diesem Tag, nach dieser Wende des Krieges – schließlich hatten sie sich schon kurz vor dem finalen Sieg gewähnt, und nun wurden sie von den Griechen so jäh überrannt. Jeder versuchte, sich selbst zu retten, und ließ seine Brüder in den Fängen des Löwen zurück. Und die Löwen triumphierten mit Löwengebrüll – für heute waren die Griechen der Löwe und die Trojaner die um ihr Leben rennende Hirschkuh. So hatte Zeus entschieden.

Das Lied von des Menschen Wolf

Und die Seele sang der immerwährenden Gültigkeit geflügelte Worte:

So kam die Erkenntnis in die Welt, dass wenn es um das eigene Leben geht, um die eigenen Interessen, der Mensch sich selbst der nächste ist und wichtiger als die anderen.

Das ist Homers epische Botschaft.

Und die Seele sang weitere der immerwährenden Gültigkeit geflügelte Worte:

So wurde auch damit noch einmal bestätigt, dass die Tragödie des einen der Triumph des anderen sein kann. Der Mensch des Menschen jagender Löwe. Oder der Mensch des Menschen Wolf.

Das ist Homers zusätzliche epische Botschaft.

Die Griechen, die so lange auf der Verliererseite gestanden hatten, gerieten durch ihren Triumph – na ja, das was ich eben beschrieben habe, wird Triumph des einen und Desaster des anderen genannt – in einen wahren Siegesrausch. Ganz besonders Agamemnon, der in den Reihen der Trojaner wütete. Wie Feuer, das im dichten Wald lodert, von stürmischen Winden wild in alle Richtungen getrieben, Sträucher augenblicklich vernichtend und hohe Bäume wie Weizenhalme umknickend – so gingen er und seine Soldaten mit den Köpfen und Körpern der Trojaner um. Man sah gestandene trojanische Krieger, die jammernd um ihr Leben baten. So etwa die beiden Söhne des Antimachos, auf dem eine schwere Sünde lastete.

Erinnert Ihr Euch? Als nämlich die Griechen vor Beginn des Krieges eine Delegation zu den Trojanern schickten, um den Vorschlag zu machen, Helena und die geraubten Schätze des Menelaos zurückzugeben, um so einen furchtbaren Krieg zu vermeiden, hatte Antimachos seine schwere Sünde begangen. Er hatte seinen trojanischen Landsleuten vorgeschlagen, die Abgesandten Menelaos, Palamedes und Odysseus zu ermorden, Helena und die Schätze zu behalten und einen Krieg zu riskieren. Zeus sei Dank wurde die Ermordung der Delegation von Priamos abgelehnt.

Den Mordvorschlag des Kriegsfalken Antimachos hatte Agamemnon nicht vergessen, und nun rächte er sich an dessen wehklagenden und um ihr Leben bettelnden Söhnen. Auch ihr Versuch, ihn mit dem Versprechen von reichlich Gold als Lösegabe umzustimmen, half nicht, konnte die beiden nicht retten. Der in einen Blutrausch geratene Löwe ließ kein Hirschlein leben.

Das Lied von den Sünden der Vergangenheit

Und die Seele sang der immerwährenden Gültigkeit geflügelte Worte:

So kam die Erkenntnis in die Welt, dass Sünden der Vergangenheit sich irgendwann und in irgendeiner Form rächen. Diese Erkenntnis soll dafür sorgen, dass man sein Tun und Lassen nicht nur nach den unmittelbaren Konsequenzen richtet, sondern auch auf die zukünftigen blickend.

Das ist Homers epische Botschaft.

Der stürmische Sieg der Griechen beunruhigte allerdings Zeus. So stürmisch und so siegreich hatte er das eigentlich nicht vorgehabt, seine Pläne sahen anders aus. So schickte er Iris, die windfüßige und goldgeflügelte olympische Botin, eilig zum zeusbeschützten Hektor, um ihm folgenden Tipp übermitteln zu lassen: So lange Agamemnon kämpft, halte dich zurück und kämpfe nicht. Wenn aber Agamemnon verletzt wird, dann auf in den Kampf!

Einige Stunden waren vergangen, in denen die bronzegepanzerten Griechen die pferdebändigenden Trojaner in große Bedrängnis gebracht hatten und nun kurz vor der Erstürmung der Stadttore standen; Stunden, in denen Agamemnon und seine Leute zahlreiche tapfere und prominente Feinde getötet hatten. Dann traf ihn unvermittelt ein Speer von Koon, Sohn des weisen Antenor und der schöngesichtigen Athena-Priesterin Theano, und verletzte ihn an der Hand. Koon hatte zusehen müssen, wie Agamemnon seinen Bruder Hippodamas tötete, und mit dem Mut der Wut war er unbemerkt auf ihn losgegangen und hatte ihn verletzte. Zuerst kämpfte Agamemnon weiter, dann aber, als große Schmerzen einsetzten, musste er schließlich das Feld räumen.

Hektors Stunde war gekommen!

Mit Pathos und Tapferkeit stürzte sich der zeusbeschützte Hektor in den Kampf!

Sein Pathos und seine Tapferkeit übertrugen sich auf die anderen Trojaner. Und plötzlich wendete sich das Blatt wieder. Nun befanden sich die Griechen in großer Bedrängnis, wieder einmal; unzählige von ihnen wurden getötet und verwundet. Unter den Verwundeten waren hervorragende Helden wie Diomedes und Odysseus. Noch schlimmer war es, als der große Arzt Machaon schwer verletzt wurde, weil – das weiß jeder, das wussten wir auch damals schon – ein Arzt wertvoller ist als viele andere Menschen zusammen. Das erklärt, warum die Griechen alles getan haben, um Machaon zu retten, was ihnen auch gelang.

Den Sturm der Trojaner deuteten die Griechen als Ausdruck von Zeus Willen. Sie gerieten in Panik und rannten – nun selbst wieder die Gejagten – mit letzter Kraft zu ihren Schiffen zurück. Hätten sie den Erfolg der Trojaner auf deren Pathos und Tapferkeit zurückgeführt und nicht Gottes Willen vermutet, hätten sie ihn vielleicht sogar stoppen können.

Das Lied vom Ignorieren eines Prinzips

Und die Seele sang der immerwährenden Gültigkeit geflügelte Worte:

So kam die Erkenntnis in die Welt, dass die Menschen Geschehnisse nicht immer nach dem Prinzip von Ursache und Wirkung betrachten. Würden sie das konsequent tun, können sie vielleicht die Ursache erkennen und deren Wirkung aufheben.

Das ist Homers epische Botschaft.

Der Narzisst und der Anti-Narzisst

Achilles beobachtete die Kampfhandlungen vom sicheren Deck seines Schiffes aus. Als er feststelle, dass die Trojaner die Oberhand behielten, freute er sich, weil bei ihm die Hoffnung aufkam, dass die Heeresfürsten ihn in der offensichtlich großen Not noch einmal um Beistand bitten würden. Das wäre eine nochmalige Erniedrigung seines Rivalen Agamemnon.

Das Lied von der Instrumentalisierung der Not

Und die Seele sang der immerwährenden Gültigkeit geflügelte Worte:

So kam die Erkenntnis in die Welt, dass der Narzisst auch die größte Not der Menschen ohne Empathie und Skrupel instrumentalisieren kann, um seine gewähnte Grandiosität und Singularität zu pflegen und zu demonstrieren.

Das ist Homers epische Botschaft.

Andererseits war Achilles neugierig und wollte wissen, was los ist. So schickte er seinen besten Freund Patroklos zu Nestor, um nähere Informationen über das Geschehene einzuholen. Er wollte wissen, ob tatsächlich Machaon, der untadelige Arzt, verwundet sei.

Machaon, Sohn von Asklepios, des Gottes der Medizin, und sein ebenfalls göttlicher Bruder Podalirios waren die zwei hervorragendsten Ärzte des Feldzuges. Da sie damals auch um die Hand der schönen Helena angehalten hatten, waren sie durch ihren Eid, dem Gewinner in einer schwierigen Situation Beistand zu leisten, verpflichtet, am Krieg teilzunehmen.

Vielleicht ist Euch bekannt, dass Machaon den Medizinhistorikern Eurer Zeit als der mythische Begründer der Chirurgie gilt, Podalirios als der der Internistik.

Der erhabene Patroklos lief also sorgenvoll hinter die Mauer, die von den Griechen vor den Schiffen gebaut worden war, und suchte den weisen Nestor. Der alte König, vor kurzem zurück aus der Schlacht, saß gerade mit Kameraden beim Mahl. Er war sehr überrascht, Patroklos, bester Freund wie auch engster Berater des streikenden Achilles, in seinem Zelt zu sehen.

Patroklos wurde auch „isotheos“ genannt, gottgleich also. Dieser Beiname wurde damals erhabenen Menschen als Ausdruck von Respekt und Bewunderung gegeben, so etwa Achilles, Hektor, den Atriden Agamemnon und Menelaos, Ajax, Glaukos und anderen. Und eben auch Patroklos.

Nestor sprang auf und bot Patroklos einen Platz an. Dieser lehnte dankend ab mit den geflügelten Worten, den vielsagenden: „Danke, weiser König, aber ich werde nicht Platz nehmen aus Respekt vor meinem streikenden Herrn, aber auch aus Sorge, dass ich vielleicht nicht schnell genug die mir übertragene Aufgabe erledige. Du weißt ja selbst, wie aufbrausend er ist und wie ungerecht er reagieren kann.“ Der treue Freund Patroklos trug vor, was ihm Achilles aufgetragen hatte. Nestor, die Arroganz des Peliden bitter und verachtungsvoll kommentierend, erzählte ihm, was am Tage geschehen war. Und er sprach die geflügelten Worte, die verbitterten und tadelnden: „Wieso macht der Pelide sich jetzt Sorgen um uns? Und warum will er uns dann nicht helfen? Ich denke, er wird das später bitter bereuen, wenn die Armee der Griechen vernichtend geschlagen wird. Es ist eine Schande, dass weder Achilles noch du die Ratschläge eurer Väter befolgt. Ich war dabei, als er sie euch erteilt hat. Der alte Peleus gab seinem Sohn den Rat, immer der beste in Tapferkeit zu sein. Dein Vater Menoitios hat dir gesagt, dass Achilles zwar von höherem Geschlecht und tapferer ist als du; er gab dir aber den Rat, trotzdem immer einen positiven Einfluss auf ihn auszuüben, da du älter bist als er. Ich denke, du hast schon vergessen, was dein Vater dir damals gesagt hat. Doch ich glaube, dass du auch jetzt noch Einfluss auf ihn nehmen könntest. Des Freundes Rat ist immer wertvoll. Wer weiß, vielleicht könntest du mit Zeus Hilfe etwas bewirken. Aber wenn er aus irgendwelchen Gründen, die wir nicht kennen, seine Meinung nicht ändern kann, wäre es auch hilfreich, wenn er dir erlaubt, zusammen mit seinen Soldaten, den Myrmidonen, in die Schlacht zu ziehen, seine Rüstung tragend. Die Griechen würden wieder Hoffnung schöpfen, und es könnte sein, dass die Trojaner tatsächlich glauben, dass der göttliche Achilles wieder gegen sie kämpft, und Angst bekommen, obwohl bloß du es bist.“

Diese geflügelten Worte, die bahnbrechenden, sprach der alte weise König von Pylos. Der erhabene Patroklos wurde dadurch sehr aufgewühlt. Nicht weil Nestor ihn an die Worte seines Vaters erinnert hatte, dass Achilles von höherem Geschlecht und tapferer sei als er selber. Und auch nicht wegen des „… Angst bekommen, obwohl bloß du es bist“. Nein, das interessierte ihn wenig und kränkte ihn auch nicht. Vor seinen Augen stand die Bedrängnis seiner Landsleute, die durch die Haltung seines engsten Freundes mitverursacht worden war. Nun sah er durch den klug verpackten Vorschlag von Nestor plötzlich eine Möglichkeit, auf Achilles und auf den Verlauf des Krieges Einfluss zu nehmen. Ohne langes Zögern machte er sich nach einem kurzen Abschied von Nestor auf den Weg zurück zum Lager der Myrmidonen; er wollte doch noch einmal alles versuchen, um Achilles umzustimmen. Und wenn das nicht gelingen würde, wollte er wenigstens den Vorschlag von Nestor aufgreifen und seinen Freund bitten, ihm seine Rüstung zu geben, damit er darin in den Kampf eingreifen könnte – die Trojaner und ihre Verbündeten täuschend, die glauben würden, dass in der göttlichen Rüstung Achilles selbst steckt. Beflügelt von dieser Vorstellung lief er zu den Schiffen zurück.

Bemerkenswert, dieser in seiner Erhabenheit gottgleiche Patroklos, geschätzte Zuhörer: Es hatte ihn offensichtlich nicht gestört, dass sogar der Vater seinen Freund Achilles als den besseren und tapfereren Kämpfer im Vergleich zu ihm bezeichnete. Auch nicht, dass der alte weise Nestor diese Meinung so widerspruchslos übernommen hatte. Und auch nicht, dass die Wirkung seines Tuns bloß durch die Verwechselung mit einem Besseren erzielt würde, wenn er nämlich in der fremden Rüstung auf dem Kampfplatz erschiene. Verstört und aufgewühlt hatte ihn nicht all das, sondern einzig und allein die bevorstehende Katastrophe seiner Landsleute. Und er suchte einen Ausweg aus der Sackgasse, in der er aus Freundschaft, Solidarität und Gehorsam zu Achilles gefangen war – so dass er nichts tun konnte, um zur Rettung seiner Kameraden beizutragen.

Das Lied vom Anti-Narzissten

Und die Seele sang der immerwährenden Gültigkeit geflügelte Worte:
So kam der Anti-Narzisst in die Welt.
Das ist Homers epische Botschaft.

In der Tat, meine verehrten Zuhörer! So ist es, in der Person des gottgleichen Patroklos finden wir den typischen Anti-Narzissten. Was das ist? Bevor ich Euch ein vorläufiges Porträt des Anti-Narzissten liefere, möchte ich folgende Episode erzählen, die sein Bildnis komplettiert.

Auf dem Weg zum Myrmidonen-Lager traf er Eurypylos, einen ihm bekannten Heeresfürsten, der schwer verwundet und in elendem Zustand zu seinem Schiff zurückzukehren versuchte. Als Patroklos den tapferen Krieger so sah, konnte er seine Tränen nicht zurückhalten und fragte ihn, ob es überhaupt eine Hoffnung gebe, die Trojaner an ihrem Vernichtungsfeldzug zu hindern. „Keine Hoffnung", war die Antwort des verwundeten Helden. Alle, die etwas dagegen tun könnten, seien inzwischen verwundet und außer Gefecht. Er bat Patroklos, ihm zu helfen, sein Schiff zu erreichen, ihm dort den Pfeil aus dem Oberschenkel zu ziehen und die Wunde zu behandeln; bekanntlich konnte Patroklos so etwas. Die Heilkunde hatte er von Achilles gelernt, dem wiederum hatte sie der weise Zentaurus Chiron beigebracht. Mit Patroklos Behandlung wären die Chancen des Helden, die schwere Verletzung zu überleben, viel größer, als wenn er alleine zurechtkommen müsste. Durch diese Bitte geriet Patroklos in ein Dilemma. Einerseits wollte er keine Zeit verlieren und das, was Nestor ihm aufgetragen hatte, so schnell wie möglich in die Tat umsetzen. Andererseits sagten sein Mitgefühl und die Solidarität zu dem verwundeten Kameraden, dass er ihm dringend helfen müsse, dass auch das wichtig sei. Er fand schließlich den richtigen Weg aus dem Dilemma: Er erledigte beides, empathisch und solidarisch!

Der Anti-Narzisst ist das Gegenbild zum Narzissten, er hat genau entgegengesetzte Persönlichkeitseigenschaften. Wie das Bild des Anti-Narzissten aussieht, wird Euch ausführlich Euer Persönlichkeitsführer im Nachwort darstellen. Aber ich vermute, Ihr ahnt es schon beim Bericht über die innere Haltung und die äußeren Handlungen dieses wunderbaren jungen Mannes, des gottgleichen Patroklos.

Macht aber nicht den Fehler zu denken, dass der Anti-Narzisst völlig frei von narzisstischen Eigenschaften sei. Durchaus nicht. Eine angemessene Dosis gesunder Narzissmus hilft dem Anti-Narzissten, etwas zu vollbringen, etwas zu erreichen. Aber beim Anti-Narzissten steht nicht das eigene Ego im Vordergrund. Er ist kein Ichling, kein Egoist. Mit seinem gesunden Narzissmus verstärkt er zusätzlich seinen gesellschaftlichen Einfluss und den Respekt, den er prinzipiell schon aufgrund seiner anti-narzisstischen Persönlichkeit genießt. Das werdet Ihr auch später noch hören, wenn ich die Taten des Patroklos besinge.

Das zufriedene Lächeln der Seele

Auf der Wiese der Mitmenschlichkeit blüht der Anti-Narzisst nicht wie eine stolzierende Narzisse, sondern wie eine bescheidene Wiesenblume – so wie die vielen, die die Menschlichkeitswiese ausmachen.

Das ist des blinden Dichters der Ilias epische Botschaft …

… sang die Seele mit einem Lächeln der inneren Zufriedenheit der immerwährenden Gültigkeit geflügelte Worte, die bescheidenen Wiesenblumen liebevoll streichelnd.

Die narzisstoide Mutation

Auf den blutgetränkten trojanischen Wiesen blühen die Anti-Narzissten selten, sehr selten!

Einen Anti-Narzissten auf den trojanischen Feldern dieser Welt zu finden, grenzt – zumindest in den letzten dreitausend Jahren, die ich von hier oben überblicke – an ein Wunder. Nicht weil Anti-Narzissten in der Welt im Allgemeinen selten zu finden sind, nein, das ist nicht der Grund. Obwohl Anti-

Narzissten auf den Schlachtfeldern dieser Erde so selten sind, findet man sie erfreulicherweise doch immer und überall in den zivilen Gesellschaften.

Der Grund für ihre Seltenheit auf den Kriegsschauplätzen ist ein anderer: Der Boden der Schlachtfelder ist nicht geeignet für das Gedeihen von Anti-Narzissten. Viele Anti-Narzissten, die als ganz normale unauffällige Menschen zu den trojanischen Feldern dieser Welt ziehen müssen, mutieren nicht selten ganz rasch zu unempathischen, menschen- und werteverachtenden Narzisstoiden. Narzisstoide deswegen, weil sie nicht von der Wiege bis zur Bahre Narzissten sind und weil sie möglicherweise nicht unbedingt zu vollständigen Narzissten mutieren. Aber auf dem Schlachtfeld übernehmen die wichtigsten Eigenschaften des Narzissten die Vorherrschaft, vor allem die Empathielosigkeit und die Aufwertung der eigenen Person, der eigenen Gruppe oder der eigenen Nation; in der Regel verbunden mit der Entwertung von anderen Menschen, anderen Gruppen, anderen Nationen; und häufig begleitet von Omnipotenzphantasien und Superioritätswahn.

Der Verlust des Altruismus und die Fixierung auf Egoismus als Überlebensstrategie ist eine der frühesten Manifestationen der narzisstoiden Mutation. Boden, Luft und Wasser des Ares-Reiches lassen nur wenige Anti-Narzissten dort unmutiert bleiben[1].

Einer davon ist Patroklos.

[1] Eine gründliche Erklärung des Phänomens erhielt ich bei der Beobachtung von Sönke Neitzel und Harald Welzer, als sie ihr bemerkenswertes Buch „Soldaten. Protokolle vom Kämpfen, Töten und Sterben" (2011) schrieben.

14
Die Geburt der Rationalität

Zusammenfassung

Aus dem zwölften Gesang meiner Ilias werde ich Euch erzählen, wie sich die Reihe der trojanischen Siege fortsetzt und wie dies vor allem Hektor in einen Siegesrausch versetzt. Mit wachsender Risikobereitschaft ignoriert er sogar göttliche Zeichen. Die stolze Mauer, die die Griechen um ihr Lager und ihre Schiffplätze gebaut haben, wird von Hektor schwer beschädigt und überrollt, so dass die Trojaner gefährlich nahe an die griechischen Schiffe herankommen, was die Griechen in große Bedrängnis bringt. Die Schlacht um die griechische Mauer wird immer titanischer und verlangt auch den Trojanern vieles ab.

Und die uns begleitende Seele wird dabei geflügelte Worte von immerwährender Gültigkeit singen, wie etwa über die Externalisierung, die in allen Lebenslagen ihre Dienste anbietet, über die bewundernswerten Menschen, die ihrem Schicksal die Stirn bieten und über die Geburt der Rationalität. So wie auch über manches andere.

Eine Frucht des Neids

Übrigens sei schon an dieser Stelle gesagt, dass nachdem die Griechen im zehnten Jahr Troja erobert haben und siegreich in die Heimat zurückkehrten, ihre bewundernswerte Mauer, die sie zum Schutz ihrer Schiffe und ihrer Lager gebaut hatten, von den Göttern zerstört wurde. Ja, sie wurde von den Göttern zerstört – aus Neid und Zerstörungslust. Ich habe schon erzählt, dass die imposante Mauer, die von Menschenhand gebaute, in ihrer Vollkommenheit mit Trojas Mauer konkurrierte, die von Göttern geschaffen waren – Poseidon war der hauptverantwortliche Baumeister gewesen, aber auch Apollon hatte sich beteiligt. Und gerade dieses trojanische Götterwerk wurde letztlich von Menschen erobert und zerstört, was den Göttern missfiel. Obwohl das als Ursache bei der Zerstörung an erster Stelle stand, spielte eine zusätzliche Rolle, dass die Griechen bei der Errichtung ihres Schutzgrabens vor der besagten Mauer den Göttern bei weitem nicht so viele Opfergaben dargebracht hatten, wie diese erwartet hätten. Dann aber, nach Ende des zehnjährigen Krieges, amüsierten sich die Götter bei der Zerstörung prächtig: Poseidon und Apollon zerstörten nach dem Abzug der Griechen deren Mauer aus blankem Neid; Zeus hat aus purer Zerstörungslust mitgemacht. Und so sehen Neid und Zer-

A. Marneros, *Homers Ilias psychologisch erzählt*, DOI 10.1007/978-3-658-11202-8_14

störungslust aus, wenn sie von Göttern ausgelebt werden: Apollon änderte die Richtung der Flüsse des ganzen Landes, und neun Tage lang ließ er sie durch die Mauer fließen. Zeus ließ es ununterbrochen regnen. Und der Erderschütterer und Gewässerherrscher Poseidon ließ das Meer meterhoch über das Ufer anschwellen und verursachte dadurch einen riesigen Tsunami nach dem anderen, er erschütterte die Erde ununterbrochen. Diese Erderschütterungen und gigantischen Tsunamis der Bronzezeit ließen nichts übrig vom Werk der Menschen; die sintflutartigen Gewässer spülten alles in die Tiefen des Ozeans. Nichts blieb übrig, um die Mühe, die damit verbundenen Hoffnungen und den Stolz dieser Menschen zu bezeugen, die es einmal errichtet hatten. Nichts blieb übrig, was auf die Konkurrenz zwischen Menschen und Göttern hinweisen könnte. Zeus, Apollon und Poseidon – das göttliche Trio –, waren zufrieden und amüsiert wie kleine Kinder, die ihre Sandburgen am Strand zerstören, wenn sie damit genug gespielt haben; sie genossen auch diesen Auswuchs ihrer Macht – die hedonistische Zerstörungswut.

Das Lied vom Neid der Mächtigen

Und die Seele sang der immerwährenden Gültigkeit geflügelte Worte:

So kam die Erkenntnis in die Welt, dass Mächtige, wie eben die Götter es sind, es nicht ertragen können, wenn Schwächere, wie eben die Menschen, ihnen Konkurrenz machen.

Das ist Homers epische Botschaft.

Und die Seele murmelte in sich hinein die geflügelten Worte, die nachdenklichen:

Oder ist es auch Homers epische Botschaft, dass Menschenwerke nie eine Ewigkeitsgarantie haben?

Aber eine epische Botschaft des blinden Dichters ist gewiss auch die:

Des Neids der Mächtigen Frucht ist die Hedonie, die aus der Zerstörung kommt.

... sang lauter jetzt die Seele der immerwährenden Gültigkeit geflügelte Worte.

Wie auch immer. Die Mauer stand noch und Troja wurde noch nicht erobert.

Der Krieg durfte also weiter wüten.

Rausch und Vernunft

Die Griechen gerieten durch Zeus Peitsche in Bedrängnis, in Vernichtungspanik.

Die Trojaner erlebten durch Zeus Gunst einen Blutrausch, ein Siegesdelir. Vor allem der Zeusliebling Hektor. Er fuhr mit lautem, furchterregendem Geschrei voran, durchbrach mit seinem Kampfwagen die Verteidigungslinie der Griechen und tötete viele von ihnen. Mit triumphaler Begeisterung folgten ihm seine Trojaner und ihre Verbündeten. Sie verfolgten die Griechen mit Siegesrufen bis zu deren Verteidigungsgraben und töteten, wen sie erwischen konnten.

Der Schutzgraben war tief und steil, voller spitzer Kampfwagenfallen. Doch der imposantbehelmte Hektor, von allem am stärksten in Blutrausch und Siegesdelir, nahm die Gefahr nicht wahr. Er ignorierte sie und ermunterte stattdessen seine Kampfgefährten, sich mit ihren Kampfwagen in den Graben zu stürzen, um den Feind zu vernichten; er selbst stürmte mit seinem Wagen voran. Die Pferde scheuten verängstigt am Rand des Grabens zurück und wehrten sich laut wiehernd dagegen, dort hineinzustürzen – keine Befehle und keine Peitschen der Wagenlenker erschraken sie mehr als die Spitzen der Fallen. Hektor, der blutberauschte, siegesdelirante, wollte den todbringenden griechischen Schutzgraben um jeden Preis überrollen, sich selbst und seine Trojaner unverwundbar wähnend.

Das Lied vom Gefühlsrausch

Und die Seele sang der immerwährenden Gültigkeit geflügelte Worte:

Triff keine Entscheidungen im Rausch, auch wenn das nur ein Rausch der Gefühle ist. Wenn man im Zustand des Rausches ist, dann kann man schwerlich den Unterschied zwischen Vernichten-können und Vernichtet-werden erkennen – und auch sonst keine Unterschiede. Tue das nicht, auch wenn du ein alles überragender Hektor bist.

Das ist Homers epische Botschaft.

Hektor wurde schließlich zurückgehalten von der Stimme der Vernunft, und damit vor dem möglichen Tod geschützt. Die Stimme der Vernunft gehörte dem besonnenen Polydamas, einem Mann des Volkes und Hektors Freund. Er warnte den Oberbefehlshaber vor den Gefahren, die für die Trojaner entstehen würden, wenn ihre Kampfwagen in die griechischen Kampfwagenfallen geraten würden. Er schlug vor, die Wagen vor dem Graben zu verlassen und die Verfolgung der Feinde zu Fuß aufzunehmen. Hektor erwachte aus Blutrausch und Siegesdelir und ließ sich überzeugen.

Als Beweis für die Richtigkeit von Polydamas vernünftiger Warnung und Hektors vernünftiger Entscheidung folgte Asios unvernünftige Reaktion. Asios war einer der Führer der trojanischen Verbündeten; seine Pferde waren besonders kraftvoll und aggressiv. Er ließ sich nicht überzeugen, er blieb in seinem Blutrausch und Siegesdelir. Er führte dadurch seine Leute mit ihren Kampfwagen in die Kampfwagenfallen – und ins Verderben. Und dann tat er etwas, was Unvernünftige häufig tun: Er verschob die Verantwortung dafür auf andere. Zeus sei an dem Desaster schuld, rief er empört und zornig in

Polydamas und Hektor vor dem Schutzgraben der Griechen

Richtung Himmel. Zeus sei wortbrüchig geworden; er habe den heutigen Sieg den Trojanern versprochen, und jetzt das! Der Unvernünftige ging sogar noch einen Schritt weiter und nannte den Obersten Gott einen „Lügenfreund". Kurz bevor der Speer des Führers der Kreter, Idomeneus, ihn tödlich traf.

Das Lied von der verführerischen Externalisierung

Und die Seele sang der immerwährenden Gültigkeit geflügelte Worte:

In allen Lebenslagen bietet die Externalisierung ihre Dienste an – diese verführerisch entlastende Neigung also, die eigene Verantwortung auf andere Menschen oder Situationen und Umstände oder auch auf Götter und das Schicksal zu schieben, aber weit weg von der eigenen Verantwortlichkeit.

Aber die Externalisierung kann niemanden vor den Konsequenzen der eigenen Fehler retten.

Das ist Homers epische Botschaft.

Die Vernünftigen um Polydamas und die Vernünftiggewordenen um Hektor ließen also die Kampfwagen zurück und kämpften sich zu Fuß weiter. Und die Trojaner siegten und siegten. Doch sie siegten nicht bis zum endgültigen Sieg, dem erlösenden. Das wiederum wollte Zeus nicht. Tagessieg ja, finaler Sieg nein! Er hatte ja seiner Frau Hera versprochen, dass egal, was die Trojaner machten, ihr Schicksal am Ende besiegelt sei: Sie würden zerstört, samt ihrer Stadt und ihrem Land, egal wie tapfer sie kämpften. Aber die Trojaner hielten in bewundernswerter Weise dagegen.

Das Lied einer Bewunderung

Und die Seele sang der immerwährenden Gültigkeit geflügelte Worte:

Bewundere die vom Schicksal gebrandmarkten Menschen – und ihre Bemühungen, ihre Kämpfe, ihre Anstrengungen, dem Schicksal zu trotzen und es womöglich zu wenden.

Das ist Homers epische Botschaft.

Der Trojaner Ende war noch nicht in Sicht. Es schien, als hätten sie es geschafft, das von den Göttern bestimmte Schicksal zu wenden. Sie siegten also über ihr Schicksal. Zunächst und für heute.

Rationalität und Gotteszeichen

Und so beschloss Zeus, den Trojanern klarzumachen: Genug für heute! Er schickte ihnen ein unverkennbares Gotteszeichen: Er ließ einen Adler von der linken Seite über die trojanische Armee fliegen. Links ist bekanntlich schlechtes Zeichen genug! Aber als ob das nicht schlecht und deutlich genug gewesen wäre, hielt der Adler eine große rote Schlange in seinen Krallen, die verzweifelt versuchte, ihm zu entkommen. Mit großem Schwung schaffte sie es, den imposanten Vogel in die Brust zu beißen. Der verletzte Vogel geriet in Panik, ließ die Schlange inmitten der trojanischen Armee fallen und flog kreischend davon. Er hatte es nicht geschafft, die Beute bis zu seinem Horst zu den hungrigen Adlerjungen zu bringen.

Die Trojaner erschraken zu Tode und deuteten das als sehr ungünstiges Zeichen des Zeus. Und die Stimme der Besonnenheit, erneut in Person des besonnenen Mannes aus dem Volk, Polydamas, sagte zu Hektor: „Dieses eindeutige Gotteszeichen bedeutet, dass wir unbedingt zurückkehren müssen, mein Oberbefehlshaber und Freund." Aber der bronzegerüstete Hektor beurteilte die Lage anders: Die Trojaner siegten, die Griechen waren auf die Flucht. Warum sollten die Sieger den Rückzug antreten? Das wäre nicht logisch. Für einen Rückzug sah er keinen Grund und sprach die geflügelten Worte, die historischen: „Nur ein einziges Gotteszeichen ist das wahre: das Vaterland verteidigen! Alle anderen Zeichen ignoriere ich", fügte er hinzu. Er beschimpfte sogar seinen Freund, den besonnenen Polydamas, als Feigling und drohte ihm mit dem Tod, wenn er andere Soldaten zum Rückzug animieren würde.

Und mit Kriegsgeschrei führte Hektor stürmisch seine Trojaner und deren Verbündete noch einmal in die Schlacht, die Gotteszeichen ignorierend und auf eigene Fähigkeiten und Urteilsvermögen vertrauend; in die Schlacht, in der furchtbar viele Griechen und furchtbar viele Trojaner fielen.

Das Lied von der Geburt der Rationalität und der Aufklärung

Und die Seele sang der immerwährenden Gültigkeit geflügelte Worte:

So kam die Rationalität in die Welt.

Zusammen mit der im Verlauf der Zeit zunehmenden Neigung des Menschen, angebliche göttliche Zeichen infrage zu stellen.

Und auch zusammen mit der Neigung, die konkrete Logik und das eigene sachlich begründete Urteil den abstrakten, glaubensbedürftigen Gotteszeichen entgegenzusetzen.

Ja, so war es an diesem denkwürdigen Tag: Mit Kriegsgeschrei und mit Rebellion des Menschen gegen die mystischen Zeichen des Himmels wurde im Abendland die Rationalität geboren. Die Aufklärung konnte beginnen.

Das war Homers Geburtshilfe, als dem Abendland die schicksalsbestimmende Rationalität geboren wurde.

Der Rationalität Geburtsurkunde

Mit dem vorher zitierten Satz Hektors, mit dem er die mystischen Zeichen des Himmels beiseiteschob und nur den Fakten folgte, wurde im Abendland die Rationalität geboren, wie die Seele Euch eben zuflüsterte. Die Rationalität hatte zwar eine Geburt, aber keine Kindheit und keine Biografie, genau wie die Göttin der Rationalität, Athena. Das zumindest behaupten die Experten, unter ihnen eine besonders schön schreibende Wissenschaftlerin Eurer Zeit[1].

Athena, die Göttin der Vernunft, die Göttin der Rationalität, entstieg erwachsen und in voller Rüstung dem Haupte ihres Vaters Zeus, dem Herrscher über die Götter und Menschen. Ihre Mutter Metis, die Göttin der praktischen Intelligenz, wurde von ihrem Mann Zeus verschluckt, als sie mit Zwillingen schwanger war – Athena und einem Bruder. Grund dafür war eine ihm von Themis, Göttin der Gerechtigkeit, gegebene Warnung: Der Sohn, den Metis gebären sollte, würde ihn, Zeus, eines Tages vom Thron stürzen. Die Tochter, Athena, wurde dennoch geboren, nämlich aus dem Kopf von Zeus, der gefährliche Sohn aber nicht. Nebenbei gesagt, heiratete Zeus Themis aus Dankbarkeit, ließ sich später aber wieder von ihr scheiden, um die alabasterarmige Hera zur Frau zu nehmen. Obwohl Athena also kein Waisenkind war, wurde sie nicht aufgezogen; sie war vollendet und autark von dem Moment an, in dem sie mit Kriegsgeschrei in die Welt trat. Sie hatte keine Kindheit, keine Entwicklungsphasen, keine Erziehung. Sie war nicht nur unsterblich,

[1] Herrlich zu lesen, was Lorraine Daston, Direktorin am Max-Planck-Institut für Wissenschaftsgeschichte in Berlin, dazu schreibt. Ich hatte die Freude, sie beim Verfassen ihres Buches „Wunder, Beweise und Tatsachen. Zur Geschichte der Rationalität" (2014) von hier oben zu beobachten. Von ihr stammt auch die schöne Beschreibung der Geburt der Göttin der Rationalität, Athena; ebenso wie manch anderer Gedanke zur Rationalität, den ich in etwas veränderter und ergänzter Form wiedergebe.

wie alle Götter, sie blieb auch immer gleich. Sie hatte nicht schon immer existiert, doch seit ihrer wundersamen Geburt aus dem Haupte ihres Vaters war sie vollständig, eine Erwachsene, ausgestattet mit all ihren Attributen. Außerdem blieb sie, nach eigenem Willen, eine Jungfrau – Zeus zuwider, der sie Hephästos, dem Gott des Feuers und der Schmiede, zur Heirat angeboten hatte. Athena hatte nicht nur den Leidenschaften des Ehebettes abgeschworen, sondern auch der Unterordnung der Gattin unter den Gatten, was im alten Griechenland zur Ehe dazu gehörte. Daher gab es kein „Telos", also kein Endziel natürlicher oder sozialer Art, zu dem hin Athena sich entwickeln konnte: Nie war sie Kind; nie wollte sie Gemahlin und Mutter sein.

Diese Züge des Athena-Mythos prägen noch heute unsere Begriffe von Vernunft und Rationalität, gewisse Freiheiten in der allegorischen Interpretation zugestanden. Das meint die schon erwähnte, so schön schreibende Wissenschaftlerin. Die Rationalität sei vollendet gewesen, sobald sie auf die Erde kam, so wie ihre Göttin, Athena. Sie möge ein Geburtsdatum und einen Geburtsort haben, eine Geschichte jedoch habe sie ebenso wenig wie Athena eine Biografie.

Eure so schön schreibende Wissenschaftlerin, meine verehrten Zuhörer, hat Recht: die Rationalität hat keine Biografie, aber ein Geburtsdatum und einen Geburtsort. Und ich kann euch beides nennen:

Geburtsdatum: Beginn des zehnten Jahres des Kampfes um Troja.

Geburtsort: Das trojanische Kampffeld.

Ihre Mutter war meine Ilias – „der Grundtext europäischer Zivilisation"[2], ihr Vater ein Krieger, der tapfere Hektor.

Geburtsort, Geburtsdatum und Gebärende mussten mit Krieg zu tun haben und ihre ersten Worte Kriegsgeschrei sein. Denn die Rationalität ist eine Kriegerin, so wie Athena eine Kriegerin ist. Ich beobachtete, wie die von mir zitierte Nicht-Biographin von Athena der Rationalität Schwerter und Schilder und all ihre unbezwingbaren Waffen benennt: den logischen Syllogismus, den mathematischen Beweis und die philosophische Dialektik.

Und ich meine, dass die Rationalität unter dieser in der Tat unbezwingbaren Ausrüstung ein undurchdringbares Kriegshemd trug – die Bereitschaft nämlich, das Mystische zu entmystifizieren. So wie Hektor die Bereitschaft in sich trug, das mystische Zeichen des Himmels zu rationalisieren, um die Ratio über den Glauben zu stellen.

Es mag wohl sein, dass die Rationalität fertig gestaltet und voll gerüstet aus dem Kopf des Menschenvaters geboren wurde, so wie ihre Göttin aus dem Kopf des Göttervaters, und somit keine Kindheit und keine Biografie hatte,

[2] Das sagten die beiden Philosophen Max Horkheimer und Theodor Adorno 1944 in ihrem Werk „Dialektik der Aufklärung", wie Ihr aus den „Geflügelten Vorworten" schon wisst.

allerdings doch eine glanzvolle Karriere vor sich. Mit philosophischem Kriegsgeschrei stieg sie bis zur Revolutionsführerin auf und stellte sich an die Spitze einer der ersten wichtigen evolutionären Revolutionen der Menschheit: Die erste Aufklärung des Abendlandes, die mit der Geburt der Philosophie begann. Die damals durch die Ilias geborene Rationalität führte und lenkte später die Vorsokratiker, die Sokratiker und die Aristoteliker, bis die christlichen Kaiser, allen voran Theodosios I und II, und auch Justinian in Konstantinopel sowie die Päpste in Rom ihr Redeverbot erteilten und sie in den Kerker warfen. Übrigens war das wichtigste Opfer dieser ersten evolutionären Revolution der Rationalität die Welt der Götter, deren Vermenschlichung ich zum ersten Mal in meiner Ilias und meiner Odyssee der Welt präsentierte. Das tut mir irgendwie leid, doch auch die Rationalität ist eines meiner Kinder, wie Ihr seht, geschätzte Zuhörer. Übrigens konnte sich die Rationalität einige Jahrhunderte nach ihrer Versklavung durch Kaiser und Päpste von ihren Fesseln befreien und die zweite Aufklärung des Abendlandes feierlich und siegreich gestalten. An anderen Orten und durch verschiedene Nationalitäten.

Die Rationalität ist eben ungebunden, sie ist sozial und national unabhängig, unterwirft sich niemandem – so wie ihre Göttin Athena. Es ist kein Zufall also, dass ich die berühmten geflügelten Worte, die das Erscheinen der Rationalität in der Welt bekundeten, in den Mund eines Asiaten und nicht eines Europäers gelegt habe. Die Rationalität ist autonom, unabhängig von Ort und Zeit, universell und ewig.[3]

Auf dem trojanischen Kriegsfeld ist sie geboren, dann in der ganzen Welt ihren Siegeszug durch die Epochen fortsetzend. Mag sein, nicht aufgewachsen und nicht aufgezogen, aber sicherlich nachwachsend und aufblühend.

So, nachdem wir uns diesen kleinen Exkurs zur Geburt der Athena-Rationalität gegönnt haben, lasst uns, meine geschätzten Zuhörer, zurückkehren zu Trojas blutgetränkten Schlachtfeldern.

Schweren Schaden fügte Hektor – den Glaubenszeichen keinen Glauben schenkend – mit seinen trojanischen Soldaten und Verbündeten der stolzen griechischen Mauer zu. Sie versuchten, die Tore zu sprengen, stießen aber auf erbitterten Widerstand der Griechen. Der Zeussohn Sarpedon aus Lykien, Verbündeter der Trojaner, stürmte voran, einem hungrigen Löwe gleich, der einen Stall voller Schafe attackiert. Zusammen mit seinem Landsmann, dem erhabenen Glaukos, führte er, zu allem entschlossen, die lykischen Soldaten zum Sturm auf die Tore der griechischen Mauer. Die Gebrüder Ajax und Teukros brachten die beiden und ihre Soldaten in große Bedrängnis, verletz-

[3] Diese schönen Bezeichnungen für das Ilias-Kind – für die Rationalität nämlich – verwendet die von mir in ihrer Werkstatt aufmerksam beobachtete Wissenschaftlerin Lorraine Daston in dem schon erwähnten Buch.

ten Glaukos und bedrängten Sarpedon, der nur durch den Schutz seines Vaters Zeus dem sicheren Tod durch Ajax entgehen konnte.

Die Schlacht um die griechische Mauer wurde immer titanischer; die Mauer begann schon, sich durch das vergossene griechische und trojanische Blut rot zu färben. Aber anders als Zeus goldene Schicksalswaage wollte sich die blutige Kriegswaage lange Zeit weder eindeutig zur einen noch zur anderen Seite neigen.

Schließlich konnte der zeusbeschützte Hektor mit übermenschlicher Anstrengung eines der Tore der griechischen Mauer, das zu den Schiffen führte, mit einem riesigen Fels, den kein normaler Mensch hätten heben können, zertrümmern. Und so konnten seine Soldaten schließlich doch die Mauer der Griechen überrollen und nahe an deren Schiffe herankommen.

Hektor schien Recht zu behalten:

Folge deiner Ratio, deinem Urteil und deinen Fähigkeiten. Und nicht irgendwelchen mystischen, kryptischen Zeichen des Himmels!

15
Geschwisterrivalität

Zusammenfassung

Aus dem dreizehnten Gesang meiner Ilias werde ich Euch erzählen, wie irgendwann Zeus sein Interesse an der Schlacht verliert und sich um andere Angelegenheiten der Weltgeschichte kümmert. Dies ist die Stunde seines jüngeren Bruders Poseidon, der Zeus Einmischungsverbot ignoriert und in beeindruckender, ja bombastischer Art und Weise aus der Tiefe des Meeres hervorkommt und sich an der Seite der Griechen einmischt. Das gibt denen einen göttlichen Motivationsschub. Die Griechen gewinnen Oberwasser und bedrängen ihrerseits die von Jägern zu Gejagten gewordenen Trojaner. Dies trägt wesentlich dazu bei, dass Hektor aus seinem Siegesrausch schmerzhaft in die Realität zurückkehrt, auf die Stimme der Vernunft hört und die Verteidigung organisiert.

Und die uns begleitende Seele wird dabei geflügelte Worte von immerwährender Gültigkeit singen, wie etwa über Herrschaftsdemonstration, die nur die eigene Person stärken soll, über die Suggestionskraft des selbstimponierenden Gehabes und über den Enthusiasmus, die Erfüllung des Menschen durch das Göttliche also. Aber auch über die Erkenntnis, dass kein Mächtiger allmächtig und kein Weiser allwissend ist. Und noch über einiges mehr.

Bombasmus und des Egos Verstärkung

Der Wille der Götter ist oftmals undurchsichtig, so auch der Wille des Gottvaters Zeus. Gerade war das wieder der Fall. Zeus verlor nämlich sein Interesse an der Schlacht und dem Schlachten. Er musste sich schließlich auch um den Rest der Welt kümmern, denn die bestand nicht nur aus Griechen und Trojanern, aus Schlachten und Blutvergießen. Der Wolkenherrscher hatte außerdem das sichere Gefühl, dass er das Feld, gemeint ist das trojanische Schlachtfeld, gut bestellt hätte, und er wendete sich ruhig und gelassen anderen, ebenfalls wichtigen göttlichen Aufgaben zu. Aber Gefühle, auch sichere Gefühle, sind subjektiv und insofern nicht selten trügerisch; und Zeus sicheres Gefühl gehörte offensichtlich zu dieser Sorte. Er hatte, wie Ihr wisst, allen Göttern verboten, sich in den Krieg einzumischen und Partei für den einen oder anderen Kontrahenten zu ergreifen. Er dachte, dass seine Drohung, jeglichen Ungehorsam mit drakonischen Strafen zu ahnden, die anderen Götter genug eingeschüchtert hätte. Ja, so dachte er. Oder anders gesagt: Er hätte nie

A. Marneros, *Homers Ilias psychologisch erzählt*, DOI 10.1007/978-3-658-11202-8_15

gedacht, dass irgendein Gott den Willen des Vaters von Göttern und Menschen ignorieren könnte.

Aber einer wagte es, einer wurde ungehorsam, und zwar Zeus jüngerer Bruder Poseidon, der Erderschütterer und Gewässerherrscher. Ausgerechnet Poseidon, der kurz vorher Heras Aufforderung zum Ungehorsam mit Hinweis auf seine Loyalität dem Bruder und obersten göttlichen Befehlshaber gegenüber abgelehnt hatte. Ausgerechnet dieser Loyale wurde zum Illoyalen, weil ihm die bevorstehende Dezimierung der Griechen zu viel geworden war. Er hatte Mitleid mit ihnen und war wütend gegen seinen Bruder Zeus, der doch im Namen des olympischen Kabinetts den Sieg den Griechen versprochen hatte. Poseidon war in einen Loyalitätskonflikt geraten. Einerseits sollte er loyal gegenüber dem älteren Bruder und Obersten Gott sein, dem er zu Gehorsam verpflichtet war, andererseits aber sah er sich zur Versprechenstreue verpflichtet. Als Hera vor kurzem versucht hatte, ihn zur Illoyalität seinem Bruder gegenüber zu bewegen, hatte er das bekanntlich abgelehnt – aber nun hatten sich die Gewichte verschoben: Das Leid seiner Landsleute, seiner bedrängten griechischen Schützlinge, war ihm zu viel und zu schwer geworden, um neutral zu bleiben. Schließlich hatte er denen gegenüber auch eine Loyalitätspflicht.

Das Lied vom Loyalitätskonflikt

Und die Seele sang der immerwährenden Gültigkeit geflügelte Worte:

So kam die Äquivalenz der konkurrierenden Loyalitätsforderungen und damit der Loyalitätskonflikt in die Welt – als Bruder der Ambivalenz.

Das ist Homers epische Botschaft.

Durch das Gewicht des Leids der bedrängten Griechen neigte sich die Waage beim Erderschütterer Poseidon deutlich in Richtung Versprechenstreue. Dies führte zur Lösung seines Loyalitätskonfliktes und zu Illoyalität dem Bruder gegenüber.

Andere würden sagen, von wegen Loyalitätskonflikt! Es war bloß eine Geschwisterrivalität; der kleine Bruder begehrte gegen den großen Bruder auf. Von wegen Loyalitätskonflikt! Der jüngere hatte jetzt die Gelegenheit, es dem alles dominierenden älteren Bruder, der gerade mit anderen Sachen beschäftigt war, zu zeigen. Ja, das war es!

Aus welchen Gründen auch immer Poseidon das machte, er tat es mit großem Bombasmus.

Der Erderschütterer beschloss nämlich, seinen Ungehorsam gegenüber Zeus oberster Autorität prachtvoll auszuschmücken und imposant zu gestalten. Vielleicht wollte er damit ja zeigen, dass er, der kleine Bruder, auch etwas besonderes ist – zumindest so besonders wie sein großer Bruder. Ach, lasst mich Euch nebenbei kurz erzählen, wie er das gemacht hat. Es ist irgendwie beeindruckend und lustig zugleich.

Voller Wut und Entsetzen wegen des Leids der Griechen – oder war es bloß gespielt? – verließ der Gewässerherrscher Poseidon seinen Beobachtungsposten auf einem hohen Berg der Insel Samothrake, von wo er das Gemetzel beobachtete, und erreichte mit vier Schritten, unter denen hohe Berge und Wälder erzitterten, seine auf dem tiefen Boden des Meeres liegenden Paläste in Ägä. Was für Paläste waren das! Aus Gold, unvergänglich, kunstvoll gebaut und prachtvoll gestaltet. Dort angekommen, spannte er an den kostbaren wunderbaren Wagen seine göttlichen schwimmenden und fliegenden Pferde, stürmische Renner, mit kupfernen Beinen und goldenen Mähnen. Sich selbst hatte er inzwischen von oben bis unten in Gold gehüllt. Dann nahm eine goldene Peitsche in die Hand und fuhr mit seinem Wagen über die Wellen. Und wo er vorbeikam, sprangen Meerestiere, Wale und Delphine, Meerespferde und Meereslöwen, Meeresnymphen und Meeresjunggötter – die Tritonen – empor, um den Herrscher der Fluten zu begrüßen. Die Gewässer spalteten sich aus Freude bei der Berührung durch den Gott. Und so brachten die göttlichen schwimmenden und fliegenden Pferde Poseidon zu den Schiffen der Griechen, ohne dass die kupferne Achse des Wagens nass wurde.

Zwischen den zwei felsigen Inseln Imbros und Tenedos nahe Troja, in einer breiten Höhle in den Tiefen einer tiefen Bucht, löste er die Pferde vom Wagen, gab ihnen ambrosisches Futter und legte ihnen eine goldene Fußfessel an, unzerbrechlich und unlösbar, um sicherzugehen, dass sie dort bleiben und

Des Poseidons Bombasmus

auf ihn warten würden. Von dort aus sprang er auf das Festland gegenüber, zum trojanischen Kampfplatz.

Das Lied von der Herrschaftsdemonstration

Und die Seele stellte sich zunächst die Frage:

Wozu die Herrschaftsdemonstration über die Meere? Wozu die ganze Aufmachung, das imposante Ankleiden, die göttlichen Pferde und der sagenhafte Wagen, die jeden in sprachlose Bewunderung versetzt hätte? Wobei aber keines Menschen Seele und keines Gottes Auge – außer das von Poseidon selbst – es gesehen hat. Sollte es auch nicht!

Und dann sang die Seele der immerwährenden Gültigkeit geflügelte Worte:

So kam die Erkenntnis in die Welt, dass das Ego manchmal auch die äußere Verstärkung und die Suggestionskraft des selbstimponierenden Gehabes braucht, um sich für den Kampf mit dem Mächtigeren zu stärken.

Das ist Homers epische Botschaft.

Und die Seele sang weitere der immerwährenden Gültigkeit geflügelte Worte:

So kam auch die zusätzliche Erkenntnis in die Welt, dass die Absicht, andere mit Beeindruckendem zu beeindrucken, nicht selten zweitrangig ist. Die Stärkung des inneren Egos in der Selbstwahrnehmung steht oftmals an erster Stelle. Häufig ist dies das Hauptziel von selbstsuggerierendem Verhalten und selbstimponierendem eigenen Erscheinungsbild.

Damit war noch ein weiteres Kind der Psychologie des Erscheinungsbildes geboren, außer den schon vorher besungenen.

Das ist Homers zusätzliche epische Botschaft.

Am trojanischen Kampfplatz angekommen, nahm der mächtige Erderschütterer die Gestalt des weisen Sehers Kalchas an.

Den Gott in sich haben

Inzwischen stürmten die Trojaner gegen die Reihen der Griechen mit der Kraft eines Feuers oder eines Wirbelsturmes. Der in der Gestalt des Sehers Kalchas vermenschlichte Gott Poseidon kam auf das Schlachtfeld, wo die Trojaner wüteten und von dem die Griechen flüchteten. Dort sprach er zu den beiden Ajax, denn Großhelden, dem sogenannten großen Ajax, dem Telamonios, Sohn des Königs Telamon von Salamis, und dem schnellen Sohn des Königs Oineas von Lokris, dem sogenannten kleinen Ajax. Er forderte sie auf, nicht zu flüchten, sondern weiter und noch mutiger gegen die Trojaner anzugehen, speziell gegen den Priamiden Hektor, der sich rühme, ein Sohn des Zeus zu sein. Nachdem Poseidon die beiden Ajax mit seinem Stock berührt hatte, wurden sie von Leichtigkeit in den Gliedern, von Mut und Tapferkeit in der Brust, aber vor allem von Enthusiasmus im Herzen regelrecht überflutet. Sie konnten diese göttlichen, des Soldaten wichtigste Waffen sogar auch auf ihre Kameraden übertragen, deren neu gewonnene hohe Motivation, angefeuert vom Tatendrang des Enthusiasmus, unbändig wurde.

Dieses griechische Wort Enthusiasmus bedeutet „von Gott erfüllt sein" oder „den Gott in sich tragen". Das Bild, das ich gerade beschrieben habe, in dem ein Gott die Menschen mit seinem Stock berührt und damit mit göttlicher Kraft erfüllt, ist ein prägender Prototyp des „von Gott erfüllt sein" und des „Gott in sich tragen" – des Enthusiasmus eben.

Das Lied von der Geburt des Enthusiasmus

Und die Seele sang der immerwährenden Gültigkeit geflügelte Worte:

So kam es, dass das Göttliche den Menschen erfüllt und überflutet. Und damit wurde der Enthusiasmus geboren.

Das ist Homers epische Botschaft.

Nach erfolgreichem Therapieeinsatz verschwand die Gestalt des weisen alten Sehers Kalchas – des getarnten Poseidon – so plötzlich wie sie gekommen war. Blitzschnell wie ein Falke war Poseidon unterwegs, um andere Heereskommandeure zu motivieren, sie mit göttlicher Kraft zu erfüllen; natürlich weiter in der Gestalt eines alten Mannes, diesmal eines anderen als Kalchas, eines nicht so bedeutenden, aber ebenso alten und lebenserfahrenen. Der schnelle Ajax, der sogenannte kleine, hatte jedoch, als sich der angebliche Kalchas von den beiden Ajax entfernte, erkannt, dass ein Gott am Werk war. Er sagte, es sei keine Kunst, einen Gott zu erkennen, wenn man auf die Füße und die Unterschenkel achte; die Unsterblichen hätten ja ganz besondere Füße und Unterschenkel, die man selbst dann erkennen könne, wenn sie die Gestalt eines Sterblichen annähmen. Leider hat uns Ajax, der Schnelle, allerdings sein Erkennungsgeheimnis nicht verraten. Wie auch immer: Die Erkenntnis, dass der Motivationseinflößende ein Gott war, motivierte die beiden Helden und ihre Soldaten nur noch mehr.

Poseidon flog zu anderen griechischen Heereseinheiten, die sich voller Verzweiflung, demotiviert, innerlich und äußerlich zerschlagen, eine Atempause gönnten; nicht wenige Krieger saßen mit Tränen in den Augen schicksalsergeben da und warteten auf das bittere Ende. Aber der Gott verließ sich nicht alleine auf seine göttliche Kraft. Er wusste ja, dass die stärkste Kraft die Kraft ist, die aus dem Inneren des Menschen kommt, und nicht die von außen gemachte oder induzierte, auch wenn sie göttlichen Ursprungs ist.

Ganz konform also mit den Ansichten des Zypern-Besiedlers Teukros, von dem Ihr bereits gehört habt, meine geschätzten Zuhörer. Teukros vertrat Agamemnon gegenüber die Ansicht, dass die stärkste Motivation die ist, die aus dem Inneren des Menschen kommt.

Ach ja, Ihr fragt Euch, warum Teukros als der „Zypern-Besiedler“ bezeichnet wird? Das ist eine lange Geschichte; ich werde sie Euch später im Nachgesang kurz erzählen.

Der alte Mann also – in dessen Gestalt sich Poseidon versteckte – rief deshalb viele Krieger zusammen und sprach zu ihnen, tadelnd und lobend zugleich: „Es ist eine Schande für euch junge Leute, wenn ihr nicht kämpft, um der Katastrophe zu entgehen. Ich bin zutiefst überzeugt davon, dass ihr, wenn ihr mutig und tapfer weiterkämpft, das Blatt noch wenden könnt. Mit Mut und Tapferkeit können wir uns selbst und unsere Schiffe vor der Vernichtung retten. Demjenigen, der nicht kämpft, ist das Schicksal nicht gnädig. Wenn wir das Schicksal nicht in die eigene Hand nehmen, dann ist die Stunde unserer Vernichtung bald gekommen. Was hier geschieht, ist schier unglaublich! Etwas was ich vorher nie für möglich gehalten hätte! Die Trojaner haben sich an die griechischen Schiffe herangekämpft und sind kurz davor, sie zu zerstören und in Brand zu setzen! Sie haben uns weit abgedrängt von ihrer Stadt. Dieselben Trojaner, die vorher den scheuen Rehen, Fraß von Wölfen, Leoparden und Schakalen, ähnlich waren. Die Trojaner, die vorher unsere leichte Beute waren, sind jetzt unsere Jäger. Und wir, die Löwen und Schakale, haben uns in Angsthasen verwandelt. Auch wenn Agamemnon, der oberste Machthaber, durch die Beleidigung des göttlichen Achilles schuld ist an der Spaltung und Schwächung des Heeres, bedeutet das nicht, dass wir untätig bleiben sollen. Der Zwist zwischen den beiden wird uns alle mit in den Abgrund reißen, wenn wir nicht dagegen kämpfen. Wir müssen zeigen, dass wir noch in der Lage sind, unser Schicksal selbst in die Hand zu nehmen und es zu wenden. Wir müssen zeigen, dass wir uns von der Angst heilen können wie tapfere Krieger. Es wird eine unbeschreibliche Schande sein, wenn wir durch die unterlegenen Feinde besiegt und vernichtet werden. Ich würde mit euch nie so sprechen, wenn ihr Feiglinge wäret und schwach und deshalb auf der Flucht. Aber nein! Ihr seid tapfer und mutig und stark. Deswegen tadele ich euch. Nun kommt und wendet mit eurem Mut und eurem Ehrgeiz des Kampfes Verlauf.“

Das Lied von der Autonomie der Rationalität

Und die Seele sang der immerwährenden Gültigkeit geflügelte Worte:

So bestätigte sich noch einmal, dass Rationalität autonom, unabhängig von Ort und Zeit, universell und ewig ist. Was vorher der Mensch Hektor den asiatischen Völkern gesagt hatte, sagte jetzt mit anderen Worten der Gott Poseidon den Europäern.

Das ist Homers epische Botschaft.

Das Lied vom göttlichen Imperativ

Und die Seele sang auch noch diese der immerwährenden Gültigkeit geflügelte Worte:

Es bestätigte sich noch einmal, dass es der göttliche Imperativ ist, dich nicht passiv deinem Schicksal zu ergeben, sondern aktiv dein Schicksal zu ändern!

Das ist Homers weitere epische Botschaft.

Indem der Erderschütterer Poseidon in Gestalt des Alten so sprach, schaffte er es, die Griechen zu motivieren, noch einmal all ihre Willenskraft zusammenzuraffen und den Kampf gegen den Feind wieder aufzunehmen, ihr Schicksal wieder in die eigenen Hände zu nehmen. Und er erreichte noch etwas anderes, nämlich aus den auseinandergelaufenen Griechen, aus den versprengten Gejagten, eine starke Truppe zu bilden. Dicht an dicht standen die Kameraden, so dass nichts und niemand zwischen den Kämpfern durchdringen konnte. Sie standen wie eine feste Mauer, wie ein einziger Körper mit vielen Köpfen, Füßen und Händen. Die Bedrohten entdeckten die Macht der Gemeinschaft.

Das Lied von der Macht der Gemeinschaft

Und die Seele sang der immerwährenden Gültigkeit geflügelte Worte:

So kam die Erkenntnis in die Welt, dass der schwache, demotivierte, geschlagene Einzelne sich durch die Macht der Gemeinschaft zum Starkem, Motivierten und Handlungsbestimmenden wandeln kann.

Das ist Homers epische Botschaft.

Um seinen Therapieerfolg zu festigen, zeigte der Erderschütterer Poseidon unmissverständliche günstige Zeichen: Von der rechten Seite des Heeres flog ein Adler hoch in den Himmel. Ihr wisst inzwischen schon, dass Gotteszeichen von der rechten Seite die guten sind, die von der linken Seite die schlechten. Als nun die griechischen Krieger den Adler von rechts kommen sahen, deuteten sie das als ermutigendes göttliches Signal. Und mit enormer Willenskraft und höchster Motivation, die in großem Geschrei und furchtloser Offensive hörbar und sichtbar wurde, stürmten sie noch einmal gegen die Trojaner los.

Also, eine erfolgreiche Motivationstherapie! Der Motivationstherapeut Poseidon durfte zufrieden in seine goldenen, am Boden des Meeres liegenden Paläste zurückkehren.

Noch ein nachdenkliches Murmeln der Seele

Und die Seele murmelte in sich hinein und summte der immerwährenden Gültigkeit geflügelte Worte, die nachdenklichen:

Nun, Rationalität und Glauben an ein Gotteszeichen? Geht das tatsächlich zusammen?

Und sie gab sich selbst die Antwort darauf, die erleichternde:

Ja, wenn beide zusammen zielführend wirken, warum denn nicht? Alles, was helfen kann, ist willkommen, das ist ein Grundprinzip jedes empathischen Therapeuten – und sollte auch Grundprinzip jeder Therapie sein.

Das ist Homers epische Botschaft.

Das Ergebnis war auch in diesem Fall eindeutig: Das Ziel des Gewässerherrschers Poseidon, nämlich die Gejagten mit Enthusiasmus zu beflügeln und zu motivieren, sich in Jäger zu verwandeln, ihre Willenskraft wieder zu erwecken und zu verstärken, war damit erreicht.

Ihr habt, werte Zuhörer, sicherlich bemerkt, dass die Motivationstherapie, die auch Poseidon gerade angewandt hat, eine der wichtigsten und häufigsten iliadischen Therapieformen darstellte. Schon am Anfang motivierte der Massenpsychologe Odysseus die zur Fortsetzung des Krieges unwilligen Griechen, doch weiter zu kämpfen. Auch Nestor hat sich mehrfach erfolgreich motivationstherapeutischer Techniken bedient.

Das Lied vom Enthusiasmus

Und die Seele sang der immerwährenden Gültigkeit geflügelte Worte:

Ja, richtig. Aber hier bringt Poseidon den Sterblichen die Essenz der Motivationstherapie bei: den Enthusiasmus.

Das ist Homers epische Botschaft.

Weder allmächtig noch allwissend

Was dann auf Poseidons erfolgreiche Motivationstherapie folgte, war eine furchtbare Schlacht. Und so begann das Schicksal sich wieder einmal zu wenden. Die Trojaner, die noch kurz vorher mit großem Kampfgetöse und Siegesglauben dem gottgleichen Hektor folgend gegen die Griechen losgegangen waren, standen nun kurz davor, überrollt zu werden – von den motivationstherapierten Griechen, die wie ein einziger Körper mit vielen Köpfen, Füßen und Händen voranstürmten. Unzählige Köpfe rollten, zahlreiche Tapfere fielen. Als an der Seite der Griechen auch Amphimachos, ein Sohn Poseidons, fiel, wurde es dem Erderschütterer zu viel. Noch einmal flog er zu den Griechen und leistete erneut einen großen Motivationsschub, diesmal durch Idomeneus, den Führer der Kreter. Poseidon wendete dieselbe therapeutische Technik an wie vorher, sodass Idomeneus nach Schluss der Intervention Kraft, Tapferkeit, Motivation und vor allem Enthusiasmus – Ihr wisst jetzt, was das Wort bedeutet, eben Gott in sich tragen – verspürte. So stark, dass dieser den Gott in sich tragende, der enthusiasmusbeseelte Held wie eine flammende Fackel strahlte, Furcht und Schrecken bei den Trojanern, Tatendrang und Siegeswillen bei den Griechen erzeugend.

Die beiden Armeen verwickelten sich erneut in eine blutige, menschenvernichtende Schlacht. Sehr unbarmherzig wäre derjenige, der so viel vergossenes Blut, so viele gefallene Körper, soviel Schmerzensgeschrei und so viel Leid junger Männer sieht und dessen Herz nicht schmerzt. Wer hätte nicht den Wunsch gehabt, dieses Gemetzel endlich zu beenden! Aber die beiden Söhne des Kronos, die rivalisierenden Göttergeschwister – der Blitzeschleuderer Zeus und der Erderschütterer Poseidon – dachten nicht daran; sie wollten aus sich entgegenstehenden Interessen die Fortsetzung des furchtbaren Gemetzels. Zeus, obwohl er den endgültigen Sieg für die Griechen reserviert hatte – wie er es auch seiner Gemahlin Hera versprochen hatte –, wollte sein Versprechen der Achilles-Mutter Thetis gegenüber ebenfalls einhalten und die Griechen solange bedrängen lassen, bis der Pelide Genugtuung erfahren hätte. Poseidon dagegen fühlte sich solidarisch zu den Griechen, weil sie sozusagen seine Landsleute waren, denn er war ja in Griechenland geboren und wollte unbedingt, dass die Griechen endlich den finalen Sieg erringen, wie es ihnen von den Olympiern versprochen worden war. Diese uns schon bekannte Geschwisterrivalität kostete beide Völker unzählige Tote und Verletzte.

Von der furchtbaren Schlacht, die an diesem Tag tobte, habe ich in meiner Ilias damals sehr ausführlich in vielen, vielen Versen erzählt. Heute sind andere Aspekte wichtig, deshalb überspringe ich Hunderte von Versen, in denen ich damals geschildert habe, wer wen wie und mit welchen Waffen getötet hat, und sage Euch nur folgendes:

Die Trojaner wurden nun zu den Bedrängten und Gejagten, die Griechen dagegen göttlich motiviert und voller Enthusiasmus zu Jägern und Angreifern. Die Vernünftigen unter den Trojanern erkannten das und versuchten, die Unvernünftigen zur Vernunft zu bringen. Auch dieses Mal war die Stimme der Vernunft die Stimme eines Mannes aus dem Volke, die des uns schon bekannten Polydamas. Zu seinem Freund und Oberbefehlshaber Hektor, der immer noch seine Soldaten aufforderte, unbedingt die Stellung zu halten, weil er den Rückzug vermeiden wollte, sagte er die geflügelten Worte, die vernünftigen: „Hektor, ich weiß, dass es schwierig ist, dich zu bewegen, deine Meinung zu ändern. Ein Gott hat dich zum Meister des Krieges gemacht, und deswegen möchtest du auch noch in Wissen und Weisheit über allen stehen. Aber das kannst du eben nicht, es gibt keinen Menschen, der alles gleichermaßen gut kann. Der eine ist gut in der Kriegskunst, der andere in Wissen und Weisheit; der eine im Tanz, der andere im Gesang und der dritte wiederum im Kithara-Spielen. Einer alleine kann nicht in allem gut sein. Deswegen bitte ich dich, meinem Rat zu folgen und eine Versammlung der Heeresführer einzuberufen, um gemeinsam zu entscheiden, wie es weitergeht. Ob wir weiter auf offenem Feld kämpfen oder ob es vernünftiger wäre, uns hinter unsere Mauer zurückzuziehen und uns von dort aus zu verteidigen". Dieses Mal hörte Hektor wieder auf die Stimme der Vernunft, Blutrausch und Siegesdelir waren dabei abzuklingen.

Das Lied von den Allmachtsphantasien

Und die Seele sang der immerwährenden Gültigkeit geflügelte Worte:

Niemand ist allmächtig, niemand ist allwissend oder alleskönnend; auch nicht der Mächtige und nicht der Weiseste und auch nicht der Vielbegabteste. Derjenige, der das für sich selbst akzeptiert, ist nicht nur der Vernünftige, sondern auch der psychisch Robustere, weil er es offensichtlich nicht nötig hat, mit Allmachts-, Allwissens- oder Alleskönnenphantasien seine Defizite, Schwächen und Kränkungen zu kompensieren.

Das ist Homers epische Botschaft.

Hektor handelte so, wie der vernünftige Polydamas es vorschlug. Er machte sich sofort auf den Weg zu den trojanischen Heeresfürsten und ihren Verbündeten, um sie über die bevorstehende Versammlung zu informieren. Er fand aber nur noch wenige von ihnen vor, da die meisten entweder schwer verletzt oder gar tot waren. Seine Frustration richtete er wieder einmal gegen seinen Bruder Paris, den er zum wiederholten Mal als Frauenhelden beschimpfte, der den Untergang Trojas verschuldet habe. Der so Angegriffene war dieses Mal tief getroffen und versprach dem Bruder Loyalität und Kampfbereitschaft, um das Vaterland zu verteidigen. Gemeinsam machten sich die Brüder auf die Suche nach überlebenden trojanischen und alliierten Heeresführern.

Der mächtige Zeus aber wollte noch immer nicht das Ende dieser Schlacht; er inspirierte die Trojaner zum Weiterkämpfen und dazu, sich nicht hinter die Mauer zurückzuziehen. Wieder gingen die beiden feindlichen Armeen aufeinander los, von den rivalisierenden Götterbrüdern, dem Blitzeschleuderer Zeus und dem Gewässerherrscher Poseidon, gegeneinander motiviert. Schlachten, töten, getötet werden und Blutvergießen gingen nach der Götter Willen und mit der Götter Hilfe unvermindert weiter.

16 Des Eros Machenschaften

Zusammenfassung

Aus dem vierzehnten Gesang meiner Ilias werde ich Euch erzählen, zu welchen Machenschaften der Eros imstande ist und wie er zur Erreichung von Zielen instrumentalisiert werden kann. Diesmal wird er von Hera benutzt, um ihren Mann Zeus in erotische Ekstase zu versetzen. Dadurch lenkt sie ihn vom Weltgeschehen ab, auch vom Krieg um Troja. Somit kann Poseidon unbemerkt das Einmischungsverbot von Zeus umgehen und den Griechen helfen. Poseidon beschränkt sich nicht nur auf seine Rolle als Enthusiasmusspender, sondern kämpft auch an vorderster Front, wo er den Trojanern mit seinem übernatürlich donnernden Geschrei panische Angst einjagt.

Und die uns begleitende Seele wird dabei geflügelte Worte von immerwährender Gültigkeit singen, wie etwa über den Eros, der in die Schlacht unbesiegbar ist, über die Macht der immateriellen Bestechung und über die Verblendungen, die aus der Sehnsucht entspringen. Und über manches andere.

Die Macht der Worte und ihre Gehilfen

Die Trojaner beschlossen, ganz in Zeus Sinne, weiter auf offenem Feld zu kämpfen. Aber die bis vor kurzem gejagten Griechen, nun durch Poseidon mit göttlicher Kraft erfüllt, mit Enthusiasmus also, waren nicht mehr aufzuhalten. Mit unsagbarer Tapferkeit gingen sie gegen die Trojaner vor, die vor kurzem noch ihre Jäger waren. Allerdings blieb der Kampf lange Zeit unentschieden, mal gewannen die bronzegepanzerte Griechen die Oberhand, mal die pferdebändigenden Trojaner, unzählige Tote und Verletzte auf beiden Seiten waren das gemeinsame Ergebnis. Wie ich schon erzählte, waren viele griechische Heeresführer, darunter auch der berühmte Arzt und makellose Heeresfürst Machaon, verwundet. Aber die größte Sorge machte dem Oberbefehlshaber Agamemnon die Ankündigung des zeusbeschützten Hektor, er werde nicht in die Stadt zurückkehren, bevor er nicht die griechische Flotte in Brand gesetzt habe, zumal ein Teil der Schutzmauer vor den Schiffen von den Trojanern schon zerstört worden war. Sorgen machte er sich, wie so oft, auch darüber, ob die Armee ihm grolle wegen der Geschichte mit dem gottähnlichen Achilles und ob darunter Kampfkraft und Kampfeswillen leiden könnten. Wegen all dieser Sorgen dachte er ernsthaft darüber nach, den Befehl zum Rückzug

A. Marneros, *Homers Ilias psychologisch erzählt*, DOI 10.1007/978-3-658-11202-8_16

zu geben. Dies wiederum erregte den Unmut anderer Heeresfürsten, vor allem der tapferen Helden Odysseus und Diomedes.

Poseidon sah sich gezwungen, wieder seine Motivationstherapie anzuwenden, diesmal direkt beim Feldmarschall, bei Agamemnon. Weiter getarnt als ein alt-ehrwürdiger Mann kam der Erderschütterer zu ihm, nahm seine Hand und sprach zu ihm die geflügelten Worte, die motivierenden: „Du bist nicht wie dieser arrogante und unvernünftige Achilles, den das Schicksal seiner Landsleute völlig kalt lässt, möge er dafür hart bestraft werden. Du bist von den Göttern gesegnet. Die werden dir dabei helfen, deine Landsleute zu retten, die werden dir beistehen, und du wirst dadurch die Trojaner zurückdrängen können, weit weg von den Schiffen und dem griechischen Lager." Der Gott wusste zwar die Macht der Worte zu schätzen, aber er wusste auch, dass das nicht immer genug ist, um das gesetzte Ziel zu erreichen. Er wusste, dass diese Macht nicht selten Hilfe benötigt, um machtvoll zu wirken. Die Macht der Worte braucht Gehilfen, und zwar ganz besonders die Autorität der Worte; und die ist abhängig von der Worte Herkunftsquelle und ihrem Präsentationshintergrund – von wem sie also kommen, wie sie präsentiert werden und was sie begleitet. Er wusste, dass Autorität und beeindruckender Rahmen die Macht der Worte verstärken und ihnen so mehr Wirkung verleihen. So stürmte der Altehrwürdige nach vorne, mit donnerndem Geschrei, so als ob neun- oder zehntausend Krieger alle auf einmal mit lautem Geschrei in die Schlacht ziehen. Agamemnon und die Griechen erkannten dadurch die göttliche Präsenz und waren nicht nur sehr beeindruckt, sondern auch mitgerissen und fühlten sich erneut von göttlicher Kraft erfüllt.

Das Lied von der Macht der Worte

Und die Seele sang der immerwährenden Gültigkeit geflügelte Worte:

So kam die Erkenntnis in die Welt, dass die Macht der Worte machtvoller wahrgenommen wird, wenn auch ihre Quellen und Kulissen machtvoll und beeindruckend sind.

Das ist Homers epische Botschaft.

Die Geburtsstunde der Instrumentalisierung des Erotischen

Poseidons Treiben auf der Erde entging nicht der Aufmerksamkeit der notorischen Philhellenin Hera, die davon sehr erfreut war. Der Kontrast zwischen der Haltung ihres Schwagers Poseidon und der ihres Mannes Zeus war zu groß, um den Letzteren nicht zu hassen. Und so beschloss sie, den Gewässerherrscher Poseidon bei seiner Einmischung in das Kampfgeschehen zu unterstützen, allerdings ohne dabei das Einmischungsverbot des Blitzeschleuderers Zeus zu verletzen. Wie macht man so etwas? Mit List, ist die Antwort. Für die erdachte List bediente sie sich der stärksten Macht der Frauen, der erotischen Verführung – nach dem Prinzip „Der Zweck heiligt die Mittel". Sie wusste ja, wie man den alten Herrscher am leichtesten ablenken konnte. Durch Sex, bekanntlich. Durch die sexuelle Verführung wollte sie die Aufmerksamkeit des Zeus von dem Geschehen auf der Erde ablenken und Poseidon freie Bahn verschaffen.

Nach dem Liebesakt sollte Zeus, erschöpft und entspannt, in einen tiefen, süßen Schlaf sinken – und dann konnte Poseidon solange schalten und walten. So dachte sie.

Listig gedacht, schlau gemacht.

Die Verführungsaktion ging los!

Sie zog sich zurück in ihre Geheimkammer, von ihrem Sohn Hephästos, dem höchsten Schmiedemeister, gebaut, deren Schlüssel nur sie besaß. Dort reinigte sie ihren attraktiven Körper mit Ambrosia, anschließend rieb sie sich mit göttlichem, verführerischem Parfüm ein, dessen Aroma Himmel und Erde umschleierte. Eine attraktive Frisur, ein hinreißendes Kleid, dessen Stoff Athena, die göttliche Meisterin der Spinnerei, einst exklusiv für die alabasterarmige Göttin gewebt hatte, elegante goldene Sandalen, kostbarer Schmuck und ein weißer Schal, heller als die Sonne, kamen hinzu.

So beeindruckend und verführerisch ausgerüstet, machte sich die göttliche Herrin Hera auf den Weg zu Zeus, dem Wolkenherrscher, mit göttlich schlauen und diabolisch süßen Plänen. Aber zunächst musste sie noch etwas erledigen, nämlich ihre Rivalin, die Kypris Aphrodite, Göttin der erotischen Verführung, für ihre Pläne einspannen, um dadurch den Erfolg abzusichern. Dies gelang ihr ebenfalls mit einer List. Sie ging zu ihr und sagte: „Liebste Aphrodite, Göttin der Liebe und Herrin des Eros und des Himeros, der Gottheiten der erotischen Liebe und der Sehnsucht; es tut mir so leid, dass wir unterschiedlicher Meinung sind bezüglich dieses unsinnigen Krieges der Sterblichen, der gerade in Troja tobt. Du unterstützt mit guten Gründen die Trojaner, ich unterstütze mit ebenfalls guten Gründen die Griechen. Aber ich hoffe, dass unsere unterschiedliche Haltung bezüglich dieser mickrigen streitenden Sterblichen da unten auf der Erde kein Grund für dich ist, mir deine Hilfe, die ich so dringend benötige, zu verweigern. Nicht wahr, Liebste?"

„Sag mir, was ich für dich tun kann, edle Gemahlin des Zeus, alabasterarmige Hera. Und wenn es in meiner Macht liegt, werde ich es natürlich für dich tun", antwortete die Schönheitsgöttin.

„Nun also, du kennst ja den Okeanos und seine Gemahlin Tethys, unsere Vorfahren, die mich adoptiert und großgezogen haben und die ich sehr liebe.

Genauso wie du von Zeus und Dione aufgenommen und großgezogen wurdest, nachdem Himeros und Eros dich von Paphos Küste auf Zypern hier oben auf den Olymp brachten. Aber meine Adoptiveltern leben seit geraumer Zeit in ständigem Streit. Seit einer Ewigkeit teilen sie nicht mehr das Bett. Ich habe gedacht, wenn du mir etwas von deiner Liebes- und Verführungskunst sowie deiner Fähigkeit, stürmische erotische Sehnsucht zu erwecken, zur Verfügung stellst, kann ich bewirken, dass die beiden sich wieder näher kommen und Liebe zueinander verspüren. Dann tue ich etwas Gutes für meine Erzieher, ich kann meine Dankbarkeit ihnen gegenüber zeigen. Und sie werden mir dann auch dankbar sein".

„Nichts leichter als das, edle Zeusgattin. Ich bin übrigens sehr froh, dass du so etwas Schönes vorhast; ich liebe die Liebe über alles, wie du weißt", erwiderte die Liebesgöttin. Darauf zog sie einen Brusthalter unter ihrem Kleid hervor und gab ihn Hera; darauf waren viele wunderbare Darstellungen ihrer Begleiter Eros, der kleinen geflügelten Gottheit der erotischen Liebe, und Himeros, der stürmischen Gottheit der erotischen Sehnsucht, zu sehen. „Nimm das mit bei deinem Versuch. Mit diesen göttlichen Utensilien kann nichts schief gehen", sagte sie und lächelte bedeutungsvoll. Hera bedankte sich und lächelte zurück, auch bedeutungsvoll, aber auch vieldeutig – und vor allem zufrieden.

Gerüstet mit den stärksten Waffen der Frau, den Waffen der weiblichen Erotik, machte sie sich auf den Weg, um damit ihr Ziel zu erreichen.

Das Lied vom unbesiegbaren Eros

Und die Seele sang der immerwährenden Gültigkeit geflügelte Worte:

So kam die Instrumentalisierung der Erotik in die Welt, und damit die Macht des Eros, die bis heute unbesiegt blieb. So dass zu Recht auch Jahrhunderte später der Dichter singen konnte: „Oh Eros, in der Schlacht unbesiegbar"[1]

Das ist Homers epische Botschaft.

Und wie ich es von hier oben seit drei Jahrtausenden beobachte, werte Zuhörer, ist die Instrumentalisierung der Erotik seitdem ununterbrochen im Einsatz. Und die Macht des Eros ungebrochen.

Hera sprang voller Tatendrang vom Olymp aus auf das nächste Gebirge, die Pierien, und mit einem weiteren Satz landete sie in der schönen nordgriechischen Region Hemathia in Makedonien. Der letzte Sprung führte sie am Berg Athos vorbei auf die Insel Lemnos, ihr Ziel. Dort traf sie den Gott des Schlafes, Hypnos, was auch Teil ihres listigen Planes war.

Sie nahm seine Hände liebevoll in die ihren und sagte mit sanfter süßer Stimme zu Hypnos die geflügelten Worte, die bestechenden: „Lieber Gott des

[1] So singt Sophokles in seiner „Antigone".

Schlafes, des Herrschers von Göttern und Menschen, wenn du Zeus in Schlaf versetzt, nachdem ich mit ihm den Liebesakt vollzogen habe, dann mache ich dir einen unvergänglichen und kostbaren goldenen Thron mit einem Schemel für deine Füße zum Geschenk, göttlich gearbeitet von meinem Sohn Hephästos, dem Meisterschmied".

„Wo denkst du hin, würdige Zeusgattin und Kronos-Tochter! Ich mache das mit allen Göttern, aber nicht mit Zeus. Ich habe meine Lektion gelernt. Du hast das schon einmal von mir verlangt, und ich habe das auch für dich getan – damals als du den außerehelichen Sohn von Zeus, Herakles, im stürmischen Meer vernichten wolltest. Ich sollte Zeus in Schlaf versetzen, so dass er nichts davon merkt – was ich dir zuliebe auch gemacht habe. Aber ich habe meine Unterstützung von damals teuer bezahlt. Nachdem unser Göttervater wach geworden war und die Sache bemerkt hatte, schleuderte er alle Götter durch die olympischen Paläste, mich suchend. Wenn Nyx, die schnelle Göttin der Nacht, mich nicht in ihrer Dunkelheit versteckt hätte, hätte Zeus mich ins Meer geworfen, und ich wäre umgekommen. Da sein Lieblingssohn Herakles am Ende doch nicht vernichtet wurde, sondern sich auf die Insel Kos retten konnte, vergaß er glücklicherweise am nächsten Tag die Rache. Und so wurde ich gerettet, und Götter und Menschen finden weiter ihren Schlaf. Das war mir aber eine Lehre, das tue ich nie wieder! Auch nicht für einen göttlichen goldenen Thron".

Eltern der Sehnsucht sind die Kugelmenschen

„Ach komm, Hypnos, damals ging es um seinen Lieblingssohn Herakles. Glaubst du wirklich, dass er für diese Trojaner den gleichen Aufstand machen würde? Nach kurzem Überlegen fuhr sie fort: „Wirst du es auch dann ablehnen, mein lieber Hypnos, wenn ich dir eine junge wunderschöne Charis zur Frau verspreche?"

Um die Wirkung dieser Worte auf Hypnos zu verstehen, müsst Ihr wissen, dass die Chariten einige Jahrhunderte später von den Latinern als Grazien pseudonymisiert wurden.

„Was?", fragte wie elektrisiert der Gott des Schlafes. „Kannst du mir etwa die junge Charis Pasithea, in die ich so unsterblich verliebt bin und nach der ich mich Tag und Nacht in Sehnsucht verzehre, zur Ehefrau geben? Kannst du mir das schwören, mit der einen Hand die Erde, mit der anderen das Meer berührend, bei allen Göttern und auch beim Wasser der Styx, des heiligen Flusses der Unterwelt, zum dem die Götter schwören und deren Schwur dann unbrechbar ist? Bist du bereit, auf diese Weise zu schwören, dass du mir meine Pasithea zur Ehefrau geben wirst?"

Die Nachtgöttin Nyx versteckt Hypnos

„Ich bin bereit, diese deine Sehnsucht mit einem so unbrechbaren Schwur zu stillen" sagte die alabasterarmige Hera. Und sie schwor in der Tat den heiligen Schwur, mit einer Hand die Erde, mit der anderen das Meer berührend, und auch beim Wasser der Styx, des heiligen Flusses der Unterwelt, zu dem die Götter schwören.

Diese Bestechung war für Hypnos so verlockend, dass er nicht unbestechlich blieb. Verblendet durch die Sehnsucht vergaß er noch in derselben Sekunde die Lehren der Vergangenheit.

Das Lied von der Sehnsucht

Und die Seele sang der immerwährenden Gültigkeit geflügelte Worte:

So kam auch die Erkenntnis in die Welt, dass mit der Sehnsucht nicht nur Segnungen, sondern auch Verblendungen einhergehen. Sehnsüchte sind Begehren und Drang und Wunsch, getragen von den Flügeln der Affekte. Und wie alles von Affekten Getragene können sie den Verstand verblenden.

Das ist Homers epische Botschaft.

Das Lied von der immateriellen Bestechung

Und die Seele sang weitere der immerwährenden Gültigkeit geflügelte Worte:

So kam die Erkenntnis in die Welt, dass vieles für viele eine Frage des Preises ist. Auch wenn sie die Schwelle der Bestechlichkeit überschreiten und auch wenn sie die Lehren der Vergangenheit ignorieren müssen.

Das ist Homers zusätzliche epische Botschaft.

Die Macht der immateriellen Bestechung ist bei vielen viel größer als die der materiellen, fügte wissend die Seele hinzu.

Vom Gott der erotischen Sehnsucht, Himeros, war offenbar auch Hypnos besessen und verblendet, so wie einst Paris. Erinnert Ihr Euch, meine treuen Zuhörer? Daran, als Paris nach seinem schamvollen Rückzug vom Zweikampf mit Menelaos, besessen von Himeros, an nichts anderes denken konnte als daran, den Beischlaf mit seiner Helena zu vollziehen, wobei bei ihm, dem Besessenen und Verblendeten, die Scham auf der Strecke blieb?

Eigentlich tut Himeros etwas Gutes: Er bringt Liebende zusammen, und mit der erotischen Vereinigung vervollständigt er die Menschen, wie der Mythos uns lehrt. Damals habe ich es in der Ilias nicht erzählt, weil es erst einige Jahrhunderte nach mir von Platon endgültig formuliert wurde[2]. Heute kann ich Euch, meinen verehrten Zuhörern, den Mythos erzählen.

Danach hatten die Menschen ursprünglich kugelförmige Körper. Vier Hände, vier Füße und zwei Gesichter auf einem Kopf. Diese Kugelmenschen fühlten sich so vollkommen, dass sie meinten, den Himmel erstürmen zu können. Das war natürlich eine Hybris, und Zeus bestrafte sie dafür: Er teilte die Kugelmenschen in zwei Hälften, so entstanden die heutigen Menschen, die

[2] Platon erzählte diesen lustig-philosophischen Mythos in seinem „Symposion", und zwar in der Rede des Aristophanes.

bekanntlich zwei Hände und zwei Füße und ein Gesicht haben, aber nicht vollkommen sind. Nein, niemand ist vollkommen. Unter ihrer Unvollkommenheit leidend, sucht jeder von ihnen sehnsüchtig nach seiner verlorenen anderen Hälfte. Diese Sehnsucht ist das erotische Begehren, das auf Vereinigung abzielt, und – wie ich schon sagte – gehört dies in die Zuständigkeit des Himeros.

Ich will noch eine Bemerkung dazu machen: Manche Kugelmenschen waren rein männlich konstituiert, andere rein weiblich, aber die meisten waren androgyn – sie bestanden also aus männlichen und weiblichen Anteilen. Aus den rein männlichen entstand die männliche Homosexualität, aus den rein weiblichen die weibliche Homosexualität, und aus der großen Mehrheit der Androgynen die Heterosexualität. Die Schlussfolgerung also aus der schönen Kugelmenschen Geschichte ist, dass die sexuelle Orientierung des Menschen durch seine biologische Konstitution vorbestimmt ist.

Das Werk des Himeros an sich ist also ein sehr gutes, allerdings nur, wenn es die Menschen nicht verblendet und verführt. Der kleine Gott Hypnos aber wurde verblendet und verführt und, wie sich zeigte, war er dazu auch noch bestechlich.

Nachdem Hera also den Schwur geschworen hatte, flogen die beiden Konspiranten, die List tragende Hera und der die Schlafbetäubung tragende Hypnos, mit Schwung zum Berg Ida nahe Troja, auf dem sich Zeus aufhielt. Während Hypnos sich wie ein Habicht zwischen den Ästen einer hohen Tanne versteckte, näherte sich die alabasterarmige Hera in ihrer verführerischen Aufmachung anmutigen Schrittes ihrem Gemahl.

Als Zeus Hera erblickte, die mit einer überwältigenden erotischen Ausstrahlung auf ihn zukam, wurde ihm schwindlig vor Liebessehnsucht und erotischem Verlangen. Es kamen plötzlich Erinnerungen in ihm auf an Szenen aus ihrer beider Jugend, als sie Heras Mutter ausgetrickst und heimlich ihre Liebe genossen hatten. Auf die liebevoll ausgesprochene Frage des Obersten Gottes „Hera, meine Liebste, was machst du denn hier?", servierte ihm die Verführerin das gleiche Märchen, mit dem sie vorher Aphrodite getäuscht hatte; die Geschichte also von ihren Pflegeeltern Okeanos und Tethys, die sich nicht mehr liebten und denen sie helfen wollte, und so weiter und so fort, Ihr wisst schon.

Wie Aphrodite nahm ihr auch Zeus die erfundene Geschichte ab.

Die olympischen Götter waren ja, wie Ihr, geschätzte Zuhörer, in der Zwischenzeit wisst, keine Allwissenden – genauso wenig Allmächtige und Allherrschende. Kein Gott und keine Göttin war also damals Pansophos, Pantodynamos oder Pantokrator, wie Eure heutigen Theologen es für die modernen Götter formulieren. Auch nicht der Oberste Gott, der wolkenzusammenballende Zeus, im Gegensatz zu seinen modernen Kollegen.

„Oh nein, Hera, meine Liebste“ rief er vor Sehnsucht brennend, „all das kannst du später tun. Nun komm zu mir, genießen wir unsere Liebe. Niemals und für niemanden habe ich je so ein starkes erotisches Verlangen gehabt, wie in diesem Moment für dich“ – war seine vor Sehnsucht und Verlangen bebende Erwiderung. Die schönäugige Hera kokettierte noch ein wenig, lockte mit ihren großen, strahlenden Augen, um das Verlangen des Zeus weiter zu erhitzen, und sagte zu ihm: „Ach nicht doch! Nicht hier auf dem Gipfel des Berges, wo uns alle Götter sehen können. Was werden die denn über uns sagen? Wenn dein Verlangen nach mir so stark ist, dann lass uns doch in unser Schlafzimmer auf dem Olymp gehen, von unserem Sohn Hephästos abhör- und abschausicher eingerichtet“. „Nicht nötig“ erwiderte der Wolkenherrscher: „Ich hülle uns in eine dicke Wolke, so dass uns kein Gott, nicht einmal der Sonnengott Helios, beobachten kann“.

Und zärtlich und liebevoll umarmte Zeus das Objekt seiner Begierde, die listig-verführerische Hera. Den Liebenden zuliebe ließ die göttliche Gäa, die Mutter Erde, unter ihnen frisches Gras sprossen; Lotos, Krokusse und Hyazinthen wuchsen, dicht und weich. Auf diesem Blumenteppich liebten sich die beiden, versteckt in einer goldenen Wolke, vom Wolkenherrscher gerade erzeugt.

Nachdem Zeus sein Liebesverlangen befriedigt hatte, ließ er sich glücklich, zufrieden und erschöpft vom Hypnos betäuben. Der wiederum, nachdem er den Vater von Menschen und Göttern in tiefen Schlaf versetzt hat, flog zu Poseidon und sagte ihm, dass er jetzt den Griechen uneingeschränkt helfen könne, weil sein Bruder nach der heißen Verführung durch Hera tief schlafe und nichts merken würde.

Große Freude beim Erderschütterer und Gewässerherrscher, der die Griechen noch einmal zu einem Schlag gegen die Trojaner motivierte. Diesmal war Poseidon nicht nur der erfolgreiche Motivationstherapeut und des Enthusiasmus Großmeister, sondern er kämpfte selbst an der Seite der Griechen in vorderster Front mit großem Gebrüll. Er konnte so viel Begeisterung bei den Soldaten erwecken, dass sich sogar die Verwundeten mit Enthusiasmus an der neuen Offensive beteiligten, so gut sie konnten.

Als die beiden Armeen wieder aufeinanderprallten, war der Lärm größer als der, den das stürmische Meer an der felsigen Brandung macht, stärker als der Wind, der orkanartig durch die Wälder bläst, und lauter als ein gewaltiges Feuer, wenn es die Bäume in den Tälern verzehrt.

Der bronzegerüstete Hektor versuchte, den großen Ajax mit seinem Speer zu treffen. Er verfehlte ihn, aber Ajax traf ihn mit einem großen Stein an der Brust. Hektor fiel zu Boden wie eine vom Blitz getroffene Eiche, die samt Wurzeln mit ohrenbetäubendem Krach zu Boden fällt. Die Griechen stürmten zu dem am Boden liegenden Priamiden, um ihn in ihre Reihen zu ziehen.

Aber viele tapfere Trojaner und Verbündete, darunter die uns schon bekannten Polydamas und Äneias, wie auch die Lykier Sarpedon und Glaukos, bildeten einen Schutzring um ihn und konnten das Vorhaben der Griechen verhindern. Ihnen gelang es, den schwer verletzten Hektor auf seinen Wagen zu heben und ihn in die Stadt zurückzubringen. Die Entfernung des furchterregenden, männervernichtenden Hektors vom Kampfplatz gab den schönbeschopften Griechen noch mehr Schub, und sie attackierten wie hungrige Löwen die Trojaner und deren Verbündete. Die wiederum verteidigten sich heroisch; viele tapfere Männer fielen auf beiden Seiten. Nichtsdestotrotz gewannen diesmal die Griechen die Oberhand. Viele von ihnen trugen dazu bei, aber am meisten wohl der schnellfüßige Ajax, der sogenannte kleine Ajax, der gar nicht klein in Tapferkeit war.

Aber Tapferkeit und des Poseidons Beistand waren nicht die alleinigen Gründe für den Sieg der Griechen an diesem Tag. Wie Ihr schon wisst, war auch die Erotik eine der Mütter des griechischen Erfolges; die Erotik, die die unwiderstehliche Hera mit ihrer erotisch-verführerischen List auf dem Berg Ida unter der goldenen Wolkendecke auf dem blumigen Bett so hingebungsvoll praktizierte.

17 Der Sinn der Sinnlosigkeit

Zusammenfassung

Aus dem fünfzehnten Gesang meiner Ilias werde ich Euch erzählen, wie Zeus nach seinem Erwachen aus der erotischen Ekstase den Betrug seiner Frau Hera bemerkt. Zornig blitzend und donnernd befiehlt er seinem Bruder Poseidon, sich zurück zu ziehen, was der widerwillig und mit Ohnmachtsgebärden auch tut. Seiner Hera droht Zeus mit harten Strafen. Ängstlich und zitternd schwört sie wieder einmal Treue und Solidarität. Um sie dafür zu belohnen, verspricht Zeus seiner angeschlagenen Ehefrau, dass es dabei bleibt: am Ende werden die Griechen siegen und Troja vollständig zerstören.

Und die uns begleitende Seele wird dabei geflügelte Worte von immerwährender Gültigkeit singen, wie etwa über das „Durch-leiden-lernen-Prinzip", über die Erkenntnis, dass für die meisten die eigene Rettung an erster Stelle steht, nicht die der anderen, und auch über die Erkenntnis, dass des Tyrannen Wille meist aus Furcht befolgt wird. Dann noch über die Geschwisterrivalität und manche ihrer Ohnmachtsgebärden. So wie über einiges andere auch.

Des Tyrannen eingeschüchterte Gefolgschaft

Wie nicht anders zu erwarten, wurden mit so viel göttlichem Engagement von Hera und Poseidon die Trojaner in die Flucht geschlagen. Sie rannten, grün vor Angst, um ihr Leben. Erst weit weg von den Schiffen, von der griechischen Schutzmauer und dem Schutzgraben hielten sie an, um Luft zu holen. In dem Moment aber erwachte Zeus aus seinem glückseligen Schlaf neben einer ebenfalls, wenn auch aus anderen Gründen, zufriedenen Hera. Als er nun seinen Blick auf das Schlachtfeld richtete, sah er die Not der geschlagenen Trojaner. Und als er auch noch den schwer verletzten Hektor sah, geriet er in Rage. Was war geschehen, so dass der Zeusbeschützte von ihm nicht beschützt worden war und die von ihm als Sieger vorgesehenen Trojaner hatten besiegt werden können, fragte er sich fassungslos. Wie hatte das passieren können, rätselte er. Das passte überhaupt nicht in seine Pläne, dachte er. Ja, das war sogar völlig konträr zu seinem Willen!

Und dann erkannte er List und Betrug, die dahinter steckten, die ihm im ehelichen Erotikszenario versteckt untergejubelt worden waren. Was für eine Wut blitzte und donnerte aus ihm heraus nach dieser Entdeckung! List und

A. Marneros, *Homers Ilias psychologisch erzählt*, DOI 10.1007/978-3-658-11202-8_17

Betrug sind schlimm genug, zürnte er – obwohl er selbst nicht selten so etwas anwendete, wie inzwischen bekannt ist. Aber in diesem Falle war es noch schlimmer: Seine Autorität wurde infrage gestellt! Die listigen Betrüger, seine Frau Hera und sein Bruder Poseidon, waren ihm gegenüber ungehorsam, und er hasste Ungehorsam wie nichts anderes, wie seine Biografie uns lehrt. Er wurde wütend, sehr wütend, und offensichtlich beabsichtigte er einen sofortigen Gegenschlag. Es zeigte sich, dass die Verschwörer ihre Verschwörung nicht zu Ende gedacht hatten; nun mussten sie die Konsequenzen tragen – wie einst die rosenfingrige Eos, die die Sache mit ihrem unsterblichen, aber alternden Ehemann Tithonos nicht zu Ende gedacht hatte. Wie alle, die ihre Sache nicht zu Ende denken!

Zeus Wut richtete sich hauptsächlich gegen Hera, die er sofort als Haupttäterin ausgemacht hatte. Die hatte sich angesichts der göttlichen Rage zitternd vor Angst im Blumenbett verkrochen, unter der goldenen Wolke, wo sie noch kurz zuvor die heißen Stunden verbracht hatten. Mit einer Kanonade von Beschimpfungen und Drohungen attackierte der so Betrogene die listige, ungehorsame Betrügerin. Ununterbrochen donnernd und blitzend schleuderte Zeus ihr die geflügelten Worte entgegen, die zittern- und angsterzeugenden: „Du hast wohl vergessen, wie ich dich damals bestraft habe, als du meinen Lieblingssohn Herakles im stürmischen Meer vernichten wolltest?! Hast du vergessen, wie du mit zwei Ambossen an den Füßen und mit einer unzerbrechlichen goldenen Kette um die Arme zwischen Himmel und Erde herabhingst? Keiner der Götter konnte dir damals helfen. Diejenigen, die dagegen protestierten, habe ich zornig vom Himmel geschleudert; sie landeten mit einer solchen Wucht auf der Erde, dass kaum einer von ihnen unversehrt blieb. Erinnere dich daran, sodass du endlich aufhörst, mich überlisten und betrügen zu wollen. Verstehe endlich, dass auch Verführung und Erotik keine Mittel sind, die dir helfen können."

Das Lied von einem seltsamen Machtinstrument

Und die Seele sang der immerwährenden Gültigkeit geflügelte Worte:

Das „Pathos-Mathos-Prinzip" – das „Durch-leiden-lernen-Prinzip" –, das seit Hephästos Bestrafung durch seinen Vater Zeus zentraler Bestandteil der Lernpsychologie und der Verhaltenstherapie ist, wie Ihr schon zu Beginn gehört habt, kann noch dazu den Mächtigen als Macht- und Herrschaftsinstrument dienen – auch in Form der Erinnerung.

Das ist Homers epische Botschaft.

Das Lied von der schmerzvollen Erinnerung

Und die Seele sang weitere der immerwährenden Gültigkeit geflügelte Worte.

Die schmerzvolle Erinnerung an das traumatische Erlebnis ist nicht nur Teil der posttraumatischen Belastungsstörung, sondern auch einer der Gründe für die Vermeidung vergleichbarer Situationen, wie Ihr bei der Geschichte von Hephästos gehört habt. Wenn man nicht lernt, ähnliches zu vermeiden, dann muss man die Konsequenzen tragen.

Das ist Homers zusätzliche epische Botschaft.

Die Wirkung von Zeus Macht- und Herrschaftsinstrument – Durch-leiden-lernen – und der Erfahrungen der Lernpsychologie bestätigten sich eindrucksvoll auch bei der betrügerisch-listigen Göttin. Die ängstlich zitternde, sich im Bett verkriechende Hera stotterte dem drohenden, blitzenden Zeus die geflügelten Worte entgegen, die angstvollen: „Ich schwöre bei allem, was mir heilig ist! Ich schwöre bei allen Göttern! Und ich schwöre sogar bei Styx, dem Unterweltfluss, und das ist, wie du weißt, für uns Götter der schwerste aller Schwüre! Ich schwöre also, dass ich nicht diejenige bin, die deinen Bruder Poseidon dazu animiert hat, an der Seite der Griechen zu kämpfen. Es war seine eigene Initiative, weil er Mitleid mit den Griechen hatte, die in Bedrängnis gerieten." So schwor sie und fügte die geflügelten Worte hinzu, die versöhnlichen und opportunistischen: „Aber ich kann ihn beeinflussen, so dass er damit aufhört und nur das tut, was du willst, oh mächtigster aller Götter, mein geliebter Gatte!"

Das Lied der Bestätigung einer schon gemachten Erfahrung

Und die Seele sang der immerwährenden Gültigkeit geflügelte Worte:

Somit bestätigte sich noch mal die schon gemachte Erfahrung, dass für die meisten – auch für erhabene Götter – die eigene Rettung an erster Stelle steht, wenn es brenzlig wird. Auch dann, wenn dafür einiges verraten werden muss – Prinzipien, Freunde oder Verbündete.

Das ist Homers epische Botschaft.

Durch diese Aussage der alabasterarmigen Hera beruhigte sich Zeus, beendete das Blitzen und Donnern, wurde wieder milde gestimmt und sprach zu ihr die geflügelten Worte, die zukunftsweisenden: „Wenn du das tust, was du da gerade sagtest, dann werden wir ein unschlagbares Team. Weder mein kleiner Bruder Poseidon noch andere Götter werden es dann wagen, gegen uns beide zu opponieren und intrigieren. Wenn du in deinen Beteuerungen ehrlich bist, dann beweise mir das: Gehe zu den anderen Göttern und schicke mir die windfüßige, goldgeflügelte olympische Botin Iris und den lichtstrahlenden Apollon, den Schnellheiler. Iris soll zu Poseidon gehen und meinen Befehl überbringen, dass er sich unverzüglich aus dem Kampf zurückzuziehen hat. Apollon soll zu Hektor eilen und ihn rasch wieder gesund machen, ihn mit Kraft erfüllen und in den Kampf zurückführen. Der so genesene und wieder kraftvolle zeusbeschützte Hektor soll die Griechen erneut verjagen und noch einmal in Bedrängnis bringen. Aber ich verspreche dir auch das: Die Griechen werden am Ende doch Troja erobern, und wie ich dir zugesagt habe, es auch vollständig zerstören. Ehrenwort! Aber inzwischen soll einiges geschehen, damit Achilles seine Genugtuung bekommt und seine Ehre wiederhergestellt wird. Dann kann ich sowohl mein Versprechen seiner Mutter Thetis gegenüber erfüllen als auch das, was ich dir gegeben habe und hiermit noch einmal erneuere."

Eigentlich ist es gut, wenn man seine Versprechen hält. Aber zu welchem Preis, zumal wenn ihn Fremde bezahlen müssen! Was der Vater von Menschen und Göttern mit „inzwischen soll einiges geschehen" meinte, werde ich Euch erzählen. Aber erst im Verlauf meiner Ilias; ich werde es nicht so machen wie Zeus, der seine weiteren Pläne schon bei diesem Gespräch seiner Frau verriet, offensichtlich um sich ihrer Loyalität zu versichern. Es wird spannender, wenn ich Euch nicht jetzt schon verrate, was im Verlauf geschehen wird. Mein Ziel ist nicht, mir Eure Loyalität zu sichern, so wie Zeus bei seiner zeitweise widerspenstigen Ehefrau, sondern vielmehr, Euer Interesse weiter aufrechtzuerhalten und vielleicht sogar noch zu verstärken. Und Euch, meine geschätzten Zuhörer, dazu noch aufmerksam zu machen auf das Psychologische meiner Erzählung.

Die alabasterarmige Hera also flog – betrübt wegen der Geschehnisse, trotz der Beteuerungen ihres mächtigen Ehemannes, der den finalen Sieg den Griechen garantierte, – unverzüglich zum Olymp hinüber, so wie der Herr des Himmels, der Menschen und Götter es ihr befohlen hatte. Dort waren alle Olympier – mit Ausnahme des noch auf dem trojanischen Schlachtfeld verweilenden Poseidon – sowie viele untergeordnete Gottheiten in Zeus goldenen Palästen zusammen gekommen. Für die dort Versammelten war es offensichtlich, dass Hera sehr betrübt war, sie wollten den Grund dafür wissen. Manche aus Anteilnahme, manche aus Besorgnis und einige bloß aus Neugier, das ist unter Göttern nicht anders als unter Menschen. Themis, Göttin der Gerechtigkeit und Zeus frühere Frau, ging sofort zu ihr und fragte sichtlich besorgt, was los sei – eine noble Geste der geschiedenen gegenüber der amtierenden Ehefrau, nicht wahr? Zuerst aber gab die Ex-Zeusgattin Themis der gegenwärtigen Zeusgattin Hera einen Becher Ambrosia zu trinken, dies taten sie immer, die Götter, um sich etwas besser zu fühlen. „Frag nicht, erhabene Themis", antwortete die alabasterarmige Hera. „Du kennst ihn ja so gut wie ich aus eigener Erfahrung. Du weißt doch, wie gnadenlos sein Herz ist und wie überheblich er sein kann. Kommt, setzen wir uns, und ich werde euch allen erzählen, was geschehen ist". Zwar hatte sie ein Lächeln auf den Lippen, als sie so zu den besorgten Göttern sprach, allerdings von Kummer umwölkt. Aber auch Zorn sprach aus ihr, als sie die geflügelten Worte sprach, die verbitterten: „Es ist dumm von uns, wenn wir meinen, wir können mit Taten oder Worten Zeus von etwas überzeugen. Er macht nur, was er will, ohne Rücksicht auf uns zu nehmen, weil er der Meinung ist, dass er der größte und stärkste von uns allen ist. Er hat keinerlei Skrupel, uns Böses anzutun, wie er es vor kurzem mit unserem Kriegsgott Ares getan hat. Lieber Ares, du weißt es noch gar nicht, aber ich sage es dir: Zeus hat zugelassen, dass dein Sohn Askalaphos in der Schlacht gefallen ist, von den Griechen getötet. Es tut mir leid, dass ich dir das sagen muss."

Als der Kriegsgott die Nachricht vom Tod seines Sohnes so plötzlich und unerwartet vernahm, schrie er donnerlaut auf vor Schmerz und schwor Rache. Er wollte sofort auf das Schlachtfeld, um die Griechen zu bestrafen, das Einmischungsverbot von Zeus ignorierend. Athena hielt ihn zurück, nicht nur aus Rücksicht auf ihre Griechen, sondern auch weil sie fürchtete, dass Zeus Zorn sich dann gegen alle Götter entladen würde. „Deshalb sollten wir alle unbedingt seine Befehle befolgen, um Schlimmeres zu verhindern – auch wenn wir es nicht mögen", fügte die Weisheitsgöttin die geflügelten Worte hinzu, die vernünftigen, dem betroffenen Ares dabei tröstend über die Schulter streichelnd.

Das Lied von der Gefolgschaft des Tyrannen

Und die Seele sang der immerwährenden Gültigkeit geflügelte Worte:

So kam die Erkenntnis in die Welt, dass meist des Tyrannen Wille aus Furcht befolgt wird. Liebe als Grund dafür ist dagegen selten zu erkennen.

Das ist Homers epische Botschaft.

Hera hatte inzwischen Zeus Anweisungen an die olympische Botin Iris und den Schnellheiler Apollon weitergegeben, die ihnen unverzüglich Folge leisteten.

Gebärden und Gebaren

Die windfüßige, goldgeflügelte Iris brachte die Nachricht zu Poseidon, zusammen mit den harten Drohungen des Zeus, falls er nicht gehorche. Der Erderschütterer war sehr brüskiert durch seines Bruders Drohungen und sagte zu Iris die geflügelten Worte, die trotzigen: „Er kann mir nicht drohen, wir sind gleichberechtigte Geschwister, und wir haben die Welt in gleichem

Maße unter uns aufgeteilt. Das Los hat entschieden, dass mein Bruder Hades die Unterwelt bekommt, ich die Welt der Gewässer und Zeus den Himmel und die Wolken. Die Erde samt Olymp aber blieb unser gemeinsames Erbe. Ich bin der Gewässerherrscher, und in den Gewässern ist die Erde verankert. Und ich kann sie erschüttern, wie es mir gefällt. Ich bin der Erderschütterer! Jawohl! Ich bin der Erderschütterer!"

Und wütend fuhr er fort: „Es mag sein, dass mein Bruder Zeus der Blitzeschleuderer, der Donnererzeuger und Wolkenherrscher ist, aber dennoch soll er sich vor mir in Acht nehmen und sich mit seinem Drittel zufrieden geben. Er soll aufhören mit den ewigen Versuchen, mich herumzukommandieren und mir zu drohen. Das soll er mit seinen Töchtern und Söhnen tun, die verpflichtet sind, ihm zu gehorchen. Aber nicht mit mir! Auch wenn ich sein jüngerer Bruder bin. Klar?"

Das Lied vom Alphatier-Titel

Und die Seele sang der immerwährenden Gültigkeit geflügelte Worte:

So bestätigte sich noch einmal, dass Geschwisterrivalität ein Kampf um den Alphatier-Titel ist. Wer soll ihn haben, wer hat ihn zu Unrecht, wer macht ihn wem streitig? Ein Machtkampf, den die Kontrahenten mit dem Mantel der Gerechtigkeit und der Gleichberechtigung umhüllen.

Das ist Homers epische Botschaft.

Und die windfüßige, goldgeflügelte Iris antwortete mit den geflügelten Worten, den vernünftigen: „Wie du willst. Ja, ich kann es dem mächtigen Zeus so sagen. Aber meinst du nicht, dass es vernünftiger wäre, wenn du deine Botschaft etwas anders formulierst und Einlenken signalisierst? Denk daran, dass er der Ältere ist und dass er damit auch die Göttinnen der Bestrafung an seiner Seite hat; die folgen doch immer den Älteren."

„Ja, du hast Recht, vielwissende und erfahrene Botin" erwiderte nach einer Weile des Nachdenkens Poseidon leiser. „Aber mein Verstand rebelliert, und mein Herz tobt jedes Mal, wenn mein großer Bruder mich mit irgendwas bedroht und mich herumkommandieren will. Wir sind doch gleichberechtigte Geschwister, gleichen Erbteil besitzend, wiederholte er. Obwohl ich wegen seiner Drohungen und Befehle sehr böse bin, folge ich deinem Rat, der der Erfahrung entspringt, und ändere meine Aussage. Sage ihm bitte: Ich tue, was er will, aber ich werde es ihm nie verzeihen, wenn er den Griechen am Ende nicht erlaubt, Troja zu erobern und zu zerstören, vollständig zu zerstören; was er übrigens selbst versprochen hat. Ich werde ihm nie vergeben, wenn er nicht nur gegen die Meinung von Athena, von Hera, von Hermes, von Hephästos und anderen handelt, sondern auch meinen Willen so missachtet".

„Ja, ja; ich werde es ihm sagen“ sagte sanft die vernünftige, erfahrene Iris und lächelte leise in sich hinein, während sie windfüßig mit ihren goldenen Flügeln davonflog.

Das Lied von der trotzigen Stärke

Und die Seele sang der immerwährenden Gültigkeit geflügelte Worte:

So kam die Tatsache in die Welt, dass auch des Erwachsenen widerwillige Fügung die trotzige Stärke braucht, wenn er sich dem Gebaren des Mächtigeren unterwirft. Wie beim Kind, das sich widerwillig dem Willen der Älteren fügt, ist dann die Niederlage leichter zu verkraften; auch wenn all das kindlich anmutet und wenn es bloß der Ohnmacht Ausdruck ist.

Das ist Homers epische Botschaft.

Damit verschwand Poseidon missmutig in den Tiefen des Meeres; er überließ die von ihm so enthusiastisch motivierten Griechen nun doch ihrem Schicksal. Die merkten das sofort und waren schockiert. Zeus frohlockte über seines jüngeren Bruders Niederlage und prahlte mit seinem Sieg Apollon gegenüber, der auf seine Befehle wartete: „Jetzt ist alles wieder in Ordnung, nachdem mein Bruder Poseidon eingesehen hat, dass er sich nicht gegen mich stemmen kann. Er hat sich zurückgezogen, um meinem Zorn zu entfliehen; und das ist gut so, sonst hätte ich es ihm gezeigt. Nun aber gehe zu den Trojanern und nimm meine Ägis mit, den göttlichen Schutzschild, der die Völker erzittern lässt, und verbreite Angst und Schrecken in den Reihen der Griechen. Und heile schnell den verwundeten Hektor; er soll die Griechen bis zu ihren Schiffen jagen. Um den Rest kümmere ich mich dann selbst.“

Geprahlt, gesagt, getan.

Aber Moment mal, werdet Ihr aufmerksamen Zuhörer sicher fragen: Hat nicht Zeus selbst ein Einmischungsverbot erlassen, gültig für alle Götter? Bricht er das mit diesem Auftrag an Apollon nicht selbst?

Ja richtig, er hat es erlassen! Und auch richtig, er bricht es selbst!

Aber der absolute Monarch demonstriert seine absolute Macht auch mit unverschämter Willkür!

Der Trojanerfreund Apollon richtete alles mit Freude nach Zeus Willen. Hektor, vom schnellheilenden Gott augenblicklich geheilt, folgte mit seiner Armee dem die Zeus-Ägis tragenden Gott, der den Weg frei machte für die Kampfwagen. Der furchterregende Trojanerführer stürzte sich in die Schlacht wie ein eingestallter Hengst, der, nachdem er sich an der Krippe mit Gerste satt gefressen hat, seine Fesseln zerreißt und mit hocherhobenem Haupt und wehender Mähne, sich seiner Pracht sicher, stampfend, aber doch leichtfüßig, über das Feld trabt. So kraftvoll stürmte auch Hektor vorwärts, die Wagenkämpfer antreibend, nachdem er des Gottes Stimme gehört und heilenden Segen genossen hatte.

Die bis dahin sehr erfolgreichen Griechen konnten nicht begreifen, wie der kurz vorher noch fast im Sterben liegende Hektor jetzt plötzlich wieder die Gegenoffensive anführte. Es war für sie offensichtlich, dass wieder ein Gott seine Hand im Spiel hatte. Nichtsdestotrotz folgten sie dem Rat von Thoas, dem besten der Ätolier: Die große Masse der Kämpfer sollte sich in Sicherheit bringen, während ausgewählte Elitesoldaten Widerstand leisteten.

Die Trojaner stießen weiter vor, um den gigantischen Hektor geschart. Vor ihm ging Apollon, die Schultern umhüllt von einer Wolke, göttliches Licht ausstrahlend. Zum Schrecken der kämpfenden Griechen trug er die Ägis, Zeus panikerzeugenden Schutzschild, der von beiden Seiten mit dichtem Fell bekleidet war und den Hephästos für den Vater von Menschen und Göttern geschmiedet hatte. Dennoch leisteten die bedrängten Griechen beträchtlichen Widerstand. Sie wehrten sich erfolgreich, solange Apollon Zeus Ägis ruhig hielt; als er sie aber zu schütteln begann und den Griechen dabei direkt in die Augen sah, versetzte sie das noch mehr in Schrecken. Als er dazu noch einen donnernden, zitternerzeugenden Schrei ausstieß, stieg die Furcht zu fluchttreibender Panik.

Die Trojaner, allen voran der bronzegerüstete Hektor, jagten die fliehenden Griechen bis zu ihren Schiffen. Apollon schüttete mit einer raschen Handbewegung Erde in den griechischen Schutzgraben, so dass die Trojaner, ihre Kampfformation unverändert beibehaltend, einfach darüber marschieren konnten. Und dann brachte er mit einem einzigen Tritt einen großen Teil der Mauer der Griechen zum Einsturz; so als wenn ein Kind seine Sandburg am Strand, nachdem es sich mit ihr vergnügt hat, spielend mit einem Tritt zerstört. Apollon schaffte damit eine riesige Öffnung in der Schutzmauer, durch die Hektors Armee die Schiffe erreichte. Die Griechen wurden auf die Schiffe gedrängt, und von dort aus versuchten sie, sich zu verteidigen – ihre absolut letzte Verteidigungslinie, die sie verzweifelt hielten. Mit großer Anstrengung stellten sie sich den Bemühungen der Trojaner entgegen, die die griechischen Schiffe in Brand setzen wollten.

Besonders umkämpft war das symbolträchtige Schiff, das einst Protesilaos nach Troja gebracht hatte. Protesilaos war den Griechen heilig und wurde als gottgleich verehrt. Er war ein Fürst aus Phylake in Thessalien und hatte vierzig Schiffe in den panhellenischen Feldzug gegen Troja geführt. Auch er war einer der Unterlegenen im Wettkampf um die Hand der schönen Helena gewesen. Wie alle anderen Freier von damals war auch er durch seinen Eid verpflichtet, dem Sieger des Wettkampfes beizustehen, wenn dem etwas Schlimmes widerfahren sollte. Und so war er dem Ruf des damaligen Siegers Menelaos gefolgt und nach dem Raub von Helena für ihn nach Troja gekommen. Aber das Orakel hatte folgendes prophezeit: Der erste Grieche, der asiatischen Boten betritt, würde von einem Soldaten der trojanischen Allianz getötet. Trotz dieses Wissens entschied sich Protesilaos, als erster das asiatische Festland zu betreten, um den Griechen den Feldzug zu ermöglichen. Tatsächlich wurde er später getötet, wie der Orakelspruch voraussagte. Ich denke, dass er durch die Waffen eines Verbündeten der Trojaner, eines Dardanen, zu Tode kam; andere wiederum sagten später, Hektor selbst habe es getan; und manche späteren Dichter meinten, ein anderer edler Trojaner habe es vollbracht. Wie auch immer, Protesilaos hatte durch seine wissentliche Aufopferung den Griechen den Feldzug ermöglicht und noch dazu, bevor er starb, eine Reihe feindlicher Soldaten getötet.

Soviel heroische Haltung und Aufopferungsbereitschaft wird von den Völkern immer geschätzt: Protesilaos wurde von den Griechen mit großen Ehren auf dem thrakischen Chersonessos, auf europäischem Boden also, in einem prachtvollen Mausoleum begraben; die Nymphen legten um die Grabstätte einen heiligen Ulmenhain an. Daraus wurde eine wichtige Kultstätte, die auch ein Orakel beinhaltete, das viele Jahrhunderte existierte. Als die Perser mehr als acht Jahrhunderte nach Protesilaos Tod den Ort besetzten, plünderte ihr Anführer das Heiligtum. Er konnte sich aber nur kurze Zeit an dem Schatz erfreuen: Wenig später befreiten die Athener die Kultstätte und kreuzigten den persischen Anführer für den Frevel. Alexander der Große besuchte zu Beginn eines anderen panhellenischen Feldzuges, diesmal nicht gegen die Trojaner, sondern gegen ein anderes asiatisches Volk, nämlich die Perser, symbolträchtig und politisch bedeutsam die Grabstätte und opferte an Protesilaos. Er deklarierte sich selbst als Fortsetzer von des Helden Muttat und Vollender seines Heldentums. Protesilaos wurde also schon unmittelbar nach seinem Tod sehr bedeutend für die Griechen, so dass sein Ruhm und der Kult um ihn viele Jahrhunderte andauerten.

Kein Wunder, dass die Trojaner mit allen Mitteln versuchten, sein symbolträchtiges Schiff zu kapern. Und nachvollziehbar, dass die Griechen wiederum versuchten, es mit allen Mittel zu retten.

Als Teukros gerade ansetzte, einen Pfeil auf Hektor abzuschießen, brachte Zeus selbst den Bogen zum bersten und rettete damit seinen Schützling. Dies beflügelte den Helden Trojas, seine Soldaten mit Rufen wie diesen anzuspornen: „Es ist nicht schlimm, wenn jemand in dieser Schlacht fällt, weil man weiß, dass seine Frau, seine Kinder, sein Haus und sein Besitz gerettet sind, wenn die Feinde vertrieben werden."

Der gottgleiche Ajax wiederum versuchte heroisch, die Trojaner daran zu hindern, Protesilaos Schiff in Brand zu setzen.

Der tapfere Fürst Ajax versuchte darüber hinaus, auch die Widerstandskraft der bedrängten Griechen zu verstärken: „Unsere Vernichtung steht unmittel-

Ajax schützt Protesilaos Schiff

bar bevor, wenn wir nicht heroisch dagegen kämpfen; dies ist unsere einzige Chance".

So ging es lange hin und her. Hektor spornte die Trojaner und deren Verbündete an, Ajax die Griechen. Die Trojaner wollten ihre Heimat retten, die Griechen sich selber. Viele Männer wurden verletzt und viele, sehr viele fielen – auf beiden Seiten. Alles lief also nach Zeus Plan. Die Trojaner konnten nicht ahnen, dass ihnen letzten Endes nichts, aber auch gar nichts helfen würde; dass ihr Verderben Teil des göttlichen Planes war. Und die Griechen wussten natürlich nicht, das nach des Gottes Plan sie am Ende nicht nur gerettet, sondern sogar siegen und Troja erobern würden.

Wozu dann das Gemetzel?

Wo ist der Sinn im sinnlosen Sterben?

Das sind die Fragen, die sich interessierte Zuhörer wie Ihr wahrscheinlich schon längst stellt. Was ich schon damals wusste und Ihr, die Zuhörer von heute, natürlich auch längst wisst, was die um Troja kämpfenden Menschen aber nicht wissen konnten, ist, dass es ein Ziel und einen Zweck im Sinnloserscheinenden gab. Wir besitzen die Informationen, wir sind die privilegierten Betrachter. Die sich vor Troja bekämpfenden Menschen besaßen diese Informationen nicht; sie waren bloß tragische Umsetzer von göttlichen Geheimplänen. Sie waren nur die leidenden Scheinakteure, Statisten würdet Ihr heute sagen. Hätten Sie die Informationen gehabt, hätten sie sich nicht so instrumentalisieren lassen. So wussten sie nicht, dass gleichzeitig zwei Versprechen gehalten werden mussten – Zeus Versprechen Achilles Mutter gegenüber, aber auch sein Versprechen, das er Hera gegeben hatte. Und die Menschen von damals wussten auch nicht, dass mit ihrer Vernichtung ein Zweck erfüllt werden sollte – Zeus Absicht, der durch die Überbevölkerung stöhnenden Mutter Erde ein Aufatmen von den sie erdrückenden Menschenmassen zu gewähren, indem unzählige Menschen im Krieg abgeschlachtet wurden. Das war das große Ziel des großen Krieges, der Inhalt von Zeus Geheimplan „Operation trojanischer Krieg".

Das war der Sinn im Sinnloserscheinenden.

Das Lied vom sinnvollen Sinnlosen

Und die Seele sang der immerwährenden Gültigkeit geflügelte Worte:

So kam die Erkenntnis in die Welt, dass auch das Sinnloserscheinende einen tieferen oder einen verborgenen Sinn haben könnte. Der Informationsbesitz ist aber die Voraussetzung dafür, dass der Suchende einen Sinn in der Sinnlosigkeit entdecken kann.

Das ist Homers epische Botschaft.

18
Egoismus und Altruismus

Zusammenfassung

Aus dem sechzehnten Gesang meiner Ilias werde ich Euch erzählen, wie Patroklos versucht, Achilles zu motivieren, wenn er nicht selbst in das Kriegsgeschehen eingreifen wolle, zumindest ihm zu erlauben, in Achilles göttlicher Rüstung und mit seinen göttlichen Waffen die Myrmidonen in die Schlacht zu führen. Vielleicht würden sich ja die Trojaner täuschen lassen und so in Panik geraten, dass die Griechen doch noch gerettet werden könnten. Dies wird ihm gestattet, und so zieht Patroklos mit Achilles Waffen und dessen Wagen, gezogen von den unsterblichen sprechenden Pferden, in die Schlacht. Patroklos Eingreifen – als Achilles – wendet den Verlauf des Kampfes zu Gunsten der Griechen. Er besiegt sogar den Zeussohn Sarpedon, um dessen Leichnam eine verbitterte Schlacht entbrennt, und macht Jagd auf den fliehenden Helden Hektor. Am Ende jedoch tötet Hektor Patroklos und nimmt ihm Achilles göttliche Waffen ab; die unsterblichen Pferde mit dem legendären Wagen entkommen.

Und die uns begleitende Seele wird dabei geflügelte Worte von immerwährender Gültigkeit singen, wie etwa über die Selbstlosigkeit, die mit Erhabenheit vergesellschaftet ist, über die Verflechtung von Motiven und über den Narzissmus auch bei einem Anti-Narzissten. Sowie über manches andere.

Betroffenheit und Kalkül

Während all das geschah, erreichte der durch das Erlebte tief betroffene Patroklos das Lager der Myrmidonen und wurde gleich bei Achilles vorstellig. Der bemerkte sofort Patroklos Verfassung und sein Unvermögen, seine Tränen zurückzuhalten; er wollte auf der Stelle wissen, was geschehen war.

Patroklos antwortete mit den geflügelten Worten, den bewegenden und mutigen: „Mein Freund, tapferster aller Griechen, ich bitte dich: Beende deinen Zorn! Unseren Landsleuten steht eine endgültige Katastrophe unmittelbar bevor. Fast alle tapferen Heeresfürsten liegen verletzt in den Schiffen, du darfst nicht unversöhnlich bleiben. Damit zeigst du deine Macht, aber leider nur zum Schlechten. Ich wünsche mir, dass ich nie von einem solchen Zorn beherrscht werde. Wenn du unsere Landsleute nicht rettest, dann werden die Menschen in aller Ewigkeit nichts Gutes über dich sprechen. Du bist völlig empathielos, völlig herzlos, Achilles! Als ob du nicht der Sohn des edlen Peleus und der göttlichen Thetis wärest, sondern die Ausgeburt von herzlosen,

A. Marneros, *Homers Ilias psychologisch erzählt*, DOI 10.1007/978-3-658-11202-8_18

harten Felsbrocken und eiskalten Gewässern. Nur dann könnte man deine Herzlosigkeit verstehen. Falls du dich aber aufgrund einer Prophezeiung, die deine Mutter dir offenbart hat und die ich nicht kenne, so verhältst, dann lass zumindest mich mit unseren Myrmidonen in die Schlacht ziehen. Lass mich deine Rüstung tragen. Es könnte sein, dass die Trojaner mich für dich halten, dass sie dadurch Angst bekommen und den Rückzug antreten. Dann könnten die Griechen kurze Zeit aufatmen".

Das Lied von der erhabenen Selbstlosigkeit

Und die Seele sang der immerwährenden Gültigkeit geflügelte Worte:

So kam die Erkenntnis in die Welt, dass edle Menschen Edles tun können, auch wenn sie unerkannt bleiben. Das nennt man Selbstlosigkeit, vergesellschaftet mit Erhabenheit.

Das ist Homers epische Botschaft.

„Wie sprichst du denn mit mir!" erwiderte Achilles hochfahrend. „Nein, es gibt keine geheime Prophezeiung. Einzig und allein die Art, wie Agamemnon mich gedemütigt hat, ist der Grund für meine Haltung; er hat mich behandelt, als ob ich einer seiner niedrigsten Untergebenen wäre. Aber lassen wir es gut sein. Du darfst mit unseren Myrmidonen und meiner Rüstung in die Schlacht ziehen. Ich hoffe, dass du damit den Leuten meine Bedeutung demonstrierst. Und so wird auch Agamemnon endlich gezwungen sein, den mir zugefügten Schaden wieder gut zu machen".

Das Lied von einem schon gesungenen Lied

Und die Seele sang der immerwährenden Gültigkeit geflügelte Worte:

Und so bestätigt sich zum wiederholtem Mal des Narzissten ausbeuterische Gestaltung der zwischenmenschlichen Beziehungen: Ihm geht es alleine darum, Gewinn für sich zu erzielen, aus möglichst jeder Handlung der ihm verbundenen Menschen. Selbst wenn diese edel und selbstaufopfernd handeln.

Das ist Homers epische Botschaft.

Achilles fügte noch hinzu: „Aber pass genau auf: Wenn du die Trojaner von den Schiffen weg gedrängt hast, kämpfe nicht weiter, auch wenn das noch so verlockend scheint. Siege nicht ohne mich, weil das meine Ehre reduziert. Den Sieg, den endgültigen, will ich selbst herbeiführen. Verfolge außerdem die Trojaner nicht zu lange, weil es sein könnte, dass einer der Götter, der die Trojaner unterstützt, böse wird mit dir, und dann überlebst du es nicht. Wenn alle anderen zu Grunde gehen, egal ob Trojaner oder Griechen, interessiert mich das nicht. Aber ich will, dass wir beide überleben."

Das Lied von der verborgenen Botschaft

Und die Seele sang der immerwährenden Gültigkeit geflügelte Worte:
Ist es überhaupt nötig, dass ich euch erläutere, welche epische Botschaft Homer in diesen harten Worten des maßlosen Egoismus verborgen hat?

Während Patroklos und Achilles miteinander diese Worte tauschten und der Edelmut des einen dem Egoismus des anderen gegenüber stand, versuchte der göttliche Ajax weiter mit übermenschlicher Anstrengung, die Trojaner von Protesilaos Schiff fernzuhalten. Er versuchte es sogar im Nahkampf mit Hektor, bis sein eschener Speer zerbrach. Er kämpfte mit dem übriggebliebenen Teil weiter. Ajax erkannte jetzt: Zeus hatte andere Pläne, als dass er die Trojaner zurückdrängen lassen würde. Und so zog er sich zurück. Die Trojaner kamen voran.

Das Heck von Protesilaos symbolträchtigem Schiff stand jetzt in trojanischen Flammen.

Als Achilles merkte, dass der Trojaner Feuer die griechischen Schiffe erreichte, trieb er Patroklos an, so schnell wie möglich mit seinen Myrmidonen und seinen Waffen in die Schlacht zu ziehen. Er hatte die Sorge, dass die ganze Flotte in Brand geraten könnte, und dann gäbe es keine Rettung mehr, für niemanden.

Patroklos, der treffliche Held, trug jetzt des Peliden imposante Rüstung und nahm dessen göttliche Waffen – mit Ausnahme einer Lanze, einem Geschenk des Zentauren Chiron, die kein Sterblicher außer dem übermenschlich starken Achilles schwingen konnte. Er nahm auch seines Freundes Kampfwagen mit den zwei unsterblichen Pferden, Xanthos und Balios, die so schnell waren wie der Wind. Kein Wunder, ihr Vater war nämlich der Westwind Zephyros. Und ihre Mutter Podagre, was die Schnellfüßige bedeutet, war eine Harpye, ein geflügeltes Mischwesen aus Frau und Vogel, das so schnell fliegt wie der Wind. Neben die beide unsterblichen Pferden spannte Patroklos den sterblichen Hengst Pedasos, der ebenso schnell war. Der Zeusliebling Achilles selbst feuerte die Mannschaften seiner fünfzig Schiffe mit den geflügelten Worten an, den kriegerischen: „Ihr habt mir so lange Vorwürfe gemacht, ich sei herzlos, ich halte die Krieger ab vom Krieg, obwohl sie dem Drang zu kämpfen nur schwer widerstehen könnten. Ihr wolltet, dass wir die Heimfahrt antreten, statt hier untätig zu sein. Nun hat eure Stunde geschlagen. Lasst eurem Drang freien Lauf. Folgt Patroklos, und besiegt mit eurer Tapferkeit die Trojaner."

Achilles betete zu Zeus, seinen Myrmidonen den Sieg zu schenken und seinen besten Freund Patroklos heil zurück zu bringen. Die eine Bitte des Peliden erhörte Zeus, die andere nicht – wie Ihr noch hören werdet.

Die Myrmidonen folgten Patroklos und zogen in die Schlacht wie gut ausgeruhte und gut genährte, vor Kraft strotzende Wölfe. Ihre Reihen waren so dicht und fest wie eine Schutzmauer. Der heldenhafte Patroklos rief: „Tapfere Krieger, lasst uns zeigen, was wir können. Und zeigen wir Agamemnon, was für einen Fehler er gemacht hat, indem er unseren Führer so schwer beleidigt und uns damit vom kriegerischen Geschehen ausgeschlossen hat."

Als die Trojaner das Heer der Myrmidonen sahen, von einem tapferen Krieger in der Rüstung des schnellfüßigen Peliden auf dessen Kampfwagen mit den unsterblichen Pferden angeführt, dessen Waffen tragend, waren sie sicher: Der gottähnliche Achilles ist wieder da! Sein Zorn hat sich gelegt, und nun kämpft er gemeinsam mit den anderen Griechen. Zeus hat ab jetzt nichts Gutes für uns im Sinn! Schnell wachsende Unruhe verbreitete sich in den Reihen der Trojaner und ihrer Verbündeten, die bald in Panik mündete. Jeder versuchte, sich zu retten, so gut er konnte.

Schon zu Beginn der Schlacht gelang es dem wie ein Löwe kämpfenden Patroklos, die Trojaner von Protesilaos Schiff weg zu jagen. Das Feuer konnte gelöscht werden, und somit blieb das symbolträchtige Schiff vor der vollständigen Zerstörung verschont. Auch die anderen Schiffe konnten gerettet werden. Wie reißende Wölfe Lämmer und Böcklein anfallen, die in den Bergen aus Unaufmerksamkeit des Hirten zerstreut sind, wie sie Schafe reißen, weil sie merken, wie scheu die sind, so fielen die Griechen über die Trojaner her. Und so wechselten die Rollen der Protagonisten noch einmal: Jäger wurden wieder zu Gejagten, und Gejagte zu Jägern.

Das große Chaos, die große Katastrophe für die Trojaner begann, als sie den Rückweg durch den Schutzgraben der Griechen antreten wollten. Der Zugangsweg, vorher von Apollon geöffnet, war nämlich jetzt vollgestopft mit zerstörten Kampfwagen, Leichen von Menschen und Pferden sowie schreienden Verletzten dazwischen; der Fluchtweg war versperrt. Die Panik, die in den Massen der Trojaner ausbrach – von Reihen konnte man wahrlich nicht mehr sprechen, sondern nur noch von einer ungeordneten Masse – machte die Katastrophe noch schlimmer.

Das Chaos wurde noch verschlimmert durch die in Panik geratenden Pferde. Wenn Zeus, um die Menschen für ihre Ungerechtigkeit und ihre Sünden zu bestrafen, durch einen heftigen Sturmwind an einem herbstlichen Tag Massen von Regen auf die dunkel gewordene Erde hinabstürzen lässt, dann stöhnt und leidet alles gewaltig darunter. Alle Flüsse treten infolgedessen gewaltig über die Ufer. Die Sturzbäche strömen mit großem Lärm ins Tal, schneiden Berghänge ab und reißen alle Werke der Menschen mit sich. Und dann münden sie mit schwindelerregender Geschwindigkeit und ungeheurem Getöse in das dunkle Meer. So ähnlich sah auch der Rückzug der von Panik getriebenen Trojaner aus. So ähnlich war auch die Flucht der trojanischen Pferde, die Wagen und Menschen mit sich rissen. Die Pferde wurden nicht von den Menschen geführt und gelenkt, sondern die Menschen von den Pferden fortgezogen, mitgeschleift, zertrampelt.

Von der Unklarheit der Motive

Der vorwärts stürmende Patroklos tötete viele Trojaner. Der göttliche Sarpedon, Sohn des Zeus und Führer der mit den Trojanern verbündeten Lykier, konnte es bald nicht mehr ertragen und versuchte, dem nicht zu bändigenden Patroklos – dem vermeintlichen Achilles – Paroli zu bieten. Er sprang von seinem Kampfwagen und stellte sich vor ihn. Auch der tapfere Patroklos sprang aus Achilles Kriegswagen, und so begann ein atemberaubender Zweikampf. Wie Geieradler mit krummen Klauen und gebogenen Schnäbeln auf einem hohen Felsen gewaltig kreischend kämpfen, so fuhren die beiden furchtbar brüllend gegeneinander. Als Vater Zeus der Helden tapferen Kampf sah, wurde er unruhig; er wusste nämlich, wenn er Sarpedon nicht zu Hilfe eilen würde, wäre der verloren. Der beunruhigte Gott suchte bei der neben ihm sitzenden Hera Rat. Er sprach zu ihr die geflügelten Worte, die ratlosen und verzweifelten: „Sag mir Hera, was soll ich tun. Ich habe nur zwei Möglichkeiten: Entweder ich ziehe meinen Sohn Sarpedon aus dem Zweikampf zurück und rette ihn, oder ich lasse ihn kämpfen, obwohl ich weiß, dass er dabei fallen wird". Darauf antwortete die alabasterarmige Herrin Hera: „Was fragst du denn da? Du darfst keinesfalls deinen Sohn in dieser Art und Weise retten. Denk einmal darüber nach, was die anderen Götter dann denken und tun würden! So viele Söhne von so vielen Göttern kämpfen da unten auf der Erde. Kannst du dir vorstellen, was für eine Anarchie entstehen würde, wenn jeder seinen Sohn rettet und ihn aus der Schlacht zieht?! Wenn aber nur du deine Söhne rettest und die anderen nicht, dann haben wir eine Rebellion zu befürchten. Ich schlage dir folgendes vor: Falls Sarpedon im Kampf fällt, dann schicke die Geschwistergötter Thanatos und Hypnos, um seinen Leichnam abzuholen. Der Gott des Todes und der Gott des Schlafes sollen ihn nach Lykien bringen, so dass er nicht in die Hände der Feinde gerät und entehrt wird. Und sorge dafür, dass er in seiner Heimat ehrenvoll von seiner Familie und seinen Landsleuten bestattet wird und dass man ihm ein Ehrendenkmal errichtet".

Zeus konnte schon voraussehen, dass sein Sohn sterben würde. So nahm er, tief traurig, den Vorschlag seiner Frau an – von Gerechtigkeitsgefühl oder von Kalkül getrieben, das bleibt bis heute ungeklärt. Der Tod des Sohnes war damit vom Vater vorbestimmt.

Das Lied von der Motivmischung

Und die Seele sang der immerwährenden Gültigkeit geflügelte Worte:

So kam die Erkenntnis in die Welt, dass des Einzelnen Handeln nicht selten von einer Mischung aus nicht leicht trennbaren und nicht leicht erkennbaren Motiven getragen wird: Ob zum Beispiel Gerechtigkeit und Rücksicht oder Kalkül und Egoismus das Handeln bestimmen, bleibt oftmals unklar für den Betrachter. Und manchmal gar für den Handelnden selbst.

Das ist Homers epische Botschaft.

Der Kampf zwischen Patroklos und Sarpedon zog sich hin. Dabei wurde Sarpedons Wagenlenker getötet, wie auch Pedasos, das sterbliche Beipferd des Patroklos. Und am Ende starb, wie Zeus vorausgesehen und vorausbestimmt hatte, auch der göttliche Sarpedon, der tapfere Held und Zeussohn. Er stürzte, wie eine Eiche oder eine Silberpappel oder eine hochgewachsene Fichte stürzt, wenn der Holzfäller hoch in den Bergen sie mit der Axt fällt. So lag Sarpedon vor den Pferden und dem Wagen hingestreckt. Der Führer der Lykier grollte fürchterlich zu Füßen des Patroklos, seine Hände in den blutigen Staub gekrallt. Und wie ein Stier, der durch die Kiefer eines Löwen sein Leben verliert, im Moment des Sterbens brüllt, so rief er nach seinem Freund Glaukos, bevor seine Seele ihn verließ. Der edle Lykier, den Ihr schon bei der Begegnung mit Diomedes kennengelernt habt, sprang hinzu. Der Zeussohn bat ihn, um seinen Leichnam zu kämpfen; er wollte nicht, dass seine Rüstung, seine Waffen und Kleider in die Hände des Feindes fallen, denn das ist bekanntlich die größte Entehrung für den Toten. Das war Sarpedons größte Sorge angesichts des Todes. Sofort nach dieser Bitte verließ seine Seele den Körper.

Der mit der Ehrenrettung beauftragte Glaukos aber war durch Teukros Pfeil schwer verletzt und konnte nicht helfen. Er bat verzweifelt Apollon, den schnellheilenden Trojanerfreund, seine Wunde zu behandeln, damit er die letzte Bitte des Toten erfüllen könne. Apollon erhörte das Gebet des edlen Kriegers und heilte blitzartig dessen Wunde. Der so wundersam genesene Glaukos animierte einige trojanische Heeresfürsten, unter anderem Hektor und Äneias, alle vom Tod des Sarpedon tief betroffen, aber auch wütend, um den Leichnam zu kämpfen. Patroklos wiederum feuerte die Griechen an, vor allem die beiden Ajax, den Toten nicht den Trojanern und den Lykiern zu überlassen. Eine furchtbare Schlacht entflammte um Sarpedons toten Körper, der bald nicht mehr zu erkennen war, bedeckt von Staub, versehrt von Pfeilen und Speeren. Viele Kämpfer fielen auf beiden Seiten um den gefallenen Zeussohn herum. Am Ende aber siegten die Griechen, als nämlich Zeus sich nach kurzer Überlegung dafür entschieden hatte. Sie nahmen Sarpedons Rüstung, seine Waffen und Kleider in ihren Besitz. Die Trojaner dagegen, die Zeus Ent-

Hypnos und Thanatos überführen Sarpedons Leichnam

scheidung vorausgeahnt hatten, flüchteten in Panik. Allen voran der Großheld Hektor.

Das Lied vom Helden, der nicht immer ein Held ist

Und die Seele sang der immerwährenden Gültigkeit geflügelte Worte:

So kam die Erkenntnis in die Welt, dass ein Held nicht immer ein Held ist, dass er aber immer das ist, was er ist: ein Mensch.

Das ist Homers epische Botschaft.

Zeus bat indessen den Lichtgott Apollon, sich um seinen toten Sohn zu kümmern; den Leichnam mit aromatischen Ölen zu reinigen, ihn in kostbare Gewänder zu hüllen und dann den Zwillingsgöttern Thanatos und Hypnos zu übergeben, die ihn in seine Heimat Lykien bringen würden. So geschah es.

Der göttlich gerüstete Patroklos jagte währenddessen seinem eigentlichen Ziel nach, dem bronzegerüsteten Hektor. Es war ihm bewusst, dass das Ausschalten von Hektor die Krönung seines Sieges sein würde. Aber Hektor, der mit seinem Wagen um sein Leben davon sauste, hatte den Kampfplatz verlassen und forderte die anderen Trojaner auf, gleiches zu tun. Die Todeswaage des Zeus neige sich heute unmissverständlich zu Ungunsten der Trojaner, rief der Davonfliehende seinen davonfliehenden Soldaten zu.

Nun ja, durch die rettende Flucht Hektors waren die Trojaner zumindest nicht kopflos für die nächsten Kämpfe. Ihr Oberbefehlshaber, der zeusbeschützte Hektor, blieb ihnen unversehrt erhalten. Der gottgleiche Patroklos aber siegte und siegte, jagte und jagte, triumphierte und triumphierte.

Und er wurde übermütig.

Er vergaß Achilles Anweisung, wonach er mit der Verfolgung aufhören und zurückkehren sollte, sobald die Trojaner von den Schiffen und der Schutzmauer weggedrängt seien. Das war geschehen, die Trojaner waren verjagt, aber Patroklos war wie im Rausch – im Siegesrausch. Und wie Ihr schon bei anderen Helden beobachten konntet, kann der Siegesrausch, wie jeder anderer Rausch, den Verstand trüben.

Patroklos verfolgte die sich in Panik zurückziehenden Trojaner bis zu deren Stadtmauer. Der siegesberauschte und dadurch übermütig gewordene Patroklos verlor damit den Schutz von Zeus. Erinnert Euch an die beiden Bitten des Achilles in seinem Gebet an Zeus; erinnert Euch auch daran, dass Zeus die eine Bitte erhörte, die andere aber nicht. Der Pelide hatte gebetet, Zeus möge Patroklos helfen, die Trojaner zu besiegen und damit die Schiffe der Griechen zu retten. Das war die Bitte, die Zeus erhörte. Achilles hatte auch darum gebetet, dass Patroklos unversehrt ins Lager zurückkehren möge. Diese Bitte erhörte Zeus nicht.

Und so schien es, dass auf Patroklos, sonst so vernünftig und ein Mann von edlem Charakter, nun aber in der Rüstung und in der Rolle von Achilles, auch manche Eigenschaften des Freundes übertragen waren: Überheblichkeit, Siegesrausch und Ruhmessucht. Von diesen ihm sonst so fremden Eigenschaften getrieben, stürmte er seinem Schicksal entgegen. Der Prototyp des Anti-Narzissten zeigte sich auf einmal nicht mehr frei von narzisstischen Eigenschaften.

Das Lied von einer Unfreiheit

Und die Seele sang der immerwährenden Gültigkeit geflügelte Worte:

Es bestätigt sich also, dass keines Menschen Persönlichkeit frei von narzisstischen Anteilen ist, nicht einmal die des Anti-Narzissten. Das kann gut sein, aber nur, wenn es richtig dosiert und richtig gelenkt ist.

Das ist Homers epische Botschaft.

Offensichtlich hatte der siegesberauschte Patroklos jedoch jegliches Dosiermaß verloren. Er befahl Achilles unsterblichen windschnellen Pferden, vorwärts zu galoppieren. Unter seiner Führung stürmten die Griechen gegen die trojanische Mauer. Sie hätten sie auch überrannt und die Stadt erobert – entgegen der klaren Anweisung des Achilles an Patroklos –, wenn nicht Apollon höchstpersönlich auf der Mauer gestanden und die Attacken abgewehrt hätte. Patroklos selbst erklomm dreimal die Mauer, und dreimal wurde er von Apollon wieder hinabgestoßen. Als er das zum vierten Mal versuchte, schrie der Gott des Lichtes, der natürlich wusste, dass er es mit Patroklos und nicht mit Achilles zu tun hatte, ihn an und forderte ihn auf, das zu unterlassen. Weder er noch sein Freund, der Pelide, würden jemals Troja erobern. „So steht es geschrieben", fügte er hinzu. Um dem Zorn des Gottes zu entgehen, zog sich Patroklos gottesfürchtig zurück. Apollon dagegen, in der Gestalt eines alten Onkels von Hektor, Asios, eilte zu den Skäischen Toren, wo der bronzegerüstete Hektor seinen Wagen angehalten hatte und überlegte, ob er zurückkehren sollte in die Schlacht. Apollon, als Asios, riet ihm, das zu tun und Patroklos – der kein Achilles sei – anzugreifen. Und der Priamide folgte dem Rat.

Der immertreffende Fernbogenschütze Apollon mischte sich auch weiter in die Schlacht ein und verbreitete Verwirrung in den Reihen der Griechen. Nichtsdestotrotz ging der Kampf unvermindert weiter.

Zurück in der Schlacht machte der zeusbeschützte Hektor Jagd auf den erhabenen Patroklos. Und so kam es zwischen Hektor und Patroklos zum von beiden herbeigesehnten Zweikampf. Patroklos sprang vom Kriegswagen und warf einen großen Stein gegen Hektor. Der verfehlte jedoch sein Ziel und tötete Hektors Wagenlenker, dessen geliebten Halbbruder Kebriones. Patroklos und Hektor stritten sich um Kebriones Leichnam wie Löwen, die auf den Gipfeln des Berges um eine getötete Hirschkuh streiten. Bald entfaltete sich eine furchtbare Schlacht um den toten Sohn des Priamos! Wie der Ostwind und der Südwind miteinander in den Schluchten der Berge streiten, wer von beiden den dichten Wald verwüsten darf, wie Eichen und Eschen und andere Bäume dabei ihre langgestreckten Äste gegeneinander schlagen, und wie diese mit furchtbarem Lärm und Krachen brechen, so töteten sich Trojaner und Griechen gegenseitig um Kebriones Leichnam herum, schreiend und lärmend durch das Gegeneinanderprallen der metallischen Schilde und Waffen. Die Griechen blieben schließlich Sieger und eroberten den Leichnam von Priamos Sohn.

Patroklos war nicht mehr aufzuhalten. Dreimal attackierte er die Trojaner und tötete viele von ihnen. Als er zum vierten Male angriff, wurde es Apollon wieder zu viel. In Nebel verborgen, versetzte er Patroklos von hinten einen mächtigen Schlag, so dass der fast bewusstlos zu Boden fiel. Achilles Helm rutschte von Patroklos Kopf und rollte über die Erde, der Speer war zerbrochen; der Harnisch hatte sich gelöst, der göttliche Schild schützte ihn nicht mehr, die göttlichen Waffen waren nutzlos. So ungeschützt wurde Patroklos von einem Verbündeten der Trojaner, einem Dardaner mit Namen Euphorbos, schwer verletzt. Aber der Triumpf, Patroklos die Seele zu entreißen, war Hektor vorbehalten: Er traf ihn mit seinem Speer, als der schwer Verwundete versuchte, sich zurückzuziehen. Patroklos rief Hektor, bevor die große ewige Dunkelheit ihn umhüllte, die geflügelten Worte zu, die warnenden: „Du darfst nicht triumphieren, bronzegerüsteter Hektor. Ohne das Tun des Apollon und die Verletzung durch Euphorbos hättest du mich nie besiegen können.

Aber sei gewarnt: Auch du wirst bald sterben, und zwar durch die Hand des göttlichen Achilles!"

Hektor aber war schon wieder einmal im Siegesrausch. Er nahm Besitz von der göttlichen Rüstung und den Waffen des Peliden. Achilles Kampfwagen mit den unsterblichen Pferden konnte er jedoch nicht für sich erobern; dem Wagenlenker Automedon gelang es, Hektor zu entfliehen.

19
Paradoxien der Ehre

Zusammenfassung

Aus dem siebzehnten Gesang meiner Ilias werde ich Euch erzählen von der furchtbaren Schlacht, die um Patroklos Leichnam entbrennt und in die sich Apollon höchst aktiv zu Gunsten der Trojaner einmischt. Der Zeiger der Siegeswaage ist sehr unstet; Zeus, der die Schlacht absichtlich verlängert, will es so. Der Oberste Gott zeigt kaum Mitleid mit den kämpfenden Menschen, weil er der Auffassung ist, dass es nichts Armseligeres gibt als den Menschen unter all den Lebewesen, die auf der Erde atmen und kriechen. Großes Mitgefühl zeigt er aber für die sehr traurigen Pferde von Achilles, die Patroklos beweinen.

Und die uns begleitende Seele wird dabei geflügelte Worte von immerwährender Gültigkeit singen, wie etwa über die Ambivalenz des Menschen zwischen Selbstzweifeln und Selbstherrlichkeit, über die Paradoxie, dass Lebende für Tote töten und getötet werden. Und auch über manches andere.

Ein schmerzliches Werk

Als der blonde Menelaos sah, dass der große Held Patroklos gefallen war, rannte er zu dem Toten, um ihn vor der Schändung durch die Trojaner zu schützen. Er schritt um ihn herum, wie eine erstgebärende Kuhmutter, die unerfahren nach der Geburt winselnd ihr Kalb umschreitet. Euphorbos, der Dardane, der Patroklos als erster verwundet und damit Hektor die Möglichkeit geboten hatte, den griechischen Helden zu töten, wollte Achilles göttliche Rüstung und Waffen an sich nehmen. Er hätte damit bei den Trojanern größte Ehre und Ruhm erlangt.

Menelaos jedoch entschied den nachfolgenden Zweikampf für sich. Einem kräftig sprossenden Schössling eines Olivenbaums gleich, der in voller Blüte sonst den Winden trotzt, nun aber durch einen Sturm seine kleinen weißen Blüten verliert und am Ende ausgerissen auf dem Boden liegt, so erging es dem tapferen, aber ruhmsüchtigen Euphorbos, der durch die Hand des Atriden Menelaos fiel. Dem, der gerade dem toten Patroklos Achilles göttliche Waffen hatte entreißen wollen, nahm nun der siegreiche Menelaos die Waffen als Trophäe. Keiner der Trojaner wagte es, Menelaos entgegenzutreten. Im Gegenteil. Denn er war wie ein Löwe, der mit vollem Vertrauen in seine Kraft aus der weidenden Herde die beste Kuh reißt, sie packt und ihr mit seinen

A. Marneros, *Homers Ilias psychologisch erzählt*, DOI 10.1007/978-3-658-11202-8_19

starken Zähnen das Genick bricht; der sie ungerührt zerfleischt, während um ihn herum die Hirten schreien und deren Hunde bellen, aber dem sich in panischer Angst niemand zu nähern wagt. So war es auch mit den Trojanern und Menelaos.

Bis Apollon wieder in das Geschehen eingriff.

Nämlich in Gestalt eines Sterblichen, Mentis, des Führers der Kikoner, die Verbündete der Trojaner waren. Mentis bewegte den gottgeschützten Hektor dazu, Menelaos anzugreifen, um doch noch Achilles Waffen und Patroklos Leichnam zu erobern. Als Menelaos den vorrückenden Hektor mit seinen Trojanern sah, erkannte er, dass er alleine nicht in der Lage wäre, sich deren Übermacht zu widersetzen. Er zog sich schnell zurück, um Ajax zu Hilfe zu holen. Inzwischen hatte Hektor schon Achilles göttliche Waffen und seine Rüstung an sich genommen und schickte sich gerade an, Patroklos Leichnam zu zerstückeln, um ihn den Hunden zum Fraß vorzuwerfen; damit wäre Patroklos in alle Ewigkeit entehrt gewesen. Gerade rechtzeitig kehrte Menelaos mit Ajax zurück; sie drängten sich schützend zwischen Hektor und Patroklos Körper. Nun zog sich Hektor zurück; er gab sich mit den erbeuteten göttlichen Waffen und der Rüstung zufrieden. Dies wiederum gefiel Glaukos, dem Lykier, überhaupt nicht, und er attackierte mit schweren Vorwürfen den sich zurückziehenden Hektor. Er bezichtigte ihn der Feigheit vor dem Feind und darüber hinaus der Undankbarkeit seinen Verbündeten gegenüber, insbesondere den Lykiern, ohne deren Beitrag Troja längst verloren wäre. Er hätte erwartet, dass Hektor Manns genug wäre, Patroklos Leichnam in die Stadt zu ziehen, fuhr Glaukos fort. So hätte man ihn gegen die Waffen des Sarpedon, des gefallenen Führers der Lykier, eintauschen können. Glaukos drohte Hektor gar mit dem Abzug der Lykier, was die schnelle Eroberung Trojas durch die Griechen bedeutet hätte.

Hektor reagierte enttäuscht und betroffen auf Glaukos Vorhaltungen, er habe ihn doch immer als vernünftig und edel geschätzt. Hektor versprach zu zeigen, dass er weder feige noch undankbar sei. Kurz entschlossen holte er die Männer ein, die Achilles Waffen und Rüstung in die Stadt trugen, nahm sie und tauschte sie gegen seine eigenen. In Achilles göttlicher Rüstung und mit Achilles Waffen, die einmal die Götter geschaffen hatten, zog Hektor wieder in die Schlacht.

Als der Vater von Menschen und Göttern vom Olymp aus sah, wie der zeusbeschützte Hektor in Achilles göttlicher Rüstung vorwärts strebte, schüttelte er den Kopf und murmelte: „Du unglücklicher Hektor! Du ahnst nicht, wie nah du deinem Tod bist, so wie du da mit den göttlichen Waffen eines übermenschlich Tapferen herumstolzierst. Die Inbesitznahme der göttlichen Waffen war nicht angemessen. Ich werde dich dennoch siegen lassen – als Entschädigung dafür, dass du nicht mehr lange zeusbeschützt bleibst und dass du

Ajax und Menelaos kämpfen um Patroklos Leichnam

nie den Stolz erleben wirst, deiner erhabenen Frau Andromache die göttlichen Waffen zu zeigen."

Der nun göttlich gerüstete Hektor, der Zeus trauriges Murmeln natürlich nicht hören konnte, feuerte seine Kameraden an, mit ihm Patroklos Leichnam zu erobern. Durch den neu entflammten Kampfeswillen der Trojaner gerieten Ajax und Menelaos in ernste Gefahr, so dass sie nicht nur um Patroklos Leichnam, sondern vor allem um ihr eigenes Leben fürchten mussten.

Menelaos rief andere griechische Heeresfürsten zu Hilfe. Es begann eine große Schlacht um den toten Patroklos. Die Trojaner, an ihrer Spitze der gigantische Hektor in Achilles gottgeschaffener Rüstung und mit dessen Waffen, stießen mit Kampfgeschrei vor. Die Griechen aber verteidigten tapfer Patroklos Leichnam. Der Zeiger der Siegeswaage war sehr unstetig, mal zeigte er in die eine, mal in die andere Richtung.

Nichts Armseligeres als der Mensch?

Während die Schlacht um Patroklos Leichnam tobte, spielte sich ein weiteres Drama nebenan ab; mit den unsterblichen Achillespferden, Xanthos und Balios, als Protagonisten. Die göttlichen Pferde wussten, dass der erhabene Patroklos durch Hektors Hand den Tod gefunden hatte, und gerieten in große Trauer. Sie standen wie verloren da, die Köpfe zu Boden gesenkt, unbeweglich wie Grabsteine, bittere Tränen strömten aus den Pferdeaugen. Trotz der Bemühungen ihres Wagenlenkers, Patroklos Weggefährten und Freund Automedon, bewegten sie sich weder in Richtung Schlachtfeld, noch in Richtung Schiffe. Als Zeus das sah, wurde er von großem Mitleid für die beiden göttlichen Rosse erfasst. Er sprach die geflügelte Worte, die für die Rosse empathieträchtigen, für die Menschen verachtungsvollen: „Oh, ihr unglücklichen Geschöpfe! Warum eigentlich haben wir Götter euch einem Sterblichen zum Geschenk gemacht? Warum haben wir euch Achilles Vater Peleus gegeben, obwohl ihr unsterblich und alterslos seid? Etwa um Schmerzen zu leiden unter den armseligen Menschen? Denn wahrlich! Es gibt nichts Armseligeres als den Menschen unter all den Lebewesen, die auf der Erde atmen und kriechen".

Das Lied von der Krönung der Schöpfung

Und die Seele sang der immerwährenden Gültigkeit geflügelte Worte:

So kam der Umstand in die Welt, dass der Mensch sich ambivalent zwischen Selbstzweifeln und Selbstherrlichkeit die noch nicht beantwortete Frage stellt: Armselig oder Herrscher über alles Lebende? Krönung der Schöpfung oder ein ziemlich defekter Apparat?

Das ist Homers epische Botschaft.

Offensichtlich betrachtete Zeus den Menschen nicht als Krönung der Schöpfung[1]. Wie auch immer. Zeus versprach den unsterblichen Pferden, sie nie in Hektors Hände geraten zu lassen. Er versprach weiterhin, ihnen dabei zu helfen, zusammen mit ihrem Wagenlenker Automedon, Patroklos Weggefährten und Freund, heil aus der Schlacht herauszukommen. Dazu hauchte er den Pferden sofort göttliche Kraft ein, woraufhin die beiden den Staub aus ihren Mähnen schüttelten und mit der federnden Kraft ihrer gewaltigen Schritte zu den Kämpfen zurückstürmten, so wie die Geieradler unter die Gänse. Automedon versuchte, von dem sausenden Wagen aus seinen Speer gegen die Trojaner zu werfen; aber es war ihm unmöglich, den rasenden Wagen zu lenken und gleichzeitig jemanden zu treffen. Schließlich fand er zufällig jemanden, der das Wagenlenken übernahm, und fortan konnte er konzentriert kämpfen. Hektor erkannte den Achilles-Wagen, und mit einigen anderen Trojanern versuchte er, ihn in Besitz zu nehmen. Das war ein Fehler, denn Zeus wollte so etwas nicht, wie Ihr schon gehört habt. Automedon tötete einen von Hektors Begleitern und lenkte dann Achilles Pferde und Wagen in Richtung Schiffe.

Inzwischen entflammte um Patroklos Leichnam wieder die Schlacht, furchtbar und verlustreich. Viele starben, um des Helden sterbliche Überreste zu retten. Viele Tote lagen inzwischen um den Toten herum. Viel junges Leben wurde an diesem Tag vernichtet, der alten Ehre zuliebe. Die einen starben, um einen Toten zu ehren, die anderen, um ihn im Tod zu entehren.

---

[1] Es gibt eine interessante Diskussion zwischen Prometheus und Herakles darüber, die man im schon zitierten Buch „Feuer für ausgebrannte Helden" nachlesen kann.

Das Lied von weiteren Paradoxien

Und die Seele sang der immerwährenden Gültigkeit geflügelte Worte:

So kam die Paradoxie in die Welt, dass Lebende für Tote töten und getötet werden. Und mit ihr all die anderen Paradoxien, die den Menschen zu Opfer und Täter zugleich machen.

Das ist Homers epische Botschaft.

Zeus beschloss trotz all des Leidens, die menschenverschlingende Schlacht um den Getöteten zu verlängern. Er schickte die himmelblauäugige Pallas Athena zu den Griechen, um sie anzufeuern, und den immertreffenden Fernbogenschützen Apollon zu den Trojanern. Die eine sprach in der Gestalt von Achilles Lehrer Phoenix zu Menelaos, der andere in der Gestalt des guten Freundes Phänops zu Hektor. Beide sagten zu beiden das gleiche. Sie sprachen von Ehre und Ruhmesvermehrung, falls sie den Leichnam in Besitz nähmen, von Schande und Ruhmesverlust, falls es ihnen nicht gelingen würde.

Zeus begünstigte dabei die Trojaner ein wenig. Er schüttelte seine furchterregende Ägis, verdunkelte den Himmel, hüllte die Ida-Berge in Wolken, donnerte und blitzte. Und damit verbreitete er Furcht und Schrecken in den Reihen der Griechen. Ajax und Menelaos, die die Griechen in der Schlacht um Patroklos anführten, wollten so schnell wie möglich und um jeden Preis Achilles über den Tod seines Freundes informieren. Menelaos zog sich in die hinteren Reihen zurück, fand Nestors Sohn Antilochos, auch ein Freund des Peliden, und beauftragte diesen mit der traurigen Mission. Als zweites beschlossen sie, trotz der Überlegenheit der Trojaner noch einmal zu versuchen, den Leichnam in ihre Gewalt zu bekommen und zu den Schiffen in Sicherheit zu bringen. Das aber wollte Hektor mit allen Mitteln verhindern. Menelaos und einem anderen tapferen Krieger, Meriones, gelang es mit Unterstützung der beiden Ajax, Patroklos Leichnam aufzuheben und sich langsam zurückzuziehen. Als die Trojaner dies sahen, stürmten sie dagegen an, den Hunden gleich, die einen Eber jagen und versuchen, ihn zu zerreißen. Aber wenn der sich, seiner Stärke vertrauend, gegen sie wendet, weichen sie zurück und fliehen auseinander, hierhin und dorthin.

Die Jagd begann also immer wieder von neuem. Wenn sich die beiden Ajax umwandten, wechselten die Gesichter der Trojaner vor Angst die Farbe, und keiner wagte es, vorwärts zu stürmen in Richtung auf Patroklos toten Körper. Doch dann kamen immer mehr Trojaner, um die Rettung des Leichnams zu vereiteln. Und die Schlacht entflammte wie ein wildes Feuer, das plötzlich durch starke Winde entfesselt wird und eine ganze Stadt mit ihren großen Häusern verschlingt. Aber die Griechen trugen den Leichnam trotzdem weg, wie Maultiere, die alle ihre Kräfte mobilisieren, um einen Dachbalken oder ein großes Schiffsholz den Berg hinab schleppen, einem felsigen Pfad folgend. Und trotz aller quälenden Schwierigkeiten wollten sie unbedingt ihren Zielort erreichen. Die beiden Ajax hielten die wildgewordenen Trojaner zurück – so wie ein bewaldeter Berg, der sich vor der Ebene erhebt und das stürmische Wasser von großen Flüssen aufhält, ohne zu brechen, und es in die Ebene leitet –, dabei Meriones und Menelaos schützend, die Patroklos Leichnam trugen. Hektor und Äneias dagegen stürmten in wilder Jagd hinter den sich zu den Schiffen zurückziehen Griechen her, die den kostbaren Leichnam trugen. Diese wiederum flohen so schnell sie konnten vor dem furchterregenden Hektor und seinen Kämpfern, so wie eine Schar von Staren oder Dohlen mit wildem Geschrei dahinzieht, wenn sie von weitem den für die kleinen Vögel todbringenden Habicht nahen sieht.

Die Griechen gaben nicht auf. Es kam ihnen zugute, dass Zeus den edlen Patroklos gemocht hatte. Und dass er, trotz seiner momentanen Bevorzugung der Trojaner – die aber nichts anderes war als eine Vorabentschädigung für Hektors bevorstehenden Tod – nicht wollte, dass der Leichnam des großen griechischen Helden den trojanischen Hunden zum Fraß vorgeworfen würde.

20
Verlustschmerz und Verlustkränkung

Zusammenfassung

Aus dem achtzehnten Gesang meiner Ilias werde ich Euch erzählen vom unsagbaren Schmerz, mit dem Achilles auf den Tod seines besten Freundes reagiert. Sein Schmerzensschrei dringt bis in die Tiefen des Meeres, wo er von seiner Mutter und den anderen Meeresnymphen gehört wird; sie kommen, um ihn zu trösten. Achilles entscheidet sich endlich für eine Versöhnung mit Agamemnon und dazu, selbst wieder aktiv in das Kriegsgeschehen einzugreifen. Seine Mutter versorgt ihn mit einer neuen sagenhaften Ausrüstung, die Hephästos für ihn anfertigt. Den Griechen gelingt es, Patroklos Leichnam vor den Trojanern zu retten und zu Achilles Unterkunft zu bringen.

Und die uns begleitende Seele wird dabei geflügelte Worte von immerwährender Gültigkeit singen, wie etwa über theatralisch anmutendes Verhalten und seine verständlichen Hintergründe, über die Veränderbarkeit des Menschen und die Wirkung von Schein und Sein. Und über noch manches andere.

Des Menschen Veränderungsfähigkeit

Inzwischen erreichte der schnellfüßige Antilochos, der Überbringer der Nachricht von Patroklos Tod, Achilles Lager. Er fand ihn besorgt vor den Schiffen stehend. Inzwischen konnte auch der Pelide die wilde Schlacht sehen und begann zu ahnen, was geschehen war. Antilochos überbrachte ihm nun die traurige Bestätigung seiner Ahnungen: Sein bester Freund war gefallen, seine göttlichen Waffen hatten die Trojaner erbeutet, und seine von Göttern geschmiedete Rüstung trug jetzt Hektor. Was der Nachricht folgte, war eine herzzerreißende Szene: Die plötzliche Trauer umhüllte Achilles schlagartig wie eine schwarze Wolke. Er warf Asche auf sein Haupt und fiel laut schreiend zu Boden. Antilochos und die Sklavinnen von Patroklos rannten zu ihm, dem vor Herzensschmerz brüllenden, sich im Staub wälzenden Fürsten. Sie bildeten einen Ring um ihn, laut und bitter wehklagend, und schlugen sich mit den Fäusten gegen die Brust. Antilochos, ebenfalls weinend, hielt die Hände des sich auf dem Boden wälzenden Freundes fest, aus Sorge, dass er sich selbst die Kehle durchschneiden könnte.

A. Marneros, *Homers Ilias psychologisch erzählt*, DOI 10.1007/978-3-658-11202-8_20

Der Seele Vor- und Zurückschauen

Und die Seele schaute nachdenklich in die Weite der fernen Zukunft und entdeckte dort befremdete, fragende Menschen.

Die Frage der Fragenden, die noch in der Welt verweilt, ist, ob so ein Verhalten histrionisch ist – was man früher hysterisch nannte, theatralisch und unecht also –, oder verständlich, weil kulturell bedingt und von der jeweiligen Epoche abhängig?

Für Homer aber stellte sich diese Frage gar nicht, sang die Seele der immerwährenden Gültigkeit geflügelte Worte.

Das Lied einer Warnung

Und die Seele sang auch weitere der immerwährenden Gültigkeit geflügelte Worte:

So kam damit auch die Warnung in die Welt: Pathologisiere nicht alles, bezeichne also nicht als anomal, was dir befremdlich erscheint. Bevor du das tust, versuche zu verstehen und erkunde die Hintergründe, den Rahmen und die Zusammenhänge, in denen etwas stattfindet.

Das ist Homers epische Botschaft.

Wenn auch Ihr, meine verehrten Zuhörer, Euch diese Frage stellt: Was ist histrionisch, was ist hysterisch? Was ist normal, was ist pathologisch? Dann habt bitte ein wenig Geduld, Ihr werdet darüber im Nachwort von Eurem Persönlichkeitsführer einiges erfahren.

Achilles Trauer und sein schmerzvolles Brüllen drangen bis in die Tiefen des Meeres, wo Thetis es vernahm, seine göttliche Mutter; auch sie begann laut zu weinen. Die Meeresnymphen schwammen zu ihr und nahmen Anteil an ihrem Schmerz; sie weinten bitterlich mit ihr. Aber Thetis war vor allem deshalb verzweifelt, weil sie wusste, dass nun das Schicksal endgültig seinen Lauf nehmen würde: Nachdem der Tod Patroklos aus der Mitte der Lebenden gerissen hatte, lauerte er nun auf ihren Sohn. Doch Achilles musste getröstet werden; und so verließ sie die Tiefen des Meeres und schwamm in Begleitung aller Meeresnymphen zu ihm.

Dem Meer entstiegen, hockte sich Thetis neben den immer noch seinen Schmerz hinausschreienden und sich im Staub wälzenden Sohn, nahm seinen Kopf in ihren Schoß und ermutigte ihn, über seinen Schmerz zu sprechen. Und der zeusstämmige Achilles – als Äakide, also Nachfahre von Zeus Sohn Äakos – stieß die geflügelten Worte heraus, die entschiedenen: „Zeus hat meinen Wunsch nach Wiederherstellung meiner durch Agamemnon beschädigten Ehre erhört. Aber was soll ich damit anfangen, nun da ich meinen besten Freund verloren habe? Den Freund, den ich mehr als all die anderen Gefährten, ja mehr als mich selbst, wertschätzte. Und ich habe nicht nur meinen besten Freund, sondern auch die himmlischen Waffen verloren, die die Götter meinem Vater zu eurer Hochzeit geschenkt haben. Hektor schickte Pa-

Thetis und die Meeresnymphen entsteigen dem Meer

troklos in den Hades und trägt nun meine göttlichen Waffen. Dafür muss er zahlen, er muss sterben – durch meine Hand. Auch wenn ich ebenfalls sterben muss. Sonst ist mein Leben nicht mehr lebenswert. Dann besser tot als lebend."

Und die silberfüßige Thetis erwiderte mit Tränen in den Augen: „Dann werde ich auch dich verlieren, mein Sohn. Dem Tod des Hektor folgt dein Tod."

Da sprach Achilles hochfahrend und ungehalten zu ihr die geflügelten Worte, die denkwürdigen: „Ja ich weiß es, ich werde nicht nach Griechenland zurückkehren. Am liebsten wäre ich jetzt sofort tot, denn ich habe meinen liebsten Freund nicht vor dem Tode gerettet. Er starb fern der Heimat, und ich war nicht da, um ihn vor dem Unheil zu schützen. Ich habe weder Patroklos, noch anderen Gefährten, die durch Hektor starben, geholfen. Stattdessen saß ich hier bei den Schiffen, nutzlose Last der Erde, ich der beste Krieger der Griechen."

Das Lied von der überraschenden Introspektionsfähigkeit

Und die Seele sang der immerwährenden Gültigkeit geflügelte Worte:

Und so kam die Erkenntnis in die Welt, dass auch der Narzisst, unter Umständen, mit Zeichen von Introspektionsfähigkeit überraschen kann. Und dass Menschen nicht unveränderbar sind.

Das ist Homers epische Botschaft.

Denk-, Erlebens- und Verhaltensweisen des Menschen sind eben nicht unveränderbar, werte Zuhörer, und Menschen sind nicht in starren Typologien unterzubringen. Das werdet Ihr noch ausführlicher hören im Nachwort, dort wo Eurer Persönlichkeitsführer eine Führung durch die Iliadischen Persönlichkeiten anbietet.

Und der Pelide überraschte mit einer vollständigen Veränderung seiner bisherigen Denkweise. Achilles fuhr mit seinen geflügelten Worten fort, den denkwürdigen: „Wie schön wäre es, wenn die Streitereien sowohl unter den Göttern, als auch unter den Menschen aufhörten. Und wenn auch der Zorn vergehen würde, der selbst die Vernünftigsten reizen kann und sie bösartig werden lässt. Zorn ist viel süßer als Honig, wenn er hinuntergleitet; aber in der Brust der Menschen schwillt er an wie Rauch."

Das Lied vom selbstbefriedigenden Zorn

Und die Seele sang der immerwährenden Gültigkeit geflügelte Worte:

So kam die Erkenntnis in die Welt, dass der Zorn etwas Selbstbefriedigendes für den in Zorn Geratenen hat. Er verleiht ihm Gefühle der Macht, der Beherrschung von anderen, wie auch das Gefühl, über manchen Regeln zu stehen. Alles aber eine gefühlsmäßige Täuschung!

Das ist Homers epische Botschaft.

Und Achilles ergänzte noch die geflügelten Worte, die denkwürdigen: „So ist es Agamemnon gelungen, mich in solch einen Zustand des Zornes zu versetzen."

Das Lied von der Grundpersönlichkeit

Und die Seele sang weitere der immerwährenden Gültigkeit geflügelte Worte:

So kam die Erkenntnis in die Welt, dass obwohl, wie eben erzählt, die Grundpersönlichkeit des Menschen nicht in starren Typologien unterzubringen ist, sie auch in schwierigen, in Trauer- und Belastungssituationen doch immer wieder in Erscheinung tritt. Der Narzisst etwa sucht, zu seiner Persönlichkeit passend und um sich selbst zu entlasten, die Schuld und die Verantwortung bei anderen.

Das ist Homers epische Botschaft.

Achilles fuhr mit seinen geflügelten Worten fort, den denkwürdigen, und machte seiner Mutter gegenüber die folgenschwere Ankündigung: „Aber wir sollen all das hinter uns lassen. Es ist geschehen, was geschehen ist. Wir sollen die Not, in der wir uns jetzt befinden, und den Zorn in unserer Brust bändigen. Ich mache mich nun auf, um Hektor, den Vernichter meines geliebten Freundes, zu stellen. Ich habe keine Angst vor dem Tod, wenn das mein Schicksal ist. Ich werde zurückkehren in den Kampf und viele trojanische und dardanische Frauen zu Witwen oder Müttern ohne Söhne machen. Alle sollen wissen: Achilles, der Göttliche, ist wieder da. Und so werde ich meinen Ruhm ins Unendliche mehren. Versuche nicht, Mutter, mich zurückzuhalten."

Das Lied vom schwerveränderbaren Narzissten

Und die Seele sang der immerwährenden Gültigkeit geflügelte Worte:

So wurde die vorige Erkenntnis noch einmal bestätigt, dass nämlich trotz aller Wandlungen und Umwandlungen, die auch bei einem Narzissten möglich sind, seine Persönlichkeitsstruktur immer wieder zum Vorschein kommt. Selbst wenn er über Zerstörung und Schmerz Tränen vergießt.

Das ist Homers nochmalige epische Botschaft dazu.

Die silberfüßige Thetis stimmte dem Vorhaben ihres Sohnes zu. Sie lobte ihn sogar dafür, dass er nun bereit sei, für seine Kameraden zu kämpfen. Sie riet ihm aber, erst dann in die Schlacht zu ziehen, wenn sie selbst ihm neue göttliche Waffen gebracht habe. Und sie machte sich sofort auf zu Hephästos, um die neue göttliche Ausrüstung zu besorgen.

Gebrüll und Verwirrung

Während sich all dies im Lager des Achilles abspielte, versuchten die Trojaner, allen voran der gigantische Hektor, noch immer, den Griechen Patroklos Leichnam zu entreißen. Dreimal schaffte es der Trojaner Oberbefehlshaber, ihn an den Beinen zu fassen, und dreimal konnten die beiden Ajax ihn daran hindern, den Toten mit sich zu ziehen. Hektor aber war wie besessen und verfolgte die Griechen mit stürmischer Kraft. Er versuchte, sie daran zu hindern, den Leichnam an einem Ort hinter dem Schutzgraben und der Schutzmauer in Sicherheit zu bringen oder ihn gar auf ein Schiff zu schaffen. Wie die Hirten einen hungrigen Löwen nicht von einem erlegten Tier fern halten können, so konnten die beiden Ajax den Priamossohn nicht von dem Toten verscheuchen. Hektor hätte es sicherlich geschafft, den Leichnam in Besitz zu nehmen und damit unsagbaren Ruhm zu erlangen, wenn nicht wieder göttliche Einmischung ins Spiel gekommen wäre. Diesmal war es die alabasterarmige Hera, die sich heimlich einmischte. Sie schickte im Vertrauen die windfüßige, goldgeflügelte Götterbotin Iris zu Achilles und ließ ihm folgende Botschaft übermitteln:

Er solle unbedingt sofort in die Schlacht ziehen, weil die Gefahr groß sei, dass Hektor Herr über Patroklos Leichnam werde. Er würde ihn dann enthaupten und seinen Kopf auf einen Pfahl spießen. Und seinen Körper den Hunden zum Fraß vorwerfen. Damit würde Patroklos für immer entehrt in das Reich der Toten kommen. Er, der löwenherzige Achilles, dürfe so etwas niemals zulassen. Der Pelide wollte natürlich der göttlichen Botschaft sofort Folge leisten, aber er fragte Iris, wie er das unbewaffnet tun könne; seine göttlichen Waffen seien ja Hektor in die Hände gefallen. Und er habe seiner Mutter versprochen zu warten, bis sie ihm eine neue Ausrüstung von Hephästos bringe. Wie könne er in die Schlacht ziehen, ohne bewaffnet zu sein?

„Erscheine dort und zeige dich, wo der Kampf stattfindet, auch ohne bewaffnet zu sein. Es könnte sein, dass dein bloßes Erscheinen das Unbewaffnetsein wettmacht", riet ihm die göttliche Botin.

Geraten, gesagt, getan.

Der gigantische Achilles erschien also den Kämpfenden. Für einen noch imposanteren Schein sorgte eine weitere Göttin, die himmelblauäugige Pallas Athena, die andere große Philhellenin, die das Geschehen wahrnahm. Nicht nur schützte sie ihn mit ihrer göttlichen Ägis, sondern sie bekränzte sein Haupt mit einer goldenen Wolke, und über ihm strahlte, weit und hoch, eine hyperhelle Flamme. So ausgestattet schritt Achilles – riesig, strahlend und furchterregend – bis zum Rand des Schutzgrabens, mischte sich aber nicht in die Schlacht ein, dem Rat seiner göttlichen Mutter folgend, da er noch auf seine Waffen wartete. Dort stehend donnerte er einen furchtbaren kupfernen Schrei, wie der Klang der Trompeten, wenn lebensvernichtende Feinde eine Stadt umzingeln. Dabei sekundierte ihm die abseits stehende Athena, die noch stärker mitdonnerte. Was für eine große Unruhe erzeugte der doppelte übernatürliche Schrei des Göttlichen und der Göttin bei den Trojanern! Sie erzitterten, ihre Pferde wichen mit den Wagen zurück, weil sie spürten, was für eine Katastrophe sich anbahnte. Die Wagenlenker wurden verwirrt durch die göttliche Flamme, die über Achilles Haupt schwebte. Dreimal entwand sich Achilles ein grauenerzeugender Schrei dieser Art – jedes Mal von Athena sekundiert –, dreimal wurde dadurch ein panisches Durcheinander bei den Trojanern und ihren Verbündeten ausgelöst. Zwölf ihrer tapferen Krieger kamen dabei durch die eigenen Wagen und Speere zu Tode.

Hera befiehlt Helios den frühzeitigen Sonnenuntergang

Das Lied vom über dem Sein stehenden Schein

Und die Seele sang der immerwährenden Gültigkeit geflügelte Worte:
So kam die Erkenntnis in die Welt, dass manchmal doch der Schein trügerisch, verwirrend und täuschend über dem Sein steht.
Das ist Homers epische Botschaft.

Und so gelang es den Griechen endgültig, Patroklos Leichnam zu retten; ihn in Achilles Lager zu bringen und auf ein Totenbett zu legen. Der Pelide folgte ihnen und beweinte zusammen mit den anderen den gefallenen Freund. Währenddessen befahl die schönäugige Herrin Hera dem Sonnengott, vor der Zeit hinter dem Horizont unterzugehen; Helios stimmte einem so frühen Sonnenuntergang allerdings nur widerwillig zu.

Nach dem vorzeitigen Abgang des Helios kam ebenfalls vorzeitig die Nyx. Die durch der Nyx Schleier verfrüht einsetzende Dunkelheit brachte endlich auch das Ende der Schlacht für diesen Tag.

Hintersinn und Leichtsinn

Die Trojaner kehrten in ihr Lager vor der Stadtmauer zurück, vollkommen schockiert und demoralisiert durch die beeindruckende, ja übernatürliche Erscheinung des göttlichen Achilles. Sie beriefen sofort eine Versammlung ein, um über die neu entstandene Situation zu beraten. Als erster sprach der vernünftige Polydamas, den Ihr schon in anderen Angelegenheiten als klugen Berater kennengelernt habt. Er war in derselben Nacht geboren wie Hektor, und so wie der ausgezeichnet in der Kriegskunde war, war Polydamas ein Meister der Redekunst. Er stellte fest, dass sich mit Achilles Wiedereintritt in den Krieg das Blatt zu Ungunsten der Trojaner gewendet habe. Er schlug vor, nicht mehr auf dem offenen Gelände vor der Stadtmauer zu kampieren, sondern sich in die Stadt zurückzuziehen. Hinter der Schutzmauer und vor den Türmen könnten sie sich selbst und die Stadt besser verteidigen. Der zeusbeschützte Hektor aber war entschieden dagegen. Er tadelte den vernünftigen Polydamas für seinen angeblich unvernünftigen Vorschlag. Für ihn bestehe mit Zeus Hilfe noch die Möglichkeit, die Griechen in die Schiffe zu drängen und dadurch großen Ruhm zu erlangen. Die Stadt wäre außerdem zu eng für eine so große Armee. Die Vorräte in der Stadt seien erschöpft, die Verpflegung von so vielen Soldaten nicht mehr gewährleistet. Er werde es nicht zulassen, dass die Armee sich hinter der Stadtmauer verkrieche. Er denke nicht daran, den Griechen das Feld zu überlassen, sondern er werde auch gegen den göttlichen Sohn des Peleus kämpfen. Gerade gegen ihn! Er sei ja kein Feigling, sondern ein tapferer Krieger, der tapfere Krieger anführe, sagte er weiter und begeisterte damit seine Soldaten, die ihn bejubelten, die Leichtsinnigen. Sie wussten ja nicht, dass Athena wieder ihre Finger im Spiel hatte – ihr Leichtsinn war nichts anderes als der Athena hintersinnige List. Die Zeustochter war unsichtbar, unhörbar und unspürbar; mit einer Eingebung lenkte sie die leichtsinnigen Trojaner in die falsche Richtung. Keiner stimmte für Polydamas Vorschlag, aber alle für Hektors Aufruf. Und damit steuerten die Trojaner unweigerlich ihrem traurigen Schicksal entgegen. Die bevorstehende schaurige Katastrophe rückte unaufhaltsam näher.

Das Lied von Hintersinn und Leichtsinn

Und die Seele sang der immerwährenden Gültigkeit geflügelte Worte:

So kam die Erkenntnis in die Welt, dass des Hintersinnigen Plan des Leichtsinnigen Katastrophe ist.

Das ist Homers epische Botschaft.

Während die Trojaner ihre Niederlage beim Kampf um Patroklos Körper mit der Freude über die Eroberung von Achilles göttlichen Waffen und seiner

Rüstung schönjubelten, trauerten die Griechen um den gefallenen Helden; allen voran Achilles. Er führte die Totenklage, die männertötenden Hände auf die Brust des Freundes gelegt. Er stöhnte wie ein Löwe, besser gesagt wie eine Löwin, der ein Hirschjäger die Jungen heimlich aus dem dichten Gehölz geraubt hat und die tief bekümmert, von heftigem Zorn beherrscht, viele Schluchten durchstreift, den Räuber suchend. Voller Kummer sprach der Pelide die geflügelten Worte, die grauenerregenden: „Es ist offensichtlich Zeus Wille, dass sowohl Patroklos als auch ich nicht nach Griechenland zurückkehren. Aber ich verspreche dir Patroklos, der du als erster fielst: Ich werde dich nicht bestatten, bevor ich nicht Hektors Waffen und Hektors Haupt hierher gebracht habe. Und bevor ich nicht als Vergeltung für deinen Tod an deinem Scheiterhaufen zwölf trojanischen Edeljünglingen die Hälse durchgeschnitten habe, wird es kein Bestattungsfeuer für dich geben. Bis dahin werden trojanische und dardanische Sklavinnen deinen Tod beweinen und Totenklagen singen." Nachdem der Leichnam gewaschen und mit aromatischen Ölen gesalbt war, hielten die Myrmidonen Totenwache und weinten die ganze Nacht.

Nach diesen, den weiteren Verlauf des Krieges entscheidend bestimmenden Ereignissen sagte der wolkenzusammenballende Zeus zu seiner schönäugigen Frau Hera: „Du hast es endlich geschafft, meine Liebe; Achilles ist zurück im Krieg. Du sorgst für die Griechen, als ob sie deine eigenen Kinder wären!" Ihm erwiderte die alabasterarmige göttliche Herrin Hera: „Das war doch nicht schwierig; so etwas können doch sogar Sterbliche schaffen. Und ich, die aus zwei Gründen mächtigste Göttin – erstens wegen meiner gleichwertigen Herkunft wie deiner und zweitens, weil ich deine, des höchstens Gottes Gattin bin – sollte so etwas Einfaches nicht bewerkstelligen können? Es wäre besser für die Trojaner gewesen, wenn sie mich damals bei der Wahl der Schönsten nicht so beleidigt hätten. Das haben sie jetzt davon."

Inzwischen hatte die silberfüßige Thetis des Hephästos unvergängliche, strahlend kupferne Paläste erreicht, die der lahmende Gott ganz alleine erbaut hatte und die bei allen Unsterblichen berühmt waren. In Schweiß gebadet hinkte er in seiner Werkstatt geschäftig zwischen den Blasebälgen hin und her. Er arbeitete gerade an zwanzig besonderen Dreifüßen; alle mit goldenen Rädern, so dass sie eigenständig zum Versammlungsplatz der Götter rollen und wieder ins Haus zurückkehren konnten. Automaten, sagt Ihr heute. Sie waren sehr ästhetisch, wunderschön anzuschauen!

Thetis wurde freundlich von Charis empfangen, einer schönen Zweitfrau des unschönen, hinkenden, aber höchst tüchtigen Gottes. Die rief ihren Mann: „Komm, komm schnell! Du wirst dich freuen! Besuch von Thetis!" Und Hephästos kam, in der Tat außer sich vor Freude. Aber erst, nachdem er sich gewaschen und für Thetis herausgeputzt hatte. Er erinnerte sich auch gleich wieder an die Geschichte, die der Grund dafür war, dass er Thetis gegenüber so dankbar war: Damals als Zeus ihn hunderte von Kilometer vom

Olymp weggeschleudert hatte, war er von den Meeresnymphen, allen voran Thetis, gerettet worden. Zusammen mit der Okeanos-Tochter Eurynome hatte sie ihn neun Jahre lang versteckt gehalten, weil sich seine Mutter Hera für ihn schämte wegen seines Hinkens, das er davongetragen hatte. Aber Thetis hatte ihn nicht nur gerettet, sondern ihm auch eine glückliche Kindheit beschert. Er war ihr für immer und ewig dankbar.

Zu Thetis kam er in Begleitung von Dienerinnen, die ihn wegen seines Hinkens stützten. Sie waren aus Gold, lebenden Jungfrauen zum Verwechseln ähnlich, in ihrem Kopf hatten sie Verstand und darinnen auch Stimme und Kraft. Darüber hinaus hatten sie von den Göttern etliche Fertigkeiten gelernt.

Es waren die ersten der technischen Konstrukte oder gar Ebenbilder des Menschen, die ihm dienen; Ihr nennt sie heute in Euren modernen Sprachen Roboter.

Keuchend stützten sie den großen und schweren Gott und halfen ihm, sich neben Thetis zu setzen. Er fragte höflich und liebevoll die Meeresgöttin nach dem Grund des erfreulichen, leider aber so seltenen Besuches. Dabei zu weinen beginnend, erzählte Thetis ihm alles und fügte die Bitte hinzu, er möge für ihren Sohn schnellstmöglich eine neue Ausrüstung als Ersatz für die verlorene anfertigen. Hephästos erklärte sich sofort dazu bereit. Er ging in seine Werkstatt und begann unverzüglich mit der Arbeit. Und er schuf etwas unsagbar Wundervolles, als Ausdruck seiner unendlichen Dankbarkeit.

Das Lied von der Langlebigkeit der Dankbarkeit

Und die Seele sang der immerwährenden Gültigkeit geflügelte Worte:

So kam die Erkenntnis in die Welt, dass der echten und tiefen Dankbarkeit Ausdruck bei Dankbarkeitsfähigen langlebig sein und immer wieder zum Vorschein kommen kann.

Das ist Homers epische Botschaft.

Am Rande etwas Wunderschönes

Ja, nehmen wir uns doch die Zeit, um dieses göttliche Wunderwerk zu bestaunen. Lasst mich versuchen, es im Wesentlichen zu beschreiben: Die Rüstung bestand aus unzerstörbarem Erz und Zinn, verziert mit Gold und Silber. Der Schutzschild war groß, stark und überall kunstvoll geschmückt. Hephästos legte ringsherum einen schimmernden dreifachen Rand und befestigte daran ein silbernes Trageband. Fünf Schichten hatte der Schild. Außen war er mit kunstvollen Bildwerken verziert: Man sah die Erde, den Himmel, das Meer, die Sonne, den vollen Mond und alle Sterne des Himmels – die Plejaden, die

Hyaden, die man auch Regengestirn nennt, den Orion, die Bärin, von manchen auch Großer Wagen genannt.

Zusätzlich bildete er darauf zwei schöne Städte ab. In der einen waren Hochzeitsfeste und Gelage im Gange, mit Bräuten und brennenden Fackeln, Hochzeitsjubel und tanzenden Jünglingen, Flöten und Leiern, neugierigen Frauen, die die Zeremonie bewunderten. Auf dem Marktplatz waren die Männer versammelt, wo gerade ein Streit zwischen zwei von ihnen entbrannt war. Die Hälfte der Männer unterstützte den einen, die andere Hälfte den anderen; aber die Richter saßen schon auf ihren Plätzen, um Recht zu sprechen.

In der anderen Stadt waren zwei Armeen um die Stadtmauer herum zu sehen. Die eine war die Armee der Belagerer, die andere die der Belagerten. Hinter der Stadtmauer waren Frauen und Kinder verschanzt, auf der Mauer ältere Männer, die von dort aus die Stadt verteidigten. Die Armee der Belagerer wurden von Ares und Athena angeführt, beide durch ihre Größe von den Sterblichen unterscheidbar und in Gold gekleidet.

Die Belagerer überfielen die Viehherden der Belagerten, töteten Ochsen und Schafe, aber auch die Hirten. Die Belagerten, durch den Lärm der Tiere aufmerksam geworden, stiegen auf ihre Wagen und bekämpften die gegnerische Armee. Auch Eris war zu sehen, die hässliche Göttin des Streits, sowie Kydoimos, Geist des Schlachtgetümmels und Begleiter des Ares, wie auch eine der Keren, einer dieser unheimlichen finsteren Dämonen, die dem Menschen den gewaltsamen Tod bringen und sich an seinem Blute laben. Die Kere schleppte einen frisch verwundeten aber noch lebenden Kämpfer an den Füßen durch das Gewühl, und dann noch einen Toten; das Gewand um ihre Schulter war tiefrot vom Blut der Männer. Alle diese Kriegs- und Todesgeister bewegten sich wie lebendige Menschen, kämpften miteinander und entrissen sich gegenseitig die Toten.

Hephästos stellte auf dem Schild auch ein lockeres Brachfeld dar, breit und dreimal umgebrochen; die Pflüger zogen ihre Kreise. Am Rande des Feldes gab ihnen ein Mann einen Becher honigsüßen Weines. Das ganze Feld war aus Gold, wunderschön anzusehen. Und er setzte ein Königsgut dazu, auf dem Menschen mit Sicheln in den Händen beim Mähen zu sehen waren. Die Büschel fielen dicht nebeneinander zur Erde, von Knaben unablässig gesammelt, die sie wiederum zu drei Bindern brachten; von denen wurden sie mit Strohseilen gebunden. Und der König stand mit dem Zepter in der Hand schweigend, aber erfreut am Rande des Feldes, während Diener und Frauen unter einer Eiche das Essen vorbereiteten. Dafür wurde ein Rind geschlachtet und Brot gebacken.

Dann gab es auf dem Schild einen schönen Weinberg aus Gold, voll mit schwarzen Trauben, die Reben gestützt durch silberne Pfähle. Zu beiden Seiten hatte Hephästos einen Graben aus Blaufluss und um ihn herum einen

Zaun aus Zinn gezogen. Gut gelaunte Mädchen und Jungen trugen in geflochtenen Körben die honigsüße Frucht. Und mitten unter ihnen schlug ein Junge die helle Leier und sang dazu mit zarter Stimme schöne Lieder. Die anderen stampften im Takt und sangen fröhlich mit.

Nicht weit entfernt sah man eine Herde von Rindern, mit Kühen aus Gold und Zinn, die mit lautem Gebrüll vom Viehhof zur Weide zogen, an einem rauschenden Fluss und schwankendem Schilf entlang. Vier goldene Hirten und neun schnellfüßige Hunde folgten ihnen. Noch dazu zwei furchterregende Löwen unter den vordersten Rindern, die einen raustimmigen Stier gepackt hatten und ihn, der laut brüllte, zu Tode schleiften. Hunde wie auch Männer liefen herbei, aber vergebens; die Löwen hatten den Stier zerfleischt.

Ein schönes Waldtal hatte Hephästos geschaffen, voll von weißschimmernden Schafen und Ställen, bedachten Hütten und Pferchen. Und dann machte er noch einen Reigen, ähnlich dem, den einst in Knossos Dädalos für die wunderschöne Ariadne angefertigt hatte. Da schritten Jünglinge und viele begehrte Jungfrauen im Tanz und hielten einander an den Händen. Die Mädchen trugen schöne Leinenkleider und Kränze, die Knaben sanft glänzende Röcke, goldene Dolche an silbernen Tragbändern. Und sie tanzten elegant und leichtfüßig, zwei Springtänzer führten den Tanz, während in ihrer Mitte ein göttlicher Sänger zu seiner Leier sang. Eine dichte Menge bewunderte das Spektakel.

Der große Okeanos, der breite unendliche Fluss, der die ganze Erde umringt, kam schließlich an den äußersten Rand des Schildes.

Hephästos schmiedete für Thetis Sohn auch einen Harnisch, der stärker als das Feuer strahlte, und einen Helm, ebenfalls kunstreich mit einem goldenen Helmbusch. Und dazu Beinschienen von geschmeidigem Zinn.

Als er fertig war, legte er alles Thetis zu Füßen. Die wiederum, dankbar und erfreut und voll der Bewunderung für die einmaligen Kunstwerke, flog damit wie ein Falke zu ihrem Sohn.

Schön, übrigens, dass wir uns so ganz am Rande die Freiheit nehmen konnten, so etwas Wunderschönes wie des Hephästos Werk, Achilles Rüstung, zu bewundern.

Das Lied von der Bedeutung des Randständigen

Ach was, sang die Seele der immerwährenden Gültigkeit geflügelte Worte:

„Am Rande"? Für die Seele gibt es nicht etwas „am Rande". Für die Seele hat alles eine Bedeutung! Bald wird des Kunstwerkes seelische Wirkung zu erkennen sein.

Auch das ist Homers epische Botschaft.

21
Der Externalisierung gute Seiten

Zusammenfassung

Aus dem neunzehnten Gesang meiner Ilias werde ich Euch erzählen, wie es endlich zur Versöhnung zwischen den beiden Erzrivalen Achilles und Agamemnon kommt. Damit ist der Weg vollständig frei für Achilles Rückkehr in den Krieg, obwohl er noch tief betroffen vom Tod des Freundes ist. Diesen ehrt er mit großen Gesten der Trauer in überzogen anmutender Weise. Mit seiner Rückkehr auf das Schlachtfeld ist das Schicksal der Trojaner fast besiegelt.

Und die uns begleitende Seele wird dabei geflügelte Worte von immerwährender Gültigkeit singen, wie etwa über die guten Seiten der Externalisierung und über die seltsamen Wege der Bindungsfähigkeit bzw. Bindungsunfähigkeit. Aber auch über die Beherrschung von Affekten und Impulsen und darüber, wie man das Rennen gewinnt, wenn man sich zum langsamen Igel macht. Und auch über einiges andere.

Die Brücke zum Guten

Als sich Eos, die rosenfingrige Göttin der Morgenröte, im Safrangewand aus Okeanos Strömungen erhob und den Unsterblichen wie auch den Sterblichen das sanfte Morgenlicht brachte, kam Thetis mit Hephästos Meisterwerken bei ihrem Sohn an. Sie fand Achilles an Patroklos Totenbett, den toten Freund umarmend und zusammen mit den anderen Kameraden betrauernd. „Lassen wir nun den Toten bei den Toten. Nimm die göttlichen Waffen, die Hephästos dir geschmiedet hat; etwas Gleichartiges hat bisher kein Sterblicher getragen“, sagte die silberfüßige Meeresgottheit zu ihm und legte ihm die Waffen zu Füßen, die durch ihre Schwere und ihre göttliche Herkunft einen übernatürlichen metallischen Lärm verursachten. Die umstehenden Myrmidonen fürchteten sich sehr und wagten nicht, die göttlichen Waffen überhaupt anzuschauen; sie liefen davon. Aber Achilles wurde beim Anblick der unbeschreiblich schönen Ausrüstung blitzartig in freudige Erregung versetzt. Seine Augen funkelten wie Feuer, und er betrachtete fasziniert das göttliche Werk. Bevor er die Rüstung, die kein Sterblicher so hätte schmieden können, anlegte, fragte er seine Mutter, ob sie etwas tun könne, so dass Patroklos Leichnam nicht so schnell verwese. Thetis konnte. Sie sagte: „Auch wenn er ein ganzes Jahr hier liegt, sein Körper wird so bleiben, wie er jetzt ist, oder sogar in

A. Marneros, *Homers Ilias psychologisch erzählt*, DOI 10.1007/978-3-658-11202-8_21

noch besserem Zustand. Aber nun berufe eine Versammlung der Griechen ein, verabschiede dich dabei von deinem Zorn gegen Agamemnon, nimmt deine Waffen und deine Tapferkeit, und ziehe in den Krieg." So sprach zu ihm die Muttergöttin schwermütig und wissend, dass ihn der Tod erwartete und sie die ewige Schwermut.

Achilles berief die Versammlung ein, seine Mutter tauchte ins tiefe Meer, um dort melancholisch und resigniert auf die vorbestimmte bittere Nachricht zu warten. Zur Versammlung kamen alle Heeresführer. Einige davon ihnen – so etwa Diomedes, Odysseus und Agamemnon – kamen, obwohl sie verletzt waren; das war auch der Grund, warum Agamemnon als letzter eintraf. Der Zeusliebling Achilles sprach zu ihm: „Agamemnon Atrides, Sohn des Atreus, war es denn richtig, dass wir wegen eines Mädchens in einen seelenfressenden Streit geraten sind? Wäre es nicht besser gewesen, wenn Artemis sie mit ihren Pfeilen getötet hätte, am selben Tag, als ich sie als Sklavin genommen habe? Dann wären nicht so viele tapfere Griechen dafür gestorben. Die Griechen werden unseren Streit lange in Erinnerung behalten. Nun aber wollen wir alles hinter uns lassen; bändigen wir die Gefühle in unserer Brust, weil uns die Not dazu zwingt. Ich begrabe meinen Zorn und ziehe wieder in den Krieg. Komm und befiehl deinen Soldaten so schnell wie möglich, mit mir gegen die Trojaner zu kämpfen."

Das Lied von den seltsamen Wegen der Bindungsfähigkeit

Und die Seele dachte verblüfft:

Schön, schön, dass er des Zornes bittere Fürchte endlich erkannt hat und des Zornes Wurzeln ausreißen will. Aber, aber: Wünscht er sich tatsächlich den Tod der unschuldigen Briseïs, die er angeblich so mag und die ihm tatsächlich so zugetan ist?

Und dann sang sie der immerwährenden Gültigkeit geflügelte Worte:

So bestätigte sich nochmals die Erkenntnis, dass die Bindungsfähigkeit bei manchen auffälligen Persönlichkeiten seltsame Wege geht. Sie kann auf dem Weg sogar ganz verloren gehen.

Das ist Homers epische Botschaft.

Ja, unglaublich, was der gottgleiche Achilles über seine schöne Briseïs sagte. In der Tat, seltsame Wege geht die Bindungsfähigkeit bei manchen auffälligen Persönlichkeiten. Auch dazu werdet Ihr, meine treuen Zuhörer, später noch einiges hören.

Wie auch immer. Der Atride Agamemnon erwiderte auf die Rede des Peliden Achilles: „Hört, ihr Griechen, was ich dazu zu sagen habe. Ihr habt mich häufig angegriffen und mir Vorwürfe gemacht wegen des Streits mit dem göttlichen Achilles. Aber ich bin nicht schuld daran. Schuld daran sind Zeus, die Moiren, die Erinnyen, sowie Ate, die den Verstand verblendet, und all die

Dämonen der Dunkelheit, die mir damals das Denken verdunkelt haben. Ich konnte nichts dafür, denn die Götter wollten es so. Auch Zeus wurde in dieser Sache verblendet, so wie übrigens auch in anderen früheren Angelegenheiten – wir alle wissen das –, obwohl er inzwischen der Ate Himmelsverbot erteilt hat. Als der bronzegerüstete Hektor die griechischen Kämpfer vernichtete und drohte, unsere Flotte in Brand zu setzen, dachte ich immer an sie. Sie war es, die mich damals im Streit mit dem tapferen Achilles verblendet und all die Katastrophen verursacht hat. Aber nun will ich alles wieder in Ordnung bringen und dich, Sohn des Peleus, entschädigen. Ziehe in den Krieg mit dem gesamten Heer, und ich werde die versprochenen Geschenke und Entschädigungen, die die Delegation des Heeres dir vor kurzem aufgezählt hat, sofort herbeibringen lassen."

Das Lied von der guten Externalisierung

Und die Seele sang der immerwährenden Gültigkeit geflügelte Worte:

So kam die Erkenntnis in die Welt, dass die Externalisierung viele Funktionen hat. Manchmal auch gute. Unschwer ist zu erkennen, dass Agamemnon schon wieder ihr Hohelied sang, womit er sich aber diesmal eine Brücke zum Guten baute.

Das ist Homers epische Botschaft.

Die bändigende Vernunft

Achilles erwiderte, es sei gut, dass Agamemnon, der ruhmreichste Herr des Heeres, ihm entschädigende Geschenke machen wolle. Aber zurzeit hätten die für ihn keine Priorität. Es dürfe keine Zeit mehr mit Gesprächen und Nettigkeiten verschwendet werden. Er wolle jetzt und sofort die Trojaner bekämpfen. Er brenne darauf, Rache für seinen getöteten Freund an den Feinden zu nehmen. Und er fügte hinzu: „So wird Achilles wieder in den vordersten Reihen gesehen werden, wie er mit seiner bronzenen Lanze die Phalangen der Trojaner vernichtet. Alle von euch sollen daran denken und den Feind bekämpfen."

Der kluge und vernünftige Odysseus aber hielt den vor Emotionen kochenden Achilles noch zurück. Er sagte ihm, dass eine nicht gut vorbereitete Armee und hungrige Soldaten keine gute Voraussetzung für eine erfolgreiche Schlacht seien. Die Soldaten sollten gut essen und trinken und erst dann in die Schlacht ziehen. Inzwischen solle er selbst sein Herz an Agamemnons Geschenken erfreuen und wie alle anderen etwas zu sich nehmen. Dann wandte Odysseus sich an Agamemnon, dem er sagte, dies alles solle ihm eine Lektion sein, damit er sich in Zukunft gerechter verhalte. Allerdings sei zu begrüßen, dass er einsichtig sei und das Unrecht nun korrigiere.

Das Lied von der Affektbeherrschung

Und die Seele sang der immerwährenden Gültigkeit geflügelte Worte:

So bestätigt sich nochmals, dass der Kluge und Erfahrene – und ein solcher war Odysseus – die Beherrschung der Affekte und Impulse, die gute Vorbereitung und die Planung bevorzugt. Somit schätzt er sie dem kopflosen Tatendrang und der Unsteuerbarkeit der Ungeduld, die Affekte mit sich bringen und die zu Impulstaten führen, als weit überlegen ein.

Das ist Homers epische Botschaft.

Das Lied vom reuigen Sünder

Und die Seele sang weitere der immerwährenden Gültigkeit geflügelte Worte:

Der reuige Sünder hat es verdient, dass er für seinen schwierigen Schritt gelobt wird und dass man ihm verzeiht. Einsicht zeigen im Nachhinein ist für zwischenmenschliche Beziehungen genauso wichtig wie Rücksicht nehmen im Vorhinein.

Das ist Homers zusätzliche epische Botschaft.

Während Agamemnon sich bei Odysseus bedankte und den Vorschlägen zustimmte, widersprach ungeduldig und affektiert der impulsive Achilles. Für Geschenke und ähnliches gebe es noch reichlich Zeit, etwa während einer Pause in den Kriegshandlungen, wenn auch der Tatendrang in seiner Brust etwas gestillt wäre. Wie könne man von Essen und Trinken reden, wenn die von Hektor und seinen Leuten Getöteten noch auf dem Schlachtfeld lägen? Er schlug vor, sofort anzugreifen, auch wenn die Armee hungrig und durstig sei. Wenn der Tag vorbei sei und die Schande getilgt, die die Trojaner den Griechen zugefügt hätten, dann sei reichlich Zeit zu speisen.

Das Lied von der Impulsivität

Und die Seele sang der immerwährenden Gültigkeit geflügelte Worte:

Und so erkennen wir wieder, dass Ungeduld und Handeln aus Impulsen und Rücksichtslosigkeit Merkmale sind, die Persönlichkeiten wie die des Achilles kennzeichnen.

Das ist Homers epische Botschaft.

Persönlichkeiten wie Achilles? Ja, eine ganz besondere Persönlichkeit ist dieser Pelide, aber nicht einzigartig und nicht einmalig. Auch dazu wird im Nachwort Euer Persönlichkeitsführer noch einiges erläuternd sagen, meine treuen Zuhörer.

Aber es war noch die Stunde des begabten Psychagogen Odysseus, der nicht nur Massen führen konnte, sondern auch komplizierte Individuen. Der überaus vernünftige Odysseus hielt also abermals dagegen: „Achilles, Sohn des

Peleus, du bist der tapferste aller Griechen, du stehst in Tapferkeit und Kriegskunst zweifelsfrei über mir. Aber ich bin vernünftiger als du, aus einem einfachen Grund – ich bin früher geboren als du, und so habe ich mehr als du kennengelernt. Schlicht und einfach. Nur deshalb soll dein Herz meine Worte erdulden."

Das Lied vom schnelleren Langsamen

Und die Seele sang der immerwährenden Gültigkeit geflügelte Worte:

Oh wie klug spricht der kluge Odysseus und bringt damit die Erkenntnis in die Welt, dass man den Wettlauf mit dem schnellen Hasen gewinnt, wenn man sich zum langsamen Igel macht.

Das ist Homers epische Botschaft.

Das Lied von der Größe des Sich-klein-machens

Und die Seele sang weitere der immerwährenden Gültigkeit geflügelte Worte:

Und so kam eine weitere Konfliktlösungsmöglichkeit in die Welt: Sei großzügig, um deine Größe zu zeigen. Macht dich klein, um zu beweisen, wie groß du in Wirklichkeit bist.

Das ist Homers zusätzliche epische Botschaft.

Nach dieser psychologisch geschickten Einführung fuhr Odysseus fort, indem er seinen Vorschlag – nun in schön gekleideten Worten – wiederholte. Und ohne auf eine Antwort zu warten, nahm er einige der Anwesenden mit und brach auf, um die Geschenke zu holen, die Agamemnon Achilles versprochen hatte; darunter auch Briseïs.

Das Lied von der Entschiedenheit

Und die Seele sang der immerwährenden Gültigkeit geflügelte Worte:

So kam die Erkenntnis in die Welt, dass zur guten Führung gehört, mit Entschiedenheit den Worten sofort Taten folgen zu lassen.

Das ist Homers epische Botschaft.

Nach ihrer Rückkehr übergab Agamemnon feierlich die entschädigenden Geschenke und opferte einen Stier an Zeus. Auch schwor er feierlich, dass er Briseïs nicht berührt habe. Achilles akzeptierte alles; auch dass Agamemnon, der König der Könige, eigentlich nicht schuldig sei am Streit zwischen ihnen beiden, sondern dass vielmehr Zeus das so gewollt hatte. Und die Kämpfer hatten Zeit sich zu stärken, bevor sie in die Schlacht zogen; so wie der geschickte Psychagoge Odysseus es empfohlen hatte.

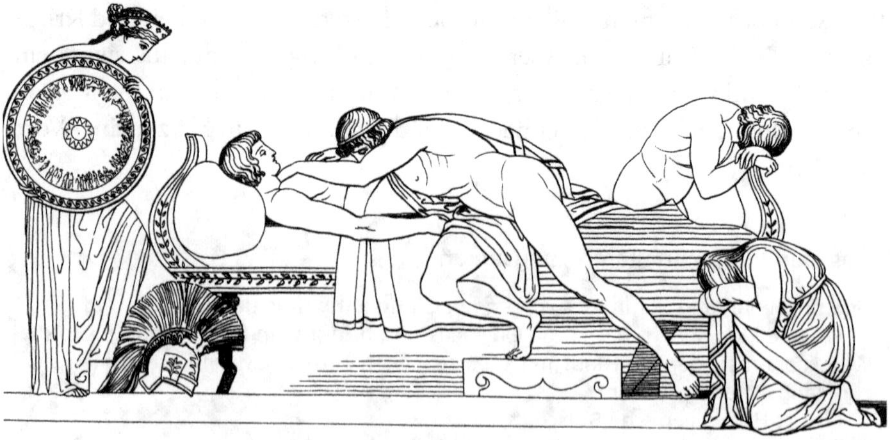

Achilles trauert im Beisein der Athena um Patroklos

Das Lied von den guten Diensten der Externalisierung

Und die Seele sang weitere der immerwährenden Gültigkeit geflügelte Worte:

Und so bestätigte sich nochmals, dass die Externalisierung – Ihr habt es schon gehört – manchmal auch gute Funktionen haben kann. Sie kann Brücken bauen, die von allen Seiten gangbar sind, und Alibis liefern, die von allen Seiten annehmbar sind. Und sie kann wie in diesem Falle konfliktlösend wirken und Harmonie bringen.

Das ist noch eine von Homers epischen Botschaften.

Ich möchte noch erwähnen, dass Briseïs tief betroffen war von Patroklos Tod; sie trauerte lautstark um ihn, der immer gut, einfühlsam und solidarisch zu ihr gewesen war. Auch Achilles trauerte weiter sehr um seinen besten Freund; er lehnte es ab, Nahrung zu sich zu nehmen – obwohl ihm viele Ältere, die mit ihm zusammen Patroklos betrauerten, wiederholt dazu rieten. Achilles tiefe Trauer um seinen Freund und seine hartnäckige Weigerung, etwas zu sich zu nehmen, erzeugten sogar bei Zeus Mitleid. Der schickte deshalb seine Tochter Athena, um Beistand zu leisten und ihm Nektar und Ambrosia zu verabreichen, so dass er von Hunger und Durst nicht überwältigt würde. Die himmelblauäugige Athena tat das gerne, und als breitflügliger, schrillstimmiger Falke flog sie unverzüglich zu ihm. Sie tropfte die göttlichen Speisen in seine Brust, ohne dass er etwas davon bemerkte. Es war eine Art unbemerkte Zwangsernährung – liebevoll und fürsorglich.

Nachdem das Heer gut gespeist hatte, bereiteten sich alle mit wachsender Ungeduld auf die bevorstehende Schlacht vor, rüsteten sich mit ihren besten Waffen. Allen voran Achilles, der die neuen göttlichen Waffen des Hephästos trug; die schwere Rüstung auf des Helden Körper leicht wie eine Feder. Der Wagenlenker auf Achilles sagenhaftem Wagen war der uns schon bekannte

Held Automedon. Der Pelide strahlte auf dem Kampfwagen wie Helios auf seinem Sonnenwagen. Er bat die zwei unsterblichen Pferde, Xanthos und Balios, ihn lebend zurückzubringen und nicht wie seinen Freund Patroklos tot zurückzulassen. Das Pferd Xanthos antwortete ihm – habe ich Euch schon erzählt, dass Hera den unsterblichen Pferden die menschliche Sprache geschenkt hatte? – , sprach also die geflügelten Worte, die pferdischen und prophetischen: „Natürlich werden wir dich lebend zurückbringen, Achilles, Sohn des Peleus. Dieses Mal! Aber leider ist dein Todestag nicht weit. Dafür sind wir aber nicht verantwortlich. Ein großer Gott und die Moiren haben es so entschieden. Auch die Entwendung deiner Waffen, die Patroklos trug, durch die Trojaner ist nicht unsere Schuld. Apollon war faktisch der Täter. Wir beide werden dich so schnell fahren, wie unser Vater Zephyros, der Westwind, bläst. Aber trotzdem wirst du deinem Schicksal nicht entgehen: Ein Unsterblicher und ein Sterblicher gemeinsam werden dich töten." Achilles reagierte aufgebracht auf diese Worte des göttlichen Pferdes und sagte aufgewühlt: „Xanthos! Warum prophezeist du mir meinen Tod? Das brauchst du nicht. Ich weiß sowieso ganz genau, was mir bestimmt ist: Ich werde hier in diesem fremden Land sterben, fern von Vater und Mutter. Allerdings hindert mich das nicht daran, mein Werk zu vollenden und in den Krieg zu ziehen." Und mit diesen Worten befahl er den göttlichen Pferden, wie es deren Herkunft gebietet, windgleich loszurennen und ihn zur vordersten Linie der Front zu bringen.

Das Lied von Idealisten und Fanatikern

Und die Seele sang der immerwährenden Gültigkeit geflügelte Worte:

Die Aufgabe, die Mission, das Werk steht seit eh und je für manchen höher als das eigene Leben. Und damit ist auch die Frage in die Welt gekommen: Sind solche Menschen Besessene und Idealisten, die die Welt in Bewegung halten? Oder sind sie Verblendete, Fanatiker, Realitätsverächter, die Schmerz und Leid in die Welt bringen?

Das ist auch eine epische Frage, die Homer aufwirft.

22 Eine Schlacht von Göttern und Menschen

Zusammenfassung

Aus dem zwanzigsten Gesang meiner Ilias werde ich Euch erzählen, wie Götter gegen Götter, Götter gegen Menschen, Menschen gegen Götter und Menschen gegen Menschen kämpfen. Solange die Götter noch kampfabstinent bleiben und Achilles den Gang des Geschehens bestimmt, siegen die Griechen. Aber mit Zeus Eingreifen pendelt die Siegeswaage hin und her, was die Schlacht noch blutiger und brutaler macht. Hades, der Gott des Totenreiches, macht sich Sorgen, dass mit so vielen Toten seine Kapazitäten überschritten werden könnten. Unter anderem kommt es zu einem Duell zwischen zwei Göttinnensöhnen – Achilles, dem Sohn von Thetis, und Äneias, dem Sohn der Aphrodite. Äneias gerät in ernste Gefahr, aber göttliche Hilfe rettet ihn. Achilles macht Jagd auf den großen Hektor, der von Apollon aus der Lebensgefahr gerettet wird.

Und die uns begleitende Seele wird dabei geflügelte Worte von immerwährender Gültigkeit singen, wie etwa über die ethische Mahnung: „Was du nicht willst, das man dir antut, tue auch keinem anderen an". Und über die (Fast)Unvereinbarkeit von Empathie und Menschlichkeit mit den Kriegshandlungen. Wie auch über manches andere.

Der Götter Austoben

Während Griechen und Trojaner sich für die gegenseitige Vernichtung vorbereiteten, berief Zeus auf dem Olymp eine Götterversammlung des Pantheons ein, was bedeutet, dass außer den zwölf Olympiern auch alle untergeordneten Gottheiten anwesend waren. Der Grund für die Versammlung in Zeus Palästen, von Hephästos kunstvoll gestaltet, war schwerwiegend: Der Wolkenherrscher gab bekannt, dass ab sofort die göttliche Einmischung in den Kampf der Sterblichen frei sei. Jeder dürfe nun nach Lust und Laune seinen Lieblingen helfen und die Unliebsamen töten. Was Zeus nicht sagte: Er hatte die Befürchtung, dass ohne göttliche Einmischung die Trojaner in kürzester Zeit besiegt sein würden, nachdem der löwenherzige Achilles, der furchtbare Rache für Patroklos Tod nehmen wollte, auf den Kriegsschauplatz zurückgekehrt war. Somit wäre der Krieg bald vorbei, was von ihm aber noch nicht vorgesehen war.

A. Marneros, *Homers Ilias psychologisch erzählt*, DOI 10.1007/978-3-658-11202-8_22

Er selbst wolle neutral bleiben, sagte Zeus. Er wolle für keine Seite Partei nehmen, sondern vom Gipfel des Olymp aus, nicht ohne Amüsement, wie er sagte, das Geschehen beobachten.

Diese Ankündigung des Obersten sorgte für große Aufregung unter den Göttern, die sich sofort zum Schlachtfeld aufmachten. Als Unterstützer der Griechen sprangen Hera, Athena, Poseidon, Hermes und Hephästos (der aber nicht lief, sondern hinterher hinkte) zu deren Schiffen. Die Trojaner bekamen Unterstützung von Ares, Aphrodite, Apollon und Artemis sowie von deren Mutter Leto und dem untergeordneten Flussgott Xanthos, den die Sterblichen Skamandros nennen. Viele weitere untergeordnete Gottheiten kämpften auf der einen oder der anderen Seite oder auch gleich auf beiden.

Solange sich die Götter der Schlacht noch fernhielten und alleine Achilles das Geschehen bestimmen ließen, siegten die Griechen. Die Trojaner dagegen gerieten in Panik – das war der Achilles-Effekt; in seiner göttlichen Rüstung erschien ihnen der Pelide wie ein Gott. Das Blatt wendete sich jedoch, nachdem auch die Götter – Olympier und Nicht-Olympier – sich in die Schlacht gestürzt hatten. Auf beiden Seiten stachelten sie stürmisch und laut die Kontrahenten an. Sie donnerten und erschütterten die Erde so gewaltig, dass der Unterweltgott Hades – zuständig für die Aufnahme der Getöteten – Angst bekam, dass er mit der gigantischen Zahl von Neu-Zugängen überfordert sein könnte. Oder – noch schlimmer –, dass sein Reich an die Oberfläche katapultiert würde und die toten Seelen nicht mehr die Unterwelt, sondern die Oberwelt bewohnen würden.

Aus dem Pantheon wurde wahrlich ein Pandämonion.

Und nun kämpfte Gott gegen Gott. Die Theomachie, die Schlacht der Götter, hatte begonnen.

Ungeachtet des auf dem Schlachtfeld wegen der göttlichen Einmischung herrschenden Pandämonions suchte der männervernichtende Achilles ungeduldig und unerbittlich nach Hektor; er wollte ihn töten und damit Patroklos Tod rächen. Der lichtausstrahlende Gott Apollon jedoch animierte den edlen Äneias, sich gegen ihn zu stellen, obwohl der das anfänglich aus Angst vor dem Sohn des Peleus nicht wollte; er hatte schlechte Erfahrungen aus früheren Begegnungen mit ihm. Apollon aber überredete ihn. Dies wiederum rief die alabasterarmige Hera auf den Plan, die die Machenschaften Apollons mitbekam und versuchte, die Philhellenen-Fraktion der Götter gegen die Freunde Trojas zu mobilisieren. Poseidon aber fand das unvernünftig, dass eine Theomachie, ein Götterkrieg, stattfände. Er empfahl einen Waffenstillstand zwischen den Unsterblichen. Die Götter folgten seiner Empfehlung und zogen sich vorläufig zurück. Aus der Distanz beobachteten sie mit gemischten Gefühlen das Geschehen.

Die Theomachie

Der Menschen Selbstvernichtung

Die schwerbewaffneten Armeen trafen aufeinander, und der apollinisch motivierte Äneias, Aphrodites Sohn, stand dem göttlichen Achilles, Thetis Sohn, gegenüber. Äneias machte einige Schritte in Richtung des Peliden und versuchte, ihm mit Drohgebären zu imponieren. Achilles wiederum verhielt sich wie ein reißender Löwe, den die versammelten Männer zu töten versuchen. Zuerst bewegt sich der Löwe unbekümmert, die Männer geringschätzend, doch sobald ihn einer der Angreifer mit dem Speer trifft, greift er mit aufgerissenem Rachen an, Schaum vor dem Maul und aus wütendem Herzen brüllend. Mit seinem Schwanz peitscht er seine Flanken und treibt sich damit selbst zum Kampf an. Funkelnden Auges dringt er voran mit Kraft, um einen der Männer zu töten; er kümmert sich nicht darum, ob er dabei auch selbst umkommen könnte. So trieben den löwenherzigen Achilles die Kraft und der Mut voran, als sich Äneias ihm näherte.

Als die beiden sich gegenüberstanden, rief der göttliche Achilles dem göttlichen Äneias geringschätzige Worte zu, er beleidigte ihn mit abwertenden Bezeichnungen und riet ihm, mit ihm nicht zu kämpfen, wenn ihm sein Leben lieb sei. Er erinnerte ihn daran, wie er ihn damals in die Flucht geschlagen hatte, als er Äneias Viehherden überfiel. Äneias zeigte, dass er keine Angst vor ihm hatte und entgegnete des Peliden Worten mit der Aufzählung seines glorreichen Stammbaums. Er fügte hinzu, dass so wie Achilles Sohn eines Sterblichen, des Peleus, und einer Unsterblichen, der Thetis, sei, so treffe das auch für ihn zu. Sein Vater sei der edle, aber sterbliche Anchises und seine Mutter die unsterbliche Aphrodite. Er wisse aber, fügte er hinzu, dass trotz glorreicher Abstammung Zeus eines Menschen Tapferkeit und Tugend vermehre oder vermindere, wie er gerade wolle. Abstammung sei also nicht entscheidend.

Äneias fuhr fort und rief seinem Kontrahenten zu, dass er kein Verständnis dafür habe, dass sie sich gegenüberstünden und sich wie kleine Kinder gegenseitig beschimpften. Beleidigungen und Beschimpfungen könne jeder aussprechen, es sei ein leichtes Spiel für die Menschenzunge, davon reichlich zu produzieren. Das Beleidigungsfeld sei unendlich breit und fruchtbar. Aber was man an Bosheiten aus seinem eigenen Munde gegen andere schleudere, werde man doppelt zurückbekommen.

Das Lied vom kategorischen Imperativ

Und die Seele sang der immerwährenden Gültigkeit geflügelte Worte:

So kam die Mahnung auf Rücksicht in die Welt, in dem Sinne: Was du anderen antust, das könnte auch dir angetan werden.

Was du nicht willst, das die anderen dir antun, tue auch selbst niemandem an.

So wurde ein Grundprinzip der Ethik geboren, das in seinem Kern eine gewisse Verwandtschaft aufweist mit dem, was viele Jahrhunderte später als kategorischer Imperativ für das Vernunftwesen Mensch in die Geschichte der Ethik einging[1].

Das ist Homers epische Botschaft.

Beleidigungen und Beschimpfungen brächten nichts, fügte Äneias hinzu, und Worte würden ihn nicht davon abhalten, mit dem Sohn des Peleus zu kämpfen. Er sehe keinen Grund, sich vor dem Kampf mit ihm zu fürchten. Diese Worte begleitend, warf er seinen Speer gegen Achilles und traf damit den goldenen Schild, der die Kraft des Wurfs bremste. Der Speer eines Sterblichen kann nicht das Werk eines Unsterblichen durchbohren; der Speer durchdrang nur zwei der fünf Schichten, die Hephästos gefertigt hatte. Der Speer des Achilles traf ebenfalls den Schild des Gegners, aber auch dieser Speer erreichte nicht sein Ziel. So begann ein furchtbarer Nahkampf zwischen den beiden Göttinnensöhnen.

Da es dann aber bald offensichtlich wurde, dass Äneias der Unterlegene war, schlug der Erderschütterer Poseidon vor, ihn zu retten – überraschenderweise, da er ein Philhellene war. Er sah zwei Gründe dafür: Erstens hatte Apollon Äneias zu diesem Kampf verführt, obwohl er selbst ihn nicht gewollt hatte. Zweitens: Äneias war einer von Zeus Lieblingen und sollte nach dem vorherzusehenden Tod von Hektor die Trojaner anführen. Hera und Athena verweigerten zwar ihre aktive Hilfe, aber sie versicherten, nichts dagegen zu

[1] Es hat mich sehr gefreut, als ich den großen germanischen Philosophen Immanuel Kant 1788 bei der Formulierung seines kategorischen Imperativs beobachtete, der lautet: „*Handle nur nach derjenigen Maxime, durch die du zugleich wollen kannst, dass sie ein allgemeines Gesetz werde.*“ Nachzulesen bei Immanuel Kant: „Kritik der praktischen Vernunft“.

unternehmen, wenn Poseidon ihn retten wollte. Der Erderschütterer Poseidon ließ daraufhin Nebel vor Achilles Augen aufsteigen, hob Äneias hoch über die Reihen der Männer und brachte ihn außer Gefahr. Er gab ihm dann den Rat, sich selbst aus den Kämpfen herauszuhalten, solange Achilles noch lebe. Nach dem Tod des Peliden könne er wieder in der vordersten Linie der Front stehen.

Nachdem seine Augen wieder klar sehen konnten, erkannte Achilles, dass das Verschwinden von Äneias Gotteswerk war. Er setzte den Kampf nun gegen andere Feinde fort und ermutigte seine tapferen Kämpfer zu tapferen Taten. In ähnlicher Weise trieb der bronzegerüstete Hektor die pferdebändigenden Trojaner und deren Verbündete an. Und die beiden Armeen prallten mit großem Kampfgetöse gegeneinander.

Apollon riet Hektor, nicht direkt mit Achilles zu kämpfen, sondern nur versteckt zwischen den Massen der trojanischen Krieger, was dieser auch tat. Achilles seinerseits wütete wie ein wildes Tier und tötete viele edle Trojaner, unter anderem auch Priamos jüngsten Sohn Polydoros. Weil der so jung war, fast noch ein Kind, hatte ihm Priamos die Teilnahme an den kriegerischen Auseinandersetzungen verboten. Polydoros aber, seiner Leichtfüßigkeit vertrauend, ignorierte leichtsinnigerweise das Verbot des Vaters und stellte sich dem ebenfalls leichtfüßigen Achilles. Seinen Leichtsinn, der offensichtlich genauso ausgeprägt war wie seine Leichtfüßigkeit, bezahlte Polydoros mit dem Leben.

Das Lied von Weisheit und Lebenserfahrung

Und die Seele sang der immerwährenden Gültigkeit geflügelte Worte:

So kam die Erkenntnis in die Welt, dass der Alten Weisheit, hochgeschätzte Tochter der Lebenserfahrung, von der Jugend nicht ungestraft missachtet wird.

Das ist Homers epische Botschaft.

Als Hektor sah, dass sein jüngster Bruder gefallen war – vielleicht war Polydoros auch nur schwer verwundet, das ist bis heute nicht ganz geklärt, dazu mehr im Nachgesang –, konnte er sich nicht mehr zurückhalten. Der gigantische Hektor stellte sich nun offen dem löwenmutigen Achilles. Dies erfreute den Sohn des Peleus sehr, der ja die ganze Zeit auf der Suche nach dem Zeusliebling gewesen war.

Der zeusbeschützte Hektor warf unverzüglich seinen Speer gegen den göttlichen Achilles. Athena aber erzeugte einen leichten Wind; dadurch änderte der Speer seine Richtung und fiel Achilles vor die Füße. Der wiederum attackierte Hektor mit großem Gebrüll; er hätte ihn auch getötet, wenn nicht Apollon den Sohn des Priamos mit dichtem Nebel umhüllt hätte – das war die mehrfach bewährte Taktik der Götter, um ins Geschehen einzugreifen und ihre Schützlinge zu retten. Dreimal attackierte Achilles den Priamiden, und dreimal verhüllte Apollon ihn im Nebel. Beim vierten Mal rief der Pelide in den Nebel hinein, dass er wisse, dass Apollon dahinter stecke. Dann habe es auch keinen Zweck, es weiter zu versuchen. „Auf ein anderes Mal", rief er in Richtung des nicht sichtbaren Hektor und begann, seine Wut über die misslungene Rache auf andere zu lenken. Viele fielen ihm zum Opfer. Manch einer flehte ihn heulend und seine Knie umklammernd um sein Leben an. Vergeblich; der männervernichtende Achilles war kein Mann von sanftem Gemüt, sondern sehr ungestüm, gnadenlos die Feinde tötend.

Das Lied von Krieg und Menschlichkeit

Und die Seele sang der immerwährenden Gültigkeit geflügelte Worte:

Und so kam die Erkenntnis in die Welt, dass Kriegshandlungen mit Empathie, Mitgefühl oder Menschlichkeit selten zu vereinbaren sind.

Das ist Homers epische Botschaft.

Wie ein heftig brennendes Feuer durch die tiefen Schluchten des trockenen Gebirges rast und dichten Wald verbrennt, wie der wirbelnde Wind die Flammen überall vor sich hertreibt, so wütete Achilles mit seiner Lanze – wie ein Dämon. Und genauso vernichtete er von seinem Kampfwagen aus reihenweise die in Panik fliehenden Trojaner. So wie starke männliche Rinder im Joch in gutgebauter Tenne weiße Gerste austreten, so dass sie unter den Füßen der brüllenden Rinder schnell enthülst ist, so stampften Achilles einhufige Pferde auf Gefallene und ihre Schilde.

Und der Sohn des Peleus jagte die Fliehenden erbarmungslos weiter.

23 Des Menschen Unmenschlichkeit, der Götter Menschsein

Zusammenfassung

Aus dem einundzwanzigsten Gesang meiner Ilias werde ich Euch erzählen, wie unmenschlich der Mensch werden kann, wie erbarmungslos und gnadenlos Achilles die Feinde vernichtet. Als Achilles Arme vom Töten müde werden, legt er eine Pause ein, während der er zwölf trojanische Jünglinge gefangen nimmt, um sie später auf dem Scheiterhaufen von Patroklos zu opfern. Am Ufer und in den Fluten des Flusses Skamandros, dessen gleichnamige Gottheit aktiv gegen Achilles kämpft, spielen sich dramatische und blutige Szenen ab. Skamandros droht Achilles in seinen Fluten zu ertränken, doch durch göttliche Intervention wird der Held gerettet. Währenddessen geht die Theomachie, die Schlacht der Götter, weiter. Troja ist sturmreif, wird aber buchstäblich im letzten Moment von Apollon gerettet – vorerst.

Und die uns begleitende Seele wird dabei geflügelte Worte von immerwährender Gültigkeit singen, wie etwa von den Euphemismen für eine schlechte Sache, die Rache, von der Allegorie der Naturgewalten, die der Mensch provoziert, und von den vielen Wegen, die der Opportunismus kennt. Und von noch manchem anderen.

Der Unmensch im Menschen

Durch seine Vernichtungsjagd trieb Achilles die Trojaner und deren Verbündete zum Fluss Skamandros, den die Götter Xanthos nennen – wir haben schon davon gehört. Was für eine Umkehrung der Situation! Gestern noch hatte auf demselben Schlachtfeld der bronzegerüstete Hektor die in Panik fliehenden Griechen gejagt, heute verfolgte umgekehrt der schnellfüßige Achilles die um ihr Leben rennenden Trojaner. In der Nähe des Skamandros-Ufers spaltete sich die trojanische Armee in zwei Teile. Ein Teil lief in Richtung Stadt, der andere Teil zum Fluss. Die zur Stadt Fliehenden hinderte Hera durch dichten Nebel an der Flucht. Die anderen wurden in den Skamandros gedrängt und versanken in seinen Fluten. Der Fluss war sehr stürmisch, mit starken Strömungen, vielen Wirbeln, und tief noch dazu. Die trojanischen Krieger versuchten mit aller Kraft, sich zum Ufer zu retten, herumgewirbelt in den Strudeln. Verzweifelte Rufe übertönten das tosende Wasser. Die Troja-

A. Marneros, *Homers Ilias psychologisch erzählt*, DOI 10.1007/978-3-658-11202-8_23

ner glichen Heuschrecken, die dem Feuer entfliehend, das der Bauer anzündet, um sie zu bekämpfen, die Gewässer suchen, um sich ins Wasser zu retten, aber die untergehen. So war es mit den fliehenden Trojanern, die sich aus Angst vor Achilles in die Gewässer des tiefwirbelnden Skamandros duckten, Menschen und Pferde von der tosenden Strömung umhergeschleudert.

Doch die Wut des furchterregenden Achilles war noch nicht befriedigt. Er sprang von seinem Wagen in die Fluten des Flusses, bewaffnet nur mit seinem Schwert, und setzte auch dort sein menschenvernichtendes Werk fort. Furchtbare Schreie der durch das Schwert Erschlagenen mischten sich mit den höllischen Geräuschen des reißenden Stroms. Die Gewässer färbten sich blutrot. Und wie der Fischschwarm vor dem großen Delphin, der jeden Fisch, den er fassen kann, hastig verschlingt, in Panik flüchtet und in abgelegenen Winkeln des Hafens Rettung sucht, so war es auch mit den gejagten Trojanern. Sie duckten sich in den Strömungen des gefährlichen Flusses unter die Uferhänge, sich mit den Händen an den Felsen festkrallend.

Als Achilles Arme vom Töten müde wurden, hörte er vorläufig damit auf, wählte aber zwölf Jünglinge aus den Reihen der bedrängten Trojaner und nahm sie, angstverschreckten Hirschkälbern gleich, als Gefangene. Er hatte Schreckliches mit ihnen vor: Er wollte sie am Scheiterhaufen des Patroklos als Sühne für des Freundes Tod opfern – wie er es vorher dem Toten versprochen hatte. Bald darauf begannen seine kräftigen Arme wieder mit ihrem menschenvernichtenden Werk. Wenn ihn jemand um Gnade bat, war der furchtbare Krieger gnadenlos. Wie etwa bei dem außerehelichen Priamos-Sohn Lykaon, der schon einmal von Achilles gefangengenommen und als Sklave verkauft worden war. Nachdem er hatte entfliehen können, begegneten sie sich wieder, der Jäger und der Gejagte. Auf das Flehen des nackten Lyakon, unbewaffnet und seine Knie umklammernd, antwortete Achilles erbarmungslos: „Keine Gnade nach Patroklos Tod."

Allein Rache war für den gnadenlosen Rächer handlungsbestimmend; nicht Menschlichkeit, nicht Erbarmen.

Das Lied von Bestien erzeugender Rache

Und die Seele sang der immerwährenden Gültigkeit geflügelte Worte:

So kam die Erkenntnis in die Welt, dass Sprüche wie „Rache ist die Hedonie der Götter" oder „Rache ist süß" bloße Euphemismen einer schlimmen Ausgeburt niederer Instinkte sind. Rache lässt die Menschlichkeit verschwinden. Rache erweckt die Bestie im Menschen. Und Rache lässt den Unmenschen im Menschen entstehen.

Das ist Homers epische Botschaft.

Achilles warf den getöteten Lykaon sogar den Fischen im Skamandros zum Fraß vor, mit den – für Mensch und Gott – verachtenden und sarkastischen

Worten: Der Flussgott könne Lyakon nun auch nicht mehr helfen, trotz der reichen Opfergaben an lebenden Kälbern und Ochsen, die die Trojaner ihm seit Menschengedenken regelmäßig brächten.

Waffen der Götter, vom Menschen gelenkt

Der Flussgott Skamandros aber fühlte sich durch Achilles Sarkasmus beleidigt und sann auf Bestrafung des Frevlers. Er war nicht gut auf den Peliden zu sprechen, wegen des erbarmungslosen Massakers, das der in seinen Gewässern veranstaltete. Er schickte den Helden Asteropaios gegen ihn, einen Verbündeten der Trojaner aus Päonia, einen Enkel des Flussgottes Axios. Achilles aber, obwohl er von ihm leicht verletzt wurde, besiegte und tötete ihn in seinem nicht enden wollenden Blutrausch. Er fragte sogar, wie Asteropaios, der von einem niederen Flussgott Abstammende, es hatte wagen können, sich gegen ihn zu erheben; ihn, den Äakiden, der direkt von Zeus abstammte. Seines Vaters Vater war ja Äakos, dessen Vater Zeus war und dessen Mutter die von Zeus entführte Ägina, wie ich Euch schon erzählte.

Das Regiment aus Päonia geriet nach dem Tod seines Führers in Panik und versuchte, am Ufer entlang zu entfliehen. Der schnellfüßige Achilles aber machte auch auf die fliehenden Päonier Jagd. Er tötete viele von ihnen; er hätte sie möglicherweise alle vernichtet, wenn nicht der Flussgott Skamandros aus dem tiefwirbelnden Flussgewässer erschienen wäre und ihm erzürnt entgegen geschrien hätte, dass er von seinem Ufer verschwinden und sein mörderisches Werk irgendwo anders fortsetzen solle. Seine Gewässer seien voller Leichen, sein Wasser deswegen nicht nur blutrot gefärbt, sondern auch gestaut, und nun könne es nicht ins Meer fließen.

Als aber Achilles, unbeeindruckt vom Zorn des Flussgottes, die Vernichtung der Trojaner und ihrer Verbündeten mit ungezügelter Wut fortsetzte, einem Dämon gleich, und sogar in den mächtigen Fluss sprang, um dort die verzweifelt Schwimmenden zu erledigen, konnte der Flussgott seinen Zorn nicht mehr zähmen – und schritt zur Tat. Er schwoll mächtig und furchterregend an, mit großem Lärm, wie ein brüllender Stier. Er stieß die unzähligen Toten aufs trockene Ufer und stürmte mit hohen Wellen gegen Achilles; der konnte sich dadurch nicht mehr auf den Beinen halten. Das Wasser schob ihn mit Gewalt vorwärts, er fiel auf seinen Schild und versuchte, sich an einer großen Ulme festzuhalten. Der mächtige Baum wurde entwurzelt, fiel ins Wasser, riss die ganze Böschung mit sich, hemmte so die Strömung und überbrückte mit ihren dichten Ästen den Fluss. So konnte Achilles den Wirbeln entkommen und entfernte sich von dem wütenden Fluss, nun auch in Angst versetzt.

Die Schlacht am Skamandros

Der große, furchterregende Skamandros aber verfolgte auch außerhalb des Flussbettes den um sein Leben rennenden Achilles weiter, in der Hoffnung, dass er ihn außer Gefecht setzen und damit die Katastrophe von den Trojanern abwenden könnte. Der schnellfüßige Sohn des Peleus jedoch sprang davon, soweit der Wurf eines Speers reicht, dem Ungestüm des schwarzen Adlers gleich. Er rannte weg vom Fluss, der ihn mit großem Getöse, hinter ihm herströmend, verfolgte. Die Wassermassen des wütenden Flusses schlugen Achilles um die Schultern, und er konnte kaum Halt finden. Voller Verzweiflung rief er Vater Zeus an, ihm diese Art des Sterbens zu ersparen. Es sei unwürdig für einen Äakiden wie ihn, für Thetis Sohn, so einen unehrenhaften Tod zu finden; als ob er ein Schweinehirtenjunge sei, der einen Gebirgsbach im stürmischen Wetter durchquert und von ihm fortgerissen wird. Der Tod, den er verdient habe, sei ein Tod im Kampf, getötet von einem der tapfersten Gegner. Aber nicht der elende Tod durch Ertrinken, eingeschlossen in den Gewässern eines Flusses.

Das Lied von des Narzissten treuem Begleiter

Und die Seele sang der immerwährenden Gültigkeit geflügelte Worte:

So bestätigt sich noch einmal, dass der Narkissos des Narzissten treuer Begleiter ist; bis zum bitteren Ende.

Das ist Homers epische Botschaft.

Achilles Gebet wurde von Vater Zeus tatsächlich erhört. Poseidon und Athena eilten sofort zu ihm und versicherten ihm, sie würden ihn nicht ertrinken lassen. Er werde weiter gegen die Trojaner kämpfen, bis sie hinter der Stadtmauer in die Stadt gedrängt wären und bis er Hektor besiegt und getötet habe. Und sie erfüllten ihn mit göttlicher Kraft. Achilles schöpfte großen Mut durch Beistand und Versprechen der Götter; er trotzte so dem wütenden Flussgott Skamandros mit neuer Kraft. Der wiederum wurde noch wilder und stürmischer, jetzt allerdings vom mit göttlicher Kraft erfüllten Achilles mehr und mehr zurückgedrängt. In seiner Bedrängtheit rief der Flussgott seinen Bruder Simois, Gott des in der Nähe fließenden gleichnamigen Flusses, zu Hilfe. Der solle sein Flussbett mit Wasser aus den Quellbächen füllen und alle einmündenden Bäche anschwellen lassen, dadurch eine riesige Flutwelle erheben und mit großem Krachen Baumstämme und Steine gegen Achilles wälzen. Gemeinsam könnten sie dann den Peliden unter Schlamm begraben, so dass die Griechen ihn zur Bestattung nicht finden würden. Und er erhob sich nochmals gegen Achilles – strudelnd, emporwütend, dahinbrausend, mit Schaum und Blut und Leichen; den göttlichen Sohn des Peleus zu verschlingen drohend.

Dies wiederum ärgerte Achilles Beschützerin, die alabasterarmige Hera, sehr, die ihren Sohn Hephästos bat, ein großes Feuer um den Fluss herum anzuzünden; sie würde es dann mit Hilfe von Zephyros und Notos, dem West- und dem Südwind, auflodern lassen. Tatsächlich verbrannte Hephästos die Ebene, so dass sie sehr trocken wurde und das Wasser im Boden versickerte. Das Feuer verbrannte die Büsche und Bäume am Ufer, ja sogar das Flussbett. Die Aale und alle andere Fische quälten sich in den Wirbeln des kochenden Flusses und sprangen in Panik hin und her.

Das Lied von den Geistern, die man rief

Und die Seele sang der immerwährenden Gültigkeit geflügelte Worte:

So kam mit dieser Allegorie der entfesselten Naturgewalten, die der Mensch provozierte, die Warnung in die Welt: Respektiere die Natur! Entfessele nicht durch das eigene Tun Naturgewalten! Die Geister, die du riefst, kannst du alleine nicht mehr beherrschen!

Das ist Homers epische Botschaft.

Die Schlacht der Götter

Der Flussgott konnte es nicht mehr ertragen, gab auf und bat die Herrin Hera um Erbarmen; sie solle ihren wütenden Sohn zurückzurufen. Das tat sie auch; schließlich sei Skamandros auch ein Gott und dürfe nicht wie ein Sterblicher gequält werden, sagte sie zu ihrem Sohn Hephästos.

Aber damit war der Kampf Gott gegen Gott nicht zu Ende. Im Gegenteil, dann gingen nämlich die Götter erst richtig aufeinander los. Ein Teil der Götter bekämpfte die anderen. Die Philhellenen-Fraktion gegen die Unterstützer der Trojaner und umgekehrt. Und Zeus nephelegeretes, der Wolkenzusammenballende, beobachtete hoch oben, auf seinem olympischen Thron sitzend, die Theomachie, die Schlacht der Götter – höchst amüsiert und sich ins göttliche Fäustchen lachend. Er sah nämlich dadurch seine Macht noch sicherer werden.

Das Lied vom Entzweien und Herrschen

Und die Seele sang der immerwährenden Gültigkeit geflügelte Worte:

So kam die Erkenntnis in die Welt, dass Spalten das Regieren sichert. Und mit ihr das Prinzip „Entzweie und herrsche".

Das ist Homers epische Botschaft.

Die Götter attackierten sich also gegenseitig und beschimpften sich mit Worten wie „Hundsfliege" und ähnlichen unflätigen Bezeichnungen. Pallas Athena schlug mit einem großen Stein den Kriegsgott Ares nieder, der zu Boden fiel. Kypris Aphrodite, die zu ihm eilte, um ihm händchenhaltend moralischen Beistand zu leisten, lag bald fast bewusstlos neben Ares, ebenfalls getroffen von Athena. Athena glaukopis, die himmelblauäugige, war voller Freude darüber; und Hera leukolenos, die alabasterarmige, lachte vor Entzücken.

Der Gewässerherrscher und Erderschütterer Poseidon provozierte den Lichtgott Apollon und rief ihm die geflügelten Worte entgegen, die nicht unberechtigten: „Ich kann überhaupt nicht verstehen, wieso du an der Seite der Trojaner kämpfst. Die Trojaner sind doch diejenigen, die uns beide betrogen und schlecht behandelt haben. Erinnerst du dich denn nicht daran, als Zeus uns damals beide nach Kleinasien ins Exil schickte, wegen unseres aufsässigen Verhaltens; erinnerst du dich nicht, was die mit uns gemacht haben? Wenn es dir entfallen sein sollte, bringe ich es dir gerne in Erinnerung: Ein ganzes Jahr haben wir für Laomedon, den damaligen König der Trojaner, gearbeitet, nachdem wir uns über das Entgelt geeinigt hatten. Ich habe die prächtige Stadtmauer gebaut, und du weidetest währenddessen meist seine

Rinderherde. Als das Jahr vorbei und die Zeit gekommen war, dass wir unseren Lohn bekommen sollten, weigerte sich der Trojanerkönig, uns für unsere Arbeit zu entlohnen. Er hat uns weggejagt, drohte uns an Händen und Füßen gefesselt als Sklaven auf ferne Inseln zu verkaufen, und dazu auch noch, unsere Ohren abzuschneiden. Und was machst du? Du unterstützt dieses undankbare Volk, statt mit uns anderen Anti-Trojaner-Göttern gegen sie zu kämpfen? Das ist mir völlig unverständlich. Nun gut, wenn du es so haben willst. Aber dann komm und kämpfe gegen mich. Du darfst anfangen." Doch Apollon lehnte mit der Begründung ab, es lohne sich für Götter nicht, für Sterbliche miteinander zu kämpfen; so zog er sich geschickt aus der Affäre und floh vor Poseidon und seinem Dreizack.

Seine Schwester Artemis agrotera, Herrin der Wildnis, wurde durch die göttliche Herrin Hera schwer gedemütigt: Die entwendete ihr die Pfeile und schlug sie mit den eigenen Waffen auf die Ohren, dabei hämisch lachend. Weinend lief die Bogenschützin Artemis zu ihrem Vater Zeus und suchte bei ihm Trost. Ihre Mutter Leto konnte einer ähnlichen Demütigung entgehen, weil ihr Gegenüber der gutmütige und schlaue Hermes Psychopompos war, der Seelenbegleiter. Der sagte zu ihr, sie solle einfach erzählen, dass sie miteinander gekämpft hätten – auch wenn das gar nicht der Fall war – und dass sie die Siegerin sei. Er sei nicht so dumm, mit einer Geliebten von Zeus zu kämpfen, da mit Sicherheit dadurch Probleme für ihn entstehen würden.

Das Lied von Opportunismus und Pragmatismus

Und die Seele sang der immerwährenden Gültigkeit geflügelte Worte:

So kam die Erkenntnis in die Welt, dass der Opportunismus viele Wege kennt, nicht immer die ehrenvollsten. Und auch, dass er vor Lügen nicht zurückscheut.

Aber gleichzeitig kam der Pragmatismus in die Welt, der Realitäten erkennt und die Menschen zwingt, sich ihnen anzupassen.

So wurde durch schlaues Verkriechen manches Bekriegen vermieden.

Das ist Homers epische Botschaft.

Während die Götter sich gegenseitig bekriegten und beschimpften, setzte der schnellfüßige Achilles seinen Siegeszug fort. Unsagbare Verluste mussten die Trojaner verkraften. Der alte Priamos, der hoch auf seinem Turm voller Verzweiflung das Geschehen beobachtete, gab die Anordnung, sofort die Tore zu öffnen, um seiner fliehenden Armee Rettung zu bieten. Jedoch war seine Sorge groß, dass damit auch Achilles Zugang zur Stadt finden könnte.

Die geschlagene Armee fand in der Tat Rettung hinter der Mauer. Die Griechen hätten an diesem Tag die Stadt erobern können, hätte nicht der Lichtgott Apollon den tadellosen Helden Agenor animiert, Achilles Paroli zu bieten und ihn daran zu hindern, in die Stadt einzudringen. Die schon besungene Ambivalenz beherrschte auch Agenor, der sich überlegte, was besser wäre: Aus der Stadt fliehen, sich in den Bergen verstecken und damit sein Leben retten, oder mit Achilles kämpfen. Der Pelide sei ja auch bloß ein Mensch mit einem verwundbaren Körper, sprach er sich Mut zu; auch der habe nur eine Seele, unsterblich sei der nicht. Er entschied sich für den Kampf.

Agenor wartete auf Achilles, so wie der Leopard einem Jäger aus tiefem Gehölz entgegen geht und sich weder fürchtet noch zittert, wenn er das Gebell der Hunde hört. Und auch wenn der Jäger ihn mit seinem Wurf trifft, lässt seine Kampfeskraft nicht nach; obwohl er vom Speer durchbohrt ist, kämpft er weiter um Sieg oder Tod. So auch Agenor, der sich dem gottähnlichen Achilles entgegenstellte wie ein Leopard, der furchtlos vor dem Jäger steht; er traf ihn sogar mit seinem Speer am Bein, aber die Beinschiene verhinderte eine Verletzung. Achilles aber traf seinen Gegner nicht, weil Apollon den mit Nebel verhüllte und ihn wegbrachte, womit er der trojanischen Armee auch etwas Zeit verschaffte, um sich hinter der Mauer in Sicherheit zu bringen.

Darüber hinaus lenkte Apollon mit einer List den Peliden von den Trojanern ab: Er lief in der Gestalt des vorher im Nebel verhüllten und entführten Agenors vom Platz des Zweikampfes in die der Stadt entgegengesetzte Richtung, zum Fluss Skamandros. Achilles verfolgte ihn. Und erst, nachdem die ganze trojanische Armee hinter der Stadtmauer in Sicherheit war, bemerkte der schnellfüßige Achilles, wie man ihn getäuscht hatte; der angebliche Agenor verschwand nämlich ganz plötzlich an einer Biegung des Skamandros.

24

Des Vorbildes Tod

Zusammenfassung

Aus dem zweiundzwanzigsten Gesang meiner Ilias werde ich Euch erzählen, wie die erschöpften und geschlagenen Trojaner versuchen, in der Stadt wieder zu Kräften zu kommen, während draußen die Griechen den Belagerungsring um die Stadtmauer immer enger ziehen. Ein Trojaner aber bleibt außerhalb der Mauer, der große Held Hektor, dem der furchterregende Achilles immer näher kommt. Nach einigem hin und her entscheidet sich Hektor zur Flucht. Es ist eine traurige und entwürdigende Flucht des um sein Leben fürchtenden Hektors, gejagt von dem auf Rache gesinnten Achilles. Mit einer List der Athena endete die Verfolgungsjagd, und ein Zweikampf der beiden Großhelden folgt. Hektor unterliegt und stirbt. Unbarmherzig nimmt Achilles sogar an Hektors Leichnam Rache.

Und die uns begleitende Seele wird dabei geflügelte Worte von immerwährender Gültigkeit singen, wie etwa über die Tatsache, dass nicht alles, was heroisch aussieht, auch heroisch ist. Über die Helden, die auch bloß Menschen sind, über die erfinderische Schamlosigkeit der List und über die Totengräber von Menschlichkeit und Empathie. Wie auch über einiges mehr.

Die abwägende Vernunft

Achilles hörte auf, hinter Apollon herzujagen, und stürmte wie ein siegreiches Rennpferd zurück, um den Krieg vor den Toren Trojas fortzusetzen – aber erst nachdem er, der Sterbliche, den Unsterblichen wegen der hinterlistigen Täuschung ordentlich beschimpft hatte.

Inzwischen versuchten die erschöpften Trojaner, in der Stadt wieder zu Kräften zu kommen. Die Griechen dagegen zogen den Belagerungsring immer enger um die Stadtmauer. Ein zerstörerisches Schicksal bestimmte, dass Hektor alleine vor der Mauer an den Skäischen Toren zurückblieb.

Als erster sah der alte Priamos, wie der schnellfüßige Achilles gegen Hektor anlief, hell leuchtend wie der Stern, den man „Hund des Orion“ oder auch „Sirios“ nennt. Dieser ist leicht erkennbar, weil er heller als die vielen anderen Sterne im Dunkel der Nacht strahlt. Der hellste aller Sterne ist aber der böseste; als böses Zeichen geschaffen, weil er den unglücklichen Sterblichen die Gluthitze bringt, die alles vertrocknen lässt. So wie dieser Stern also strahlte der göttliche Achilles in der von Hephästos geschmiedeten Rüstung. Priamos erkannte, dass der wie Sirios strahlende Held nichts Gutes bedeutete.

A. Marneros, *Homers Ilias psychologisch erzählt*, DOI 10.1007/978-3-658-11202-8_24

Das Lied vom leuchtenden Bösen

Und die Seele sang der immerwährenden Gültigkeit geflügelte Worte:

Nicht alles, was leuchtet und strahlt, verbreitet immer nur Gutes. Weder der strahlende Stern, noch der strahlende Mensch. Auch das Böse kann Euch hell, blendend und verblendend begegnen. Seid auf der Hut, auch vor dem strahlenden Sieger.

Das ist Homers epische Botschaft.

Priamos rief mit Tränen in den Augen seinem vor den Skäischen Toren auf Achilles wartenden Sohn Hektor zu, er solle sich unbedingt hinter die Mauer retten, in die Stadt kommen. Nur so könne er seinen Landsleuten helfen. Er befürchtete, dass Hektor von dem Sohn des Peleus getötet werde, wenn er dort bleibe; so wie viele seiner Brüder vor ihm. Wenn Hektor auch falle, dann sei Troja verloren. Die Stadt würde zerstört, die Frauen versklavt, die Kinder getötet, die Schätze geplündert. Und er, der alte König, würde von den Hunden gefressen. Einen ehrenloseren Tod gebe es für einen würdigen Greis wie ihn unter diesen Umständen nicht.

Hektor aber erhörte das Flehen des Vaters nicht. So übermächtig war sein Verlangen, sich mit seinem Erzfeind Achilles zu messen.

Und Hektors unglückliche Mutter Hekabe weinte bitterlich. Sie berührte mit der Hand ihre eine Brust und rief die geflügelten Worte, die verzweifelten: „Hektor mein Sohn, zeige Respekt vor dieser Brust, die dich einmal ernährt und beruhigt hat. Bekämpfe diesen Feind hinter der Mauer, aber nicht davor. Wenn du stirbst, dort wo du jetzt bist, wirst du nicht auf einem Totenbett aufgebahrt werden. Weder ich, noch deine Frau werden dich beweinen können, sondern du wirst von den hungrigen Hunden gefressen."

Aber die weinenden und flehenden Eltern konnten Hektor nicht umstimmen. Er stand vor der Mauer und wartete auf den furchterregenden Achilles. Wie eine Schlange in den Bergen aggressiv, mit schrecklichem Blick und voll des Giftes, vor ihrem Loch auf einen Menschen lauert, so erwartete der gottgleiche Priamide den gottgleichen Peliden. Aber der Schein trügt. Im Kopf der Schlange, die in den Bergen aggressiv, mit schrecklichem Blick und voll des Giftes vor ihrem Loch auf einen Menschen lauert, toben unaggressive, unschreckliche, ungiftige Gedanken.

Hektor kämpfte mit sich, wie er sich wohl verhalten sollte. Einmal dachte er, es sei doch eine Möglichkeit, hinter die Mauer in die Stadt zu gehen und von dort zu kämpfen, wie sein Vater es ihm riet. Dann wieder dachte er, es könnte sein, dass er dort kritisiert und angegriffen werde als derjenige, der die Armee durch seine Unvernunft zerstört habe. Allen voran würde es ihm der vernünftige Polydamas vorwerfen, der ihm einen rechtzeitigen geordneten Rückzug empfohlen hatte, was er aber bekanntlich schimpfend abgelehnt hatte. „Jetzt sehe ich ein, dass er Recht hatte, aber nun ist es wohl zu spät", dachte Hektor. „Ich schäme mich vor den Trojanern und den trojanischen Frauen dafür, dass ich mein Volk durch meine Vermessenheit zerstört habe. Ich würde mich noch mehr schämen, wenn jemand von niedrigerem Stande als ich sagen würde: ‚Hektor war von sich so sehr überzeugt, dass er damit das Volk zugrunde richtete'. Aber genau so würden sie von mir sprechen", dachte er weiter. Und damit verwarf er diesen Weg.

Dann kamen andere Gedanken: Es wäre sicher besser, wenn er vor der Stadt auf Achilles warten würde. Dann könne er ihn entweder töten – dann würde man ihn als den großen Retter feiern –, oder er selbst fände einen ruhmreichen Tod vor den Toren der Stadt durch den Sohn des Peleus. Und wieder andere, gegensätzliche Überlegungen: Er dachte darüber nach, ob es sinnvoll wäre, unbewaffnet zu Achilles zu gehen und ihm zu versprechen, Helena und die von Paris geraubten Schätze zurückzugeben und alle Reichtümer, die sich in der Stadt befänden, zwischen Griechen und Trojanern aufzuteilen. Er würde garantieren, dass der Ältestenrat der Stadt schwört, dass nichts versteckt ist, sondern dass alles, aber auch wirklich alles, halbe-halbe geteilt würde. Er verwarf auch diese Möglichkeit, weil er nicht ausschließen konnte, dass der hartherzige Achilles kein Erbarmen mit ihm zeigen würde, wenn er so unbewaffnet und wie ein Weib flehend vor ihm stünde.

Letztendlich entschloss er sich zum Zweikampf!

Das Lied vom Heroischen und Antiheroischen

Und die Seele sang der immerwährenden Gültigkeit geflügelte Worte:

So kam die Erkenntnis in die Welt, dass nicht alles, was heroisch und selbstaufopfernd aussieht, auch tatsächlich so ist. Es könnte auch das Antiheroische und das Selbstrettende vorher ernsthaft in Erwägung gezogen worden sein. Das heroisch Aussehende könnte in Wahrheit die alternativlos übriggebliebene einzige Möglichkeit sein.

Das ist Homers epische Botschaft.

Dann kam Achilles. In seiner Rüstung strahlte er wie hell loderndes Feuer, wie die strahlende Sonne. Oder wie Sirios, der hellste aller Sterne, der verderbenbringende.

Die Zeit für die von beiden Helden lang ersehnte Begegnung war gekommen.

Dem Kräftemessen der beiden Superhelden stand nichts mehr im Wege!

Flucht und Jagd

Hektor aber bekam es mit der Angst zu tun! Plötzlich und für ihn unerwartet!

Hektor geriet in Panik, dieser sonst so schrecken- und furchterregende Krieger!

Hektor zeigte plötzlich, für alle sichtbar, die ihn beherrschende panische Angst. Zur Verwunderung von Freund und Feind!

Hektor rannte; er rannte wie ein Angsthase davon; er, das Idol und Vorbild der bedrängten Belagerten!

Das Lied von der mehrdeutigen Übersetzung

Und die Seele sang der immerwährenden Gültigkeit geflügelte Worte:

Oh Zeus, oh Zeus! Was für eine Blamage! Würden die einen rufen, verachtungsvoll oder mitleidsvoll.

Oh Zeus, oh Zeus! Wie menschlich sind auch die Superhelden! Würden die anderen rufen, verachtungsvoll oder mitleidsvoll.

Aber so bestätigt sich noch einmal, dass auch Helden aus Fleisch und Blut sind. Und auch, dass Vorbilder ihre Schwächen haben; haben dürfen.

Oh, Ihr Sterblichen, sehet und begreifet: Angst kann jeder von Euch haben, Panik kann jeden treffen – ob Held, ob Feigling – plötzlich und unerwartet, ohne jede Vorankündigung. Niemand von Euch soll den davon Überwältigten schmähen. Jeder kann der nächste sein ...

... erlaube ich mir, Homers epische Botschaft zu übersetzen, fügte die Seele hinzu.

Hektor flüchtete, so schnell er konnte.

Achilles verfolgte ihn, so schnell es ihm möglich war.

Der schnellfüßige Achilles glich einem Falken in den Bergen, dem schnellsten unter den Vögeln, der schnellflüglig hinter einer geängstigten Taube herstürzt. Sie flieht zwar unter ihm weg, er aber stößt mit scharfem Gekreische immer wieder und wieder auf sie nieder, weil er darauf brennt, sie zu fangen. Ein solches Bild gaben nun die beiden ab – der gejagte Hektor und der ihn jagende Achilles. Sie liefen vor der Stadtmauer an der Wache vorbei, am windgebeugten Feigenbaum den Fahrweg entlang. Schließlich erreichten sie die zwei schönen Quellen des Skamandros. Die eine fließt mit warmem Wasser, und ringsherum steigt Dampf aus ihr empor wie von einem brennenden Feuer. Die andere aber fließt mit Wasser so kalt wie Hagel oder Schnee und Eis, auch im Sommer. Dort waren auch die schönen Brunnen mit steinernen Waschgruben, wo vor dem Krieg, als noch Frieden herrschte, die Frauen von Troja ihre schimmernden Gewänder wuschen. Die beiden Helden rannten auch daran vorbei.

Ein Held flüchtete, ein Held jagte hinterher. Dreimal umrundeten Gejagter und Jäger die Stadt vor ihrer Mauer; wie Rennpferde, die um eine Trophäe wetteifern. Der eine Held rannte um sein Leben, der andere Held rannte um seine Trophäe.

Mit großem Interesse verfolgten auch die Götter diese Menschenjagd. Zeus – der nicht mehr so amüsiert war, seit er die Theomachie beobachtet hatte – fragte nun die anderen Götter, was sie machen sollten: Den zeusbeschützten Hektor weiter schützen und ihn retten? Oder ihm den Schutz entziehen und ihn vernichten lassen? Die himmelblauäugige Athena antwortete ohne zu zögern: „Lieber Vater, du kannst natürlich einen Sterblichen, der sowieso eines Tages sterben muss, und so einer ist Hektor, jetzt retten. Aber du sollst wissen, dass wir damit nicht einverstanden sind." Zeus gab zurück: „Es ist in Ordnung, mein liebes Kind. Das mit Hektors Rettung habe ich nicht so ernst gemeint. Regele es, wie du meinst, aber tue es schnell." Athena sprang daraufhin sofort vom Olymp hinunter, und mit einem einzigen Satz landete sie auf dem trojanischen Schlachtfeld.

Der bis dahin immer zeusbeschützte Hektor stand ab jetzt nicht mehr unter Zeus Schutz!

Der schnellfüßige Achilles machte währenddessen unermüdlich Jagd auf Hektor und rannte wie ein Windsturm hinter ihm her. So wie ein Jagdhund ein Hirschkälbchen aus seinem Versteck aufscheucht und durch Täler und Schluchten hetzt, so dass das Arme kein Versteck finden kann, so lief Achilles hinter dem gehetzten Hektor her, der auch, dem gejagten Hirschkälbchen ähnlich, kein Versteck erreichte. Jedes Mal, wenn er versuchte, die dardanischen Tore zu erreichen, in der Hoffnung, dass er dort von den Pfeilen und Speeren der Trojaner geschützt würde, sprang Achilles vor ihn und jagte ihn zurück ins offene Feld. Es war wie im Albtraum, wo der eine den anderen jagt, ihn aber nicht fangen kann; wo aber der Fliehende dem Jäger nicht entkommen kann. Apollon versuchte, den Gejagten vor den Keren, den schwarzen Geistern des gewaltsamen Todes, zu retten, indem er ihm mehr Kraft verlieh. Aber der schnellfüßige Achilles rannte weiter hinter ihm her, ohne zu ermüden, und gleichzeitig gab er mit einer Geste der griechischen Armee zu verstehen, dass niemand gegen den fliehenden Hektor einen Pfeil schießen oder einen Speer werfen dürfe. Er hatte die Sorge, dass ihm der heißersehnte Ruhm abhandenkäme, wenn jemand anderer Hektor tötete.

Als die beiden schließlich zum vierten Male die vorher erwähnten schönen Brunnen mit den steinernen Waschgruben erreichten, nahm Vater Zeus seine goldene Lebenswaage und legte in die eine Schale Achilles Kere und in die andere die von Hektor, Trojas Idol. Die Schale des Priamossohnes wog schwerer als die des Peleussohnes; sie neigte sich erbarmungslos in Richtung Hades.

Als der Lichtgott Apollon das sah, verließ er schweren Herzens Hektor; auch er überließ ihn seinem Schicksal.

Hektors Kere, der schwarze Geist des gewaltsamen Todes, hatte ab sofort freie Hand!

Die himmelblauäugige Athena dagegen ermutigte Achilles und versprach, Hektor zu verleiten, nicht weiter zu fliehen, sondern sich dem Kampf mit ihm zu stellen. Hocherfreut hörte Achilles auf, den gehetzten Hektor rennend zu verfolgen. Er wartete. Nun wusste er, dass das ersehnte Ziel zum Greifen nahe war; auf diese Zeustochter konnte man sich immer verlassen. Und in der Tat machte Pallas Athena ihrem Ruf als zuverlässige Verbündete alle Ehre: Sie näherte sich in Gestalt von Hektors Bruder Deiphobos dem Fliehenden, zeigte Mitgefühl und Solidarität. Sie bot dem bedrängten Hektor an, mit ihm gemeinsam Achilles zu bekämpfen. Der so hinters Licht geführte Hektor, nichts von dem Betrug ahnend, freute sich sehr, seinen geliebten Bruder zu sehen und sein Angebot zu hören. Und er sprach erleichtert zu ihm die geflügelten Worte, die dankbaren und schicksalhaften: „Deiphobos, du warst immer mein Lieblingsbruder, aber nun schätze ich dich noch mehr. Du hast die sichere Stadtmauer verlassen, um mir zu helfen, während alle anderen das nicht wagen. Du verdienst meine hohe Achtung und tiefe Dankbarkeit!"

Die als Deiphobos getarnte Athena erwiderte die geflügelten Worte, die scheinheiligen und betrügerischen: „Nun ja, weißt du, Vater und Mutter, wie auch meine Kameraden, haben mich auf Knien angefleht, es nicht zu tun, sondern in der sicheren Stadt zu bleiben; so viel Angst haben sie alle. Aber mein Herz konnte das, was sich hier abspielt, nicht mehr ertragen. Nun bin ich also hier bei dir. Komm, lass uns mit allen unseren Waffen gegen den Sohn des Peleus kämpfen. Und dann werden wir sehen, ob er uns beide tötet oder von deinem Speer bezwungen wird."

So täuschte Pallas Athena den gejagten Helden und ging listig voran. Schließlich stand der gottgleiche Hektor dem gottgleichen Achilles gegenüber, von neuer Hoffnung erfüllt, nicht ahnend der Arme, dass die Götter ihn aufgegeben hatten und dass gerade die Zeustochter die Tore des Hades für ihn öffnete. Hektor richtete an Achilles die geflügelten Worte, die erhabenen: „Ich werde nicht mehr aus Angst vor dir davon rennen. Ich habe meinen Mut wiedergefunden; ich werde mit dir kämpfen. Lass uns aber zunächst bei den Göttern schwören: Wenn ich dich töte, werde ich deine Leiche nicht misshandeln. Ich werde deine berühmten Waffen nehmen, aber deinen Leichnam werde ich den Griechen geben, damit sie ihn ehrenvoll bestatten können. Das gleiche sollst du mit mir tun, falls du den Sieg erringst."

Der kraftstrotzende Achilles lehnte diesen Vorschlag rundheraus ab. Es sei unmöglich, eine verlässliche Übereinkunft zwischen Löwen und Menschen

oder zwischen Wölfen und Lämmern zustande zu bringen. Und er fügte noch die geflügelten Worte hinzu, die rachsüchtigen: „Du musst für das, was du bisher angerichtet hast, bezahlen; und für den Schmerz, den du meinen Kameraden zugefügt hast".

Und mit diesen letzten Worten warf er seinen Speer gegen Hektor, der ausweichen konnte. Die himmelblauäugige Athena aber nahm den auf dem Boden gelandeten Speer und reichte ihn unbemerkt zurück an Achilles. Hektor warf ebenfalls seinen Speer, konnte aber damit den Schild seines Gegners nicht durchdringen, was ihn sehr erzürnte. Weil er keinen Speer mehr hatte, rief er laut nach seinem Bruder Deiphobos, damit der ihm einen neuen gebe. Aber da war kein Deiphobos! Der war wie vom Erdboden verschwunden, keine Spur von ihm! Neben Hektor war nur bedrohliche Leere. In dem Moment offenbarte sich ihm die Wahrheit: Hektor begriff schlagartig, dass auch er nur ein Spielball im großen Götterspiel war! Es wurde ihm blitzschnell klar: Nicht länger war er Apollons Schützling, nicht mehr ein Zeusbeschützter! Die ihn bis dahin schützenden Götter hatten ihm den Schutz entzogen. Vater Zeus ließ den Keren freie Hand und hatte ihn dem Hades zugesprochen. Sein angeblich helfender Bruder war eine Täuschung und der Götter diabolischer Plan. Es gab kein Entrinnen mehr!

Und alles lief nach dem göttlichen Plan. Der bisherige Liebling des Zeus stand ohnmächtig der Macht der mächtigen Göttin Athena – Achilles Beschützerin – gegenüber. Der schutzlos Gewordene hatte ihr in seiner Machtlosigkeit nichts entgegen zu setzen.

Das Lied von der erfinderischen Schamlosigkeit

Und die Seele sang der immerwährenden Gültigkeit geflügelte Worte:

So kam die Erkenntnis in die Welt, dass der List erfinderische Schamlosigkeit vor nichts zurück schreckt, um das zu erreichen, was sie sich zum Ziel setzte. Auch nicht vor Instrumentalisierung der Familienbande und der familiären Gefühle. Das Ziel heiligt die listigen Mittel des unheilig Listigen.

Das ist Homers epische Botschaft.

Das Lied von Macht und Ohnmacht

Und die Seele sang noch dazu diese der immerwährenden Gültigkeit geflügelte Worte:

Somit wurde für Euch Sterbliche noch einmal bestätigt, dass die Macht der Mächtigen der Ohnmächtigen Ohnmacht ist.

Das ist Homers wiederholte epische Botschaft.

Der erhabene Hektor beschloss, nicht wieder davon zu laufen. Er würde wie ein großartiger Held sterben, respektiert und verehrt von kommenden Generationen. Mit dem Schwert in der Hand stürmte der von den Göttern verratene Hektor dem von den Göttern begünstigten Achilles entgegen, wie ein hochfliegender Adler, der durch die dunklen Wolken in die Ebene hinab schießt, um ein zartes Lamm oder einen kauernden Hasen zu schlagen. Der riesige Achilles stellte sich ihm entgegen; in seiner göttlichen Rüstung, die Brust voll des Ungestüms. Wie Hesperos, der Abendstern, der schönste aller Sterne am Himmel, wenn er im Dunkel der Nacht dahinzieht, so strahlte des Peliden Lanze.

Ja, so strahlte sie – bevor sie in Hektors gigantischem Körper landete, dort wo das Schlüsselbein den Hals von den Schultern trennt.

Ein trauriges bewunderndes Murmeln

... wie ein großartiger Held sterben, respektiert und verehrt von kommenden Generationen ...

... murmelte leise, voll der Trauer und der Bewunderung, die Seele, respektvoll den am Boden liegenden Helden betrachtend.

Henker und Totengräber

Unbarmherzig sprach Achilles zu dem am Boden liegenden, aber noch lebenden Hektor die geflügelten Worte, die rachsüchtigen und unempathischen: „Als du den Leichnam des Patroklos entehrt hast und ihm die Waffen abzogst, hast du nicht daran gedacht, dass du von mir auch getötet und entehrt werden könntest. Das war sehr leichtsinnig von dir! Dich werden jetzt die Hunde und die Raubvögel schmählich verschleppen. Aber Patroklos wird von uns Griechen in allen Ehren bestattet."

Der sterbende Heros, der gerade noch sprechen konnte, bat Achilles inbrünstig, ihn nicht den Hunden und Raubvögeln zu überlassen, sondern seinen Leichnam gegen kostbare Geschenke einzutauschen, so dass die Trojaner ihn ehrenvoll bestattet könnten. Das lehnte Achilles mit harten Worten ab und nannte ihn einen Hund; so groß war sein Hass gegen den, der Patroklos getötet und zu entehren versucht hatte. Selbst wenn Priamos ihm so viel Gold anböte, wie sein Körper schwer sei, würde er das nicht annehmen, schleuderte er dem sterbenden trojanischen Helden entgegen. Alles Gold könnte Hektor nicht davor retten, zum Fraß von Hunden und Raubvögeln zu werden.

Das entsetzte Murmeln der Seele

Und die Seele murmelte entsetzt in sich hinein:

Oh Menschlichkeit, oh Barmherzigkeit, wo seid ihr geblieben? Werdet ihr auch durch einen Henker gehenkt und wie der gefallene Heros sterben?

Oh Empathie, die du den Menschen zum Menschen machst, wirst du auch Fraß von Hunden und Raubvögeln, den entehrenden Totengräbern?

Und sie sang dann der immerwährenden Gültigkeit geflügelte Worte:

Blinder Hass und unversöhnliche Rachegefühle sind der Hartherzigkeit Eltern, der Barmherzigkeit Henker und auch noch der Menschlichkeit und der Empathie Totengräber.

Das ist Homers epische Botschaft.

Sterbend flüsterte der gefallene Held dem hartherzigen Sieger zu, dass er, Achilles, ein Herz aus Eisen habe und sich deshalb nicht überzeugen lasse. Er solle aber daran denken, dass er mit seinem Verhalten die Götter gegen sich aufbringe und dass er damit seinem eigenen Tod entgegeneifere.

Dann wurden des gottgleichen Hektors Augen von der unendlichen und ewigen Dunkelheit überzogen. Er konnte Achilles letzte Worte nicht mehr hören: „Stirb du! Und wenn Zeus und die anderen unsterblichen Götter auch mir den Tod schicken, dann werde ich ihn gebührend empfangen." Mit diesen Worten nahm er dem Toten die Waffen ab. Die anderen griechischen Krieger umringten den gefallenen trojanischen Helden und staunten über seine Größe und sein bewundernswertes Aussehen.

Und es gab kaum jemanden unter ihnen, der nicht nach ihm stach.

Ein weiteres trauriges Murmeln der Seele

Und die Seele murmelte weiter – traurig, sehr traurig:

Oh Menschlichkeit, oh Barmherzigkeit, oh Empathie, wo seid ihr geblieben ...

Und sie sang noch dazu der immerwährenden Gültigkeit geflügelte Worte:

So bestätigt sich nochmals und nochmals: Von der Eiche, die gefällt ist, kann sich jeder etwas abhacken, auch wenn sie einst prächtig und mächtig war und der Abhackende klein und mickrig ist.

Das ist Homers epische Botschaft.

Der siegreiche Achilles, seine Brust voll der Genugtuung und des Stolzes, forderte die anderen Griechen auf zu erkunden, was die Trojaner nach ihrem großen Verlust nun planten. Für ihn selbst hatte die Rache für Patroklos Priorität.

Für den toten Feind hatte er furchtbare Dinge erdacht, der Unbarmherzige: An beiden Füßen durchbohrte er ihm die Sehnen, hinten von der Ferse bis zum Knöchel. Daran knüpfte er lederne Riemen, band den Toten an seinen Wagen, mit dem Körper die Erde berührend und der Kopf im Staub liegend. Er selbst stieg auf den Wagen und hob Hektors berühmte Waffen, für jeden sichtbar; er schwang die Peitsche, und die Pferde flogen willig dahin. Und dann jagte er Runde um Runde um die Stadt, den Körper des gefallenen Helden am Wagen nach sich schleifend. Vor den Augen der entsetzten Eltern, den Blicken der unglücklichen Landsleute.

Das Lied von der Abstammung der Grausamkeit

Und die Seele sang der immerwährenden Gültigkeit geflügelte Worte:

Und so kam die Erkenntnis in die Welt, dass die Grausamkeit ein Kind ist der Hartherzigkeit und ein Kindeskind von blindem Hass und unversöhnlichen Rachegefühlen.

Das ist Homers epische Botschaft.

Voll des Staubes waren bald die schönen schwarzen Haare des toten Trojanerhelden Hektor; ebenso der ganze geschändete Leichnam. Vater und Mutter des Getöteten schrien hell und sehr laut und riefen um Erbarmen. Das Volk der Trojaner, rings um das Königspaar geschart, erhob schrilles Geschrei und Wehklage, die ganze Stadt war voll davon. Die Männer konnten nur mit Schwierigkeiten den alten König Priamos zurückhalten, der verwirrt vor die dardanischen Tore der Stadtmauer strebte. Er wollte zum Mörder seines

Andromache beim Anblick des geschleiften Hektor

Kindes gehen und ihn bitten, ihm den Leichnam des gefallenen Sohnes zu übergeben, um ihn ehrenvoll bestatten zu können. Vielleicht könnte sogar dieser verderbenbringende Mann Respekt vor seinem Alter zeigen, an seinen eigenen Vater, den alten Peleus, denkend; so hoffte der verzweifelte König. Die Königin setzte ihr herzzerreißendes Wehklagen ohne Unterlass fort.

Hektors Frau Andromache hatte von all diesen Geschehnissen noch nichts mitbekommen. Sie war zuhause, webte an einem schönen Tuch und gab ihren Dienerinnen die Anweisung, für Hektor ein heißes Bad vorzubereiten. Als sie aber das Wehklagen von den Türmen hörte, begann sie zu ahnen, was geschehen war. In Begleitung von zwei Dienerinnen lief sie zum Turm. Und dort sah sie, wie der Leichnam ihres geliebten Mannes von den Pferden des unbarmherzigen Siegers um die Stadtmauer geschleift wurde. Sie fiel vor Schmerz in Ohnmacht.

Als sie schließlich wieder zu sich kam, brach sie in lautes Wehklagen aus. Sie beweinte ihren gefallenen Gatten, ihr bevorstehendes bitteres Schicksal als Witwe und das noch bitterere Schicksal ihres gemeinsamen Sohnes Astyanax – sein Name bedeutet „Herr der Stadt“. Sie malte sich für ihn eine unglückliche Zukunft aus, voller Entbehrungen und Zurückweisungen.

Und leider ist das alles auch so eingetreten, wie ich Euch im Nachgesang noch erzählen werde.

25 Des Übertreibens Grausamkeit

Zusammenfassung

Aus dem dreiundzwanzigsten Gesang werde ich Euch erzählen von der Grausamkeit und von der Übertreibung, wodurch auch edle Gefühle entwürdigt werden können, so wie Achilles Trauer um den verstorbenen Freund. Die Bestattung von Patroklos kann endlich stattfinden. Nach Beendigung der ausgiebigen Bestattungszeremonien, die nicht nur Trauer, sondern auch manche Grausamkeiten beinhalten, werden Wettkämpfe zu Ehren des Verstorbenen veranstaltet. Währenddessen liegt der gefallene Hektor im Staub vor Achilles Unterkunft.

Und die uns begleitende Seele wird dabei geflügelte Worte von immerwährender Gültigkeit singen, wie etwa über den Traum, der Wünsche und Probleme des Tages in der Nacht sichtbar macht, über die Gefährlichkeit des übertriebenen Gefühlsausdrucks, über die Elastizität von Prinzipien. Und über manches andere.

Der edlen Gefühle Entwürdigung

Während die Trojaner in der Stadt um Hektor trauerten, kehrten die schönbeschopften Griechen mit Siegesliedern zurück in ihre Lager. Achilles befahl seinen Myrmidonen, noch vor dem Ausspannen der Pferde und vor dem Nachtmahl eine Trauerzeremonie für Patroklos zu veranstalten. Alle gehorchten, wehklagten am Totenbett und führten Trauerrituale durch.

Der Pelide hatte weitere schmachvolle Dinge für den gefallenen Hektor ersonnen, um den sogar nach dessen Tod noch gehassten Rivalen zu entehren. Er ließ den Leichnam neben Patroklos Totenbett legen, das Gesicht im Staub. Er kündigte an, er werde Hektors Leichnam den Hunden zum Fraß vorwerfen. Und er werde den zwölf von ihm ausgewählten trojanischen Jünglingen, die sich in ihrer Gefangenschaft befanden, am Scheiterhaufen des Patroklos den Hals durchschneiden.

Als die Totenzeremonien für diesen Tag ihr Ende fanden, wurde Achilles von anderen Fürsten, unter ihnen Agamemnon, aufgefordert, sich zu baden und seinen blutverschmierten Körper zu reinigen. Achilles lehnte ab, er werde das erst nach Patroklos Bestattung tun. Er befürchte nämlich, so sagte er, dass die Seele seines Freundes es nicht gut fände, wenn er das vorher täte. Später, als alle anderen schliefen, saß er alleine am Strand, dort wo die Wogen an die Gestade schlugen, und dachte an seinen gefallenen Freund. Als

A. Marneros, *Homers Ilias psychologisch erzählt*, DOI 10.1007/978-3-658-11202-8_25

er eingeschlummert war, erschien ihm Patroklos Seele. Sie sah so aus wie der Freund lebend im diesseitigen Leben ausgesehen hatte, bekleidet mit seinen irdischen Kleidern. Patroklos Seele bat den Freund, sobald wie möglich mit der Bestattung zu beginnen, weil sie sonst weiter umherirren müsse und keinen Zugang zu Hades Reich habe. Aber dem nicht genug, sie kündigte auch Achilles baldigen Tod an und äußerte einen Wunsch: Nach der Verbrennung sollten Patroklos Gebeine aus der Asche geholt und aufbewahrt werden. Wenn es dann so weit sei, sollten sie zusammen mit des Peliden Gebeinen in der goldene Amphore beerdigt werden, die Thetis ihrem Sohn gegeben hatte; so würden die beiden Freunde auch nach dem Tod verbunden bleiben. Erschrocken und gleichzeitig erfreut versuchte Achilles, seinen Patroklos zu umarmen; aber vergeblich – es war kein Körper da, um ihn zu berühren.

Das Lied von einer Traumzeugung

Und die Seele sang der immerwährenden Gültigkeit geflügelte Worte:

So kam die Erkenntnis in die Welt, dass das, was den Menschen am Tage beschäftigt, was seine Emotionen während des Tages aufwühlt, in der Nacht zu ihm kommt in Gestalt eines Traumes.

Das ist Homers epische Botschaft.

Schon in der ersten Morgenstunde begannen die Bestattungsvorbereitungen für Patroklos. Nachdem eine Menge Holz aus den Bergen gebracht und ein riesiger Scheiterhaufen sorgsam aufgeschichtet worden war, begann eine pompöse und zugleich anrührende Bestattungszeremonie. Die Männer bedeckten den Toten mit Haaren, die sie vorher von ihren Häuptern geschoren hatten. Achilles opferte sein langes blondes Haar, das sein Vater einem lokalen Flussgott, Sperchios, versprochen hatte, falls sein Sohn lebend nach Griechenland zurückkehren würde. Doch der Sohn des Peleus wusste ja, dass das nicht der Fall sein würde, also konnte er diese unwiederbringliche besondere Opfergabe für seinen Freund leisten. Es wurden viele Tiere geopfert und auf den Scheiterhaufen geworfen, Lämmer und Rinder, aber auch vier schöne Pferde und zwei von Achilles neun Hunden. Und er machte seine furchtbare Ankündigung wahr: Er opferte die zwölf trojanischen Jünglinge und warf ihre Leichen eigenhändig auf Patroklos Scheiterhaufen.

Das Lied von der Entwürdigung der edlen Gefühle

Und die Seele sang der immerwährenden Gültigkeit geflügelte Worte:

So kam die Erkenntnis in die Welt, dass der übertriebene Gefühlsausdruck Schlimmes, ja auch Grausames anrichten kann. Dadurch verlieren sogar edle Gefühle ihre Würde.

Das ist Homers epische Botschaft.

Das Feuer wurde angezündet, wollte aber nicht brennen, wollte die Toten nicht verschlingen. Achilles betete zu den Windgöttern um Hilfe; vor allem zu Zephyros, dem Westwind, und Boreas, dem Nordwind. Er versprach ihnen reiche Opfergaben, wenn sie helfen und das Bestattungsfeuer lodern lassen würden. Die windfüßige, goldgeflügelte Iris brachte das Gebet blitzschnell zu den Windgöttern, die gerade bei einem reichen Gelage waren. Nebenbei gesagt, hatte Iris es sehr eilig; kaum auf der steinernen Schwelle des Palastes der Winde stehend, rief sie den beiden das Gebet zu und lehnte die herzliche Einladung zum Festmahl ab. Grund dafür war, dass sie in das Land der Äthiopier fliegen wollte, zu den makellos schönen Menschen, die gerade den Göttern opferten; sie wollte ihren Anteil an den reichen Opfergaben nicht verlieren. Die Windgötter erhörten Achilles Gebet, flogen über das Meer in die trojanische Ebene und bliesen heftig in Patroklos Bestattungsfeuer.

Das damit auflodernde riesige Feuer verbrannte alles, was auf dem Scheiterhaufen lag – zuoberst Patroklos Leichnam, der nun als Rauch zum Himmel emporstieg. Bis zu den Morgenstunden schlugen die Flammen, und erst als das Feuer zu erlöschen begann, konnte Achilles erschöpft einschlafen.

Nachdem er erwacht war, befahl der Pelide, Patroklos Knochen zu sammeln, um sie in der schon erwähnten goldenen Amphore aufzubewahren. Dann wurde zu Ehren des Patroklos ein imposanter Grabhügel errichtet. Als all das getan war, veranstaltete Achilles Wettspiele zu Ehren seines toten Freundes. Die reichen Preise für die Sieger, goldene Gefäße und Pferde und Rinder und Sklavinnen und vieles andere, hatte er selbst gespendet.

Die harten Kämpfe, die glücklichen Sieger und die enttäuschten Verlierer werde ich hier und heute nicht mehr besingen, meine treuen Zuhörer, obwohl alles sehr spannend und interessant war. Auch nicht die menschlichen Eitelkeiten, nicht die Begeisterung von Teilnehmern und Zuschauern. Und auch nicht der Athleten Trickserеien und Manipulationen sowie die gefundenen Kompromisse, faule und ehrenvolle. Denn all das, was ich damals in vielen, sehr vielen Versen besungen habe, steht heute nicht im Mittelpunkt meiner Erzählung.

Die Windgötter fachen Patroklos Scheiterhaufen an

Während Patroklos in einer solch pompösen, nach damaligen Sitten ehrenvollen Weise bestattet wurde und die imposanten Wettkämpfe zu seinen Ehren stattfanden, lag des Hektors geschundener Leichnam dagegen ehrlos und unbestattet im Staub. Merkwürdigerweise aber berührte kein Hund den Leichnam. Kypris Aphrodite war es, die die Hunde wegscheuchte. Sie war es auch, die Hektors Körper ohne Unterlass mit ambrosischem Rosenöl salbte, so dass er beim Schleifen unverletzt blieb. Der Lichtgott Apollon schützte den toten Helden ebenfalls; er schickte eine Wolke, so dass die Sonne dem toten Körper nichts anhaben konnte.

Das Lied vom Trost der Wiedergutmachung

Und die Seele sang der immerwährenden Gültigkeit geflügelte Worte:

So kam die Erkenntnis in die Welt, dass die Wiedergutmachung für vorher getanes Unheil nie das Unheil wieder gut machen kann, allerdings ein Trost, eine kleine Entschädigung sein kann. Was Götter Hektor angetan hatten, konnte die Wiedergutmachung durch andere Götter nicht wieder gut machen, aber sie konnte die Folgen etwas mildern. So ist das seitdem mit allen Wiedergutmachungen auf der Welt.

Das ist Homers epische Botschaft.

Was für ein Kontrast im Verhalten, nicht nur von Seiten des Achilles, den gefallenen Helden gegenüber! Beide – der gottgleiche Hektor und der ebenfalls gottgleiche Patroklos – waren im Leben erhabene Heroen, von den Göttern geliebt, von den Menschen bewundert. Beide fanden einen heroischen Tod, um ihre jeweiligen Landsleute zu schützen und zu retten. Doch die heiligen Prinzipien der Totenehrung wurden beim einen in übertriebenem Maße eingehalten, beim anderen in übertriebenem Maße missachtet und buchstäblich in den Staub getreten.

Das Lied vom Jenachdemismus

Und die Seele sang weitere der immerwährenden Gültigkeit geflügelte Worte:

So kam die Erkenntnis in die Welt, dass Prinzipien elastisch sein können. Bei einer Angelegenheit gelten sie, bei einer anderen nicht. Bei einer Person werden sie angewendet, bei einer anderen völlig missachtet. Jenachdem!

So kam auch der Jenachdemismus in die Welt, jene an Situationen und Personen angepasste Anwendung von Prinzipien, die in der Regel zu konträren Verhaltensweisen führt[1].

Das ist Homers epische Botschaft.

[1] Eine interessante Darstellung des Jenachdemismus – bzw. zu dessen Synonym „Prokrustes-Prinzip" – liefern uns Prometheus und Herakles in einer wortgetreu protokollierten Diskussion in dem schon erwähnten Buch „Feuer für ausgebrannte Helden. Die Suche nach Orientierung. Ein Abenteuer mit Prometheus und Herakles" von Andreas Marneros (2015).

26
Die Geburtsstunde der Humanität

Zusammenfassung

Aus dem vierundzwanzigsten Gesang meiner Ilias schließlich werde ich Euch erzählen von der Geburt der Humanität. Kurz zusammengefasst ist sie so vonstattengegangen: Priamos, göttlich geschützt und von Hermes geführt, wagt sich, in die Höhle des Löwen zu gehen und dort dem Mörder seines Sohnes in die Augen zu schauen: in Achilles Unterkunft. Er bittet um den Leichnam seines Sohnes, damit er ihn würdevoll bestatten kann, an das Mitgefühl des griechischen Helden appellierend. Das bis jetzt unmöglich Erscheinende wird möglich: Achilles zeigt Empathie und Mitgefühl, lässt den Leichnam auslösen und behandelt den alten König würdevoll. Darüber hinaus garantiert er Waffenruhe bis zum Ende der zwölf Tage dauernden Bestattungszeremonien für Hektor – die auch eingehalten wird.

Und die uns begleitende Seele wird dabei geflügelte Worte von immerwährender Gültigkeit singen, wie etwa über den Verlust von Empathie und Scham, der den Menschen zur Bestie macht, über die Tatsache, dass nicht die Abstammung eines Menschen, sondern seine Haltung und seine Werke von Bedeutung sind. Über das ungerechte Verhalten, das durch Trauer und Trauma entstehen kann, und über die Tatsache, dass die Humanität ein Kind der Empathie ist. Und schließlich noch über einiges mehr.

Der Mensch und die Bestie

Nach Beendigung der ausgiebigen Bestattungszeremonien und der Wettkämpfe kehrten alle zu ihren Lagern zurück und schliefen. Nur Achilles konnte keinen Schlaf finden; er dachte unentwegt an seinen toten Freund Patroklos und wälzte sich schlaflos auf seinem Lager. Schließlich stand er auf und wanderte am Strand umher; dort blieb er bis zum Erscheinen der Eos rhododaktylos, die die Erde in Farbe zu tauchen begann. Anschließend kehrte er zum Myrmidonenlager zurück und schleifte Hektors toten Körper, den er auch diesmal hinter seinen Kampfwagen gebunden hatte, dreimal um Patroklos Grabmal. Erst dann konnte er in seinem Schlafgemach Ruhe finden. Hektors Leichnam ließ er im Staub liegen, der aber blieb dank der liebevollen Bemühungen von Apollon und Aphrodite unversehrt und unbeschädigt.

Nicht nur Aphrodite und Apollon, sondern auch andere Götter konnten die ehrlose Behandlung des Leichnams nicht länger mit ansehen. Zeus schlug schließlich vor, dass der Seelenbegleiter Hermes den toten Helden stehlen sol-

A. Marneros, *Homers Ilias psychologisch erzählt*, DOI 10.1007/978-3-658-11202-8_26

le, er war ja bekanntlich nicht nur Seelenbegleiter, Götterbote und Gott der Kaufleute, sondern auch der Gott der Diebe, und für noch einiges andere zuständig. Aber die Idee scheiterte am Widerstand vor allem der Pallas Athena und der Herrin Hera, die noch gekränkt waren durch die damalige Entscheidung von Paris zu Gunsten von Kypris Aphrodite. Und so konnte sich das abscheuliche Ritual zwölf Tage lang allmorgendlich wiederholen.

Am zwölften Tag hielt der in Licht gehüllte Apollon es nicht mehr aus und sagte empört zu den anderen Göttern die geflügelten Worte, die vorwurfsvollen: „Ihr seid hartherzige und zerstörerische Götter. Darüber hinaus seid ihr undankbar dem gefallenen Hektor gegenüber, einem erhabenen Helden, der euch allen so viele und reiche Opfergaben darbrachte. Und nun schafft ihr es nicht, den Toten zu schützen und möglich zu machen, dass Vater und Mutter, Ehefrau und Sohn gemeinsam mit seinen Landsleuten ihn ehrenvoll bestatten? Und was tut ihr gegen einen so furchtbaren Menschen wie diesen Peliden, der weder einen gerechten Sinn, noch ein einfühlsames Herz in seiner Brust hat?“

Und der Lichtgott stellte eine Diagnose mit Ewigkeitscharakter und sprach die geflügelten Worte, die schwerwiegenden und wegweisenden: „Achilles ist eine Bestie geworden; wie ein wilder Löwe, der seiner großen Kraft und seinem wilden Trieb nachgibt und die Schafe der Menschen zerfleischt. Er hat seine Empathie verloren und auch die Scham eingebüßt, die nützlich – obwohl auch manchmal schädlich – für die Menschen ist.“

Das Lied von der Bestie-Werdung des Menschen

Und die Seele sang der immerwährenden Gültigkeit geflügelte Worte:

So kam die Erkenntnis in die Welt, dass der Verlust von Empathie und Scham den Menschen zu einer Bestie machen kann.

Das ist Homers epische Botschaft.

Und der Gott des Lichtes fuhr fort mit den geflügelten Worten, den wahrhaftigen: „Achilles übertreibt mit seiner Trauer. Auch wenn man jemanden verliert, der einem noch näher steht als der Freund, jemand wie den Bruder oder den Sohn, dann trauert und beweint man ihn für einige Zeit. Aber dann hört man auf. Nicht umsonst haben die Moiren den Menschen ein duldsames Gemüt gegeben. Und was macht Achilles? Nachdem er Hektor das Leben geraubt hat, bindet er ihn hinter den Wagen und schleift ihn um das Grabmal seines Freundes, was wahrhaftig nicht das Beste und Schönste ist von dem, was er zu tun hätte! Wir sollten ihm das nicht weiter zugestehen, auch wenn er so ein tapferer Mensch ist. Denn das, was er in seinem Zorn tut, ergibt keinen Sinn; der misshandelte tote Körper ist nichts anderes als tote Erde.“

Das Lied von der abnormen Trauer

Und die Seele sang der immerwährenden Gültigkeit geflügelte Worte:

So kam die abnorme Trauer in die Welt, die pathologische; die verstärkte Reaktion auf den Verlust eines nahestehenden Menschen, die in ihrer Dauer, ihrer Art und ihrer Intensität stark von den allgemein geltenden Erfahrungswerten und sozialen Erwartungen abweicht.

Das ist Homers epische Botschaft.

Das Lied von der Grausamkeit des Übertreibens

Und die Seele sang noch diese weiteren der immerwährenden Gültigkeit geflügelte Worte:

In Ergänzung zu einer vorher von mir gesungenen Erkenntnis, dass nämlich der übertriebene Gefühlsausdruck Schlimmes, ja auch Grausames anrichten kann und dadurch sogar edle Gefühle ihre Würde verlieren, kam auch die Erkenntnis in die Welt, dass das Übertreiben von im Prinzip sympathischen Gefühlen, wie der Trauer, sie am Ende gar nicht mehr so sympathisch macht.

Auch das ist Homers epische Botschaft.

Herkunft und Haltung

Die alabasterarmige Hera konnte sich die zornige Bemerkung nicht verkneifen, dass des lichtstrahlenden Apollons Worte nur dann Gültigkeit hätten, wenn der Pelide Achilles und der Atride Hektor gleichrangig gewesen wären. Aber das seien sie eben nicht, weil Achilles göttlicher Abstammung sei, Hektor dagegen ein gewöhnlicher, wenn auch außergewöhnlicher Sterblicher. Zeus aber wischte Heras Einwände mit einer unwirschen Geste vom Tisch; das möge zwar so sein, aber es spiele keine Rolle, weil Hektor gottesfürchtig und damit den Göttern der liebste aller Trojaner gewesen sei.

Das Lied von der Priorität des eigenen Werkes

Und die Seele sang der immerwährenden Gültigkeit geflügelte Worte:

Nicht an der Abstammung, sondern an Haltung und Werken soll ein Mensch gemessen werden.

Das ist Homers epische Botschaft.

Zeus selbst fand seine Idee mit der Entführung von Hektors Leichnam durch Hermes inzwischen nicht mehr so gut und schmiedete einen anderen Plan, um die Ehre des Verstorbenen wiederherzustellen. Zuerst schickte er Iris, die windfüßige, goldgeflügelte Götterbotin zu Thetis; Achilles Mutter solle bitte zum Olymp kommen. Iris sprang wie eine Bleikugel ins Meer zwischen Samothrake und Imbros, zwei Inseln in der Nordägäis. Sie fand Thetis in einer gewölbten Seehöhle, traurig zwischen Meeresnymphen sitzend, da sie wusste, dass die Götter den baldigen Tod ihres Sohnes bestimmt hatten. Nachdem sie Zeus Botschaft vernommen hatte, ergriff Thetis einen schwarzen Umhang, so schwarz wie er schwärzer nicht sein konnte, es gab kein spezielles Gewand für diese Angelegenheit, und folgte Iris auf den Olymp. Sie wurde von den anderen Göttern liebevoll empfangen. Zeus bat sie, zu ihrem Sohn zu gehen und ihm mitteilen, dass er und die anderen Götter es nicht weiter dulden würden, was er mit Hektors Leichnam mache. Achilles solle damit aufhören und ihn freigeben, wenn er ihn, den Vater von Menschen und Göttern, und die anderen Götter fürchte. Thetis gehorchte dem obersten Gott sofort und sprang zu ihrem Sohn, der in seinem Zelt um Patroklos trauerte. Er stöhnte nur noch, aß kaum, schlief wenig und hatte seit dem Tod von Patroklos keiner Frau beigelegen. Thetis empfahl ihm mit großer Empathie, alle drei vernachlässigten Gottesgaben – Essen, Schlaf und Liebe – wieder aufzunehmen, und überbrachte ihm Zeus Botschaft. Achilles zeigte seine Bereitschaft, sich dem Willen des Obersten Gottes zu beugen.

Der Wolkenherrscher Zeus schickte Iris erneut auf den Weg, diesmal zu Priamos, um diesem die Anweisung zu geben, er solle zum Lager der bronzegepanzerten Griechen gehen und seinen Sohn auslösen. Und er wies ihn noch dazu an, Achilles reiche Lösegeschenke zu bringen, des Patroklos würdig – so wie es der damalige Brauch war. Geschenke, die des Peliden Herz erweichen würden und aufgrund derer er mit gutem Gewissen seinem toten Freund gegenüber dem Vater Hektors Leichnam übergeben könnte.

Die windfüßige, goldgeflügelte Iris fand Priamos bei seinen übrig gebliebenen Söhnen sitzend, mit ihnen wehklagend. Die Totenklagen waren überall im Palast zu hören. Der alte König war fest in seinen Mantel eingeschlagen. Haupt und Schulter waren mit Mist beschmiert, als Zeichen der Trauer.

Iris überbrachte ihm Zeus Botschaft. Er solle allerdings alleine zu Achilles gehen, in Begleitung nur eines Heroldes, der die Maultiere mit den Geschenken und den Wagen führe, mit dem er auch Hektors Leichnam zurückbringen würde. Er solle keine Befürchtung um seine Sicherheit haben, da Hermes ihn begleiten und schützen würde, bis er den Sohn des Peleus treffe.

Die posttraumatische Ungerechtigkeit

Priamos vernahm dankbar die Botschaft des Vaters von Menschen und Göttern. Allerdings war der alte Herr offensichtlich aus der Bahn geraten durch das große Verlusttrauma, denn er beschimpfte die Menschen, die in den Pa-

Iris übermittelt dem trauernden Priamos Zeus Botschaft

last kamen, um den gefallenen Heros zu beweinen. Er nannte sie Taugenichtse und Schandvolk. Er beschimpfte in ungerechter Weise auch seine neun übrig gebliebenen Söhne, die versuchten, ihn zu trösten. Er sagte, sie seien schlechte Kinder und Kümmerlinge und dass er sich wünschen würde, sie wären tot statt ihres gottähnlichen Bruders. Aber nein! Die Guten müssten sterben, die Schwindler und Müßiggänger jedoch und die, die dem eigenen Volk die Lämmer und Ziegen raubten, dürften leben. Rüde befahl er ihnen, schleunigst den Wagen mit den Geschenken für die Auslöse fertig zu machen. Aber offensichtlich nahm keiner dem vom Schicksal gebeutelten, gramgebeugten Greis diese Ungerechtigkeiten übel, niemand protestierte gegen die unbegründeten Beschimpfungen. Alle zeigten liebevolles Verständnis.

Das Lied von der posttraumatischen Ungerechtigkeit

Und die Seele sang der immerwährenden Gültigkeit geflügelte Worte:

So kam die Erkenntnis in die Welt, dass Trauer und Trauma zu ungerechtem Verhalten führen können. Ungerechtes Verhalten als Reaktion auf subjektiv selbst erfahrene Ungerechtigkeit ist dann ein Symptom der posttraumatischen Belastungsstörung; Verständnis für den Traumatisierten ist trotzdem, oder gerade deswegen, angebracht.

Das ist Homers epische Botschaft.

Nachdem Iris den Palast wieder verlassen hatte, machte Priamos sich bereit, nach Zeus Anweisung zu handeln. Königin Hekabe versuchte noch, ihn daran zu hindern. Sie befürchtete, dass der wild gewordene Pelide, dem nichts heilig zu sein schien, auch ihren Gatten töten würde, so wie er es mit etlichen ihrer

Söhne getan hatte. Priamos aber gehorchte Zeus Botschaft und nahm das Risiko auf sich. Er ließ aus seiner Schatzkammer unzählige kostbare Geschenke bringen und machte sich fertig für den schweren Gang zum Mörder seines Sohnes.

Die Söhne bereiteten mit großer Sorgfalt alles vor. Hekabe war immer noch nicht mit der Absicht ihres Gemahls einverstanden. Sie bat ihn, nur dann zu Achilles zu gehen, wenn Zeus ihm ein günstiges Zeichen schicke. Priamos betete daraufhin zum Obersten Gott, Hekabe diesen Wunsch zu erfüllen. Tatsächlich schickte Zeus einen riesigen schwarzen Adler, der von rechts über die Stadt flog; ein günstiges Gotteszeichen also. Alle waren froh darüber und beruhigt.

Priamos verließ in Begleitung des Herolds Idäos mit den Maultieren und dem Wagen die Stadt in Richtung Griechenlager. Als Zeus bemerkte, dass Priamos den schweren Gang zum Lager der Feinde angetreten hatte, rief er den gutherzigen Menschenfreund Hermes und bat ihn, den alten König zu begleiten und zu beschützen. Mit Freude machte sich Hermes fertig für diese philanthropische Mission. Er band die göttlichen goldenen Sandalen unter seine Füße, die ihn mit den Winden über die Meere und die ganze Erde tragen, nahm seinen göttlichen Stock, mit dem er Wache zum Schlafen bringt und Schlafende weckt, und flog wie der Wind zur trojanischen Ebene.

Unterwegs trafen Priamos und Idäos auf den vermenschlichten Hermes, den sie natürlich nicht erkannten, weil er die Gestalt eines aristokratischen Jünglings angenommen hatte. Er gab sich als einer der Myrmidonen und Achilles Begleiter aus, aber auch als einer von Hektors heimlichen Bewunderern. Er berichtete dem alten Herrn, dass der Leichnam seines Sohnes ganz frisch und unbeschädigt aussehe, obwohl Achilles ihn seit zwölf Tagen jeden Morgen herzlos zuerst um Patroklos Bahre, seit der Bestattung nun um das Grabmal herumschleife. Und alle Wunden, die ihm zugefügt wurden, seien auf wundersame Weise geheilt. Die Götter sorgten dafür, weil sie den gottesfürchtigen Hektor geliebt hätten. Diese Nachricht erfreute den alten Priamos sehr und wirkte wie Balsam für sein verwundetes Herz. Er bot dem getarnten Hermes einen kostbaren goldenen Becher als Ausdruck seiner Dankbarkeit an und bat ihn, sie bis zu des Peliden Lager zu geleiten. Der Schein-Myrmidone lehnte das Geschenk mit der Begründung ab, er könne es nur annehmen, wenn Achilles dem zustimme. Allerdings sei er gerne bereit, Priamos zu ihm zu führen.

Gesagt, getan, geführt.

Als sie schließlich nach langem, schweigend verbrachtem Marsch in der Nacht den Schutzgraben und die Schutzmauer der Griechen erreichten, versetzte Hermes die Wachen mit seinem göttlichen Stock in einen Schlafzustand, so dass der Wagen und seine Begleiter die Hindernisse unbemerkt überwinden

konnten. Und so führte der Schein-Myrmidone die verängstigten Trojaner in das Lager der Myrmidonen.

Aber nachdem er auch das schwere Tor zu Achilles Unterkunft geöffnet hatte, offenbarte der gutherzige Hermes Priamos seine wahre Identität. Er sagte dem König, dass er jetzt verschwinde, bevor Achilles die göttliche Einmischung bemerke. Er gab ihm die Empfehlung, sich vor Achilles niederzuwerfen, dessen Knie zu umfassen und ihn bei seinem Vater und seiner Mutter und seinem Sohn anzuflehen, um sein Herz zu erweichen. So sprach er, und zufrieden mit sich selbst flog er, von seinen göttlichen Sandalen und den Flügeln seines Helmes getragen, in Richtung Olymp.

Hermes Mission, erster Teil, war erfolgreich beendet.

Getarnt, gelogen, geholfen und jetzt geflogen.

Für Priamos begann nun der schwierigste Teil seiner Mission.

Der trojanische König ging schnurgerade in die Höhle des Löwen – in Achilles Gemach. Unbemerkt konnte er bis zu dem Peliden vordringen, warf sich vor ihn, umfasste seine Knie und küsste die männertötenden Hände, die so viele seiner Söhne in den Hades geschickt hatten. Achilles und die anderen Anwesenden waren völlig verdutzt und erstaunt; ratlos schaute der eine zum anderen, als sie erkannten, wen sie vor sich hatten. Aber Priamos ließ keinen Augenblick verstreichen, sondern begann mit den geflügelten Worten, den kummervollen: „Denke an deinen Vater Peleus, göttlicher Achilles, der auch ein Greis ist wie ich, auf der letzten Stufe des traurigen Greisenalters. Wer weiß, in welchem Zustand er ist, und wieviel er zu ertragen hat; wer weiß, ob er jemanden findet, der ihm hilft und ihn schützt. Aber im Gegensatz zu mir weiß er, dass sein Sohn lebt, und somit hat er noch die Hoffnung, dass er dich eines Tages umarmen kann. Ich aber habe meine Söhne verloren. Fünfzig hatte ich, als der Krieg begann. Neunzehn hat mir Hekabe geboren, die anderen meine Nebenfrauen, die mit im Palast leben. Die meisten meiner Söhne sind durch den Gott des Krieges aus dem Leben geschieden. Und du selbst hast vor wenigen Tagen dem großen Verteidiger unserer Stadt den Tod gebracht, als er um seine Heimat kämpfte. Hektor, meinem geliebten Sohn. Seinetwegen komme ich jetzt zu dir, zu den Schiffen des Feindes, und ich bitte dich inständig darum, ihn auslösen zu dürfen. Ich bringe dafür viele und reiche Lösegeschenke. Zeige Respekt vor den Göttern, göttlicher Achilles, und erbarme dich meiner. Denke an deinen Vater! Ich bin bedauernswerter als er, weil ich etwas fertiggebracht habe, was kein Sterblicher auf der Erde sonst tut: Ich habe die Hände des Mörders meiner Kinder geküsst."

Die Überraschungen der Empathie

Die Worte von König Priamos bewegten den Peliden tatsächlich sehr!

Achilles stellte sich die Lage seines Vaters vor, und Tränen traten aus seinen Augen. Priamos dachte an seinen heldenhaften Sohn Hektor und weinte auch, zusammengekauert vor Achilles Füßen. Der wiederum weinte einmal um seinen Vater, dann wieder um seinen geliebten Freund Patroklos. Das gemeinsame Seufzen und Stöhnen der beiden Feinde erfüllte bald den ganzen Raum.

Das Lied vom Nähe schaffenden Schmerz

Und die Seele sang der immerwährenden Gültigkeit geflügelte Worte:

So kam die Erkenntnis in die Welt, dass ähnlicher Schmerz sogar sehr unähnliche Menschen einander näher bringen kann. Und mit ihr die Erkenntnis, dass ehrlich empfundener Schmerz die Menschen, ob Freund, ob Feind, in Menschlichkeit vereinen kann.

Das ist Homers epische Botschaft.

Nach einer Weile des gemeinsamen Weinens erhob sich Achilles vom Thron und hob den Alten auf, voller Respekt und Mitgefühl für das Leiden des weißhaarigen alten Mannes. Er sprach zu ihm die geflügelten Worte, die empathischen, jawohl, die empathischen(!): „Ach du Armer, du hast wahrhaftig sehr vieles ertragen müssen. Was für ein Wagnis war deine Entscheidung, ins feindliche Lager zu kommen und vor dem Mann zu stehen, der dir viele tapfere Söhne genommen hat! Dein Herz muss in der Tat sehr stark sein, um all das ertragen zu können, ohne gebrochen zu werden! Nun komm und nimm auf meinem Thron Platz; lassen wir den Schmerz in unseren Herzen ruhen. Weinend erreichen wir nichts. Denn so haben es die Götter bestimmt: Die unglücklichen Menschen sollen in Kummer leben, die Götter hingegen nicht. Vor Zeus Schwelle stehen zwei Fässer mit Gaben, die er zu den Menschen schickt – in dem einen die glücksbringenden, in dem anderen die unglücksbringenden. Wenn Zeus jemandem ausschließlich aus dem unglücksbringenden Fass etwas schickt, dann geht der immer unglücklich durchs Leben. Gewöhnlich bekommen die Sterblichen aus beiden Fässern ihre Gaben. So sandte Zeus auch meinem Vater Peleus sehr viele Gaben aus dem glücksbringenden und einige wenige aus dem unglücksbringenden Fass. Eine davon ist, dass er nur einen einzigen Sohn hat, der auch noch in den Krieg zog und der vor der trojanischen Mauer sein Leben verlieren wird. Statt mich um meinen alten Vater zu kümmern, bin ich hier und bringe dir und deinem Volk so viel Schmerz und Kummer. Wir haben gehört, dass du ein sehr glücklicher Mann warst, bevor die Götter den Krieg mit all seinen entsetzlichen Begleitern in dein Land schickten. Habe aber Geduld und höre nun auf, die Toten ununterbrochen zu beweinen; du kannst sie nicht mehr ins Leben zurückholen."

Das Lied von der überraschenden Empathie

Und die Seele sang der immerwährenden Gültigkeit geflügelte Worte:

So kam die Überraschung in die Welt, dass nämlich auch ein als rachsüchtiger, als mordende Bestie erlebter Groß-Narzisst unter manchen Umständen, zumindest vorübergehend, Empathiegefühle entwickeln kann. Vor allem wenn das Schicksal der Betroffenen dem eigenen ähnlich ist.

Das ist Homers epische Botschaft.

Wir erleben hier eine doppelte Überraschung, meine verehrten Zuhörer. Erstens zeigt sich der vorher unempathische Achilles plötzlich empathisch. Wie ist das zu erklären? Wie schon wiederholt betont: Es gibt keinen eisernen Persönlichkeitstypus mit streng festgeschriebenen unveränderbaren Verhaltensmustern; ich darf auch hier wieder auf das Nachwort dieser Erzählung mit Eurem Persönlichkeitsführer verweisen.

Die zweite Überraschung ist, dass der Pelide, der so überlange an seiner übergroßen Trauer festgehalten hatte, solche Worte sprach. Die Erklärung liegt in der Diskrepanz zwischen Selbstwahrnehmung und Fremdwahrnehmung: Das eigene Verhalten hat Achilles nicht so wahrgenommen, das des anderen, hier Priamos, aber schon.

Der greise König erwiderte dem jungen Achilles, er könne nicht auf des Myrmidonen Thron Platz nehmen, solange sein Sohn unversorgt im Staub liege. Er bat den Peliden, ihm sobald wie möglich zu erlauben, zu Hektor zu gehen. Er möge doch die Lösegaben annehmen und genießen; er wünsche ihm auch, dass er unversehrt zu seinem Vater zurückzukehre. Er selbst sei ja froh, dass Achilles ihn verschont und nicht getötet habe. Diese Worte des Priamos, die er als Unterstellung von Tötungsabsichten verstand, die er gar nicht hatte, und die ihn als Verächter der Gastfreundschaft erscheinen lassen konnten, irritierten Achilles sehr. Er sagte dem Alten schroff, er solle ihn bitte nicht reizen. Er habe die Entscheidung schon selbst getroffen, das Auslösen von Hektor, das nach damaligen Regeln Brauch war, zu akzeptieren. Er habe außerdem von seiner Mutter erfahren, dass dies Zeus Wille sei. Er sei schließlich nicht so dumm, nicht zu erkennen, dass es Gotteswerk gewesen sei, dass Priamos unbeschadet durch das ganze feindliche Lager gelangen konnte, ohne von den Wachen bemerkt zu werden. Er wisse also, dass Priamos Unternehmen von Zeus gewollt sei; er respektiere das und mache es sich zu Eigen. Und es sei absolut unangemessen, ihm Tötungsabsichten zu unterstellen. Priamos solle damit aufhören und ihm besser Anerkennung zollen für seine Entscheidung. Der alte König erschrak durch diese Reaktion und schwieg.

Das Lied von der bedingten Empathie

Und die Seele sang der immerwährenden Gültigkeit geflügelte Worte:

So kam aber auch die Erkenntnis in die Welt, dass Empathiegefühle und -gesten des Groß-Narzissten seinen Bedingungen unterliegen und er sehr darauf bedacht ist, dass Menschlichkeit bei ihm nicht mit Schwäche verwechselt wird.

Das ist Homers epische Botschaft.

Mit diesen letzten Worten stürmte Achilles aus dem Haus und gab seinen Begleitern den Befehl, die Lösegaben des Priamos anzunehmen. Aus den vom König mitgebrachten Schätzen hielt er einige kostbare Tücher zurück, darin sollte der Leichnam gehüllt werden, bevor er dem Vater übergeben wurde. Er gab den Dienerinnen Anweisung, den Leichnam vorzubereiten.

Nachdem Hektors Körper sorgfältig gewaschen, mit kostbaren Ölen gesalbt und in kunstvoll gewebte Tücher gehüllt war, legte Achilles selbst den Toten auf eine Bahre; diese hob er zusammen mit Gefährten auf den schönen Wagen. Dann aber begann er erneut zu weinen und bat Patroklos um Verzeihung, dass er seinen Mörder auslösen lasse. Es solle die Seele des Freundes aber besänftigen, dass die Lösegaben ihm gebührend seien und die Regeln und Bräuche sogar überträfen. Und ein stattlicher Teil davon werde ihm als Opfergabe gewidmet, fügte er noch hinzu.

Der Humanität Geburtsstunde

Schließlich ging Achilles zu Priamos und sagte ihm, der Leichnam seines Sohnes sei jetzt ausgelöst, so wie er das gewollt habe. Wenn es hell werde, könne er ihn sehen. Dann lud er den Alten zum Abendessen ein. Zu Ehren von König Priamos wurde ein Lamm geschlachtet und am Spieß gebraten. Nachdem sie gut gespeist und getrunken hatten, wechselten die beiden so unterschiedlichen Männer Worte gegenseitigen Respektes: Der greise König pries den göttlichen Achilles, weil er so schön und stark war. Der Sohn des Peleus bewunderte des erhabenen Priamos edles Antlitz und die gehobene Art, mit der er sprach.

Nach Abschluss seiner schwierigen Mission und dem opulenten Essen war Priamos müde. Er bat um ein Schlaflager, weil er seit dem Tod seines Sohnes kaum zur Ruhe gekommen war. Achilles gab den Dienerinnen Anweisung, zwei behagliche Lager vorzubereiten: eines für den trojanischen König, eines für Idäos, dessen Begleiter.

Und Achilles sprach zu Priamos die geflügelten Worte, die bemerkenswerten: „Sage mir, edler König, wie viele Tage du brauchst, um deinen Sohn mit allen Zeremonien zu bestatten. Ich werde dafür sorgen, dass während dieser

Zeit die Griechen Waffenruhe halten." Priamos pries des Peliden Angebot als sehr großzügig und bat um zwölf Tage. Achilles versprach, dass an diesen zwölf Tagen keine Kriegshandlungen stattfinden würden. Und er legte gefühlvoll seine Hand auf die Hand des greisen Königs.

Das Lied von der Geburt der Humanität

Und die Seele sang der immerwährenden Gültigkeit geflügelte Worte:

So kam, mit dieser schönen Geste und mit den vorher stattgefundenen bewegenden Szenen, die Humanität in die Welt.

So wurde die Humanität auf den blutgetränkten Schlachtfeldern von Troja im zehnten Jahr des menschenvernichtenden trojanischen Krieges geboren. Sie stieg aus dem Herzen des Menschen auf in vollkommener Gestalt.

Das ist Homers epische Botschaft.

Alle gingen zu Bett, Achilles zusammen mit Briseïs.

Alle, Menschen und Götter, schliefen – mit Ausnahme des gutherzigen Menschenfreundes Hermes. Der zerbrach sich den Kopf darüber, wie er morgen am helllichten Tag die Trojaner aus dem Feindeslager bringen könnte, ohne dass irgendein griechischer Hitzkopf etwas Unüberlegtes anstellte. Er entschied sich, nicht das Tageslicht abzuwarten, sondern Priamos und Idäos mitten in der Nacht zu wecken, für sie den Wagen anzuspannen und sie heimlich im Schutz der Dunkelheit mit Hektors Leichnam durch die feindlichen Linien hinauszubringen.

Gedacht, getan, gekümmert.

Auch der zweite Teil von Hermes Mission glückte, und der Leichenzug erreichte ohne Zwischenfälle mit dem ersten Erscheinen der rosenfingrigen Göttin der Morgenröte die trojanische Stadtmauer. Kassandra und Andromache waren die ersten, die die Zurückkehrenden sahen. Mit lauter Stimme rief Kassandra die Trojaner herbei. Diesmal folgten alle Kassandras Ruf – es war ja keine Prophezeiung, der niemand geglaubt hätte. Und so versammelten sich die Bewohner von Troja und begleiteten den Toten bis zum Palast, wo er aufgebahrt wurde. Die Totenklage führte Andromache, gefolgt von Hekabe und dann von Helena. Andromache beklagte auch die bevorstehende Sklaverei für sich und die anderen Frauen von Troja. Und sie äußerte die Befürchtung, dass ihr kleiner Sohn Astyanax durch irgendeinen Eroberer aus Rache getötet würde, weil Hektor zu seinen Lebzeiten seinen Feinden so viel Leid zugefügt habe. Was leider auch geschah.

Neun Tage lang holten die Männer Holz von den Bergen, von den Griechen unbehelligt, so wie Achilles es versprochen hatte. Zwölf Tage lang dauerten die Totenklagen und die Bestattungszeremonien für den in den Augen seines Volkes gottähnlichen Hektor.

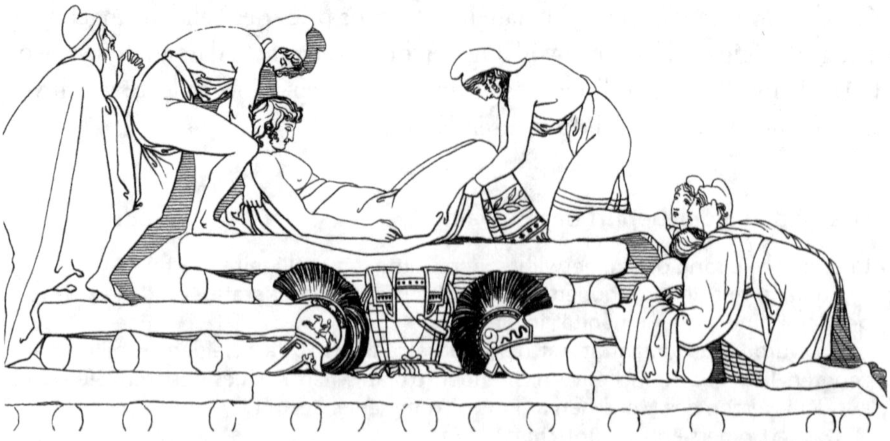

Hektors Bestattung

Am zwölften Tag wurde der große Verteidiger Trojas mit allen Ehren bestattet.

Nach diesen zwölf Tagen endete die von Achilles zugesagte Waffenruhe, in der sich die Griechen jeder kriegerischen Handlung enthalten hatten.

Und damit bin ich am Ende meiner Ilias angelangt!

Ein vorläufiger Abschied

Nun, meine treuen Zuhörer des einundzwanzigsten Jahrhunderts der neuen postolympiadischen Chronologie, ist auch die Zeit gekommen, vorläufig Abschied zu nehmen von der Seele.

Die Seele sprach ihre ersten Worte in der Ilias.

Die Seele hat uns viele der immerwährenden Gültigkeit geflügelte Worte gesungen. Mit ihr gemeinsam habe ich versucht, Euch aufmerksam zu machen auf das, was die Aufmerksamkeit der Fachleute fürs Psychische in der Ilias erregt, erregen kann, erregen könnte.

Ich hoffe sehr, dass Ihr dabei sein werdet, wenn wir sie wiedertreffen – in „Homers Odyssee psychologisch erzählt. Der Seele erste Irrfahrt"[1].

[1] Homer meint damit „Homers Odyssee psychologisch erzählt. Der Seele erste Irrfahrt", vom selben Autor, im selben Verlag, die sich an diese Erzählung anschließt.

27
Das Ende

Zusammenfassung

Dieser neuen Erzählung meiner Ilias habe ich einen Nachgesang hinzugefügt, die in der klassischen Form des Epos nicht vorhanden war. Ich möchte Euch nämlich über das Ende von Troja berichten, darüber, was aus der trojanischen Königsfamilie wurde, sowie über das weitere Schicksal der griechischen Könige und Helden.

Trojas Ende

Nun schließe ich also meine Erzählung, meine geschätzten Zuhörer, und berichte Euch vom Ausgang des großen Krieges sowie dessen Protagonisten.

Von Trojas Eroberung und Zerstörung sowie dem bitteren Ende von so manchem Helden habe ich in meiner Odyssee berichtet. Ich hoffe, dass Ihr mir auch die Ehre erweist, Zuhörer zu sein, wenn ich Euch die Odyssee in gleicher Weise erzähle, nämlich als „Der Seele erste Irrfahrt". Aber den Fall Trojas und das Schicksal einiger der Protagonisten des trojanischen Krieges möchte ich Euch schon jetzt kurz skizzieren, auch die Werke nachfolgender Dichter berücksichtigend, so dass Ihr ein abgerundetes Bild der Ereignisse habt[1].

Zunächst will ich in aller Kürze von Trojas Ende berichten, die erwähnten Quellen kombinierend. Es ging so vonstatten:

Die Trojaner hatten, trotz des Verlustes ihrer Leitfigur Hektor, durch den Tod der beiden Großhelden der Griechen, Achilles und Ajax – dazu später mehr –, zuerst einen Vorteil errungen. Der währte allerdings nicht lange; das

[1] Dafür werde ich die Erzählungen meiner Odyssee ergänzen, wo ich es für nötig halte, durch den sogenannten „Epischen Zyklus". Also: die Kypria (zyprische Epen) meines Schwagers Stasinos, die Äthiopis, die sich an den letzten Vers der Ilias anschloss, und Iliou Persis (Trojas Eroberung) des Arktinos, wie auch die „kleine Ilias" des Lesches, die Nostoi (Epos der Heimkehrer) des Hagías (manche meinen, Eumelos sei der Verfasser) und die Telegonie des Eugamon, wie auch Vergils Äneis. Zusätzlich werde ich mich der Erzählungen aus der Bibliotheke des Apollodor und der Tragödien der drei großen Tragiker Äschylos, Sophokles und Euripides bedienen.
Eine Synthese der genannten Werken könnt Ihr finden:
a) Erzählerisch sehr schön allerdings ohne kritische Auseinandersetzung, in Gustav Schwab „Die Sagen von Troja und von Irrfahrt und Heimkehr des Odysseus" (1956).
b) Sehr detailliert und mit kritischen Auseinandersetzungen in dem mehrfach zitierten „Ausführlichen Lexikon der griechischen und römischen Mythologie", herausgegeben von W. H. Roscher (1884).

A. Marneros, *Homers Ilias psychologisch erzählt*, DOI 10.1007/978-3-658-11202-8_27

Schicksal Trojas war ja durch die Götter vorbestimmt. Dem konnten die Unglücklichen trotz aller Bemühungen und Gebete, trotz ihrer Siege und Hoffnungen nicht entgehen. Die Griechen erfuhren durch einen Zufall, welche Bedingungen für die Eroberung der Stadt erfüllt werden müssten, nachdem sie den trojanischen Seher Helenos gefangen genommen hatten. Durch eine List von Odysseus gelang es, ihm das Geheimnis zu entlocken, wie Troja fallen würde; er offenbarte es seinem griechischen Kollegen Kalchas. Erstens: Neoptolemos, Achilles Sohn, müsse am Krieg teilnehmen; und zweitens: Philoktetes, der Besitzer von Herakles Waffen, ebenfalls. Ohne Achilles Sohn und ohne Herakles Waffen keine Eroberung Trojas!

Neoptolemos für das Vorhaben vor die Tore Trojas zu holen, war kein großes Problem. Odysseus fand ihn an dem Ort, an dem er seine strenge Erziehung erfuhr, auf der Insel Skyros; willig machte er sich mit auf die Reise nach Troja. Mit Philoktetes aber war es schwieriger, weil er nämlich während der Überfahrt von Griechenland nach Troja zehn Jahre vorher von der Armeeführung auf der Insel Lemnos ausgesetzt worden war. Eine Schlange hatte ihn zuvor gebissen, seine Wunde war vereitert und stank fürchterlich, was die Stimmung der Soldaten stark beeinträchtigte. Die Armeeführung befürchtete eine Ansteckung der anderen Soldaten und die Dezimierung der Armee schon vor Beginn des Krieges – deswegen wurde er auf der Insel zurückgelassen. Philoktetes war deswegen immer noch wütend auf seine Landsleute, als er schließlich ausfindig gemacht wurde, zehn Jahre später. Nur dank der geschickten Überzeugungsarbeit von Neoptolemos und Odysseus gelang es schließlich, Philoktetes und mit ihm die Waffen des Herakles nach Troja zu bringen[2].

Die zwei Bedingungen für den Fall der Stadt waren damit erfüllt.

Troja wurde bekanntlich durch die Gewitztheit des Odysseus erobert. Ein riesiges hölzernes Pferd wurde mit Hilfe der himmelblauäugigen Athena von Meister Epeios gebaut, mit Elitesoldaten gefüllt und mit einer List in das Herz der Stadt gebracht. Es ging wie folgt vonstatten: Die Griechen setzten das riesige hölzerne Pferd am Strand von Troja aus, lösten ihr Lager auf und segelten – angeblich – in Richtung Heimat. In Wahrheit aber versteckten sie sich bei der vorgelagerten Insel Tenedos. Sie hinterließen den Trojanern das riesige und imposante hölzerne Pferd und Sinon, einen tapferen und schlauen Gefährten des Odysseus. Die Trojaner fanden ihn versteckt und – vorgeblich – vor Angst zitternd in einem Gebüsch, unweit des riesigen hölzernen Pferdes. Er stotterte den Trojanern entgegen, die Griechen hätten ihn den

[2] Die genannte Überzeugungsarbeit hat mein Kollege Sophokles in seiner Tragödie „Philoktetes" meisterhaft dargestellt. Ihren psychologischen Hintergrund kann man, wenn man daran Interesse hat, nachlesen in: „Irrsal! Wirrsal! Wahnsinn! Persönlichkeit, Psychose und psychische Konflikte in Tragödien und Mythen" von Andreas Marneros (2013).

Göttern opfern wollen, um von denen eine sichere Heimfahrt zu erlangen. Er habe aber kurz vor dem Gang zum Altar fliehen und sich verstecken können. Er berichtete den Trojanern, dass das riesige hölzerne Pferd eine Gabe an Athena sein sollte, als Entschädigung für das von den Griechen während einer geheimen Erkundungsmission aus ihrem trojanischen Tempel entwendete Bildnis von ihr, des Palladion. Damit solle sie besänftigt werden und die gute Seefahrt der Heimkehrer sichern. Nach dem so Gehörten beschlossen die Trojaner trotz der Warnungen des Apollonpriesters und Sehers Laokoon und trotz der Prophezeiung der Seherin Kassandra, die ein Unglück voraussagte, das riesige hölzerne Pferd in die Stadt zu bringen. Sie wollten es selbst der Athena stiften, um damit – endlich – deren Gunst für sich selbst zu erringen. Der Apollonpriester Laokoon, ein Onkel des Äneias, warnte seine Landsleute eindringlich davor, das zu tun. Irgendetwas stimme nicht an dieser ganzen Geschichte, meinte er. Laokoon wurde daraufhin zusammen mit seinen beiden Söhnen Ethron und Melanthos – manche meinen allerdings nur mit einem von ihnen – von zwei riesigen Schlangen bzw. Drachen, die aus dem Meer kamen, angegriffen und getötet. Wer die riesigen Untiere geschickt hatte, ist umstritten. Vieles deutet aber auf Athena hin. Andere sagen, die Drachen seien nichts anderes als getarnte griechische Elite-Soldaten gewesen, antike Froschmänner sozusagen, die nach getaner Arbeit zurück zu den versteckten Schiffen schwammen. Kassandra warnte mit lauten Rufen ebenfalls. Sie aber wurde, wie immer bei ihren Prophezeiungen, von ihren Landsleuten ausgelacht und weggejagt. Ihr wisst schon, dass nach einem Fluch von Apollon niemand ihren – richtigen – Prophezeiungen Glauben schenkte.

So kamen die sprichwörtlichen Kassandrarufe in die Welt.

So kam das riesige hölzerne Pferd hinter die Mauer.

Und so kamen auch die Griechen in die Stadt Troja.

Nicht nur die, die im Bauch des Pferdes versteckt waren und dann in der Stadt ausschwärmten und die Tore öffneten, sondern auch die, die von Tenedos zurückgekommen waren, nachdem sie das Signal bekommen hatten, dass die Tore nun offen ständen. Die Trojaner, die vorher bis in die Morgenstunden eine rauschende wilde Rettungsparty gefeiert hatten, bei der Ströme von Wein geflossen waren, wurden im Rausch und im Schlaf überrascht. Damit gelang die Eroberung der heiligen Stadt Troja. Die von Göttern gebaute Mauer nutzte den Belagerten nichts mehr. Die Eroberer kamen durch die offenen Tore.

Und die totale Zerstörung der Stadt, die wie eine Fackel brannte, spielte sich genauso ab, wie sie der Traumdeuter nach der Geburt von Paris prophezeit hatte.

Menelaos bekam schließlich seine Helena und seine Schätze zurück.

Das war das Ende des zehnjährigen Weltkrieges der Bronzezeit. Ja es war ein Weltkrieg: Die Asiaten, Afrikaner und Europäer bekriegten sich. Ein erläuternder Einschub: Das Europa von damals war viel, viel kleiner als Euer heutiges: es endete an den Grenzen des damaligen Griechenlands.

Auf der einen Seite der Front standen die Europäer – fast alle griechischen Stämme der damaligen Zeit, die schon in Europa etabliert waren.

Auf der anderen Seite der Front standen Völker der beiden anderen damals bekannten Kontinente, Asien und Afrika.

Auf beiden Seiten der Front standen die Gottheiten des Krieges, des Todes und der Zwietracht. Und sie trieben genüsslich die Völker in die gegenseitigen Katastrophen.

Was ist aus diesen blutverschmierten Gottheiten nach Ende des Kampfes um Troja geworden?

Macht Euch keine Sorgen um sie!

Sie fanden andere, noch blutigere Betätigungsfelder, wo sie bis heute engagiert sind. Nachdem Europa nicht mehr das kleine Griechenland ist, sondern ungleich größer, und die Welt nicht mehr nur die homerische, sondern die der fünf dicht bewohnten Kontinente, werden sie bestimmt nie arbeitslos!

Und das Ende von Trojas königlicher Familie

Troja war also im zehnten Kriegsjahr gefallen. Die total zerstörte Stadt brannte wie eine Fackel. Die Trojaner wurden versklavt oder getötet. Nur wenige konnten fliehen, unten ihnen auch der göttliche Äneias. Das war der Held, der auf dem Schlachtfeld von seiner Mutter Aphrodite geschützt und in Apollons Wolke eingehüllt wiederholt gerettet worden war. Er konnte auch dieses Mal dem Tod entfliehen. Er begab sich auf die Flucht, seinen pflegebedürftigen Vater auf den Schultern tragend. Das war der Beginn einer jahrelangen Irrfahrt durch die Weltmeere und die Kontinente[3]. Er habe Rom gegründet, fantasiert Vergil, wobei zuverlässige Mythen andere Stadtgründer kennen.

König Priamos, der Schutz am Altar des Zeus gesucht hatte, wurde von Neoptolemos, dem Sohn des Achilles, von dort weggezerrt und getötet, so wie auch Astyanax, Hektors kleiner Sohn. Andromache, Hektors Witwe, Hekabe, Priamos Gattin, und des Trojanerkönigs überlebende Töchter Polyxene und Kassandra – die Seherin – wurden versklavt. Alle anderen Königskinder wurden getötet, mit Ausnahme des uns bekannten Sehers Helenos; dem haben die Griechen aus Dankbarkeit das Leben geschenkt. Als Achilles getötet

[3] Mein jünger Kollege Vergilius hat in seinem Epos „Äneis" das angebliche Abenteuer dieses berühmten Sohnes von Aphrodite erdichtet, dem Muster meiner Odyssee und das der „Argonauten" des Apollonius abkupfernd.

wurde, hatte er sich nämlich dafür eingesetzt, dass dessen Leiche nicht den Hunden zum Fraß vorgeworfen, sondern den Griechen übergeben wurde, um ehrenvoll bestattet zu werden. Außerdem hatten die Griechen erfahren, und es hochgeschätzt, dass Helenos seinem Bruder Paris von der Reise nach Griechenland und der Entführung der Helena abgeraten hatte; wie Ihr wisst, aber leider vergeblich. Darüber hinaus hatte er seinem Kollegen Kalchas die zwei Bedingungen für die Eroberung der Stadt verraten – ich habe eben davon erzählt.

Paris fand einen sehr schmerzvollen Tod, getroffen von einem Pfeil des Philoktetes. Es war, wie Ihr inzwischen wisst, einer von Herakles Pfeilen, die im giftigen Blut der Hydra – der von Herakles getöteten vielköpfigen Schlange mit den nachwachsenden Köpfen – getränkt waren. Paris verkroch sich, verletzt und vergiftet, im nahen Gebirge von Ida; an dem Ort, wo Trojas Tragödie mit seinem Urteil über die Schönheit der drei Göttinnen ihren Anfang genommen hatte. Er starb dort langsam und elendig.

Glaukos, der edle Lykier, mit dem der edle Grieche Diomedes auf dem trojanischen Kampfplatz Freundschaft geschlossen hatte und den dieser für die Zeit nach dem Kriegsende zu sich nach Griechenland eingeladen hatte, wurde von Ajax getötet.

Aber auch von den Schicksalen der versklavten Frauen der trojanischen Königsfamilie möchte ich Euch in aller Kürze berichten.

Andromaches Schicksal

Andromache, Hektors Witwe, wurde dem Sohn des Achilles, Neoptolemos, als Sklavin zugesprochen; er verschleppte sie nach Griechenland, in seine Hauptstadt Phthia[4]. Dort heiratete er als legitime Frau Hermione, die Tochter von Helena und Menelaos. Andromache, die als seine Nebenfrau im Palast lebte, schenkte ihm einen Sohn, während Hermione kinderlos blieb. Diese litt dadurch an starken Minderwertigkeits- und Versagensgefühlen, die sie unglücklich, frustriert und aggressiv werden ließen. Und sie gab Andromache die Schuld dafür. Sie hasste die Fremde abgrundtief, so abgrundtief, wie nur Menschen hassen können, die anderen die Schuld für ihre Minderwertigkeits- und Versagensgefühle geben.

[4] Was ich euch darüber erzähle, stammt aus einem Dialog, der viele Jahrhunderte, nachdem ich meine Ilias erstmals erzählt habe, stattfand, und zwar zwischen Aristoteles, dem Philosophen aus Makedonien, und einem meiner Nachfolgedichter, Euripides, dem Verfasser der Tragödie „Andromache", der übrigens auch zeitweise in Makedonien lebte und dort starb. Der Dialog fand in der Schule des Aristoteles im makedonischen Mieza statt und ist wortgetreu niedergeschrieben im schon zitierten Buch „Irrsal! Wirrsal! Wahnsinn!" Dort könnt Ihr ihn in voller Länge nachlesen.

Wir haben in der vorangegangen Erzählung meiner Ilias viel über Externalisierung gehört. Wir haben erfahren, dass Externalisierung gute Seiten haben kann, dass sie aber auch hochgradig gefährlich sein kann – sie ist dann eine besonders hässliche Erscheinungsform der Externalisierung. Um es noch einmal in Erinnerung zu bringen – damit ist die Tendenz gemeint, die Schuld und die Verantwortung für eigenes Fehlverhalten oder Versagen auf andere Personen, Situationen oder Umstände zu verschieben, auf jeden Fall weit weg von sich selbst. Die Externalisierung wird besonders hässlich, wenn sie in ihrer Gefolgschaft Hass, falsche Anschuldigungen, ja Rache und Gewalt mit sich bringt.

Als Neoptolemos eine Reise nach Delphi unternahm, witterte Hermione die Gelegenheit, sich an ihrer Nebenbuhlerin zu rächen und sie und ihr Kind zu töten. Menelaos kam extra von Sparta gereist, um seiner Tochter dabei zu helfen. Man hätte erwartet, dass der inzwischen alte Mann weise geworden wäre, aber das war offensichtlich nicht der Fall. Statt sie zu beruhigen und sie zur Vernunft zu bringen, feuerte er den Hass seiner Tochter an – böse, stur und ohne eine Spur von Empathie.

Was für ein Kontrast zu Nestor, dem alten König von Pylos, dessen Weisheit ich in meiner Ilias wiederholt besungen und mit dem Alter in Verbindung gebracht habe. Aber Weisheit ist auch die Erkenntnis, dass das Alter nicht immer von Weisheit begleitet wird. Bösartigkeit, Verbitterung, Besserwisserei, Sturheit, Empathielosigkeit und viele andere können des alten Menschen letzte Begleiter sein.

Andromache spürte, dass sie in höchster Gefahr schwebte. Sie suchte deshalb heiliges Asyl im Tempel von Thetis, der Meeresgöttin und Mutter von Achilles. Dort am Altar durfte niemand getötet werden, sonst würden die Götter den Mörder grausam bestrafen. Andromache aber wurde von Menelaos und Hermione erpresst: Entweder sie verlasse den Asylort und werde sterben, aber ihr Sohn bleibe verschont; oder sie bleibe dort, rette ihr Leben, aber ihr kleiner Sohn werde herausgezerrt und sein Leben verlieren. Andromache opferte sich für ihren Sohn und verließ das schützende Asyl, obwohl sie wusste, dass sie damit ihrem Todesurteil zugestimmt hatte. Die Erpresser jedoch brachen ihr Wort und waren dabei, beide, Mutter und Sohn, zu töten. Da griff in letzter Minute der Vater von Achilles und Neoptolemos Großvater, der gerechte greise König Peleus, der eilig nach Phthia gekommen war, beherzt und energisch ein und rettete Mutter und Kind das Leben.

So entpuppte sich die einheimische Prinzessin und Königsgattin mit der legendären Herkunft, die aus dem siegreichen Sparta stammende Hermione, als unedel, vulgär und aus niederen Beweggründen handelnd. Die ausländische Sklavin Andromache aus dem besiegten Troja jedoch verhielt sich edel und überlegen, obwohl sie von der einheimischen Herrin in schlimmster Weise beschimpft wurde – als Barbarin, Kriegsbeute, Asiatenhexe, als diejenige, die den zivilisierten Einheimischen nichts zu sagen habe. Hier herrsche Moral und Gesetz, und nicht wie bei ihr zuhause, wo der Vater mit der Tochter, die Mutter mit dem Sohne und der Bruder mit der Schwester … Und wo auch des Liebsten Hand die Liebste schlage.

Ihr erkennt sicherlich die hässlichen Stereotype und Präjudizierungen, die den Andersseienden und den Fremden diskriminieren und ihm Unrecht tun. Sie sind nicht nur Erscheinungen Eurer Tage; sie sind treue Begleiter der Menschen, leider seit Jahrtausenden.

Andromache wurde beschuldigt, als Ausländerin der Einheimischen Mann und Position weggenommen zu haben, Schuld an deren Misere zu sein. Als Fremde solle sie vor ihrer Herrin niederknien, deren Palast putzen, Wasser aus dem Brunnen holen. Sie müsse nun endlich begreifen, dass sie nicht in einem Barbarenland sei. Hier sei Herrenland und Hermione die Herrin, während sie, Andromache, die Sklavin sei. Die fremde Sklavin versuchte, mit vernünftigem Reden und Argumenten die einheimische Herrin umzustimmen. Die aber war durch Vernunft und Anstand nicht zu erreichen.

Ihr erkennt sicherlich auch Haltungen und Handlungen von heute zu diesem Thema. Sie bleiben unverändert, sich stereotyp wiederholend, aber immer hässlich, seit Andromaches und Hermiones Zeiten, bis zum heutigen Tag. Ihr erkennt sicherlich auch, dass geistige Größe und edler Charakter nicht immer parallel mit Herkunft und Status gehen. Situative Überlegenheit oder Unterlegenheit korrelieren nicht immer mit charakterologischer Überlegenheit oder Unterlegenheit.

Zeus sei Dank, wurden die edle Andromache und ihr Kind durch den Großvater von Andromaches Ehemann gerettet; durch die göttliche Ordnung in der Gestalt der Göttin Thetis, die der verfolgten Mutter und ihrem Kind Asyl an ihrem Altar gewährte, und durch die menschliche Größe in Person des gerechten greisen Königs Peleus.

Hekabes Tragödie

Von Hekabes Schicksal, der tragischsten aller Königinnen, möchte ich Euch auch etwas ausführlicher erzählen. Über Hekabe erzählen meine Kollegen Mythographen die verschiedensten Geschichten. Einige davon hängen mit dem Schicksal von Priamos jüngstem Sohn Polydoros zusammen. Ich sage absichtlich „Priamos jüngstem Sohn“ und nicht „des Königspaares jüngster Sohn“, weil mir gesagt wurde, dass Polydoros Mutter Laothoe gewesen sein soll. Meine Nachfolgekollegen sagen allerdings, Hekabe sei die Mutter gewesen. Wie auch immer, niemand von uns war dabei, also gehen wir in dieser Erzählung davon aus, dass tatsächlich Hekabe Polydoros Mutter war.

Ich habe Euch erzählt, dass Polydoros von Achilles getötet wurde. Aber manche meinen, er habe überlebt – wie mein Kollege Euripides einige Jahrhunderte später feststellte[5]. Ich erzähle Euch jetzt seine Version der Geschichte.

Als also Priamos und Hekabe ahnten, dass die Stadt fallen würde, schickten sie gerade diesen jüngsten ihrer Söhne, Polydoros, mit einer großen Menge Staatsgold und mit den Schätzen aus den Heiligtümern Trojas zum König von Thrakien, Polymestor. Er versprach, das Kind und das Gold zu schützen. Als er aber von Trojas Fall hörte, tötete er den Knaben Polydoros und nahm sich den Goldschatz; die Leiche ließ er ins Meer werfen.

Das griechische Heer, mit Hekabe und den anderen trojanischen Sklavinnen, machte Station auf dem thrakischen Chersonessos – was die heutigen Menschen Gallipoli, korrekterweise Kallipoli, nennen –, in der Nähe der Residenz des thrakischen Königs. Dort war der Körper von Polydoros an den Strand gespült worden; Hekabe erkannte ihren toten Sohn sofort. Das schwere Trauma wog noch schwerer, weil sie kurz zuvor ihre jüngste Tochter Polyxene hatte sterben sehen – davon werde ich bald berichten. Ihr Schmerz war unendlich und reihte sich an eine nicht enden wollende Schmerzkette. Hekabe erweckte das Mitleid und die Sympathie des Griechenführers Agamemnon, der ihr erlaubte, Polymestor für sein Verbrechen zu bestrafen. Mit einer List lud Hekabe ihn mit seinen beiden Kindern ins Lager der Griechen ein und stellte ihn dort zur Rede. Er erzählte der bitteren Mutter, dass es ihrem Sohn gut gehe, sie müsse sich keine Sorgen um ihn und den Goldschatz machen, alles sei in bester Ordnung – wohlwissend, dass er den Jungen längst getötet und den Schatz an sich genommen hatte. Aber er ahnte nicht, das Hekabe das schon wusste. Mit Hilfe der anderen trojanischen Frauen stach sie ihm zur Bestrafung die Augen aus und tötete seine beiden Kinder.

Hekabe rechtfertigte ihre furchtbare Tat mit Treue zu dem damals in ihrer Heimat geltenden Gesetz. Sie als die nächste Verwandte musste nach diesem Gesetz den Täter bestrafen. Hekabe, die gefangene Königin, war auch eine Gefangene des Gesetzes und der Tradition.

Oder mit den Worten meines Kollegen Euripides, die er Hekabe in den Mund legte:

> Ach, kein Sterblicher ist frei! Entweder ist er Knecht
> des Geldes oder seines Schicksals Sklave, oder

[5] Was ich euch jetzt berichte, stammt aus einer Podiumsdiskussion zwischen Euripides, Hekabe, Medea, Paulus und anderen; diese Podiumsdiskussion wurde wortgetreu niedergeschrieben von Andreas Marneros in „Irrsal! Wirrsal! Wahnsinn!“.

die Mehrheit in der Stadt oder in Schrift gefasstes Recht
verwehren ihm zu handeln, wie er es für das Beste hält.[6]

Allerdings hatte Hekabe dem Mörder ihres Sohnes und Plünderer des Schatzes von Staat und Heiligtümern sogar die Chance gegeben, Reue zu zeigen. Doch als sie ihn fragte, was aus ihrem Sohn geworden sei, log er sie kaltblütig an. Hätte er Reue gezeigt – wer weiß.

Agamemnon, der beide – den geblendeten Polymestor und die Täterin Hekabe – anhörte, sprach sie frei. Er kam zu dem Ergebnis, dass Hekabe zu Recht gehandelt hatte. Sie sei nach dem Gesetz ihres Landes verpflichtet gewesen, das zu tun.

Hekabe hat alles erduldet, alles ertragen während der langen, langen zehn Jahre des Krieges. Kaum ein anderer Mensch hat so viel erlitten wie sie. Hekabe war gedemütigt, geschunden, entehrt worden, sie hatte fast alle ihre Kinder verloren. Alles hatte sie mit großer Geduld ertragen. Aber es gibt auch Grenzen für Geduld und für Erniedrigung. Und so war aus der Dulderin eine Rächerin geworden. Es ist also keine neue Erkenntnis, dass Geduld und Leidensfähigkeit zwar Tugenden sind, es aber auch eine Grenze für Geduld und Leidensfähigkeit gibt.

Man sagt, dass Hekabe trotz des Freispruchs durch den griechischen Oberbefehlshaber einen grausamen Tod gefunden hat: Die Gefolgsleute von Polymestor, aufgebracht durch das Geschehene und den Freispruch, verfolgten Hekabe und steinigten sie. Sie konnte dem Tod nicht entgehen, trotz ihrer Verwandlung in eine Hündin durch irgendeinen Gott; seine Identität ist nicht bekannt, auf jeden Fall hatte er sie damit vor dem Tod retten wollen. Ihr Sohn Helenos begrub sie an der Küste Thrakiens, an einem Ort, der bis heute „der Hündin Grab“ heißt.

Polyxenes mystischer Tod

Auch mit Polyxene, der jüngsten Tochter von Hekabe, gab es ein dramatisches Problem[7]: Die Seele von Achilles erschien und verlangte sie zu besitzen, denn als er noch lebte, sei ausgemacht worden, dass sie nach der Eroberung Trojas ihm als Sklavin gehören würde. Da Achilles jedoch tot war, gab es nur den Weg der sakralen Opferung von Polyxene auf seinem Grab. Nach heftigen Debat-

[6] Natürlich stammen die Verse, die ich gerade wiedergegeben habe, aus der Tragödie des jungen Dichters Euripides „Hekabe“, deren psychologische Bedeutung auch in der eben genannte Quelle dargestellt wurde.

[7] Auch diese Ergänzung meiner Ilias stammt aus dem bekannten Dialog zwischen Aristoteles und Euripides im Makedonischen Mieza, den ich schon erwähnt habe, der wortgetreu im zitierten Buch „Irrsal! Wirrsal! Wahnsinn!“ zu finden ist.

ten um das Für und Wider entschied die Mehrheit des Heeres, dem Wunsch von Achilles Seele zu entsprechen. Odysseus wurde beauftragt, Hekabe und Polyxene die Nachricht zu überbringen. Es folgte eine dramatische Szene mit einem bitteren Wortwechsel zwischen Hekabe und Odysseus. Aber Polyxene überraschte alle mit ihrer Ankündigung, sie wolle geopfert werden. Diese Freiwilligkeit begründete sie mit ihrem Wunsch, der Sklaverei zu entfliehen. Sklaverei sei schlimmer als der Tod. Als sie am Opferaltar stand, ergriff sie das Wort und bat um ein würdiges Ende als freier Mensch.

Ihr erkennt also, dass der freie Mensch innerlich frei bis zu seinem Tod bleibt.

Eine uralte Erkenntnis, in den Worten von Euripides – im Munde von Polyxene – schön ausgedrückt:

> Griechen, sie, die meine Vaterstadt erobert haben,
> ich sterbe jetzt aus freien Stücken: Keiner legt an mich die Hand,
> ganz unerschrocken will ich euch meinen Nacken bieten.
> Und mir, die Freie, lasst mich als Freie sterben bei den Göttern.
> Im Totenreich als Sklavin bezeichnet zu werden, schäme ich mich
> als Königstochter.[8]

Das Heer der Griechen war davon tief beeindruckt und spendete tosenden Beifall. Stolz bot sie dem Henker ihren Hals und „sank im Sterben, wie es geziemt, hin“, wie mein Kollege Euripides es ausdrückt. Das beeindruckte das griechische Heer noch einmal mehr, so dass sie alle reichlich für die Totengaben spendeten.

Der tragischen Kassandra tragisches Ende

Der tragischen Prophetin Kassandra Tragödie war ja bekanntlich, immer das Richtige zu prophezeien, ohne dass ihr jemand glaubte. Erinnert Ihr Euch, verehrte Zuhörer, was ich schon ganz am Anfang erzählt habe? Apollon hatte sie verflucht, wegen eines Betruges, der mit Erotik zu tun hatte. Sie wurde als Sklavin von Agamemnon nach Griechenland gebracht. Dort prophezeite sie richtigerweise die Ermordung ihres Herrn durch seine Ehefrau Klytämnestra und deren Liebhaber Ägisthos. Aber niemand glaubte ihr, dem Fluch entsprechend. So wurde Agamemnon ermordet und sozusagen nebenbei auch Kassandra, Klytämnestras neue Nebenbuhlerin. Tragisch endete Kassandras Tragödie.

---

[8] Diese Verse stammen ebenfalls aus dem Werk des jungen Euripides, und ich zitiere aus der schon vorher erwähnten Quelle.

Und das Schicksal der griechischen Könige und Helden

Nur wenige der griechischen Könige und Helden kehrten überhaupt nach Griechenland zurück. Einige starben auf dem Schlachtfeld, andere im stürmischen Meer während der Heimfahrt.

Agamemnon sollte zwar einer der glücklichen Heimkehrer sein, allerdings wurde er schon am ersten Tag nach der Rückkehr von seiner Frau Klytämnestra und ihrem Liebhaber Ägisthos ermordet, und Kassandra dazu, wie erwähnt. Ihr wisst schon, meine treuen Zuhörer, von Äschylos Darstellung der Ereignisse habe ich berichtet. Hier nur eine winzige Erinnerung: Klytämnestra wollte zusammen mit ihrem Liebhaber Ägisthos den Thron und Agamemnons Reichtum in Besitz nehmen. Allerdings durfte sie beides nicht lange genießen; sie wurde kurze Zeit später von ihrem Sohn Orestes als Strafe für den Tod des Vaters ermordet, einem göttlichen Gesetz folgend.

Auch Agamemnons Bruder Menelaos war einer der Heimkehrer. Er kehrte mit Helena – nach langen Jahren endlich wieder vereint – in seine Heimat zurück; sie regierten viele Jahre lang Sparta. Seine unrühmliche Rolle im Fall von Andromache habe ich schon erwähnt.

Odysseus erreichte ebenfalls seine Heimat, allerdings erst nach einer zehnjährigen Irrfahrt. Ihr werdet viel von ihm hören in „Der Seele erste Irrfahrt". Ich hoffe Euch dort unter meinen Zuhörern zu finden!

Diomedes kehrte zwar auch nach Griechenland zurück, allerdings verfolgte ihn Aphrodite, aus Rache, weil er sie in Troja körperlich und psychisch verletzt und gedemütigt hatte. Er flüchtete später vor seiner Frau und einem ihrer Liebhaber in ein fernes Land.

In gewisser Weise ähnlich war das Schicksal des edlen Helden Teukros, dem Bruder des großen Ajax. Wie noch zu berichten ist, beging Ajax Selbstmord. Teukros konnte es nicht verhindern; er war auf Kriegsexpedition und deswegen nicht da. Er kam unglücklicherweise erst kurz nachdem Ajax sich umgebracht hatte. Er bestattete seinen Bruder ehrenvoll und verhielt sich tadellos. Sein strenger Vater Telamon jedoch machte ihn ungerechtfertigter Weise dafür verantwortlich, dass er den Suizid des Bruders nicht verhindert hatte, und verweigerte ihm den Aufenthalt in der Heimat Salamis. Daraufhin fuhr Teukros mit seinen Schiffen und vielen Getreuen in östliche Richtung, und nach Zwischenstationen in Ägypten und Phönizien landete er auf Zypern; an einem Strand, der bis heute „der Achäer-Strand" heißt. Er gründete dort eine Stadt, die er nach seiner Heimat Salamis nannte, und heiratete die Enkelin des uns bekannten König Kinyras. So fand eine berühmte zyprische Dynastie ihren Anfang, die der Teukriden, die bis weit in die klassische Zeit hinein regierte. Daher die Bezeichnung „Zypern-Besiedler".

Idomeneus, der tapfere und gerechte Führer der Kreter, kehrte zurück nach Kreta, regierte dort viele Jahre und erlangte nach seinem Tod Kultstatus.

Nestor, der alte, weise und gerechte König von Pylos, kehrte ebenfalls heim, und Zeus schenkte ihm friedliche und glückliche Jahre. Dort empfing er auch Odysseus Sohn Telemachos, als der auf der Suche nach seinem Vater war.

Die beiden griechischen Großhelden, der göttliche Achilles und Ajax, der Telamonios, starben vor Trojas Mauern.

Achilles hatte nach Hektors Bestattung weiter Schrecken und Angst unter den Trojanern verbreitet, die er gnadenlos dezimierte. Vor allem nach dem Tod seines Freundes Antilochos, dem Sohn des alten weisen Königs Nestor, wütete er grenzenlos. Er tötete unzählige Trojaner und verfolgte die anderen bis vor die Stadt. Als er mit übermenschlicher Kraft die Tore aus den Angeln zu heben begann und damit die Gefahr groß wurde, dass die Griechen die Stadt erstürmten, rief dies Apollon auf den Plan. Der Gott, angewidert davon, wie Achilles die Trojaner abschlachtete, wollte das verhindern. Zornig sprang er vom Olymp hinunter, vor die Tore von Troja, und schrie mit seiner furchterregenden Stimme den Äakiden an, er solle aufhören mit seiner Raserei, sonst werde er es mit ihm, dem Gott, zu tun kriegen. Achilles erkannte die Stimme des Gottes, aber er ignorierte die Warnung. Er beleidigte und bedrohte sogar den Gott Apollon! Heutzutage hätte sich die vulgäre Antwort von Achilles in etwa so angehört: „Scher dich zum Teufel; ich pfeife auf deine Warnungen, auch wenn du ein Gott bist." Oder noch drastischer.

Das war zu viel für Apollon! Er konnte diese Krönung von Blasphemie und Hybris, auch von einem Äakiden, nicht dulden. Er nahm seinen silbernen Bogen und den sein Ziel nie verfehlenden Pfeil und zielte auf die Achillesferse. Und traf! Manche sagen, er habe selbst direkt geschossen. Andere sagen jedoch, er habe die Hand des Paris gelenkt und so mittelbar geschossen. Auf jeden Fall wusste der Gott genau, wo er treffen musste, was kein Sterblicher wusste. Er musste Achilles Ferse treffen, und nur die. Die Unsterblichen hatten nämlich ein Wissen, was den Sterblichen vorenthalten war: Als Achilles geboren wurde, hatte die silberfüßige Thetis, seine Mutter, ihn in den Götterfluss Styx getaucht, der in der Unterwelt fließt, um unsterblich zu werden wie sie. Sie hielt ihn dabei an der Ferse des rechten Fußes, die dadurch vom Styx-Wasser unberührt, also verwundbar blieb.

Wer der Schütze auch sein mochte, Apollon selbst oder der durch Apollon gelenkte Paris: Der gottgleiche Achilles starb!

Die Trojaner, jetzt angeführt von Paris, versuchten mit allen Mitteln, den Toten in Besitz zu nehmen. Die Griechen unter der Führung von Ajax aber verteidigten erbittert den Leichnam, sie gingen sogar in die Offensive. Ajax richtete unter den Trojanern ein Blutbad an; unter anderem tötete er den edlen

Glaukos, verletzte Äneias und Paris, der dabei war, einen Speer gegen ihn zu werfen. Odysseus, der neben Ajax kämpfte, wurde schwer am Knie verletzt.

Helenos Rat an die Trojaner, Achilles Leichnam den Griechen für eine ehrenvolle Bestattung zu überlassen, wurde letztendlich angenommen, um weitere Verluste zu vermeiden; und wie wir schon gehört haben, kam dies Helenos später zugute. Achilles Leichnam wurde zu den Schiffen gebracht, gewaschen, mit aromatischen Ölen gesalbt und aufgebahrt. Athena, in tiefer Trauer, tropfte Ambrosia auf ihn, so dass er frisch und strahlend blieb. Alle Meeresnymphen folgten Thetis zu den Schiffen der Griechen und erwiesen dem Toten die letzte Ehre. Mit großen Zeremonien wurde der Held später dem Bestattungsfeuer übergeben. Seine Gebeine wurden in die schon erwähnte goldene Amphore gelegt, zu den Gebeinen seines Freundes Patroklos. Es war ja Achilles und Patroklos gemeinsamer Wunsch gewesen, zusammen begraben zu werden. Das Grab wurde mit einem imposanten Grabhügel überdeckt. Anschließend fanden beeindruckende Leichenspiele zu Ehren des toten Helden Achilles – Sohnes der Meeresgöttin Thetis und des edlen Äakiden Peleus – statt.

Übrigens konnte man das Grab, das später zur Kultstätte wurde, jahrhundertelang besichtigen. Alexander der Große veranstaltete dort zu Beginn eines neuen panhellenischen Feldzugs, eintausend Jahre nach dem ersten, dem trojanischen, gegen eine neue asiatische Bedrohung, die persische, große Wettkämpfe zu Ehren des Helden. Achilles Waffen wurden Alexander dem Großen vom Priester der Kultstätte ausgehändigt, um den Erfolg des neuen Feldzuges zu sichern.

Im Zusammenhang mit den Zeremonien zu Achilles Bestattung steht der Tod des anderen griechischen Großhelden – Ajax, der große Ajax, Sohn des Telamons. Sein Tod wurde von vielen beschrieben, am ausführlichsten jedoch tat das mein Nachfolgedichter Sophokles in seiner Tragödie „Aias“[9]. Ich werde auch in meiner Odyssee davon berichten, aber hier schon einmal das Ende des Großhelden in aller Kürze:

Nach den Bestattungszeremonien für den toten Helden Achilles sollten seine Waffen, die göttlicher Herkunft waren und, wie Ihr wisst, von Hephästos höchst kunstvoll für ihn geschmiedet, „dem Besten der Griechen“ als Auszeichnung überreicht werden. Zwei Heeresführer kamen ins Finale: Odysseus und Ajax. Das Preisgericht entschied sich für Odysseus, was jedoch Ajax sehr kränkte. Er sei wahrlich der beste der Griechen; Odysseus sei nichts anderes als ein Schurke, meinte Ajax. Seine Kränkung war so schwer, dass Ajax die Entscheidung traf, die Heeresführung, vor allem Agamemnon und dessen Bruder Menelaos, zu ermorden. Die Göttin der Weisheit, Athena, griff jedoch

[9] Auch dies ausführlich im wiederholt zitierten Buch „Irrsal! Wirrsal! Wahnsinn!“ zu finden.

ein und verhinderte die Ermordung der Atriden, der beiden Söhne des Atreus. Sie schlug Ajax mit Wahnsinn, sodass er das Herdenvieh des Heeres und einige Hirten niedermetzelte, im Glauben, er habe die Heeresführung getötet. Mit der Absicht, ihn in seinem Zelt genüsslich zu foltern, bevor er ihn tötete, nahm Ajax einen großen Bock als Gefangenen, weil er glaubte, dies sei sein Rivale Odysseus. Als die Psychose vorbei war und er erfuhr, was er angerichtet hatte, schämte sich Ajax buchstäblich zu Tode. Er konnte die Schmach und den befürchteten Spott nicht ertragen. Der Gedanken an diese zweite drohende Kränkung war so groß, dass er die Entscheidung traf, sich zu suizidieren. Er ging an den Strand und warf sich in das Schwert, das Hektor, der hochgeschätzte Feind, ihm nach dem von mir geschilderten unentschiedenen Kampfduell zwischen den beiden als Ausdruck seiner großen Anerkennung überlassen hatte. Und starb.

Sophokles beschreibt in seiner großartigen Tragödie „Aias" eine hochnarzisstische Persönlichkeitsstruktur: Einen Menschen, der sich ständig an einem Übervater misst, sich mit ihm vergleicht und unfähig ist, Kränkungen zu bewältigen. Ich selbst habe ihn nicht so beschrieben, vielmehr als einen hervorragenden Helden, als einen einfühlsamen, anständigen, pflichtbewussten Menschen, und keineswegs durch überdurchschnittlichen Narzissmus gekennzeichnet. Deswegen möchte ich die großartigen Darstellungen meines hochgeschätzten Kollegen an dieser Stelle nicht übernehmen. Wenn jemand von Euch Interesse an der Darstellung des Ajax durch Sophokles als Prototyp des Narzissmus hat, kann er sie bei der eben zitierten Quelle finden.

Auch der andere Ajax, der sogenannte Kleine Ajax, kehrte nicht in die Heimat zurück. Er ertrank während der Rückfahrt im stürmischen Meer der Ägäis.

Ich verabschiede mich und übergebe an die Fachleute

So, meine hochverehrten und treuen Zuhörer! Es ist die Zeit gekommen, meine Lyra vorläufig an die Wand zu hängen und mich von Euch zu verabschieden. Ich habe – wie angekündigt – meine Ilias für Euch dieses Mal ganz anders gesungen und erzählt als ich das in den letzten dreitausend Jahren getan habe. Dabei stand das, worauf ich Euch, sekundiert von der singenden Seele, während dieser Erzählung aufmerksam gemacht habe, immer schon in meiner Ilias. Ich muss allerdings zugeben: manchmal verborgen oder allegorisch oder symbolisch und manchmal sogar kryptisch ausgedrückt. Die Botschaften, die die Seele und ich dieses Mal für Euch hervorgehoben haben, hat es schon immer in meiner Ilias gegeben. Ihr, meine aufmerksamen Zuhörer, habt das sicherlich bemerkt.

Nun aber möchte ich die Fachleute bitten, genau das, was Aufmerksamkeit dieser Art in der Erzählung erweckte, zu kommentieren und auch von sachlich-fachlicher Seite mit verständlichen Worten deutlich und transparent zu machen.

Ich habe in den „Geflügelten Vorworten" die Hoffnung geäußert, dass der Seele geflügelte Worte – Worte der immerwährenden Gültigkeit – klar, verständlich, segelflügig und schwebend zu Euch allen geflogen kommen mögen.

Zu Euch allen, den interessierten Zuhörern. Nicht nur zu den Fachleuten.

Ich hoffe, das ist gelungen.

Ich übergebe an dieser Stelle an die erklärenden Fachleute. Ich verabschiede mich von Euch und sage: Auf Wiedersehen bis zu „Der Seele erste Irrfahrt".

Chärete!

Bleibt fröhlich – sagt man in meiner Sprache. Fröhlich wissend!

28

Nachwort: Ein Persönlichkeitsführer führt durch Homers Ilias

Zusammenfassung

Wenn man die von Homer in der Ilias beschriebenen Persönlichkeiten mit den modernen Persönlichkeitsmodellen zu vergleichen versucht, besteht für Nichtfachleute die Gefahr der Verwirrung; zu viele teilweise divergierende Meinungen gibt es. Wir überlassen deshalb diese Aufgabe – alles also, was mit Persönlichkeit zu tun hat, zu beleuchten – nur einem, dafür höchst kompetenten Persönlichkeitsführer. Bevor er aber die Führung beginnt, gibt es eine kurze Übersicht zu den „Iliadischen Persönlichkeiten".

Homers Persönlichkeiten

Homer hat in seinen „Geflügelten Vorworten" angekündigt, dass es nicht seine Absicht ist, mit seiner psychologisch erzählten Ilias eine neue Abhandlung zu der unendlich langen Reihe von Themen wie „Das Menschenbild bei Homer", „Die Seele bei Homer", „Die homerische Psychologie" und ähnliches beizutragen. „Ich will bloß erzählen", sagte er.

Und Homer hat auch noch gesagt, er werde bloß erzählen und alle, auch die Nichtfachleute, dabei aufmerksam machen auf das, was in seiner Ilias die Aufmerksamkeit des Fachmanns fürs Psychische erweckt bzw. erwecken kann oder erwecken könnte! Eine Vorstellung also von all dem, was in der Ilias von psychischer Seite her die Aufmerksamkeit erregt. Nicht mehr! Und uns dadurch, uns alle – Fachleute und vor allem interessierte Nichtfachleute – darauf aufmerksam machen, wie nahe das Psychische moderner Menschen dem unserer iliadischen Vorfahren ist.

An dieser Stelle ist es sinnvoll, an etwas zu erinnern, auf was uns Homer während seiner Erzählung hingewiesen hat, hier aus der Perspektive des Fachmanns für Psychische:

In der gerade psychologisch erzählten Ilias wurde von Persönlichkeiten und Persönlichkeitseigenschaften berichtet, die auch uns modernen Menschen mit Sicherheit bekannt vorgekommen sein dürften. Kein Wunder! Vieles hat sich in den letzten dreitausend Jahren verändert, vieles aber auch nicht. Zu den

A. Marneros, *Homers Ilias psychologisch erzählt*, DOI 10.1007/978-3-658-11202-8_28

unveränderten Dingen zählen auch des Menschen Persönlichkeitskern und psychologische Mechanismen. Seit fast zweieinhalb Jahrtausenden beschreiben Wissenschaftler Persönlichkeitstypen und Persönlichkeitsmerkmale, angefangen mit Aristoteles Schüler und Nachfolger in der Leitung seiner philosophischen Schule, dem Peripatos, Theophrast[1] – ihm verdanken wir übrigens den Begriff Charakter. Wenn wir die Ergebnisse moderner Persönlichkeitsforschung genau anschauen, erkennen wir Persönlichkeitsbeschreibungen wieder, die gut auf Achilles, Odysseus, Agamemnon, Patroklos, Nestor und viele andere passen. Als ob die genannten Iliadischen Persönlichkeiten Modell für die modernen Persönlichkeitsforscher gestanden hätten.

Homer beschreibt in der Ilias ein breites Spektrum von Persönlichkeitsstrukturen und Persönlichkeitseigenschaften. Ein breites Spektrum, ja, allerdings nicht das ganze. Ein wesentlicher Grund dafür ist, dass er eine kriegerische Auseinandersetzung beschreibt, deren Protagonisten Kriegshelden oder Kriegsbeteiligte waren. Dies führt zwangsläufig dazu, dass manche Persönlichkeitstypen als Protagonisten häufiger zu treffen sind als vielleicht im normalen zivilen Leben. Andere wiederum betreten die iliadische Bühne überhaupt nicht. Sie sind kriegsuntauglich!

Homer beschreibt Persönlichkeitseigenschaften bei Menschen und auch bei Göttern, obwohl Götter keine Personen sind, also auch keine Persönlichkeit haben können. Die Erklärung liegt in der Vermenschlichung der Götter, die uns Homer präsentiert. Homers Götter sind unsere Bekannten, Freunde, Kollegen, die bloß auf dem Olymp oder einem anderen mythisch-mystischen Ort wohnen und sich von uns durch die Kleinigkeit der Unsterblichkeit unterscheiden. Sonst sind die homerischen Götter ganz normale Personen mit Persönlichkeiten, die der eine oder die andere von uns auch hat.

In der Ilias werden keine monolithischen Persönlichkeiten beschrieben, keine in Stein gemeißelten und keine scharf abgegrenzten oder unbeweglichen Persönlichkeitsstrukturen, sondern ineinanderfließende und bis zu einem gewissen Grade auch veränderbare. Ganz im Sinne der modernen Persönlichkeitsforschung.

Es lohnt sich der Versuch, den in der Ilias beschriebenen Persönlichkeiten mit ihren psychologischen Eigenschaften, nennen wir sie „Iliadische Persönlichkeiten“, einen Platz in den modernen Klassifikations- und Definitionssystemen wie auch Persönlichkeitstypologien zu geben. Oder anders formuliert: Offensichtlich ist vieles, was moderne Definitionssysteme und Persönlichkeitstypologien beschreiben, nichts anderes als das, was Homer vor dreitausend Jahren kannte und von dem er in der Ilias berichtete.

[1] Theophrast, Charaktere, in deutscher Übersetzung von Dietrich Klose.

Apropos „moderne Klassifikations- und Definitionssysteme und Persönlichkeitstypologien“: Davon gibt es eine Menge! Was in den letzten zweitausendfünfhundert Jahren – nach Theophrasts ersten Beschreibungen – darüber geschrieben wurde, füllt ganze Bibliotheken. In unseren Zeiten wird diesbezüglich in immer intensiverer Form geforscht und berichtet. Ständig erscheinen neue Bücher und Zeitschriftenartikel zum Thema, in fast unüberschaubarer Zahl; fast täglich finden in irgendeiner Ecke der Welt Tagungen und Seminare dazu statt. Allerdings stellt die erwähnte rege Aktivität im Bereich der Persönlichkeitsforschung für das Ziel des aktuellen Vorhabens ein Problem dar: Wollte man beim Versuch, die „Iliadischen Persönlichkeiten“ transparent, plastisch und verständlich für das allgemein gebildete Publikum zu machen, die divergierenden Ansichten und Konzepte der unterschiedlichen Persönlichkeitsforscher, der verschiedenen Schulen und Forschungsrichtungen berücksichtigen, dann würde das die Gefahr in sich bergen, dass für die Nichtfachleute eine babylonische Verwirrung entsteht. Das aber wäre genau das Gegenteil von dem, was hier beabsichtigt ist.

Um das gerade angesprochene Ziel am zweckmäßigsten zu erreichen, ist es hilfreich, sich als Orientierung das umfassende Werk *eines* prominenten Persönlichkeitsforschers – oder *einer* Forscherin, davon gibt es viele und exzellente – zur Hand zu nehmen, in dem möglichst viele Strömungen reflektiert sind. Das führt uns weiter, als eine Vielzahl von Werken und Autoren zu referieren. Dieser Persönlichkeitsforscher kann uns dann als eine Art „Persönlichkeitsführer“ durch die Ilias navigieren.

Es war eine gute Fügung, dass zum Zeitpunkt dieser psychologischen Erzählung von Homers Ilias Peter Fiedler in Zusammenarbeit mit Sabine Herpertz an der siebten Auflage (!) seines großen Werkes „Persönlichkeitsstörungen“ arbeitete[2], die vorherigen sechs Auflagen[3] erweiternd und komplettierend. Dazu kommt sein Werk „Integrative Psychotherapie bei Persönlichkeitsstörungen“.[4] Peter Fiedler, einer der prominentesten Persönlichkeitsforscher, kann ohne Zweifel die Rolle des „Persönlichkeitsführers“ durch die Ilias in kompetenter Weise übernehmen. Damit kann das Ziel, die Iliadischen Persönlichkeiten wie versprochen transparent, deutlich und verständlich zu machen, ohne weiteres erreicht werden. Vertrauen wir uns also auf den folgenden Seiten – sofern es Persönlichkeitsaspekte betrifft – hauptsächlich seiner Führung an!

[2] Peter Fiedler und Sabine Herpertz: Persönlichkeitsstörungen (2016).
[3] Peter Fiedler, Persönlichkeitsstörungen (6 Auflagen, 1994 – 2007).
[4] Peter Fiedler: Integrative Psychotherapie bei Persönlichkeitsstörungen (2000).

Der Helden Persönlichkeiten

Jeder Mensch hat seine ganz eigene und unverwechselbare Art und Weise, wahrzunehmen, zu fühlen, zu denken und auf die Außenwelt zu reagieren – sagt unser Persönlichkeitsführer Peter Fiedler. Und er sagt weiter:

Die individuellen menschlichen Eigenarten stellen eine einzigartige Konstellation von Gefühlen, Gedanken und Verhaltensweisen dar, die man als Persönlichkeit bezeichnet.

Die Persönlichkeit gestattet es dem Menschen, zu funktionieren und sich dem Leben anzupassen. Persönlichkeit und Persönlichkeitseigenschaften eines Menschen sind Ausdruck der für ihn charakteristischen Verhaltensweisen und Interaktionsmuster, mit denen er gesellschaftlich-kulturellen Anforderungen und Erwartungen entsprechen und seine zwischenmenschlichen Beziehungen gestalten und im Sinne persönlicher Befriedigung handeln kann.

Allerdings ist die Persönlichkeit mancher Menschen starr und unflexibel und weicht deutlich vom Durchschnitt ab, so dass entweder sie selbst darunter leiden oder ihre Mitmenschen. Dann haben wir es mit einer Persönlichkeitsstörung zu tun.

In diesem Falle können in der Regel unter anderem ethische und/oder gesetzliche Prinzipien von dem Betroffenen nicht befolgt werden.

Bei genauer Betrachtung der Iliadischen Persönlichkeiten und der Art, wie sie denken, handeln und sich verhalten, erkennt man, dass Homer sie auf einem Kontinuum von „schwach und wenig" bis „stark und viel" beschrieben hat.

Genau das macht auch die moderne Persönlichkeitsforschung, sagt unser Persönlichkeitsführer: Sie betrachtet Persönlichkeiten auf einem Kontinuum zwischen Normalität und Abweichung, oder anders gesagt zwischen *Persönlichkeitsstil* und *Persönlichkeitsstörung*. Die Unterscheidung zwischen einem Persönlichkeitsstil und einer Persönlichkeitsstörung ist dabei in der Regel eine Frage der Ausprägung der Persönlichkeitseigenschaften und des Schweregrades ihrer möglichen Abweichung.

Schauen wir nun auf das bunte Spektrum Iliadischer Persönlichkeiten. Wir beginnen, wie nicht anders zu erwarten, mit den *narzisstischen Persönlichkeitsmerkmalen*, von denen es in Homers Ilias nur so wimmelt!

Ein stolzierendes Pferd

Es ist also kein Wunder, dass die Ilias, die psychologisch erzählte, wie auch dieses Nachwort zu Homers Erzählung narzissmuslastig erscheinen. Die Ilias ist deshalb so narzissmuslastig, weil ihr Kern die narzisstische Handlung des einen Protagonisten – Agamemnon – und die narzisstische Reaktion des anderen – Achilles – ist. Denk- und Erlebnisweisen der beiden, ihre Ausdrucks- und Verhaltensmuster stellen den am deutlichsten sichtbaren Gipfel einer breiten Persönlichkeitsgebirgskette dar. Aber Agamemnon und Achilles sind nicht die einzigen, fast alle der iliadischen Protagonisten reiten auf dem stolzierenden Pferd des Narzissmus! Wenn sie paradieren, bilden sie eine ununterbrochene Kette zwischen normalem Persönlichkeitsstil und pathologischer Persönlichkeitsstörung. Weil die Ilias unter anderen eine große Bühne für den Narzissmus darstellt, ist es also verständlich, dass man sich auch in diesem Nachwort zur Ilias relativ lange damit beschäftigen muss.

Was also ist Narzissmus, und was ist eine narzisstische Persönlichkeit?

Wir haben von Beginn an einiges über Narzissmus und narzisstische Persönlichkeiten von Homer selbst gehört. Noch einmal die Eigenschaften kurz zur Erinnerung, dieses Mal weniger poetisch – denn niemand von uns kann Homer, nicht einmal im Entferntesten, das Wasser reichen –, dabei aber unserem sachkundigen Persönlichkeitsführer Peter Fiedler folgend:

Selbstverliebt und kränkbar

Zu den meisten Menschen gehört die eine oder andere narzisstische Eigenschaft, Erlebnis- und Verhaltensweise; narzisstische Eigenschaften sind also ubiquitär. Wenn sie vereinzelt und in mäßiger Ausprägung auftreten, als Persönlichkeitsstil, ermöglichen sie ihren Trägern viel Positives; dazu mehr im Abschnitt „Nestor und der segensreiche Narzissmus". Als Persönlichkeitsstil ohne pathologische Abweichung von der Normalität verleihen narzisstische Eigenschaften ihren Trägern ein charakteristisches Persönlichkeitsprofil. Menschen mit narzisstischen Eigenschaften, die im Normbereich noch sich befindenden, sind in der Regel besonders leistungsorientiert, mit elitärem Statusbewusstsein und entsprechendem Auftreten. Ihre hohe Anspruchshaltung kann mit Kränkungs- und Neidgefühlen einhergehen. Wenn diese Eigenschaften stark akzentuiert sind und massiv auftreten, wenn sie eine vom Durchschnitt, von der Norm, deutlich abweichende Persönlichkeitsstruktur bewirken, dann resultiert daraus eine „narzisstische Persönlichkeitsstörung".

Menschen mit einer narzisstischen Persönlichkeitsstörung sind Personen, die sich selbst übermäßig wichtig nehmen und die eigenen Fähigkeiten als unübertroffen einschätzen; Überzeugungen, die ihre Phantasie beschäftigen und ihr Verhalten prägen. Ihre Selbstüberbewertung geht Hand in Hand mit der Abwertung anderer Menschen, bis hin zu deren völliger Entwertung. Personen mit narzisstischer Persönlichkeitsstörung zeigen einen Mangel an Einfühlungsvermögen und Empathie. Sie zeigen eine Überempfindlichkeit gegenüber Kritik und Einschätzung durch andere, und so ist ihre Kränkbarkeit sehr hoch. Auf Kränkungen reagieren sie verschiedenartig, etwa mit Wut, Zorn, Groll, Gewaltbereitschaft bis hin zu Gewalthandlungen, oder auch Depressionen. Allerdings mit einer besonderen Form der Depression: mit aggressiven Fantasien und Gewaltbereitschaft gegen den Kränkenden – realen oder vermeintlichen – oder auch gegen sich selbst. Letzteres kann sogar zur Selbsttötung führen, wobei nicht selten die Selbsttötung dazu dient, einer drohenden Kränkung (z. B. einer Niederlage oder dem Verlassenwerden) zuvorzukommen. Ihre Fähigkeit zur Bindung an andere Menschen ist nicht stark ausgeprägt, und zwischenmenschliche Beziehungen werden häufig ausbeuterisch gestaltet, im Sinne eines starken Egoismus. Das eigene Ich steht im Mittelpunkt des Denkens, Fühlens, Erlebens und Verhaltens der Menschen mit einer narzisstischen Persönlichkeitsstörung.

Iliadische Modelle

Die beiden Helden Achilles und Agamemnon wurden während der aktuellen Erzählung wiederholt als „Narzissten" bezeichnet; aber sie waren keineswegs die einzigen. Kein Wunder, wenn man berücksichtigt, was für Menschen die Ilias-Bühne betreten haben und was für eine Bühne die Ilias ist!

Keiner der Protagonisten der Ilias hätte je diese Bühne betreten können, wenn er nicht mit narzisstischen Eigenschaften bewaffnet gewesen wäre! Keiner der Protagonisten und der großen, aber auch der kleineren Akteure einer Gesellschaft könnte seine Rolle richtig spielen, wenn er nicht eher mehr als weniger narzisstische Eigenschaften in seinem Persönlichkeitsgepäck hätte. Die Charaktere, die in der Ilias handeln, sind vorwiegend Helden, das heißt also außergewöhnliche Menschen, im Guten, aber leider auch im Bösen, wobei Gut und Böse zeit- und ortsunabhängig gemeint ist. Sie könnten aber nicht so sein, wie wir sie kennengelernt haben, wenn sie frei von narzisstischen Eigenschaften wären. Sogar positive Charaktere, wie etwa Nestor, Odysseus, Patroklos, Glaukos und andere, sind nicht frei von narzisstischen Persönlichkeitseigenschaften. Sie konnten das auch nicht sein – sonst hätten wir sie nie als Iliadische Helden kennengelernt.

Kein Mensch, damals wie heute, der nach etwas Höherem strebt und dem Durchschnitt entfliehen will, kann das völlig narzissmusfrei erreichen. Der Grad der prägenden Eigenschaften macht den Unterschied zwischen Normalem und Pathologischem aus.

Wenn im Folgenden die Rede von Narzissmus, Narzissten, narzisstischen Menschen oder narzisstischer Persönlichkeit ist, wird nicht des jedermanns alltäglicher Narzissmus gemeint, sondern der akzentuierte und überdurchschnittliche.

Obwohl die Protagonisten der Ilias, oder besser fast alle Menschen, nicht narzissmusfrei sind, sind aber die beiden Großhelden, Agamemnon und Achilles, *die* Iliadischen Modelle des Narzissmus. Nehmen wir sie also als Anschauungsobjekte, versuchen wir zu verstehen, wie ihre Erlebens- und Denkweisen, ihre Verhaltens- und Interaktionsmuster größtenteils aus der Psychologie des Narzissmus zu erklären sind.

Die narzisstischen Personen sind Menschen, wie wir inzwischen wissen, die sich selbst übermäßig wichtig nehmen und die ihre eigenen Fähigkeiten als unübertroffen einschätzen. So wie die beiden genannten Helden, Agamemnon und Achilles, es immer wieder tun mit Äußerungen wie: „Ich bin der Beste“, „Ich bin der Tapferste“, „Ich bin der Mächtigste“ und ähnlich Exklusivem. Etwas, was übrigens Athena gekonnt ausnutzte für ihre psychologische Intervention bei Achilles, um ihn daran zu hindern, Agamemnon im Affekt zu töten: Sie vermittelte ihm das Gefühl der Exklusivität. Die Göttin zeigte sich nur ihm und sprach nur zu ihm; weder der oberste Befehlshaber Agamemnon, noch die anderen Heeresfürsten konnten sie sehen oder hören, nur er allein. Die himmelblauäugige Göttin der Weisheit war erfolgreich mit ihrer therapeutischen Intervention. Nestor, der weise König, dagegen war es – ausnahmsweise – nicht; wie so viele Therapeuten nach ihm. Narzissmus ist, auch das haben wir schon gehört, schwer therapierbar.

Narzisstische Menschen haben eine arrogante Grundhaltung und die Neigung, andere Menschen zu entwerten, um sich selbst damit aufzuwerten. So wie Agamemnon mit seiner Haltung zu dem altehrwürdigen, empathieverdienenden Priester Chryseïs, aber auch gegenüber dem weisen Seher Kalchas und dem Heeresidol Achilles. „Wer bist du denn eigentlich, dass du mir befehlen willst?“ fragt er Achilles. Achilles ist nach einmütiger Meinung des Heeres der angesehenste Held. Und trotzdem geht Agamemnon mit seinen entwertenden Beschimpfungen so weit, dass er Sätze zu Achilles sagt wie „Ich nehme dir dein Ehrengeschenk weg, so dass du lernst, dass ich viel höher stehe als du, und damit niemand anderer es wagt, sich gleich mit mir zu wähnen und öffentlich gegen mich aufzubegehren.“ Oder „Geh doch, wenn du willst, es gibt viele, die dich ersetzen können.“

Aber auch Achilles Haltung Agamemnon gegenüber und die Bezeichnungen, mit denen er ihn bis zu ihrer Versöhnung nach Patroklos Tod beleidigt, unterscheiden sich kaum von denen Agamemnons, manchmal übertreffen sie sie sogar.

Durch die Entwertung des Anderen wertet der narzisstische Mensch sich selbst auf, so wie die iliadischen Protagonisten es tun. Von der eigenen Grandiosität und Superiorität sind sie beide so überzeugt – wie alle Narzissten.

Solche Persönlichkeiten stellen ihre eigenen Interessen in den Mittelpunkt, ohne die geringste Rücksicht auf die Interessen anderer.

So wie Agamemnon die Wiedergutmachung des Verlustes seines Ehrengeschenkes durch die Entwendung der Ehrengeschenke anderer Heeresfürsten betreiben will, wohlwissend, dass dies eine große Schädigung des Ansehens seiner Mitheeresführer bedeuten würde. Dass er Achilles dafür auserkoren hat, ist ein besonders perfider Zug von Agamemnon, da er dadurch seinen mutigsten Widersacher bestraft und demütigt. Damit hat er sozusagen zwei

Fliegen mit einer Klappe geschlagen. Die Konsequenzen für das Heer, für das er verantwortlich ist, sind für ihn von untergeordneter Bedeutung im Vergleich zur gewünschten Genugtuung für das eigene Ego. Aber auch Achilles macht den unglaublichen Schritt und bittet die Götter um Vernichtung des in diesem Falle unschuldigen Heeres, seiner Landsleute also; um Agamemnon eins auszuwischen, um ihn als unfähig bloßzustellen! Damit entwertet er ihn und wertet sich selbst auf. Er macht ihn entbehrlich, sich selbst unentbehrlich. Den unvorstellbaren Preis, den andere blutig mit ihrem Leben bezahlen müssen, verlangt er, bloß um sein eigenes Ego zu befriedigen. Auf Kosten der anderen, der Unschuldigen.

Die narzisstischen Menschen stellen sich überhaupt immer in den Mittelpunkt der Aufmerksamkeit.

Wenn sie die allgemeine Aufmerksamkeit nicht haben, fühlen sie sich gekränkt und in ihrer Ehre angegriffen. Deswegen haben sie eine regelrechte Sucht nach der Bühne. Und gleichzeitig panische Angst davor: Bühnensucht, sich in den Mittelpunkt zu stellen, um bewundert zu werden und ihre Grandiosität zu feiern und zelebrieren. Bühnenangst davor, ob sie den gewünschten Triumph feiern können, ob sie Erfolg damit haben, oder ob sie in aller Öffentlichkeit auf offener Bühne scheitern, „entehrt" werden und dann schwerer gekränkt die Bühne verlassen müssen.

So wie die beiden Helden Agamemnon und Achilles. Sie nutzen die Versammlung der Heeresfürsten als Bühne, um sich gegenseitig ihre Superiorität und Grandiosität zu demonstrieren, zu zelebrieren und ihr Gegenüber zu entwerten. Sie stehen aber beide auf dieser Bühne, ständig begleitet von der Angst vor Entehrung und Kränkung durch den Rivalen.

Kränkbarkeit ist überhaupt ein Kernmerkmal des Narzissmus.

Wenn sie sich gekränkt fühlen, reagieren Menschen mit ausgeprägtem Narzissmus verschiedenartig: mit Zorn, mit Wut, mit Groll, mit Gewalt, mit Rachegefühlen, mit Tötungsphantasien, mit Überheblichkeit, mit Entwertung der anderen; aber auch mit tiefer Trauer, mit Depression, mit Rückzug, mit schwerer Verletzung des Selbstwertgefühls, mit psychosomatischen Symptomen, wie etwa Schlafstörungen und Appetitlosigkeit, und mit vielem anderem mehr. So wie Achilles auf die erlebte Kränkung reagiert hat. Manche reagieren auch mit Suizid; so wie etwa Ajax nach seiner schweren Kränkung.

Die Reaktion von Achilles auf die Kränkung bestand aus einer Mischung von Zorn und Wut, gefolgt von Trauer und Depression, allerdings auch begleitet von unerschütterlichem Nachtragen und permanenten Rachegefühlen. Weinend und seufzend zog er sich zurück; er bat seine Mutter, die Göttin Thetis, ihm bei dem Rachefeldzug, dem seine eigenen Landsleute zum Opfer fallen sollten, behilflich zu sein und den Beistand des Obersten Gottes Zeus für die Vernichtung seiner Mitkämpfer einzuholen. Ein Mensch mit ausgeprägtem

Narzissmus kann sehr gefährlich werden! Rache von gekränkten, neidvollen Narzissten stand auch am Anfang des Kampfes um Troja, wir haben es gesehen: Allen Übels Anfang war die Kränkung, verursacht durch die Rache der Göttin Eris. Das darauf folgende Paris-Urteil verlängerte die Kränkungskette: Der Erfolg der einen Göttin, Aphrodite, erzeugte den Neid – und die Kränkung – der beiden unterlegenen, Hera und Athena. Neid und Kränkung gebaren der Göttinnen Rache, die den zehnjährigen Krieg entscheidend bestimmte.

Götter sind seit alters her in allen Religionen und in allen Zeiten die Narzissten par excellence.

Narzisstische Individuen, seien es Menschen, seien es Götter, haben eine sehr starke Tendenz, Neid auf andere Personen zu entwickeln.

So bemängelt der Mensch Agamemnon klagend: „Ihr alle habt Ehrengeschenke, nur ich habe keine. So geht es nicht!" Des Narzissmus Neid ist immer in seiner destruktiven Form präsent. Man gönnt den anderen nicht, was man nicht selbst hat. Man nimmt es ihm weg oder zerstört es, oder zerstört auch gleich seinen Besitzer.

Der narzisstischen Menschen Beziehungsfähigkeit ist eingeschränkt. Sie können zwar zwischenmenschliche Beziehungen pflegen, sie gestalten diese jedoch in der Regel ausbeuterisch und egozentrisch.

Um ihre ausbeuterischen Ziele zu erreichen, können sie sich charmant, versöhnlich, nachgiebig, sogar aufopfernd geben. So wie Agamemnon, der sich versöhnlich gab, sich bereit erklärte, sich aufzuopfern für sein Heer, um der Pest ein Ende zu bereiten, seine Bereitschaft zeigte zur Rückgabe von Chryseïs und zu Opfergaben an Apollon. Dafür aber verlangte er eine unerhörte Entschädigung: die Ehrengeschenke anderer Heeresfürsten. Und Personen mit starken narzisstischen Eigenschaften bringen es ganz direkt zum Ausdruck, wie Achilles. Was sagte er, sinngemäß, zu seinem Freund Patroklos? „Du darfst mit unseren Kriegern und meiner Ausrüstung in die Schlacht ziehen. Ich hoffe, dass du damit den Leuten meine Bedeutung demonstrierst. Und so wird auch Agamemnon gezwungen, den Schaden, den er mir zugefügt hat, wieder gutzumachen."

Wenn allerdings ihre zwischenmenschlichen Beziehungen zerbrechen, reagieren die narzisstischen Menschen nicht nur mit Zorn und Wut, sondern auch mit großem Leid und innerem Schmerz, und auch das nicht aggressionsfrei. Wir haben es aufwühlend miterlebt bei Achilles nach dem Verlust seines Freundes Patroklos.

Narzisstische Personen übernehmen nicht selten die Rolle des Opfers und klagen bitterlich über das Unrecht, das ihnen angeblich geschieht.

Sie können zu Meistern des Klageliedes werden, ganz so wie Achilles seiner Mutter sein Klagelied pathetisch vortrug und sich als Opfer darstellte. In ähnlicher Weise machte er es vor der Versöhnungsdelegation mit Odysseus, Ajax, Phoenix und Talthybios, ebenso bei verschiedenen anderen Gelegenheiten.

Menschen mit akzentuierten narzisstischen Eigenschaften haben eine eingeschränkte Empathiefähigkeit, also eine reduzierte Fähigkeit, sich in die Gefühle anderer Menschen hinein zu versetzen und Mitgefühl zu entwickeln.

So wie wir es bei Agamemnon erlebt haben, als er kein Mitgefühl für den unglücklichen Vater der Chryseïs, den alten Apollonpriester, empfindet; oder bei Achilles, der ohne das geringste Mitgefühl die Vernichtung seiner Landsleute vorantreibt. In furchterregender Weise haben wir erlebt, wie Achilles selbst dem sterbenden Hektor gegenüber kein Mitleid kennt; und auch nicht gegenüber dem seit Tagen toten Helden Hektor, den er wieder und wieder hinter seinem Wagen um die Stadt schleift. Oder wie er Priamos außerehelichen Sohn, Lykaon, behandelt, der schon einmal von ihm gefangengenommen und als Sklave verkauft worden war. Nachdem der hatte entfliehen können, begegnete er Achilles zum zweiten Mal in der Schlacht am Fluss Skamandros. Das Flehen des unbekleideten, unbewaffneten und Achilles Knie umklammernden Lykaons um Gnade blieb ungehört. Rache war für Achilles handlungsbestimmend, und nicht Erbarmen. „Keine Gnade nach Patroklos Tod“ war seine erbarmungslose Antwort. Anschließend warf er die Leiche des Unglücklichen mit verachtungsvollen Worten in den Fluss, den Fischen zum Fraß! Und mit Abscheu haben wir schließlich gehört, wie er mit eigener Hand die zwölf gefangenen trojanischen Jünglinge am Scheiterhaufen des Patroklos abschlachtete.

Malignität des Narzissten

Menschen mit einer schwereren narzisstischen Persönlichkeitsstörung können böse und höchst gefährlich sein.

Gefährlich für sich selbst, böse und höchst gefährlich gegen andere, wie Haltung und Handlungen von Achilles als Reaktion auf die erlebte Kränkung uns zeigen. Wie wir schon zu Beginn gehört haben, war Achilles kurz davor, Agamemnon zu töten, weil er sich von ihm gekränkt fühlte. Durch die Intervention von Athena konnte der Anschlag verhindert werden. Aber es kam noch schlimmer, als er die Vernichtung von unzähligen seiner Landsleute vorantrieb, von völlig Unbeteiligten, von Soldaten, die sogar Verständnis für ihn hatten. Und mit staunendem Befremden haben wir gehört, was er, völlig empathielos, über seine Mutter von Zeus verlangte: Der solle den Trojanern die Kraft geben, Achilles Landsleute und Kameraden zurückzudrängen, sie niederzumetzeln und ins Meer zu werfen. Der Vernichtungszug der Trojaner sollte solange erfolgreich sein, bis alle Griechen genug von Agamemnon, ihrem Oberbefehlshaber, hätten. Bis der selbst seine Verblendung erkennen und zugeben würde, dass er den besten der Griechen, Achilles also, nicht im Geringsten geehrt habe.

Die Rückgewinnung seiner angeblich verlorenen Ehre war viel wichtiger als die Katastrophe, das Leid und der Schmerz, die er für seine Kameraden durch diese Haltung verursachte. Weder das spätere großzügige Wiedergutmachungsangebot durch Agamemnon und dessen öffentlich bekundete Reue, noch die mit Demut vorgetragenen Bitten der hohen Delegation aus ihm wohlgesonnenen Kameraden und Freunden vermochten, die Malignität, die Bösartigkeit, seiner narzisstischen Handlung zu entschärfen. Nicht einmal die Tränen seines alten Pflegevaters und Lehrers Phoenix!

Im Gegenteil, seine Antwort war an Malignität nicht zu übertreffen: „Niemand und nichts kann mich dazu bringen, meine Haltung zu ändern. Es gibt viele Gründe dafür. Der wichtigste ist, dass ich Agamemnon zutiefst hasse und verachte. … Agamemnon, dieser feige Hund, soll sehen, wie er die Schiffe vor dem Feuer und die Griechen vor den Speeren der Trojaner rettet. Ich bin sehr gespannt zu sehen, wie er das ohne mich erreichen will. Denn ich bin der einzige, der das schaffen kann.“

Ja, der große Held Achilles zelebrierte seinen Narzissmus mit extremer Malignität; einer Malignität, die Menschen vernichtete und Götter anwiderte.

Achilles Haltung und Handlungen, so wie Homer sie in seiner Ilias erzählt, können Modell stehen für das, was man heute „Maligner Narzissmus“ nennt; die schlimmste und gefährlichste Form des Narzissmus.

Auf den malignen Narzissmus werden wir in Kürze noch einmal zurückkommen, nachdem uns unser Persönlichkeitsführer Peter Fiedler in die dissoziale Persönlichkeitsstruktur eingeführt hat. Grund dafür ist, dass der maligne Narzissmus eine Kombination aus narzisstischen und dissozialen Persönlichkeitseigenschaften darstellt. Es soll an dieser Stelle darauf hingewiesen werden, dass die Begriffe „dissozial“ und „antisozial“ synonym verwendet werden.

Sophokles Lehrstück

Menschen mit starkem Narzissmus können gefährlich sein, auch für sich selbst.

Ein klassisches Beispiel dafür ist der Suizid des großen Ajax; davon haben wir kurz im Nachgesang gehört. Mit der Persönlichkeit von Ajax, dem Telamonios, wie sie in der Ilias beschrieben ist, gibt es allerdings ein Problem.

Ajax ist in Homers Ilias der größte griechische Held nach Achilles. Er nimmt sogar dessen Stelle ein, als Achilles sich nach dem Streit mit Agamemnon zurückzieht. In der zweiten Hälfte der Ilias bis zum Wiederauftreten von

Achilles ist er die dominante Figur und verdrängt Agamemnon fast vollständig von der Bühne. Außer seiner sagenhaften Tapferkeit zeichnen ihn Festigkeit, Bedächtigkeit und zuverlässige Ruhe aus, nicht nur während des Kampfes, sondern auch in den Versammlungen und in der heiklen Mission zu Achilles. Alles in allem hat Homer ihm Offenheit, Anständigkeit, Zuverlässigkeit und Pflichtbewusstsein zugeschrieben; legendär etwa bei der Verteidigung von Patroklos Leichnam. Dies verschaffte ihm allgemeine Anerkennung und Verehrung. Natürlich hatte Ajax kein niedriges Selbstbewusstsein; allerdings beschreibt ihn Homer in der Ilias viel weniger egoistisch als Hektor und weit, weit entfernt von dem pathologischen Narzissmus eines Achilles oder Agamemnon.

In der Ilias hat Homer nicht erwähnt, dass es einen Streit zwischen Ajax und Odysseus gab um die Waffen des gefallenen Achilles, nachdem dessen Mutter Thetis diese als Preis für den Besten der Griechen ausgesetzt hatte. Er hat auch nicht erwähnt, dass Odysseus durch seine intelligente Menschenführung und Redekunst das Preiskomitee, bestehend aus gefangenen edlen Trojanern, überzeugte. All das wird erst in der Odyssee beschrieben, wir werden davon in „Der Seele erste Irrfahrt“, hören. Die posthomerischen Dichter allerdings haben vieles darüber erzählt. Insbesondere Sophokles hat aus Ajax den Prototypen des Narzissten schlechthin gemacht, der aufgrund einer Kränkung erst die Realität verkennt, psychotisch wird und sich dann in einer Apotheose des Narzissmus umbringt.

Der Suizid als mögliche Reaktion auf eine narzisstische Kränkung, wie sie die Dichter vor über zweieinhalb Jahrtausenden beschrieben haben, wurde auch von der modernen Wissenschaft bestätigt.

Da jedoch Sophokles Ajax von Homers Ajax abweicht, soll an dieser Stelle die großartige sophokleische Darstellung nicht übernommen werden. Es wird stattdessen auf entsprechende Quellen hingewiesen[5].

Der segensreiche Narzissmus

Allerdings muss doch noch einmal klargestellt werden, was schon wiederholt angedeutet wurde: Wenn die narzisstischen Eigenschaften nicht sehr ausgeprägt sind und kein pathologisches Ausmaß erreichen, sondern in gemäßigter Form vorhanden sind und das soziale Zusammenleben, die Beziehungs- und Erlebnisfähigkeit des Menschen nicht wesentlich beeinträchtigen, dann haben sie eine positive Funktion für das Individuum.

[5] Sophokles gestaltete seine berühmte Tragödie „Aias“ zu einem Lehrstück in Sachen Narzissmus und seinen Protagonisten Ajax zum Prototypen des Narzissten schlechthin; dies ist im Buch „Irrsal! Wirrsal! Wahnsinn!“ ausführlich dargestellt.

Die narzisstischen Eigenschaften verhelfen ihm zu einem gesunden Selbstbewusstsein, sie tragen dazu bei, Vertrauen in die eigenen Fähigkeiten zu entwickeln. Sie ermöglichen ihm, leitende Funktionen zu übernehmen und sozialen Erfolg zu haben. Somit kommen die gesunden narzisstischen Eigenschaften nicht nur ihren Trägern zugute, sondern auch der Gesellschaft, in der sie leben und wirken. Und eben diesen gesunden Narzissmus mit seinen segensreichen Wirkungen für ihre Kameraden besitzen viele der iliadischen Helden. Es können exemplarisch die Namen Nestor, Diomedes, Glaukos, Äneias oder Odysseus genannt werden (wobei Odysseus eine ganz besondere Persönlichkeit darstellt, die wir ausführlich in der schon angekündigten „Der Seele erste Irrfahrt" kennen lernen werden; deswegen wird er hier weitgehend ausgeklammert).

An der Person von Nestor kann der positive Narzissmus demonstriert werden.

Nestor wird in Homers Ilias als das Ideal des alten, weisen und gütigen Menschen dargestellt, der durch seinen Reichtum an Erfahrung, durch Einsicht und Gerechtigkeit und durch sein Harmoniebedürfnis ausgezeichnet ist. Noch dazu ist er ein Held mit einer langen Tradition außergewöhnlich heldenhafter Taten, die er schon als Jüngling bewerkstelligte. Sein ausgeprägtes Selbstvertrauen speist sich aus seiner heldenhaften Biografie. Seine Eigenschaften machen ihn zum wertvollen Berater von vielen der Protagonisten, aber auch zum einflussreichen Redner in den Versammlungen, wo er durch die genannten Eigenschaften charismatisch und überzeugend auf die Menschen wirkt und sie lenken kann. Damit ist Nestor eine der positivsten und ansprechendsten Protagonisten der Ilias. Diese harmoniebedürftige und versöhnungsorientierte Persönlichkeit, die überall mit Rat und Tat zu helfen versucht, ist aber keineswegs konfliktscheu. Im Gegenteil, Nestor begegnet Konflikten mit Furchtlosigkeit und Tapferkeit.

Und gerade diese positive Gestalt Nestor verwendet Worte, die alles andere als narzissmusfrei sind. Es ist schon gesagt worden: Kaum ein Mensch ist narzissmusfrei, wie auch der vorbildliche Nestor nicht. Er tut das, um seine Autorität und Kompetenz zu unterstreichen, etwa als er zwischen Agamemnon und Achilles schlichten will: „Ich verkehrte mit richtigen Helden, wie mit dem göttlichen Theseus, dem Bezwinger des Minotaurus, oder mit den Lapithen-Helden, die das Heer der Zentauren einst besiegten; also mit Helden, die viel stärker und berühmter waren als ihr beide. Und alle diese sagenhaften Helden haben Wert auf meinen Rat gelegt und sind ihm gefolgt."

Als die verängstigten Helden sich davor drückten, gegen Hektor im Zweitkampf anzutreten, sagte er ihnen ebenfalls nicht ohne Narzissmus, er selbst habe als junger Mann keine Angst davor gehabt, sich mit mächtigen Gegnern zu messen. Um das zu untermauern, trug er eine lange Liste von furchterregenden Gegnern vor, die er besiegt und getötet hatte, obwohl er jünger und unerfahrener gewesen war als sie. Wäre er noch jung, dann hätte er sich Hektor ohne Zögern selbst entgegengestellt. Es wäre ihm nie in den Sinn gekommen, sich so beschämend zu verhalten wie die jüngeren Heeresfürsten, die sich wie Angsthasen in der Erde verkröchen. Und er fügte hinzu: „Wenn alte Helden, die in früheren Zeiten Prachtvolles zustande brachten, euch so sehen könnten, würden sie sich vor Scham den Tod wünschen."

Gerade der gesunde Narzissmus, den Homer Nestor bescheinigt, machte diese imposante Persönlichkeit erst möglich. Wie auch die anderen vorher erwähnten Persönlichkeiten dieser Kategorie.

Zwischen Respektabilität und Malignität

Hektor ist ein Mann von hoher Ehrenhaftigkeit, das Idol der Trojaner. Er wird vom ganzen Volk wie ein Gott verehrt und ist die größte Stütze seines Volkes. Seine Führungsqualitäten sind unübertroffen. Er kümmert sich um seine Leute, er spendet den Frauen und Müttern der Soldaten Trost. Er hält seine schützende Hand über Helena, eine der Ursachen des Krieges und Ausländerin dazu, so dass ihr niemand Vorwürfe macht oder sie anfeindet. Die rührende Abschiedsszene von seiner Frau Andromache und seinem Sohn Astyanax, die wir miterleben durften, ist an Emotionalität, Liebe und Fürsorge unübertroffen; sie ist geradezu eine Liebeshymne an Gattin und Sohn. Wahrscheinlich ist er deswegen zum Idol seines Volkes geworden, weil Homer ihn als eine Mischung von furchterregendem Krieger und unbeugsamem Volksführer charakterisierte, mit weichem, liebendem, menschlichem, sehr menschlichem Herzen. Sogar seine demütigende Flucht vor Achilles, wovon noch zu sprechen ist, schien so menschlich, dass seine Landsleute sie nicht als Schande empfunden haben.

Menschlich wird Hektor auch durch weitere, nicht unbedingt als positiv zu bezeichnende Eigenschaften, wie etwa seine Neigung zur Reizbarkeit, zu starken Affekten und impulsiven Handlungen, seine emotionalen Ausbrüche. In dieses menschliche, allzu menschliche Bild mischt sich ein Aspekt des Narzissmus, der solchen Persönlichkeiten wie Hektor eine Position zwischen Nestors gesundem und Achilles malignem Narzissmus zuweist: der Egoismus. Wie beispielweise der Großnarzisst Agamemnon, so singt auch Hektor, der nicht als pathologischer Narzisst auffällt, an bestimmten Stellen der Ilias das Hohelied des Egoismus. Dort präsentiert sich Hektor als „Ichling", als der Egoist, der alles Große als *sein* Werk ansieht, blind für das Mitwirken und den Beitrag von Anderen. Zeus werde *ihm* den Sieg schenken, *er* werde die Griechenflotte verbrennen, *er* werde die Griechen besiegen. Er sagt nicht wir und uns, er sagt ich und mir! Der nicht-egozentrismusfreie Hektor hat damit seinen Platz auf dem narzisstischen Pantheon zwischen dem weisen Nestor und dem menschenvernichtenden Achilles redlich verdient. Aber eher in der Richtung Achilles als in Richtung Nestor, und sicherlich weit entfernt von Patroklos Persönlichkeit.

Egoismus ist wie andere Persönlichkeitsmerkmale auch kein ausschließliches Eigentum eines alleinigen Persönlichkeitstypus, etwa des narzisstischen. Das sagt uns, in Übereinstimmung mit den meisten Persönlichkeitsforschern, auch unserer Persönlichkeitsführer Peter Fiedler.

An dieser Stelle sei das schon vorher Erwähnte noch einmal in Erinnerung gebracht, um es zu unterstreichen – mit der Bitte um Verständnis für die Wiederholung: Fast alle iliadischen Protagonisten reiten auf dem stolzierenden Pferd des Narzissmus, eine ununterbrochene Kette zwischen Normalem und Pathologischem bildend. Sonst hätten sie nicht die Bühne der Ilias betreten. Zumindest die meisten nicht!

Bei den von Homer in der Ilias beschriebenen Persönlichkeiten erkennen wir, dass sich die narzisstischen Persönlichkeitseigenschaften auf einem Kontinuum befinden zwischen dem normalen „ehrgeizigen und selbstbewussten Persönlichkeitsstil" über die pathologische „narzisstische Persönlichkeitsstörung" bis zur Gefährlichkeit des „malignen Narzissmus", ganz im Sinne der modernen Persönlichkeitspsychologie.

Das Erkenne-dich-selbst-nicht

Wir haben lange über Narzissmus und narzisstische Persönlichkeitseigenschaften gesprochen. Kein Wunder! Nicht nur, weil der Narzissmus sich wie ein roter Faden durch die ganze Ilias zieht, sondern weil das ganze Epos auf narzisstischen Erscheinungen und narzisstischen Reaktionen basiert. Obwohl die Fachleute nicht genau wissen, wie Narzissmus entsteht – sie vermuten sowohl psychologische, lerntheoretische, als auch genetische Faktoren – wissen sie ganz genau, wovon diese Bezeichnung abgeleitet ist und wer dafür Modell gestanden hat.

Der junge, schöne Narkissos!

Seine Geschichte: Es war einmal, sehr viele Jahre und Jahrhunderte, bevor Homer seine Ilias zum ersten Mal erzählt hat, eine wunderschöne Wassernymphe, die hieß Liriope. Der Flussgott Kephissos begehrte sie sehr, und eines Tages nahm er sie sich einfach. Aus dieser Verbindung des Flussgottes mit der Wassernymphe wurde ein wunderschönes Kind geboren, Narkissos. Seine Mutter war sehr stolz auf diesen außergewöhnlich schönen Knaben, aber auch neugierig und – aus einem ihr nicht erkennbaren Grund – besorgt um seine Zukunft, vor allem um sein Leben. Sie beschloss deswegen, den blinden

Seher Teiresias, der alles Vergangene, Gegenwärtige und Zukünftige kannte, zu befragen, wie lange ihr Kind leben wird.

Der weise Teiresias hat das Kind lange betastet und ihm zugehört; sehen konnte er es nicht, denn er war ja blind. Nach einer Weile des Schweigens und Nachdenkens, die der gespannten Liriope wie eine Ewigkeit vorkam, sprach er die geflügelten Worte, die rätselhaften:

„Nur, wenn er sich selbst nicht erkennt! Nur dann wird er lange leben".

Diese Antwort des Sehers verwunderte die Mutter von Narkissos sehr. Sie wusste ja, dass über dem Eingang des Apollonheiligtums in Delphi der Spruch stand „Erkenne-dich-selbst". Sie wusste auch, dass dies eine der wichtigsten Anforderungen der Götter an die Menschen ist. Und sie wusste weiterhin, dass der Weg zum Paradies und zum glücklichen Leben genau über und durch dieses Erkenne-dich-selbst führt. Und nun kam der weise Teiresias und sagte so etwas diametral anderes! Des Rätsels Lösung: Die schöne Wassernymphe wusste zwar, dass das „Erkenne-dich-selbst" die Voraussetzung für jegliche psychische Harmonie ist, aber sie wusste nicht, dass es in manchen Fällen doch tödlich sein kann. Die Anforderung der Götter an den Menschen, sich selbst zu erkennen, bedeutet nichts anderes, als in sich zu kehren und eigene Möglichkeiten und Grenzen, eigene Fähigkeiten und Defizite, eigene Verantwortung und Pflichten zu erkennen und anzuerkennen. Das „Erkenne-dich-selbst" aber kann für jemanden den Blick in das eigene Chaos und in die eigene Finsternis bedeuten. Die Verliebtheit in sich selbst, die Überzeugung von der eigenen Grandiosität und vermeintlichen Überlegenheit, die Neigung, andere zu entwerten, ihre Gefühle zu missachten, und die Unfähigkeit, Mitgefühl für Leidende zu entwickeln, sind einige der vielen Gesichter des inneren Chaos und der inneren Finsternis des Menschen. Dann kann tatsächlich das „Erkenne-dich-selbst" schwindelerregend sein und den Erkennenden mit in das Chaos reißen, ihn in der Finsternis begraben. In diesem Sinne kann es also tödlich sein.

Das war es, was der blinde Seher sah und dem Kind prophezeite. Das „Erkenne-dich-selbst-nicht" sei unter diesen Umständen die Voraussetzung für ein langes Leben, so hat es sicherlich der weise Teiresias gemeint. Langes Leben wohlbemerkt, was nicht unbedingt mit glücklichem Leben gleichzusetzen ist. Von glücklichem Leben hat der Seher kein Wort gesagt, aber das war ja auch nicht die Frage der Mutter gewesen.

Die Worte des weisen Sehers machten Liriope sehr unruhig – zu Recht, wie bald festzustellen ist. Mit bösen Vorahnungen kehrte sie zu ihren Gewässern zurück.

Narkissos wuchs zu einem wunderschönen Jüngling heran, den alle bewunderten; aber er hatte auch viele Neider. Es gab kaum ein Mädchen, das nicht in ihn verliebt war, und auch viele Jünglinge verzehrten sich nach ihm. Narkissos jedoch war unnahbar und wies alle Annäherungsversuche herzlos zurück, menschliche Bindungen waren ihm fremd. Er zeigte kein Mitgefühl für die so hart Zurückgewiesenen.

Eines Tages sah die Bergnymphe Echo den schönen Narkissos, als er Hirsche in den Bergen von Böotien in Zentralgriechenland jagte, und verliebte sich sofort in ihn. Sie zeigte ihre Verliebtheit mit Gesten und Mimik und Blicken, allerdings nicht mit Worten. Sie plapperte nur die letzten Silben der letzten Worte des Narkissos nach, sie immer wiederholend. Das war das einzige, was sie sprechen konnte, kein vollständiges mehrsilbiges Wort, nicht einmal das Wort Liebe, und natürlich keinen einzigen Satz wie etwa „Ich liebe dich".

Dieses große Ungeschick hatte eine traurige Vorgeschichte: Echo war eine schöne, junge, aber sehr scheue Bergnymphe. Sie wurde von Zeus in seine Gefolgschaft aufgenommen. Dort hatte sie nur eine einzige Aufgabe: Wache zu stehen, wenn der himmlische Vater mit amourösen Abenteuern beschäftigt war. Wenn Hera, seine eifersüchtige Ehefrau, auftauchte, sollte Echo mit lautem und ununterbrochenem Sprechen einerseits Hera ablenken, andererseits Zeus warnen. Aber Hera hatte durch das Zittern und Stottern der kleinen scheuen Nymphe eines Tages alles bemerkt und bestrafte die arme Echo: Sie sollte in alle Ewigkeit keinen eigenen Satz mehr vollenden, sondern nur die letzten Silben der letzten Worte anderer Menschen nachplappern können. Die unglückliche Echo hält sich seitdem vorwiegend in felsigen Bergen und Höhlen auf, meidet die Menschen, lauscht aber ihren Reden heimlich, die letzten Silben ihrer letzten Worte nachplappernd.

Das war jedoch für Echo kein Hindernis, sich beim Anblick von Narkissos sofort in ihn zu verlieben. Dieser aber wies sie wie alle anderen mit beleidigenden und abwertenden Äußerungen zurück. Das brachte der geplagten kleinen Nymphe zusätzliches Leid. Sie zog sich verletzt und enttäuscht zurück, verkroch sich in Höhlen und felsigen Schluchten und zeigt sich seitdem keinem einzigen Menschen mehr. Niemand hat sie je wieder gesehen. Die Menschen hören sie nur, wenn sie die letzten Silben der letzten Worte, die sie gerade gesprochen haben, mehrfach wiederholend nachplappert.

Echo war, wie gesagt, nicht die einzige, die so herzlos von Narkissos abgewiesen worden war. Dutzende von Mädchen und Jünglingen wurden in ähnlicher Weise verletzt und enttäuscht. Aber nicht alle Verletzten und Enttäuschten reagierten wie Echo mit Rückzug und Selbstisolierung. Manche haben sich umgebracht, andere schworen Rache. Die Göttin der Rache, Nemesis, hörte die Gebete der Enttäuschten und bestrafte schließlich den herzlosen Narkissos in folgender Weise: Eines Tages führte ihn die unsichtbare Nemesis an einen kristallklaren See, der alles genau und treu widerspiegelte, was sich an seinem Ufer befand. Als Narkissos am Ufer des spiegelgleichen Sees stand, schaute er in die kristallklaren Gewässer und sah darin die wunderschöne Gestalt eines Jünglings, den er auf der Stelle unendlich begehrte. Der Jüngling hatte eine Gestalt wie er selbst, bewegte sich wie er, und sogar seine Lippenbewegungen waren exakt die gleichen wie seine eigenen. Aber er konnte nicht erkennen, dass er selbst es war, dass er von seiner eigenen Spiegelung so fasziniert war. Er hatte sich ja bis dahin nie im Spiegel gesehen – die Geschichte geschah lange vor der Erfindung des Spiegels oder zumindest lange vor dessen Einführung in den Wäldern von Böotien.

Narkissos konnte keinen Kontakt zu dem schönen Jüngling, dem Objekt seines Begehrens, aufnehmen. Die Gestalt, die er in dem kristallklaren Gewässer sah, zeigte ihm keine Gefühle und keine Zuneigung. Die schöne Gestalt wirkte unnahbar, eiskalt wie das Wasser, in dem sie sich befand, gefühllos. Die spiegelgleiche Linie des Wassers war gleichzeitig eine Trennlinie zwischen den beiden, die jede Gefühlsannäherung verhinderte, was Narkissos als Abweisung erlebte. Erst dachte er: „Wieso erwidert er meine Zuneigung nicht?“ Und dann „Warum verletzt er mich so mit seiner eiskalten Haltung? Warum nimmt er keine Rücksicht auf mich? Mich, der von den schönsten Nymphen und den prächtigsten Jünglingen geliebt wird? Was hat er, was ich nicht habe? Warum erniedrigt er mich? Warum kränkt er mich so? Er ist ein eiskalter Egoist! Ein rücksichtsloser Ichling!“

Narkissos wurde sehr traurig, ja depressiv. Er weinte nur noch, und vor Verzweiflung schlug er sich selbst und verletzte den schönen Körper, der bald – voll mit blauen Flecken, Kratzern und blutverschmiert durch sein selbstverletzendes Verhalten – nicht mehr so schön war. Seine selbstdestruktive Reaktion auf die Kränkung ging so weit, dass er dachte: „Besser tot als mit einer solchen Kränkung zu leben! Oder besser noch: Beide tot! Wenn ich ihn nicht haben kann, dann auch kein anderer.“ Weinend näherte Narkissos sein Gesicht der Wasseroberfläche, um Abschied vom Objekt seines Begehrens zu nehmen und sie dann beide in den Hades zu befördern. Bäche von Tränen flossen aus seinen geröteten Augen in das Wasser des Sees. Die kräftig tropfenden Tränen aber ließen das Wasser sich kräuseln, und so verzerrte sich die Gestalt. Je kräftiger das Tropfen der Tränen, desto stärker das Kräuseln des Wassers. Und so verschwand die Gestalt. Langsam begann Narkissos zu verstehen …

Er erkannte sich selbst!

Er ließ seinen gequälten jungen Körper am Ufer ins Gras fallen. Und er starb an gebrochenem Herzen – jung, ohne ein langes Leben genossen zu haben.

Nachdem die Nachricht vom Tod des schönen Narkissos in Windeseile vom Gott der Winde Äolos in den Wäldern von Böotien verbreitet worden war, beschlossen die Waldnymphen, ihn in Würde zu bestatten. Als sie aber am Ufer ankamen, war Narkissos Körper nicht mehr da, er war nach der Selbsterkenntnis verschwunden. An der Stelle, wo er gelegen hatte, blühte eine wunderschöne Blume mit gelben inneren und weißen äußeren Blütenblättern.

Die Nymphen nannten die Blume in ihrer Sprache Narkissos.

Die Menschen nennen sie bis heute: Narzisse!

Und so machten die Fachleute der Neuzeit Narkissos zum Modell der Narzissten und des Narzissmus.

Übrigens in der Nymphen Originalsprache, Griechisch natürlich, ist die schöne Blume, in die sich der schöne Körper des Narkissos verwandelte, keinesfalls weiblich, sondern männlich und heißt

Narkissos!

Persönlichkeiten sind polymorph

Nach dieser Geschichte des schönen, aber tragischen Narkissos nun wieder zurück zum weniger poetischen Feld der Persönlichkeitspsychologie.

In den Iliadischen Persönlichkeiten koexistieren Merkmale und Eigenschaften aus verschiedenen Persönlichkeitsstrukturen. Die moderne Wissenschaft bestätigt vorbehaltlos, was Homer schon vor drei Jahrtausend beschrieben hat. Eine der Koexistenzen von narzisstischen und dissozialen Persönlichkeitseigenschaften, der maligne Narzissmus, wurde schon erwähnt.

Nicht immer in purer Form

Außer der Koexistenz von narzisstischen und dissozialen Persönlichkeitsmerkmalen gibt es, sagt uns unser Persönlichkeitsführer, eine Koexistenz oder Überlappung mit „emotional-instabilen" (auch „Borderline" genannt) wie auch mit „impulsiven" und „histrionischen" Persönlichkeitsmerkmalen. Man spricht in diesem Zusammenhang von „Persönlichkeitsclustern"; damit sind Persönlichkeitseigenschaften gemeint, die zusammen als eine Gruppe auftreten. Die Meinung seiner meisten Kollegen reflektierend, macht er uns darauf aufmerksam, dass diese Koexistenz von Persönlichkeitsclustern häufig ist.

Genauso wie in Homers Ilias!

Grund dafür sei, berichtet unser Persönlichkeitsführer weiter, dass die vier erwähnten Persönlichkeitsmerkmale – narzisstisch, dissozial, emotional-instabil und histrionisch – ein gemeinsames diagnostisches Cluster bilden: das sogenannte „*dramatisch-emotional-launische*". Peter Fiedler jedoch, unser persönlicher Persönlichkeitsführer, sieht weniger in den „dramatisch-emotional-launischen" Aspekten die Gemeinsamkeit der erwähnten Persönlichkeiten. Die Gemeinsamkeiten lägen eher in interpersonellen Merkmalen, wie etwa im Mangel an Empathie, im Ausnutzen zwischenmenschlicher Beziehungen sowie in Selbstwertproblemen.

Auf jeden Fall mischen sich diese Merkmale, sie überlappen sich und koexistieren, genauso wie bei Homers Helden, bei Agamemnon, bei Achilles und manchen anderen.

Schauen wir uns nun die Koexistenz von narzisstischen mit dissozialen, emotional-instabilen und histrionischen Merkmalen in der Ilias etwas genauer an.

Zuerst die sogenannten *dissozialen* Züge.

Abenteuerliebend und risikofreudig

Dissoziale Persönlichkeitszüge stellen die extreme Ausprägung eines normalen Persönlichkeitsstils dar, den man als abenteuerlich-risikofreudig bezeichnet.

Die Normausprägung dieses Persönlichkeitsstils findet man eigentlich, mehr oder weniger ausgeprägt, bei allen Helden der Ilias!

Hätten sie nicht einen abenteuerlich-risikofreudigen Persönlichkeitsstil gehabt, wären sie auch keine Kriegshelden!

Solche Eigenschaften bilden nämlich das Gerüst, auf das sich Kriegsheldentum stützt, und sie sind auch der Motor, der das Kriegsheldentum in Aktion bringt und hält!

Ein Blick auf die Merkmale-Liste des abenteuerlich-risikofreudigen Persönlichkeitsstils wird das bestätigen: hohe Risikobereitschaft, Angstfreiheit bzw. unterdurchschnittliche Angstbereitschaft, Durchsetzungsfähigkeit bei der Verfolgung von egozentrischen Interessen, selbstbestimmtes Verhalten, Kompetenz in Interaktionen, vor allem dort, wo schnelles Handeln gefordert ist, und vor allem bei der Verfolgung von unmittelbaren egozentrischen Interessen.

Als ein Beispiel der unzähligen „abenteuerlich-risikofreudigen" Verhaltensweisen in der Ilias kann Hektors Verhalten angeführt werden, der Zeus Zeichen zum Rückzug ignorierte. Im Sieges- und Blutrausch wollte er nichts davon wissen. Seinen vernünftigen Freund Polydamas, der weniger abenteuerlich-risikofreudig als Hektor war, der ihn zum Respekt dem Gotteszeichen gegenüber mahnte, beschimpfte er als Feigling und drohte ihm sogar mit dem Tod (!), falls er andere Soldaten zum Rückzug animiere. Und stürmisch führte er seine Trojaner und deren Verbündete noch einmal in die Schlacht, in der furchtbar viele Griechen und furchtbar viele Trojaner fielen.

Wenn man weitere Beispiele abenteuerlich-risikofreudigen Verhaltens erwähnen wollte, dann müsste man die ganze Ilias wiederholen. Sie ist voll davon!

Risikofreudig bis unsozial

Unser Persönlichkeitsführer Peter Fiedler sagt uns dazu, dass die Zunahme des Schweregrades abenteuerlich-risikofreudigen Verhaltens die Hauptaspekte der dissozialen Persönlichkeit bilden: Rücksichtsloses Durchsetzen eigener Ziele, Mitgerissenwerden von momentanen Eindrücken sowie spontanes, oft impulsives Verhalten, vor allem – aber nicht ausschließlich – wenn man sich verletzt und erniedrigt fühlt. Mangel sowohl an der Fähigkeit, in sich zu kehren und eigene Verantwortung und Schuld zu erkennen, wie auch Mangel an Empathie und an Bindungsfähigkeit. Die hohe Risikobereitschaft der dissozial Persönlichkeitsgestörten korreliert mit reduzierter Angstbereitschaft und erhöhtem Risiko für Gewaltdelikte, Rechts- und Normverletzungen insgesamt. Und auch die Tendenz zur Externalisierung und Rationalisierung gehört dazu. Das erste, wie wir schon wiederholt gehört haben, meint die Tendenz, den Grund für fehlerhaftes Verhalten nicht bei sich selbst zu suchen, sondern bei anderen Personen, Situationen und Umständen. Das zweite, die Rationalisierung, meint die Tendenz des Betroffenen, rational anmutende Erklärungen anzubieten, warum fehlerhaftes Verhalten eigentlich ohne seine Verantwortung oder sein Zutun zustande gekommen ist oder gar keines war.

Vereinzelt haben wir diese Merkmale bei vielen Akteuren der Ilias kennengelernt; in größerem Maße aber bei Agamemnon, und ganz massiv bei Achilles. Für sich genommen können diese Merkmale allerdings nicht das gesamte Tun und Lassen sowie alle Erlebens- und Denkweisen der beiden erklären, weder von Agamemnon noch von Achilles. Auch die Grundausstattung ihrer Persönlichkeit hinzuzuziehen, der narzisstischen nämlich, reicht nicht aus, um Erleben und Handeln der beiden komplizierten Persönlichkeiten vollständig zu erklären. Die Mechanismen, die wir als narzisstisch kennen gelernt haben, reichen dafür alleine nicht aus. Viele Handlungsweisen der beiden modellhaft erwähnten Protagonisten befinden sich sogar im Widerspruch zu den genannten Mechanismen. Etwa was die Bindungsfähigkeit anbelangt, so wie in Achilles Beziehung zu Patroklos. Oder die Introspektionsfähigkeit, die sowohl Agamemnon als auch Achilles im Fortschreiten des Epos doch zeigen. Die abenteuerlich-risikofreudigen Eigenschaften hinzuzuziehen, erklärt ebenfalls nicht Unklarheiten zu deren Persönlichkeit. Auf diese Fragen aber gibt es auch Antworten; doch üben wir uns zunächst ein wenig in Geduld und bleiben noch eine Weile im Gefilde der „abenteuerlich-risikofreudigen und dissozialen" Persönlichkeiten.

Das Spektrum „abenteuerlich-risikofreudig-dissozial" bildet ein Kontinuum, das zeigt uns unser Persönlichkeitsführer. Besetzt sind aber nicht nur die beiden Extreme, sondern auch die Mitte. Da findet Paris Persönlichkeit zum Beispiel ihren Platz. Dass sie nicht nur mit abenteuerlich-risikofreudigen Elementen, sondern darüber hinaus auch reichlich mit dissozialen Elementen bestückt ist, belegen zahlreiche seiner Handlungen. Die bekannte von ihm begangene Rechtsverletzung und ethisch verwerfliche Tat war Anlass für den langjährigen Krieg, der am Ende seine Heimat und seine Landsleute vernichtete: Er missachtete die Gastfreundschaft seines Gastgebers und raubte ihm seine Ehefrau und seine Schätze. Wie wir gehört haben, verletzte er die geltenden Ehrennormen auch, indem er prahlend und risikofreudig den tapfersten der Griechen zum Zweitkampf herausforderte, um sich dann zu verkriechen, aus Angst um sein Leben. Nachdem er mit Hilfe der Aphrodite in – nach damals allgemein geltender Werteordnung – beschämender Weise das Kampffeld verlassen hatte, hinderten ihn weder die Verachtung Helenas, noch der Zorn der Griechen daran, damit spielerisch umzugehen und sich eher wie ein Lebemann als wie ein verantwortlicher Führer zu benehmen. Er entlastete sich selbst durch Externalisierung und Rationalisierung, die erwähnten psychischen Abwehrmechanismen: Athena sei schuldig an seiner Niederlage, und gegen Götter könne man bekanntlich nichts machen. Es bleibe einem nichts anders als die Flucht, und gerade das habe er auch getan. Nach einem so skandalösen Verhalten, das objektiv als feige zu bezeichnen ist, hatte Paris nichts anderes im Sinn, als bei Helena wieder seine Verführungskunst anzuwenden. Schamgefühle? Schuldgefühle? Introspektion? Reue? Verantwortungsgefühl gegenüber seinen Landsleuten und seinem Vaterland? Alles Fehlanzeige.

Ebenso, wie die Grenze zwischen dem „abenteuerlich-risikofreudigen Persönlichkeitsstil" und der „dissozialen Persönlichkeitsstörung" elastisch und fließend ist, ist auch die Grenze zwischen Heldentum und Verbrechertum durchlässig. Man hat keine Schwierigkeit, dies bei so mancher Tat der iliadischen Helden zu erkennen.

Schaut man die dissozialen Persönlichkeitsmerkmale genauer an, dann ist leicht festzustellen, dass einige davon bei manchen der iliadischen Helden vorhanden sind – vor allem in Koexistenz mit narzisstischen Konstellationen. Diese Koexistenz kann zu furchtbarem Tun führen, wie viele Taten des Achilles und manche des Agamemnon gezeigt haben.

Und das bildet den „malignen Narzissmus"[6].

Nachdem wir sowohl die narzisstische als auch die dissoziale Persönlichkeitsstörung kennengelernt haben, ist der Zeitpunkt gekommen, auch diesen Begriff zu beleuchten.

Was also ist dieser *„maligne Narzissmus"*?

---

[6] Der amerikanische Persönlichkeitsforscher Otto Kernberg hat sein Konzept des malignen Narzissmus an verschiedenen Stellen präsentiert. Man kann das auch in seinem Buch „Narzissmus" nachlesen, das er 2006 mit Hans-Peter Hartmann herausgegeben hat.

Kränkbar und gefährlich

Der maligne Narzissmus ist die gefährlichste Form des Narzissmus!

Oder: Die gefährlichste Form der Dissozialität!

Die Persönlichkeitsforschung meint damit, dass jemand in seiner Persönlichkeit verschiedene Merkmale vereint: a) eine narzisstische Persönlichkeit, wie wir sie kennen gelernt haben; b) dissoziales Verhalten, so wie es uns unser Persönlichkeitsführer eben vor Augen geführt hat; c) hohe Aggressionsbereitschaft, die den Betroffenen überhaupt nicht stört, sondern die er als im Einklang mit seiner Persönlichkeit empfindet (Die Fachleute nennen das „ichsynton" in diesem Falle also „ichsyntone Aggression" oder auch „ichsyntoner Sadismus"; das Letztere bedeutet anderen genüsslich Schmerz, Leid und Angst zuzufügen); d) eine Tendenz zu Idolisierung, Dämonisierung, maßloser Entwertung oder grundloser Verachtung anderer Menschen. Man nennt diese Tendenz „paranoid", ohne logische oder reale Grundlage also.

Otto Kernberg, der Beschreiber des Konzeptes des malignen Narzissmus, sieht dabei ein Kontinuum dissozialen Verhaltens, das zwischen dem Narzissmus an einem Pol und der dissozialen Persönlichkeitsstörung am anderen Pol angesiedelt ist.

Der maligne Narzissmus besetzt also eine Stelle zwischen der narzisstischen und der dissozialen Persönlichkeitsstörung. Im Gegensatz zur dissozialen Persönlichkeitsstörung im engeren Sinne gibt es bei Menschen mit malignem Narzissmus durchaus die Fähigkeit, anderen gegenüber loyal zu sein, sich um diese zu sorgen oder auch Schuld zu empfinden.

Gerade diese letzten Eigenschaften des malignen Narzissmus können einige Einstellungsmuster und Handlungsweisen von iliadischen Protagonisten erklären, die weder mit der puren dissozialen noch mit der puren narzisstischen Persönlichkeit kompatibel sind. Etwa die legendäre Loyalität von Achilles zu Patroklos. Oder das – wenn auch späte – Eingeständnis der beiden Protagonisten Agamemnon und Achilles, selbst Schuld am Streit zu haben und an den Katastrophen, die das griechische Heer ereilten.

Nach der obigen Beschreibung ist vermutlich leicht zu erkennen, wer Modell gestanden hat für den malignen Narzissmus: An erster Stelle Achilles, an zweiter Agamemnon[7].

[7] Mag sein, dass Achilles bei Erstellung des Konzeptes „maligner Narzissmus" Modell gestanden hat, aber eine unübertroffene Beschreibung einer Persönlichkeit, die nicht nur diesen Kriterien vollständig entspricht, sondern auch psychologische Zusammenhänge und pathologische Mechanismen deutlich macht, stammt von Euripides, dem Psychologen unter den Tragikern, und zwar in seiner Tragödie „Medea". Dieses Lehrstück zum Thema maligner Narzissmus sowie dem damit korrespondierenden „Medea-Syndrom" kann man in dem mehrfach erwähnten Buch „Irrsal! Wirrsal! Wahnsinn!" nachlesen.

Aber es bleiben doch noch Fragen offen bezüglich bestimmter Verhaltensweisen der iliadischen Helden, die durch die bisher beschriebenen Konzepte der narzisstischen und der dissozialen Persönlichkeitsstruktur nicht oder nur ansatzweise zu erklären sind. Machen wir uns auf den Weg, unserem persönlichen Persönlichkeitsführer folgend, uns mit diesen noch offenen Fragen zu beschäftigen.

Die Antwort liegt in der vorher mehrfach angesprochenen Koexistenz bzw. Überlappung der vier von ihm beschriebenen Persönlichkeitscluster – narzisstisch, dissozial, emotional-instabil und histrionisch –, sagt unser Persönlichkeitsführer Peter Fiedler. Die ersten beiden, narzisstisch und dissozial, haben wir schon ausführlich kennen gelernt. Das dritte Muster ist der *„spontan-sprunghafte Persönlichkeitsstil"* und seine extreme Variante, die *„impulsiv-emotional-instabile Persönlichkeitsstörung"*. Wir werden sie jetzt kennenlernen und in der Ilias wieder erkennen.

Eine Koexistenz

Achilles hat sich am Ende mit Agamemnon versöhnt! Und Agamemnon bekundete schon vorher Reue für die Beleidigungen gegen Achilles! Wenn wir unseren Persönlichkeitsführer fragen würden, ob so etwas trotz der bisher beschriebenen narzisstisch-dissozialen Züge der beiden Persönlichkeiten möglich wäre, würde er sicherlich mit „Ja, klar" antworten. Und das liege an der schon erwähnten Koexistenz der beiden genannten Persönlichkeitsstrukturen mit dem sogenannten „spontan-sprunghaften" Persönlichkeitsstil bzw. der „emotional-instabilen Persönlichkeitsstörung", der sogenannten Borderline-Persönlichkeit. Wie bei jeder Persönlichkeitsstruktur gibt es auch in diesem Cluster ein Kontinuum zwischen Persönlichkeitsstil und Persönlichkeitsstörung. Auf dem Stil-Pol dieses Kontinuums finden sich Merkmale wie intensive Emotionalität, die zwischen spontaner Begeisterung für positiv Erlebtes und impulsiver Ablehnung für Negatives pendelt. Die spontan-sprunghafte Person ist eher gefühlsmäßig als vernunftmäßig geleitet.

Jetzt können wir die Haltungsänderung der beiden Protagonisten erklären, vor allem die des Achilles. Der Groll ist weg! Das Nachtragen ist auch weg! Das ist ein zusätzlicher Grund, warum solche Personen flexibel sind, ihre Haltung irgendwann ändern und sich der jeweiligen Situation anpassen können. So wie Agamemnon und Achilles.

Impulsiv und instabil

Erreicht der emotional-sprunghafte Persönlichkeitsstil die Dimension einer Störung und gelangt damit zum anderen Pol des Kontinuums, dann kann sich das Störungspotential auf der Basis der intensiven Emotionalität auf zwei zentrale Punkte, zwei Cluster sozusagen, konzentrieren: a) vorwiegend impulsiv und b) vorwiegend instabil bezüglich des Selbstbildes. Im ersten Cluster finden sich vorwiegend eine hohe Impulsivität, mit vorschnellen Reaktionen, Handeln, ohne über die Konsequenzen nachzudenken, unangemessene Wut und aggressive Durchbrüche mit gewalttätigem und bedrohlichem Verhalten. Im zweiten Cluster ist besonders auffällig eine tiefgreifende Instabilität in zwischenmenschlichen Beziehungen, im Selbstbild und in den Affekten. Viele Betroffene zeigen ein verzweifeltes Bemühen, tatsächliches oder vermutetes Verlassenwerden zu vermeiden; eine Neigung zu Depressionen ist nicht selten. Unter emotionaler Belastung sind auch autoaggressive Impulse und Handlungen möglich. Es sei noch einmal betont, dass auch diese Cluster a) und b) nicht als hermetisch geschlossen zu verstehen sind, sondern dass sie ineinanderfließen, so dass bei einer Person mehr Merkmale aus dem einen Cluster und weniger aus dem anderen bestehen, und bei einem anderen Menschen umgekehrt.

Diese Merkmale – impulsiv, instabil, sprunghaft, aggressiv und eine Neigung zu Depressionen – sind in der Ilias vorwiegend bei Achilles beschrieben, obwohl auch der andere Protagonist, Agamemnon, nicht frei davon ist. Wichtiger an dieser Stelle: Das oben kurz dargestellte Konzept der spontan-sprunghaften Persönlichkeit gibt eine zuverlässige Antwort auf eine sehr wichtige Frage. Auf die Frage nämlich, wie es dazu kam, dass Agamemnon sein Verhalten änderte und Reue zeigte, und warum Achilles die Wende vollzog und wieder Solidarität mit seinen Landsleuten zeigen konnte. Unser Persönlichkeitsführer Peter Fiedler sagt dazu:

„Menschen mit spontan-sprunghaftem Persönlichkeitsstil sind üblicherweise nicht lange nachtragend. Selbst starke negative Reaktionen gegenüber anderen Menschen können nach kurzer Zeit vergessen sein“.

Aber, so könnte man fragen, hat Homer nicht lange, in ganzen fünfzehn Gesängen (!) den Zorn und den Groll des Achilles besungen? In der Tat scheint es langandauernd, aber es kann nicht so lange gewesen sein. Der Groll des Achilles wirkt in Homers Erzählung so langandauernd, weil die Erzählung der Handlung lang ist und die Taten wie auch die Ereignisse überwältigend und zahllos sind. Dabei war die Zeit, in der sie stattgefunden haben, in Wirklichkeit eher kurz. Zwischen seinem Gefühls- und Zornesausbruch Agamemnon gegenüber und dem Zeitpunkt, als er Patroklos die Erlaubnis erteilte, in seiner Rüstung am Kriegsgeschehen teilzunehmen, um die Griechen zu retten, waren nur wenige Tage vergangen. Die gesamte Ilias beschreibt lediglich einundfünfzig Tage des zehnten Kriegsjahres. Der Zorn des Achilles brach etwa am zehnten Tag dieser einundfünfzig aus. Die Ilias wird beendet mit der Bestattung Hektors. Der Leichnam Hektors war zwölf Tage im Lager von Achilles und ebenfalls zwölf Tage in Troja, bevor er bestattet wurde. Und dann waren da noch einige Tage zwischen Patroklos Aufbruch in den Krieg und Hektors Tod. Achilles Groll also dauerte nicht annähernd so lange, wie es auf den ersten Blick scheint.

Schnell war also Achilles Zorn, der so viel Leid verursachte, vergessen, so wie unser Persönlichkeitsführer es von solchen Persönlichkeiten berichtet. Und Achilles, nachdem sein Groll verraucht war, wurde rasch versöhnlich gestimmt.

Affektvoll!

Die Antworten auf die letzten offenen Fragen zur Kompatibilität von Erleben und Handeln der iliadischen Protagonisten mit den dargestellten Persönlichkeitsbeschreibungen liefert uns das letzte Cluster, durch das uns jetzt unser Persönlichkeitsführer führt:

Selbstdarstellerisch und histrionisch

Wie in allen Persönlichkeitsformen haben wir auch im Falle des „expressiven und selbstdarstellenden Persönlichkeitsstils" bzw. der „histrionischen Persönlichkeit" ein Kontinuum zwischen einem nicht-pathologischen Persönlichkeitsstil und einer pathologischen Persönlichkeitsstörung. Menschen mit einem expressiven und selbstdarstellerischen Persönlichkeitsstil handeln eher intuitiv-spontan und weniger analytisch, weniger zielorientiert und planmäßig. Sie sind durch Impressionen dominiert und beeinflussbar. Durch ihr gefühlsbetontes Auftreten wirken sie häufig liebevoll und warmherzig. Sie lieben affektvolle Worte, affektvolle Gesten, affektvolle Umgebung – und die Bühne.

Erreichen diese Persönlichkeitseigenschaften die Dimension und den Schweregrad einer Persönlichkeitsstörung, dann findet sich sehr häufig eine übertriebene Emotionalität und ein übermäßiges Verlangen nach Aufmerksamkeit und Im-Mittelpunkt-stehen. Dramatisierung von Umständen um die eigene Person, theatralisch wirkendes Verhalten und übertriebener Ausdruck von Gefühlen sind weitere Merkmale. Selbstbezogenheit, erhöhte Kränkbarkeit und andauernd manipulatives Verhalten können hinzukommen – und zeigen auch die Verwandtschaft mit dem Narzissmus. Oftmals ist das Auftreten der histrionisch Persönlichkeitsgestörten auf Imponieren und Verführen angelegt.

Kein Wunder also, dass fast alle Akteure der Ilias auf der ersten großen Bühne des Abendlandes nicht abgeneigt sind, nach dem gerade beschriebenen Verhaltensmuster aufzutreten.

Wie Achilles sich verhält, etwa nach der Kränkung durch Agamemnon bei der anschließenden Begegnung mit seiner Mutter oder nachdem ihm Antilochos die Nachricht vom Tode des Freundes Patroklos brachte, kann als lehrbuchmäßiges histrionisches Verhalten bezeichnet werden.

Ein kleiner Einschub: Das Wort histrionisch kommt vom lateinischen „histrio“, was „der Schauspieler“ bedeutet. Manche sagen, dass das lateinische „histrio“ vom griechischen „östrus“ kommt. Östrus bedeutet „übertriebener Ausdruck, wie wenn man plötzlich von einer Bremse gestochen wird, Raserei, erotische Leidenschaftsrufe (erotischer oestrus, deswegen heißen manche Sexualhormone in der moderne Medizin Östrogene, Oestrus erzeugende also)“ und Ähnliches. Und es wird gesagt, dass die Griechen die römischen Schauspieler aus Geringschätzung ihrer Theaterkunst so nannten.

Wie auch immer: Histrionische Merkmale erkennen wir auch bei den übertriebenen emotionalen Ausbrüchen von Agamemnon in der Konflikt- und Kränkungssituation zu Beginn. Das Auftreten der beiden Protagonisten in ihrer imposanten Rüstung – Agamemnon in der ihm vom Zypernkönig Kinyras geschenkten, Achilles bei seiner Rückkehr in das Kriegsgeschehen in der von Hephästos geschmiedeten – waren starke Verstärker des eigenen Egos. Aber wie wir gesehen haben, waren selbst Götter nicht frei von solchen Attitüden: Athena und Hera, Poseidon und Zeus, wie auch andere versuchten immer wieder, durch ihr Äußeres zu imponieren.

Für dieses Spektrum von Persönlichkeitsmerkmalen, vom harmlosen Persönlichkeitsstil bis zur Persönlichkeitsstörung, standen viele Modell, Sterbliche und Unsterbliche; Achilles aber war sowohl zu Beginn, als auch in den Gesängen nach Patroklos Tod das Top-Modell. Auch die weichen, milden Gefühle, die sich seiner nach dem Tod des Patroklos bemächtigten und die so ausdrucksvoll in Erscheinung traten, passen dazu, ebenso wie die Art der Aussöhnung mit Agamemnon. Nicht zuletzt ist auch Achilles Auftreten bei der Begegnung mit Priamos, bei dem fremdes, aber auch eigenes Leid ihn zu Tränen rührte, im Rahmen dieses Persönlichkeitsspektrum gut erklärbar.

Unserer Persönlichkeitsführer Peter Fiedler hat uns – wie schon wiederholt erwähnt – darauf aufmerksam gemacht, dass genau die Merkmale der narzisstischen, dissozialen, emotional-instabilen und histrionischen Persönlichkeit häufig koexistieren.

Homer würde wahrscheinlich an diesem Punkt sagen:

„Danke sehr, verehrter Persönlichkeitsführer, dass Du meine Hörer so kompetent führst; es freut mich auch zu hören, dass Dein wissenschaftlicher Fachbereich mich bestätigt in dem, was ich vor drei Jahrtausenden schon beschrieben habe! Das schmeichelt doch auch meinem Narzissmus – Ich hoffe, Du stellst bei mir den nestorianischen, den gesunden Narzissmus fest, und nicht den achilleschen Narzissmus“.

Anti-Narzissten

In der Person des Patroklos liefert Homer uns das Bildnis des Anti-Narzissten. Der Anti-Narzisst ist das Gegenbild zu Menschen mit ausgeprägtem Narzissmus. Sein genaues psychologisches Porträt sieht so aus:

Der Anti-Narzisst ist nicht gekränkt, wenn andere besser dastehen als er selbst. Er will nicht unbedingt im Mittelpunkt der Aufmerksamkeit stehen, auch nicht eigene Grandiosität und Superiorität zelebrieren. Er entwertet nicht die anderen, um sich selbst aufzuwerten.

Der Anti-Narzisst erkennt zwar deren Schwachstellen und negative Eigenschaften – Achilles ist aufbrausend und kann ungerecht werden, sagt Patroklos – aber das ist für ihn kein Grund, die anderen pauschal zu entwerten. Seine Bescheidenheit ist seine Weisheit, oder besser gesagt, eine seiner Weisheiten.

Die Beziehungs- und Bindungsfähigkeit des Anti-Narzissten ist sehr hoch entwickelt und trägt dazu bei, dass seine zwischenmenschlichen Beziehungen stabil bleiben, auch wenn ein Partner beziehungsschwach ist.

So kann der Anti-Narzisst eine Freundschaft oder eine andere irgendwie geartete Bindung mit dem prinzipiell bindungsschwachen Menschen mit ausgeprägtem Narzissmus lange pflegen – wie Patroklos seine Freundschaft und Verbundenheit zu Achilles.

Der Anti-Narzisst praktiziert das apollinische „Erkenne-dich-selbst".

Nach diesem Prinzip schätzt er sich selbst ein und findet damit die für ihn geeignete Rolle, sowohl in einer Zweier-Beziehung wie in der Gruppe; im Gegensatz zu Selbstüberschätzung, Überheblichkeit und Grandiositätsgehabe des Menschen mit akzentuierten narzisstischen Persönlichkeitseigenschaften, wie wir es bei Agamemnon und Achilles kennengelernt haben.

Der beschränkten Empathiefähigkeit des narzisstischen Menschen setzt der Anti-Narzisst seine ausgeprägte Empathiefähigkeit entgegen. So wie Patroklos für seine bedrängten Landsleute, aber auch für den schwer verwundeten Eurypylos. Diese Fähigkeit sowie sein hohes Solidaritätsgefühl und Loyalitätsempfinden ermöglichen ihm, Auswege aus Dilemmata zu finden, so wie es uns Patroklos gezeigt hat. Die schon angesprochene Fähigkeit zur Solidarität des Anti-Narzissten ist der Gegenpol zur ausbeuterischen Beziehungsgestaltung der narzisstischen Persönlichkeitsstörung. Während Achilles sich wegen der menschlichen Katastrophe freut, weil er sich davon einen Gewinn erhofft, ist Patroklos davon merklich betroffen. Er sucht Wege, den Bedrängten zu helfen.

Der Altruismus des Anti-Narzissten gehört zu den festen Bestandteilen seiner Persönlichkeitsstruktur. In diesem Sinne ist der Anti-Narzisst bereit, sich für andere aufzuopfern, während der Narzisst andere opfert, immer auf dem Altar seines Egos und seiner Interessen.

Gewissenhaft und loyal

Unserer Persönlichkeitsführer Peter Fiedler erkennt in dem Anti-Narzissten die Mischung von hauptsächlich zwei Persönlichkeitsstilen: der sogenannten sorgfältig-gewissenhaften mit der anhänglich-loyalen Persönlichkeit.

Er sagt uns dazu, dass bei Koexistenz der beiden Persönlichkeitsstile ein loyales Verhalten gegenüber anderen Menschen dominiert, bis hin zur Hintanstellung eigener Wünsche, wenn diese mit den Interessen relevanter Bezugspersonen kollidieren – ein Merkmal aus dem „anhänglich-loyalen" Cluster. Anhänglich-loyale Personen verfügen über eine hohe Empathie- und Kooperationsfähigkeit. Aus einem authentisch gelebten Persönlichkeitsstil können dauerhaft Freundschaften und Partnerschaften mit belastbaren Verhaltensstrukturen hervorgehen. Das Tun von Menschen mit diesem Persönlichkeitsstil ist durch Altruismus und Selbstlosigkeit gekennzeichnet.

Aus dem „sorgfältig-gewissenhaften" Cluster stammt die Neigung des Anti-Narzissten, das Leben und die Welt positiv zu sehen und zu beurteilen. Auch eine sorgfältige Pflichterfüllung gehört dazu. Die zwischenmenschlichen Beziehungen zeichnen sich bei Menschen mit diesem Persönlichkeitsstil durch Harmoniestreben und Sich-einordnen aus. Gelegentlich zeigen sich abhängige Züge.

Man erkennt in diesen Beschreibungen den iliadischen Anti-Narzissten Patroklos.

Allerdings darf man nicht denken, dass der Anti-Narzisst ein feiger, scheuer Mensch ist. Beim Anti-Narzissten bedeutet Sich-einordnen-können nicht etwa Duckmäusertum und keineswegs Dependenz. Die meisten Anti-Narzissten sind mutige Persönlichkeiten, vor allem besitzen sie den Mut zur eigenen Meinung. Wir haben gehört, wie Patroklos dem großen Achilles gegenüber offen seine vernichtende Meinung zu dessen Verhalten zum Ausdruck gebracht hat.

Allerdings wäre es ein Fehler zu denken, dass der Anti-Narzisst völlig frei von narzisstischen Eigenschaften ist. Durchaus nicht. Eine angemessene Dosis gesunden Narzissmus hilft ihm, etwas zu vollbringen, etwas zu erreichen. Damit stärkt er zusätzlich seinen Einfluss und den Respekt, den er in einer Gesellschaft prinzipiell schon durch seine anti-narzisstische Persönlichkeitsstruktur genießt. Das konnten wir hören, als Homer die Taten des Patroklos besingt.

Auf der Wiese der Mitmenschlichkeit blüht der Anti-Narzisst nicht wie eine stolzierende Narzisse, sondern wie eine bescheidene Wiesenblume, wobei sie allerdings erheblich dazu beiträgt, dass die Menschlichkeitswiese so harmonisch, sanft und schön ist – So würde es Homer in seiner poetischen Sprache ausdrücken.

Die bescheidene Wiesenblume wird von den Menschen geliebt, geachtet, geehrt!

Homer macht gerade das in seiner Ilias sehr deutlich, durch den Raum, den er Patroklos gibt. Um keinen Gefallenen werden so erbitterte Kämpfe geführt wie um Patroklos. Keiner der Gefallenen wird von den beiden Großhelden Menelaos und Ajax, und dann auch noch von einem dritten Großhelden, dem schnellen Ajax, so beschützt wie er. Besonders Menelaos riskiert viel, stellt sich unerschrocken vor den Toten, ohne einen persönlichen Gewinn davon zu haben. Die Kämpfe um den toten Patroklos füllen einen ganzen Gesang der Ilias. Für keinen anderen gefallenen Helden wird in der Ilias so anrührend Totenklage erhoben wie für Patroklos, niemandem wird so viel Ehre erwiesen. Ein ganzer Gesang ist ein Trauergesang für ihn, und bis zum Ende der Ilias spielt die Trauer um ihn eine zentrale Rolle.

Homer ehrt gebührend den Anti-Narzissten!

Ängstlich und vermeidend

Nun wollen wir unsere Aufmerksamkeit auf menschliche Persönlichkeitsstrukturen richten, die auch auf Götter anwendbar sind. Homers Götter sind ja Menschen-Götter. So ist es nicht verwunderlich, dass Götterpersönlichkeitsstrukturen auch auf Menschen anwendbar sind. Nehmen wir zum Beispiel den genialen Hephästos. Hephästos leidet unter einer posttraumatischen Belastungsstörung mit Vermeidungsverhalten und entsprechender Prägung seiner Persönlichkeit. Das traumatische Erlebnis fand in der frühkindlichen Phase der Entwicklung seiner Persönlichkeit statt, wie wir anfangs gehört haben. Von seinem Vater Zeus war er vom Olymp aus hunderte von Kilometern weit weg geschleudert worden, mit bleibenden körperlichen und psychischen Schäden. Das sollte für immer seine spätere Persönlichkeit prägen. Die moderne Persönlichkeitspsychologie spricht von einer „*Persönlichkeitsveränderung nach schwerer Belastung*“. Allerdings war Hephästos ein Kleinkind, als er der schweren Belastung ausgesetzt war. Insofern hatte er zu dem Zeitpunkt noch keine gefestigte Persönlichkeit, die sich dann nach dem traumatischen Erlebnis verändert hat. Wir wissen nicht, wie seine Verhaltensmuster ohne das traumatische Ereignis gewesen wären. Schauen wir doch die Persönlichkeitsstruktur des Hephästos an, wie Homer sie beschreibt – als eine menschliche, allzu menschliche.

Wir haben Hephästos als einen genialen Ingenieur kennengelernt, als Techniker und Konstrukteur, als einen auf Funktion wie Ästhetik bedachten Designer und kunstvollen Handwerker. Unvergesslich als solcher ist sein Auftreten beim Treffen mit Achilles Mutter, bei dem sie ihn bat, neue Waffen und eine Rüstung für ihren Sohn anzufertigen. Thetis wusste, dass Verlass auf Hephästos ist. Er hat Waffen und Rüstung hergestellt, und was für Kunstwerke sie waren!

Hephästos fertigt sowohl für Götter als auch für Menschen unvergängliche und wunderbare technische Konstruktionen an. Aber trotz seiner Genialität ist er scheu und ängstlich. Er lebt zurückgezogen, deswegen unterirdisch, tief unter den Bergen in seinen Hephästia, den Vulkanen – Wie Ihr wisst, ist Vulkanus sein späteres lateinisches Pseudonym.

Hier noch einmal die Erinnerung an sein Verhalten während des Ehekrachs seiner Eltern, Zeus und Hera, zu Beginn. Bei jeder ihrer Auseinandersetzungen begann er zu zittern, schon wenn er merkte, was sich da zwischen seinen Eltern gerade anbahnte. Hephästos kannte das „Durch-leiden-lernen-Prinzip" aus eigenen leidvollen Erfahrungen nur zu gut – auch davon haben wir gehört. Aufgrund seiner traumatischen Erfahrungen entwickelte Hephästos bestimmte Persönlichkeitsmerkmale. Sein Selbstwertgefühl war trotz seiner Genialität und der Anerkennung, die seine Werke bei Göttern wie Menschen fanden, sehr fragil. Das ewige Hinken, nachdem sein Vater Zeus ihn den Olymp hinabgeschleudert hatte, trug nicht gerade zur Steigerung seines Selbstwertgefühls bei. Das Wissen, dass seine wunderschöne Ehefrau Aphrodite ihn ständig mit Unsterblichen und Sterblichen betrog, gehört zu den weiteren Gründen für sein geringes Selbstvertrauen. So gering war es, dass er die fremdgehende Ehefrau nicht einmal zur Rede stellte – dieses Wissen haben wir aus anderen Quellen, so etwa der Odyssee. Bloß keinen Konflikt, bloß keinen Krach, bloß keine Auseinandersetzung. Nur fleißig und schweigsam arbeiten, arbeiten, arbeiten. Alles, was zur Konfrontation führt oder Bühnenauftreten verlangt, all das muss unbedingt vermieden werden.

„Ja, ja", ruft mit Begeisterung unser Persönlichkeitsführer Peter Fiedler. „Klasse! Was Homer da beschreibt, nennen wir heute *‚ängstlich-vermeidende Persönlichkeit‘*".

Ängstlich und vermeidend

Die Hauptmerkmale der „ängstlich-vermeidenden Persönlichkeitsstruktur" hat Homer ja praktisch schon in seiner Ilias fast vollständig beschrieben. Allerdings nur bei Hephästos, teilweise auch bei Hypnos, aber – wohlgemerkt – bei keinem der Iliadischen Helden(!): Andauernde und umfassende Gefühle von nervöser Anspannung; die Überzeugung, selbst sozial unbeholfen und unattraktiv oder minderwertig zu sein; ausgeprägte Sorgen, in sozialen Situationen kritisiert oder abgelehnt zu werden. Darüber hinaus ist der Lebensstil eingeschränkt, man vermeidet soziale und berufliche Aktivitäten, die zwischenmenschliche Kontakte voraussetzen, aus Furcht vor Kritik, Missbilligung oder Ablehnung. Wenn allerdings diese Persönlichkeitsstruktur nicht sehr ausgeprägt ist und im Bereich des nicht pathologischen Persönlichkeitsstils bleibt, dann hat sie viel Positives und wird von den Mitmenschen geschätzt. Denn die Person drängt sich nicht in den Vordergrund, lässt anderen gerne den Vortritt und bemüht sich um Ausgleich bei Konflikten. Die Personen in der Umgebung wissen zumeist, dass man sich auf den Betreffenden verlassen kann.

„So wie auf Homers Hephästos!", sagt begeistert unser Persönlichkeitsführer.

Trauma und Reaktion

Hephästos Traumatisierung mit den daraus resultierenden Folgen ist zwar sehr eindrucksvoll, aber nicht die einzige menschliche psychische Reaktion, die Homer den Göttern zuschreibt; durch seine bis zum Äußersten betriebene Vermenschlichung der Götter reagieren sie wie Menschen bei Belastungen.

Erinnern wir uns, wie elend sich der Kriegsgott Ares fühlte, nachdem er von den sterblichen Brüdern Otos und Ephialtes dreizehn Monate lang in schweren Ketten gefesselt und in einem bronzenen Fass gefangen gehalten worden war. Und als ob das nicht gereicht hätte, wurde er im Kampf mit Diomedes schwer verletzt – er, der Kriegsgott(!) – und musste vom Götterhausarzt Päon behandelt werden, nachdem er, verstört und emotional aufgewühlt, Trost bei Vater Zeus gesucht hatte. Wir haben davon gehört.

Aber noch viel schlimmer kam es für die Liebesgöttin Aphrodite.

Homer berichtete uns, wie Diomedes sie jagte und verletzte und wie sie blutverschmiert – natürlich mit göttlichem Blut, ichorverschmiert also – im psychischen Ausnahmezustand Hilfe, Behandlung und Betreuung bei den anderen Göttern suchte und nur teilweise fand. Manche anderen Götter haben sie verspottet, auch das haben wir gehört. Aphrodite reagierte auf ihre Traumatisierung menschlich, allzu menschlich: mit einer *akuten posttraumatischen Belastungsreaktion.*

Die von Homer beschriebene Reaktion von Aphrodite auf ihr traumatisches Erlebnis ist – wie auch die des Hephästos – die gleiche wie beim Menschen. Diese vermenschlichte Reaktion machte bei den Sterblichen eine jahrtausendelange Karriere, auch wenn sie ständig ihr Gesicht wechselte. Aphrodites tränenreiche Reaktion und Hephästos Vermeidungsverhalten finden wir in mutierter Form bei den „Zitterern" des ersten Weltkrieges; dann bei den „Magengeschwürern" des Zweiten Weltkrieges und schließlich den „Posttraumatisch-Belastungsgestörten" der nachfolgenden Kriege am Ende des zwanzigsten und zu Beginn des einundzwanzigsten Jahrhundert. Alles ist dasselbe – bei den Menschen von heute so wie damals bei Homers Menschengöttern; heutzutage aber modern, oder wie manche sagen, inflationär.

Was Aphrodite nach ihrer Verletzung zeigte, war eine *akute Belastungsreaktion* nach dem traumatischen Erlebnis; das sangen uns schon der immerwährenden Gültigkeit geflügelte Worte der Seele.

Trauma und Reaktion

Eine akute Belastungsreaktion zeigen viele Menschen unmittelbar nach belastenden Situationen, wenn sie nicht die geeigneten Bewältigungsmechanismen mobilisieren können. Sie können das akute traumatisierende Erlebnis nicht bewältigen und reagieren wie Aphrodite, nämlich mit Angst, Panik, Weinen, Zittern, Verwirrung, begleitet von Gefühlen der Kränkung und Bedrohung.

Menschen mit einer posttraumatischen Belastungsstörung werden lange Zeit von wiederkehrenden belastenden Erinnerungen an das traumatische Erlebnis gequält, sie leiden unter entsprechenden Träumen, ja oft Albträumen. Begleitet wird das von vielen anderen Symptomen, wie etwa Ängstlichkeit, Schreckhaftigkeit, Konzentrationsschwierigkeiten, Reizbarkeit, Wutausbrüchen und ähnlichem. Sie vermeiden nach Möglichkeit jede Berührung mit Situationen, die sie an die schlimme Erfahrung erinnern und das traumatische Erlebnis wie einen „Film vor dem inneren Auge" wieder ablaufen lassen.

Aphrodite konnte nach einiger Zeit ihr Trauma überwinden, nach der gekonnten Therapie durch eine andere Göttin, Dione, die die Rolle der Psychotherapeutin übernahm; so wie auch manche andere Götter und viele Menschen traumatische Erfahrungen überwinden. Aphrodite hatte also nicht das Schicksal des armen, genialen Hephästos, der aus einer akuten Belastungsreaktion eine *posttraumatische Belastungsstörung* mit Vermeidungsverhalten entwickelte, wie es auch bei vielen Menschen der Fall ist.

Zeus sei Dank, Aphrodite blieb nur bei einer akuten Belastungsreaktion und entwickelte keine posttraumatische Belastungsstörung. Denn wenn das der Fall gewesen wäre, hätte unsere Liebesgöttin die Menschen nicht mehr mit ihrem segensreichen Treiben beglücken können.

Die Behandlung durch die Psychotherapeutin Dione rettete die Liebesgöttin und bewahrte die Liebe.

Die Behandlung durch den Götterhausarzt Päon rettete den Kriegsgott und verewigte den Krieg.

Der Thersitismus

Mit dem Begriff „Thersitismus" können wir heute nichts oder bestenfalls wenig anfangen, wohl aber die älteren.[8] Thersites, von dem Homer uns berichtet hat, stand sowohl in der griechischen und römischen Antike als auch später Modell für unzählige Darstellungen und Studien. Den Begriff Thersitismus kennen die meisten von uns nicht mehr, wohl aber das Verhalten, das damit gemeint ist; mancher von uns begegnet ihm vermutlich gar nicht selten

[8] Ein Blick in Roschers „Ausführliches Lexikon der griechischen und römischen Mythologie" kann das bestätigen.

in unserem modernen Leben. Der Begriff ist abgeleitet vom Verhalten der iliadischen Persönlichkeit Thersites. Obwohl der Name für nicht Griechisch Sprechende leicht zu vergessen ist, bleibt sein Verhalten unvergesslich. Bringen wir es kurz in Erinnerung:

Zu Beginn erzählte Homer, wie Agamemnon die Griechen auf die Probe stellte, ob sie weiter kämpfen oder nachhause zurückkehren wollten. Der Versuch ging schief für Agamemnon, der ruhmsüchtig unbedingt bis zur Eroberung Trojas kämpfen wollte: Die Soldaten wollten nachhause; sie machten sich schon in Jubelstimmung auf zu den Schiffen. Odysseus konnte sie umstimmen und zur Versammlung zurückbringen; es gelang ihm, sie zu überzeugen, die Reden und die Entscheidungen der Heeresführung anzuhören und dann entsprechend zu handeln. Die Ausnahme war ein gewisser Thersites, der in vulgärer Weise opponierte.

Erinnern wir uns kurz an Thersites: Er war der hässlichste aller Griechen, wie wir gehört haben. Mit einem Auge schielte er, ein Fuß lahmte, er war krummbeinig und bucklig, mit einer zu schmalen Brust, die beiden Schultern gegen die Brust zusammengebogen; mit einem spitzen Kopf, auf dem ein paar einzelne Haarbüschel wuchsen. Er lästerte ständig mit schrillem Kreischen gegen alles und jeden, und seine Schmähreden verschonten niemanden, nicht einmal Agamemnon, seinen Oberbefehlshaber.

Wir haben auch gehört, dass er in der erwähnten Versammlung dem König der Könige, Agamemnon, so wie seinen Kriegskameraden schlimme Beschimpfungen zuzischte. Er versuchte mit lauter Stimme, vulgäre und verachtende Ausdrücke verwendend, die Griechen zum Rückzug zu animieren. Und er forderte sie auf, Agamemnon alleine zurück zu lassen. Odysseus maßregelte den hässlichen und vulgären Frechling, bis dieser sich, begleitet vom Gelächter der Versammelten, schließlich mit Tränen in den Augen schweigend in eine Ecke duckte.

Es ist kein Zufall, dass Homer seine Abstammung nicht erwähnt hat, im Gegensatz zu den meisten Akteuren der Ilias, deren Namen irgendwann der Zusatz folgt „Sohn des …“. Der blinde Dichter wollte offensichtlich damit deutlich machen, dass Thersites nur durch seine Frechheit, seine gemeine Denkweise und – wie spätere Autoren meinen – durch seine „rabulistische Zungendrescherei“ [9] berühmt geworden ist. Er wird durch Homers Beschreibung als der „Frechling“ schlechthin wahrgenommen, als ein respektloser, vulgär schimpfender, innerlich wie äußerlich hässlicher und lächerlicher Verächter sozialer Normen. Allerdings auch als jemand, der Sanktionen verdient hat und der zu Recht bestraft wird.

[9] Viele posthomerische Dichter und Mythographen berichten darüber. Alle Quellen sind in Roschers Lexikon der griechischen und römischen Mythologie zu finden.

Thersites Verhalten kann man als eine bis auf verbale Übergriffe gewaltlose Form dissozialen Verhaltens bei äußerst unangenehmen Menschen bezeichnen.

Und genau das ist Thersitismus.

Der Anti-Thersitismus

Wie wir ebenfalls gehört haben, gelang es Odysseus – unterstützt vom respekteinflößenden alten weisen Nestor, dem König von Pylos –, das Blatt zu wenden. Nach Odysseus Rede änderte das Soldatenvolk seine Meinung, bejubelte Agamemnon und blieb, Loyalität zu Agamemnon bekundend! Keine Rede mehr von der sofortigen Heimkehr, die nur wenige Minuten vorher noch beschlossene Sache war. Nicht aber nach Odysseus Auftreten!

Odysseus trat als Anti-Thersites auf! Und gewann.

Homer hatte Odysseus eine Wirkung verschrieben, die man heute Suggestion nennt.

Der Begriff der *Suggestion* meint die Wirkung einer Person oder einer Situation auf andere Menschen, die zur Beeinflussung ihres Fühlens, Denkens und Handelns führt.

Diese Wirkung hatte Odysseus in hohem Maße, Thersites dagegen nicht, Agamemnon nur wenig.

Odysseus aber wäre kaum erfolgreich gewesen, ohne die latente Bereitschaft der Soldaten, sich beeinflussen zu lassen.

Was Homer als – latente oder manifeste, bewusste oder unbewusste – Bereitschaft, sich beeinflussen zu lassen, der Suggestion voranstellte, nennt man heute Suggestibilität.

Denn was sich bei der Hauptversammlung des Heeres abspielte, entsprang dem Wissen, dass die Suggestion, um wirksam zu sein, ein gewisses Maß an Bereitschaft der Person oder Personen in den Massen braucht, sich beeinflussen zu lassen, einen Grad an Suggestibilität also. Bei einer einzelnen Person ist die Suggestibilität abhängig von ihrer Persönlichkeitsstruktur und vom jeweiligen psychischen Zustand. Bei den Massen jedoch ist sie abhängig vor allem von der Kunst und der Fähigkeit des Massenführers, Willen, Denken, Fühlen und Handeln anderer Menschen zu beeinflussen. Es ist letzten Endes auch eine Machtausübung von Seiten des Volkslenkers. Den Rest erledigt die Gruppendynamik, die kleine Schwester der Massenpsychologie.

Homer hat das Verhalten der Massen während der genannten Versammlung als ein Meisterstück der Massenpsychologie beschrieben. Was damit gemeint ist, wird klar, wenn wir ihren Gegenstand betrachten:

Die *Massenpsychologie* hat zum Gegenstand, das Verhalten von Menschen in Menschenansammlungen zu beobachten und zu erforschen.

Seit Homers erster Beschreibung hat die Massenpsychologie viel zu tun.

In seiner Beschreibung der Versammlung der griechischen Armee steckt darüber hinaus die kleine Schwester der Massenpsychologie, die Gruppendynamik.

Mit *Gruppendynamik* ist gemeint, dass die Gruppe eine eigene Dynamik entwickelt, die einzelne Individuen mitreißt. Sie tun dann durch wechselseitige Beeinflussung Dinge, die sie als einzelne Personen nie tun würden.

Mit der Massenpsychologie kam, wie wir miterlebt haben, auch die Demagogie in die Welt.

Demagogie ist das Geschick, bei günstiger Gelegenheit öffentlich für ein Ziel zu werben, indem man der Masse schmeichelt, an Gefühle, Instinkte oder Vorurteile appellierend, um damit Meinung und Handeln einer Gruppe zu manipulieren.

So wie zu Beginn dieses zehnten Kriegsjahres an Trojas Blutstrand können die Massen, demagogisch geführt, auch heute noch dramatische Veränderungen herbeiführen, die man vorher nicht erwartet und nie für möglich gehalten hätte. Revolutionen, Pogrome, soziale Unruhen, ja zahlreiche Kriege wurden dadurch verursacht. So wie die Fortsetzung des gegenseitigen Massakrierens vor Trojas Mauern. So wie es damals die Soldatenmassen wollten.

Homer hat interessante Fragen gestellt: Ist denn der Massen Wille tatsächlich ihr eigener? Oder ist es bloß ein implantierter Wille? Werk irgendeines Odysseus, der seinen eigenen Willen den Massen implantiert?

Die Auffassung der heutigen Massenpsychologie – die sich seit Odysseus Meisterstück gewaltig entwickelte –, dass nämlich bei einzelnen Individuen eine grundsätzliche Bereitschaft schon vorher existiert, so zu handeln wie die Masse handelt, ist nachvollziehbar. Der iliadische Soldat fürchtete selbst im zehnten Jahr des Krieges prinzipiell die Schmach einer Niederlage, und tief in seiner Seele war er bereit, für den Sieg einiges zu opfern. Darauf basierte die Verführungskunst des Massenlenkers Odysseus. Er wusste, dass die individuelle Bereitschaft zuerst bei jedem einzelnen aktiviert, formiert und gelenkt werden muss, um dann in die große Strömung der Massen einzufließen. Des Odysseus Tun von damals ist das Wissen der Psychologen von heute: Das Individuelle muss zum Massenhaften transformiert werden, aber jedes einzelne Massenmitglied soll die Illusion haben, es sei seine eigene individuelle Entscheidung, sein eigener Wille.

Homer hat uns aufmerksam gemacht, dass Odysseus wusste, dass jeder Mensch die Überzeugung liebt, er sei unabhängig, er sei autonom in seinen Entscheidungen. Er wusste auch, dass Menschen eine Mauer um ihre Seele ziehen, wenn sie entdecken, dass sie als Marionette betrachtet werden. Und

Homer hat noch dazu gesagt: Die Wahrnehmung der eigenen Autonomie ist der Seelenmauer Abriss. Auch wenn es bloß eine Illusion ist.

Odysseus bediente sich meisterhaft auch der Situationspsychologie.

Mit *Situationspsychologie* ist in diesem Falle das Wissen gemeint, dass Tun und Lassen, Sagen und Schweigen, Offenbaren und Verschweigen der jeweiligen Situation und den Bedingungen, die sie konstituieren, angepasst sein müssen, um erfolgreich zu sein. Das heißt angepasst sowohl an interne psychologische Bedingungen, wie etwa eigene Prioritäten, Prinzipien, Selbstwertgefühl und Selbstverständnis, wie auch an äußere Voraussetzungen, die auf Entscheidungen einwirken können; etwa die Erwartungen der Gruppe oder von Vorgesetzten, oder auch die Wahrscheinlichkeit von Vorteilen oder Nachteilen, die damit verbunden sind.

Die Menschen wurden an diesem Tag im zehnten Jahr des Kampfes um Troja um eine Erkenntnis reicher, wie der Seele geflügelte Worte schon zu Beginn bekundet haben: Der Massen Wille und der Massen Meinung sind keineswegs stabil und zuverlässig.

Um der Massen Wille und Meinung zu ändern, braucht man das Zusammenspiel von Verführung und Verführbarkeit.

Was Homer da besingt, ist ein Paradebeispiel von Verführung und Verführbarkeit. Die Verführung ist nichts anderes, als Menschen dazu zu bringen, freiwillig etwas zu tun, was sie eigentlich vorher nicht im Sinn hatten oder wogegen sie sogar waren – wobei „frei-willig" nichts anders als ein Euphemismus ist. So wie die Soldaten unmittelbar vor der Verführung durch den wortgewaltigen Odysseus für die Rückkehr in die Heimat und gegen das Weiterkämpfen waren. Verführt durch Odysseus beschwörende Rede taten sie aber genau das Gegenteil von dem, was sie vorher gewollt hatten. Sie entschieden sich zum Weiterkämpfen, obwohl sie das nicht vorhatten! Sie fuhren nicht in die Heimat zurück, obwohl sie sich schon jubelnd dafür entschieden hatten! Die in ihrer Brust schlummernde Ambivalenz bildete den Kern ihrer Verführbarkeit.

Der Massenverführer Odysseus, der vielbewanderte und hochintelligente, ist eine charismatische Persönlichkeit; so wie jeder Volksverführer nach ihm. Mit Begeisterungsfähigkeit und Begeisternkönnen, mit Entschlossenheit und Überzeugungskraft konnte er die Massen für sich und seine Ziele vereinnahmen. Und seitdem gehören diese Eigenschaften, die Homer Odysseus zuschreibt, zu den Hauptmerkmalen jedes erfolgreichen Massenverführers. Odysseus vollbrachte das Kunststück, dass sich die Verführten nicht als Verführte, sondern als Überzeugte fühlen. Und seitdem ist die Überzeugungskraft sehr eng mit der Verführung verbunden und kaum von ihr zu unterscheiden. Odysseus bekundete als erstes sein Verständnis für die Wünsche, die Sorgen und die Sehnsüchte der Masse. Damit erzeugte er Sympathien und vermittelte den Soldaten das Gefühl, verstanden zu werden, dass sie in guten Händen sind, dass sie mit ihm gut fahren werden. Somit war dem Zusammenspiel von Verführung und Verführbarkeit einerseits und deren Geschwistern, der Suggestion und der Suggestibilität andererseits, Tür und Tor geöffnet.

Das Autoritäre

Homer beschreibt seine Helden nicht immer und konstant auf dem Höhepunkt der Willenskraft. Auch sie brauchen immer wieder Motivations- und Willenskraftschübe von außen. Es ist kein Zufall, dass die Götter genau das immer wieder ihren Schützlingen zukommen lassen; die Philhellenen-Fraktion, allen voran Hera, Athena und Poseidon, ihren Griechen; die Troja-Schutzpatrone, allen voran Apollon, Ares und Aphrodite, ihren Trojanern. An verschiedenen Stellen der Ilias fand eine Motivations- und Volitionstherapie – die Erklärung der beiden Begriffe gleich anschließend – für die Griechen statt; vor allem für die beiden Ajax, die Großhelden, und zwar durch Poseidon, um nur eines der vielen Beispiele zu erwähnen. Poseidon hat es geschafft, sie zu motivieren und aus Geschlagenen und Flüchtenden von Siegeswillen beseelte Angreifer zu machen. Genauso häufig finden bei den Trojanern solche psychotherapeutischen Interventionen statt, vorwiegend durch Apollon.

Was die heutige *Motivationspsychologie* studiert, nämlich das Streben des Menschen nach wünschenswerten Zielen und den Beweggründen, die zur Handlungsbereitschaft führen, und wie sie in therapeutischem Sinne zu verstärken sind, ist nichts anders als das, was etwa Poseidon mit der geschlagenen, flüchtenden griechischen Armee gemacht hat. Er hat beide Quellen der Motivation aktiviert, die intrinsische und die extrinsische. Die intrinsische in dem Sinne, dass er das sogenannte „interne Selbstverständnis" der Betroffenen aktiviert und verstärkt hat, das sich an internen Standards und Maßstäben orientiert. Zusätzlich aktivierte und verstärkte er externe Motivationsquellen; zum einen durch die Darstellung der Vorteile des Sieges und vor allem der eigenen Rettung, zum anderen aber auch durch sich aufdrängende Erinnerungsaktualisierung der Erwartungen, die mit dem Ruf des tapferen und furchtlosen Kriegers verbunden sind. In ähnlicher Weise agierte Nestor, wobei er aber motivationstherapeutisch die Schamerzeugung anwendete.

Was die heutige *Volitionspsychologie*, Willenspsychologie könnte man sie auch nennen, studiert und teilweise auch psychotherapeutisch anwendet, ist das bewusste Erreichen von Zielen durch Überwindung von Handlungsbarrieren mit eigener Willenskraft. Das ist nichts anders als das, was Homer häufig in der Ilias dargestellt hat. Etwa am Beispiel des psychotherapeutisch tätigen Gottes Poseidon, der das in der Menschengestalt des Sehers Kalchas bei den sich schon ihrem Schicksal fatal ergebenen Kriegern praktizierte. Und auch bei den zwei vorbildhaften Großhelden Ajax, dem Großen und dem Schnellen, wurde manchmal eine volitionspsychologisch basierte Psychotherapie nötig!

Mit Willenspsychologie hat auch der Versuch von Menschen und Göttern zu tun, ihren Willen durchzusetzen. Zeus versuchte das immer wieder, Agamemnon zu Beginn der Ilias – um nur zwei Beispiele zu nennen. Der mächtige Gott und der mächtige Fürst versuchten bei jeder Gelegenheit, ihre Autorität zu demonstrieren. Hat uns nicht die Seele mit ihren der immerwährenden Gültigkeit geflügelten Worten gesungen, dass nach Zeus „Basta-Rede" zu Beginn die *Psychologie des Autoritären* in die Welt kam? Und sie hat uns auch erklärt, was das bedeutet:

Das autoritäre Denken und Handeln ist Ausdruck von Herrschaftsmentalität und nicht selten von Missachtung der Meinung anderer, auch wenn man eigentlich weiß, dass sie Recht haben. Häufig ist sie nichts anderes als ein Gegenmittel zu erlebter Hilflosigkeit und Angst. Hilflosigkeit, weil man sich nicht anders durchsetzen kann als mit Befehl und Strafe. Angst, weil man sich seiner Position nicht sicher ist. Unsicherheit, Hilflosigkeit und Ängstlichkeit werden dann in autoritäres Auftreten gekleidet.

Mit der immerwährenden Gültigkeit hat uns die Seele in Homers Ilias auch das gesagt: Das Antidoton gegen Unsicherheit, Hilflosigkeit und Ängstlichkeit – das „Autoritäre Auftreten" – hat nicht selten unerwünschte Wirkungen und Nebenwirkungen. Einige davon scharen sich um den versteckten Ungehorsam des so Verachteten, der darauf wartet, im günstigen Moment zurückzuschlagen.

Wo sind die anderen geblieben?

Die moderne Persönlichkeitspsychologie kennt einige Persönlichkeiten mit ihren Erlebnis- und Denkweisen, mit Verhaltens- und Reaktionsmustern, die in Homers iliadischem Aufmerksamkeitskatalog nicht vorkommen – vereinzelte Merkmale ja, aber nicht im Schweregrad einer Persönlichkeitsstörung. Persönlichkeitsstörungen wie etwa die zwanghafte, die sogenannte anankastische, die ängstlich-vermeidende, die dependente, die schizoide, die schizotype oder die paranoide Persönlichkeitsstörung sind in der Ilias nicht in voller Ausprägung anzutreffen. Einzelne Merkmale der einen oder anderen genannten Persönlichkeitsstörung können bei manchen Personen auftauchen, aber eben nur vereinzelt und nicht als pathologisches Cluster. Der Grund dafür, warum diese Persönlichkeiten in der Ilias nicht auftauchen, ist ganz einfach:

Sie sind nicht kriegstauglich.

Ihre Erlebnisweisen und Verhaltensmuster wären ein großes Hindernis auf dem Schlachtfeld.

Auch nicht kompatibel mit dem überdurchschnittlichem Aggressionspotenzial, das auf einem Kriegsplatz herrscht, sagt unser Persönlichkeitsführer Peter Fiedler und erklärt das so: Prinzipiell könnten bei allen Persönlichkeitsstörungen Fremdaggressionen vorkommen. In der Empirie jedoch ließen sich offen ausgetragene Aggressionen am häufigsten bei jenen Störungen beobachten, die dem sogenannten „dramatischen" Cluster zugeordnet werden können (also histrionisch, narzisstisch und insbesondere antisozial und emotional-instabil/impulsiv).

Dieses Cluster haben wir reichlich in der Ilias erlebt.

Aber deutlich weniger treten Fremdaggressionen beim sogenannten „ängstlichen" Cluster auf, wozu die selbstunsicher-vermeidende, die dependente und die zwanghafte Persönlichkeitsstörung gehören. Selten, aber unter besonderen Umständen doch beobachtbar.

Verstehbar also, dass Homer die letzten beiden Cluster auf dem Kriegsplatz nicht auftreten ließ.

Seien wir gespannt, was Homer in der „Seele erste Irrfahrt" zu erzählen hat – nicht nur von Tugenden und Erhabenheit der Menschen, sondern auch von ihren Irrungen und Wirrungen!

29 Bibliografische Anmerkungen

Zur Übertragung der homerischen Texte vom Original in die Sprachform dieses Buches sei folgendes angemerkt: Der Autor des Buches beherrscht die griechische Sprache. Gemeint sind damit das Griechische der klassischen Periode, das hellenistische, das posthellenistische und das byzantinische Griechisch sowie das moderne Griechisch als seine Muttersprache. An das homerische Griechisch, diese sehr frühe Form geschriebener literarischer griechischer Sprache, wollte sich der Autor nicht heranwagen. Je älter die Sprachform, desto größer die Schwierigkeit für ihn, sie lückenlos zu verstehen. Nach sorgsamer Begutachtung der verfügbaren Übersetzungen des homerischen Griechisch ins Deutsche und deren Vergleich mit Übertragungen vom homerischem in das moderne Griechisch gewann der Autor die Überzeugung, dass die letzteren den homerischen Texten viel näher sind als die deutschen Übersetzungen. Dies veranlasste den Autor, folgendes Vorgehen zu wählen: Als Haupttext diente die sich viel näher am Originaltext befindliche Übersetzung ins moderne Griechisch, die dann der Autor selbst ins Deutsche übertrug. Als Orientierungshilfe nutzte er dabei das homerische Original und deutsche Übersetzungen anderer Autoren. Aus den zahlreichen Übertragungen des homerischen in das moderne Griechisch wurden die unter Punkt A, aus den ebenfalls zahlreichen Übersetzungen ins Deutsche die unter Punkt B genannten ausgewählt.

A. Griechische Ausgaben von Homers Ilias und Odyssee (Auswahl)

Gianakopoulos, Panagiotis: Homers Ilias (homerisches Griechisch/modernes Griechisch), (1992) in sechs Bänden, Kaktos Verlag, Athen

Gianakopoulos, Panagiotis: Homers Odyssee (homerisches Griechisch/modernes Griechisch), (1992) in sechs Bänden, Kaktos Verlag, Athen

Kazantzakis, Nikos; Kakridis, Ioannis: Homers Ilias (modernes Griechisch) (2009), Hestia Verlag, Athen

Kazantzakis, Nikos; Kakridis, Ioannis: Homers Odyssee (modernes Griechisch) (2008), Hestia-Verlag, Athen

Komninou-Kakridi, Olga: Homers Ilias (homerisches Griechisch/modernes Griechisch) in drei Bänden, 2. Auflage (2006), Dädalos Verlag, Athen

A. Marneros, *Homers Ilias psychologisch erzählt*, DOI 10.1007/978-3-658-11202-8_29

Mauropoulos, Theodoros: Homers Ilias (kommentierte Ausgabe, modernes Griechisch) (2010). Zitros Verlag, Thessaloniki

Mauropoulos Theodoros: Homers Odyssee (kommentierte Ausgabe, modernes Griechisch) (2010), Zitros Verlag, Thessaloniki

Sideris, Zisimos: Homers Odyssee (homerisches Griechisch/modernes Griechisch) in zwei Bänden, 2. Auflage (2009) Dädalos Verlag, Athen

B. Deutsche Übersetzungen von Homers Ilias und Odyssee (Auswahl)

Hampe, Ronald: Homers Odyssee (griechisch/deutsch) (2010) Reclam Verlag, Stuttgart

Rupé, Hans: Homers Ilias (griechisch/deutsch) 13. Auflage (2008), Sammlung Tusculum, Artemis & Winkler Verlag, Düsseldorf

Schadewaldt, Wolfgang: Homer Ilias (deutsch) 17. Auflage (2014) Insel Verlag, Frankfurt.

Schadewaldt, Wolfgang: Homer – Die Odyssee (deutsch) (2008) Rowohlt Verlag, Reinbek

von Scheffer Thassilo: Homers Ilias (deutsch) (1938), Dieterich'sche Verlagsbuchhandlung, Leipzig

von Scheffer Thassilo: Homers Odyssee (deutsch) (1938), Dieterich'sche Verlagsbuchhandlung, Leipzig

Voss, Johann Heinrich: Homers Ilias & Odyssee (Übersetzung von 1781 und 1793) (griechisch/deutsch), verschiedene Ausgaben, etwa (2008) Verlag Zweitausendeins, Nachdruck Insel Verlag (1992), Frankfurt am Main und Leipzig

Weiher, Anton: Homers Odyssee (griechisch/deutsch) 15. Auflage (2007), Sammlung Tusculum, Artemis & Winkler Verlag, Düsseldorf.

C. Ergänzungen zu Homers Ilias und Odyssee sowie zugefügte Mythen

Apollodor: Götter- und Heldensagen (Bibliotheke), aus dem Griechischen übersetzt von Christian Gottlob Moser und Dorothea Vollbach (1988), Anaconda Verlag, Köln.

Ovid: Metamorphosen, übersetzt und herausgegeben von Gerhard Fink (2005) Albatros Verlag, Düsseldorf.

von Scheffer Thasillo: Die Kyprien (1947), Dieterich'sche Verlagsbuchhandlung, Wiesbaden

Vergil: Aeneis, aus dem Lateinischen übersetzt von Johann Heinrich Voss (2005), Anaconda Verlag, Köln

Die folgende Fragmente des sogenannten „Epischen Zyklus“ wurden nach den Darstellungen in „Roschers Ausführliches Lexikon der griechischen und römischen Mythologie“ (1884), (s. bei D) – soweit nötig und teilweise schon im Nachgesang erwähnt – berücksichtigt: (Autoren nach größerer Wahrscheinlichkeit): die Kypria (zyprische Epen) von Stasinos (manche meinen des Dikäogenes oder eines anderen), die Äthiopis, die sich an den letzten Vers der Ilias anschloss, und die Iliou Persis (Trojas Eroberung) des Arktinos, wie auch die „kleine Ilias“ des Lesches, und die Nostoi (Epos der Heimkehrer) des Hagías (manche meinen, Eumelos sei der Verfasser) sowie die Telegonie des Eugamon.

D. Sonstige im Buch erwähnte Literatur

Aristoteles: Poetik, (griechisch/deutsch). Übersetzt und herausgegeben von Manfred Fuhrmann (2006), Reclam, Stuttgart

Äschylos: Zahlreiche Übersetzungen ins Deutsche etwa: Aischylos Tragödien (griechisch/deutsch). Übersetzt von Oskar Werner, herausgegeben von Bernhard Zimmermann. 6. Auflage (2005). Sammlung Tusculum, Artemis & Winkler Verlag, Düsseldorf

Daston, Lorraine: Wunder, Beweise und Tatsachen. Zur Geschichte der Rationalität. 3. Auflage (2014) S. Fischer Verlag Frankfurt am Main

Euripides: Zahlreiche Übersetzungen ins Deutsche etwa: Sämtliche Tragödien in zwei Bänden. Übersetzt von Johann Jakob Christian Donner. Bearbeitet von Richard Kannicht. Anmerkungen von Bolko Hagen. Einleitung von Walter Jens. 2. Auflage (1958). Kröner Verlag, Stuttgart. Oder: Euripides. Ausgewählte Tragödien in zwei Bänden (griechisch/deutsch). Übersetzt von Ernst Buschor, herausgegeben von Bernhard Zimmermann (1996), Sammlung Tusculum, Artemis & Winkler Verlag, Düsseldorf

Fiedler, Peter: Persönlichkeitsstörungen. 1. bis 6. Auflage (1994–2007) Beltz Verlag, Weinheim

Fiedler, Peter; Herpertz, Sabine: Persönlichkeitsstörungen. 7. Auflage (2016) Beltz Verlag, Weinheim

Fiedler, Peter (2012): Wie stellt sich Aggression bei einzelnen Persönlichkeitsstörungen dar? Persönlichkeitsstörungen – Theorie und Therapie, 16 (4), 241 – 247

Fiedler, Peter: Integrative Psychotherapie bei Persönlichkeitsstörungen (2000), Hogrefe Verlag, Göttingen

Grumach, Renate (Hrsg): Goethe. Begegnungen und Gespräche. Bd. 4 (1980), Walter de Gruyter Verlag, Berlin und New York

Horkheimer, Max; Adorno, Theodor W.: Dialektik der Aufklärung (1944), 21. Auflage (2013), S. Fischer Verlag, Frankfurt am Main

Kant, Immanuel: Kritik der praktischen Vernunft (1788), mehrere nachfolgende Ausgaben, etwa Anaconda Verlag (2011), Köln

Kernberg, Otto F; Hartmann, Hans-Peter: Narzissmus. Grundlagen – Störungsbilder – Therapie. (2006) Schattauer Verlag, Stuttgart

Marneros, Andreas: Das Doppelherz des Odysseus und warum Ithaka in Deutschland liegt. Eine pathetische Liebeserklärung an Deutschland. (2012) ANA Verlag, Köln

Marneros, Andreas: Irrsal! Wirrsal! Wahnsinn! Persönlichkeit, Psychose und psychische Konflikte in Tragödien und Mythen (2013), Schattauer Verlag, Stuttgart

Marneros, Andreas: Feuer für ausgebrannte Helden. Auf der Suche nach Orientierung. Ein Abenteuer mit Prometheus und Herakles (2015), CMZ Verlag, Rheinbach

Marneros, Andreas: Intimizid. Die Tötung des Intimpartners, (2007) Schattauer Verlag, Stuttgart

Marneros, Andreas: Homers Odyssee psychologisch erzählt. Der Seele erste Irrfahrt (2016), Springer Verlag, Heidelberg

Neitzel, Sönke; Welzer, Harald: Soldaten. Protokolle vom Kämpfen, Töten und Sterben (2011). S. Fischer Verlag, Frankfurt am Main

Platon: Symposion (griechisch/deutsch) in: Platon Werke, Bd. 3, 5. Auflage (2005) Wissenschaftliche Buchgesellschaft, Darmstadt

Roscher, W. H. (Hrsg.): Ausführliches Lexikon der griechischen und römischen Mythologie, in 7 Bänden (1884), Teubner Verlag, Leipzig.

Schwab, Gustav: Die Sagen von Troja und von Irrfahrt und Heimkehr des Odysseus. (1956) Altberliner Verlag Lucie Groszer, Berlin, oder Insel Verlag (2004)

von Scheffer Thassilo: Die Kultur der Griechen (1955/Reprint 2001), Parkland Verlag, Köln

von Scheffer Thasillo: Die homerische Philosophie (1921), Rösl & Cie, München. Im Nachdruck Bibliolife, Maston Gate, UK (o. J.)

Sloterdijk, Peter: Zorn und Zeit (2006), Suhrkamp Verlag, Frankfurt am Main

Sophokles: Zahlreiche Übersetzungen ins Deutsche etwa: Sophokles Dramen (griechisch/deutsch) Herausgegeben und übersetzt von Wilhelm Willige. Überarbeitet von Karl Bayer. Anmerkungen und Nachwort von Bertrand

Zimmermann (5. Auflage) Sammlung Tusculum. Artemis & Winkler Verlag, Düsseldorf

Theophrast: Charaktere. In deutscher Übersetzung von Dietrich Klose. Mit einem Nachwort von Peter Steinmetz (1970). Reclam Verlag, Stuttgart

E. Abbildungen

John Flaxman (1755–1826)

www.ingramcontent.com/pod-product-compliance
Lightning Source LLC
LaVergne TN
LVHW050501071026
849527LV00025BA/603
* 9 7 8 3 6 5 8 1 1 2 0 1 1 *